普通高等教育"十三五"旅游与饭店管理及会展策划与管理专业系列规划教材

总主编 刘 住

会展市场营销

主 编 张学梅 付业勤

西安交通大学出版社
XI'AN JIAOTONG UNIVERSITY PRESS

内 容 提 要

本教材体系完整、内容丰富、案例生动、实践活动多样，立足于会展市场营销的内涵、外延及其运作规律，涉及会展市场营销过程的主要方面。全书包括3篇、17章，对会展市场营销基本原理及其实践技能进行系统阐述，并辅以大量案例分析。第一篇为会展市场营销基础篇，从会展活动和市场营销的基本概念、理论、方法、工具等方面介绍；第二篇为会展市场营销策略篇，基于市场营销4P理论对会展市场营销产品、定价、渠道和促销策略进行介绍；第三篇为会展市场营销实务与创新篇，对会展市场营销具体运用领域和创新思路方法进行介绍。

本教材可作为普通高等院校会展经济与管理专业或方向以及旅游管理、酒店管理、国际贸易、市场营销、文化产业管理、体育经济管理等专业教学教材，也可作为政府会展管理部门、会展相关企业学习参考用书和岗位培训教材。

前言 Preface

会展市场营销是市场营销理论在会展经济运行与实务管理中运用的一门兼具理论与实践性的课程。本教材体系完整、内容丰富、案例生动、实践活动多样，立足于会展市场营销的内涵、外延及其运作规律，涉及会展市场营销过程的主要方面。全书包括3篇、17章内容，对会展市场营销基本原理及其实践技能进行系统阐述，并辅以大量案例分析。第一篇为会展市场营销基础篇，从会展活动和市场营销的基本概念、理论、方法、工具等方面介绍；第二篇为会展市场营销策略篇，基于市场营销4P理论对会展市场营销产品、定价、渠道和促销策略进行介绍；第三篇为会展市场营销实务与创新篇，对会展市场营销具体运用领域和创新思路方法进行介绍。

本教材主要有四个特色：第一，框架体系完整。本教材力求做到将市场营销理论、原理和方法与会展活动实际有机结合，同时又体现会展活动的专业性和独特性，论述会展市场营销的核心概念、知识板块、操作流程及新理念、新趋势。第二，体现"大会展、大活动"特征。对目前公认的会展MICE的会议、展览、奖励旅游、节事、赛事、婚庆、会展目的地等领域营销实务进行介绍，构建相对完整的大会展市场营销体系。第三，案例丰富贴近产业实践。将会展行业和企业新变化、企业和客户新要求及时引入教材，在教材编写中引入大量与会展市场营销和教学实践相关的案例、数据资料，将基本原理和产业实践融会贯通，使教材内容生动、形象，基于工作过程进行教学设计，基于能力本位选取教学内容，力图体现本科教学改革创新与实践成果，保证教材的知识性、实践性和前沿性。第四，应用与实践。内容编排上侧重对学生实践能力培养，融入大量案例导读分析，内容编写和形式安排上注重系统性、科学性、实用性、针对性，每章配有学习要点、开篇案例、章节案例、本章小结、复习思考题、参考答案、参考延伸阅读文献等。

本教材由成都大学旅游与文化产业学院张学梅教授、海南师范大学旅游学院付业勤副教授担任主编，其中：张学梅负责教材框架和体例结构的设计调整，对全书内容总体把关；付业勤负责教材内容框架设计，并进行统稿。编写者分工如下：张学梅编写第一、二章，并参与第八、九章部分内容的编写；付业勤编写第十章，并参与第十一至十三、十七章部分内容的编写；四川交通职业技术学院陆明洁编写第三、四章；海南大学旅游学院何彪副教授编写第五、十五章；四川旅游学院冉杰副教授编写第六、七章；成都大学杨证轲编写第八、九章；海南师范大学旅游学院罗艳菊教授编写第十一、十四章；成都大学旅游与文化产业学院张薇编写第十二、

I

十三章;重庆交通大学人文学院陈雪钧教授编写第十六、十七章。本教材编写者都是具有会展实践经验和丰富教学经验的教师,将多年经验融入教材,力求学习者能对会展营销策划和管理等知识有较深刻的理解和把握,达到培养高素质、复合型会展人才的目的。本教材可作为普通高等院校会展经济与管理专业或方向,以及旅游管理、酒店管理、国际贸易、市场营销、文化产业管理、体育经济管理等专业教学教材,也可作为政府会展管理部门、会展相关企业学习参考用书和岗位培训教材。在编写过程中,参考了大量相关教材、著作、论文和网络资料等,在此一并表示感谢。

由于编者的水平和学术能力有限,书中仍然有许多不足之处,恳请广大读者批评指正。

编　者

2018 年 5 月

目录 Contents

第一篇　会展市场营销基础篇

第一章　会展市场营销绪论 ……………………………………………… (2)
 第一节　会展与会展产业概述 …………………………………………… (3)
 第二节　市场营销概述 …………………………………………………… (8)
 第三节　会展市场营销概述 ……………………………………………… (12)

第二章　会展市场调查预测 ……………………………………………… (18)
 第一节　会展市场调查概述 ……………………………………………… (19)
 第二节　会展市场调查方法 ……………………………………………… (21)
 第三节　会展市场调查过程 ……………………………………………… (25)
 第四节　会展市场预测 …………………………………………………… (29)

第三章　会展市场环境分析 ……………………………………………… (36)
 第一节　会展市场环境概述 ……………………………………………… (37)
 第二节　会展宏观环境分析 ……………………………………………… (40)
 第三节　会展微观环境分析 ……………………………………………… (42)
 第四节　会展环境战略分析 ……………………………………………… (45)

第四章　会展市场分析 …………………………………………………… (53)
 第一节　会展市场细分 …………………………………………………… (54)
 第二节　会展目标市场选择 ……………………………………………… (59)
 第三节　会展市场定位 …………………………………………………… (63)

第五章　会展市场营销管理控制 ………………………………………… (71)
 第一节　会展市场营销管理概述 ………………………………………… (73)
 第二节　会展市场营销计划 ……………………………………………… (73)
 第三节　会展市场营销管理的主要内容 ………………………………… (75)
 第四节　会展市场营销控制 ……………………………………………… (81)
 第五节　会展市场营销评估 ……………………………………………… (82)

第二篇 会展市场营销策略篇

第六章 会展产品策略 (88)
- 第一节 会展产品概述 (89)
- 第二节 会展产品开发 (92)
- 第三节 会展产品生命周期 (95)
- 第四节 会展产品服务 (96)
- 第五节 会展产品品牌 (99)

第七章 会展价格策略 (105)
- 第一节 会展产品价格概述 (105)
- 第二节 会展产品价格制定 (109)
- 第三节 会展产品价格调整 (113)

第八章 会展渠道策略 (118)
- 第一节 会展营销渠道概述 (119)
- 第二节 会展营销渠道内容 (121)
- 第三节 会展营销渠道选择 (124)
- 第四节 会展营销渠道管理 (127)

第九章 会展促销策略 (132)
- 第一节 会展促销概述 (133)
- 第二节 会展促销方式 (136)
- 第三节 会展促销流程 (141)

第三篇 会展市场营销实务与创新篇

第十章 会议营销 (150)
- 第一节 会议营销概述 (151)
- 第二节 会议市场定位 (154)
- 第三节 会议营销内容 (157)
- 第四节 会议营销策略 (159)
- 第五节 会议营销过程 (161)

第十一章 展览营销 (165)
- 第一节 展览营销概述 (166)
- 第二节 展览市场定位 (169)
- 第三节 展览营销策略 (174)
- 第四节 展览营销过程 (176)

第十二章　奖励旅游营销 (181)
第一节　奖励旅游营销概述 (182)
第二节　奖励旅游市场定位 (186)
第三节　奖励旅游营销策略 (188)
第四节　奖励旅游营销过程 (190)

第十三章　节事活动营销 (195)
第一节　节事活动营销概述 (196)
第二节　节事活动营销策略 (203)
第三节　节事活动营销策划 (208)

第十四章　体育赛事营销 (214)
第一节　体育赛事营销概述 (215)
第二节　体育赛事市场定位 (218)
第三节　体育赛事营销内容 (221)
第四节　体育赛事营销策略 (226)
第五节　体育赛事营销过程 (228)

第十五章　婚庆营销 (232)
第一节　婚庆营销概述 (233)
第二节　婚庆市场特征 (235)
第三节　婚庆营销策略 (237)
第四节　婚庆营销过程 (241)

第十六章　会展目的地营销 (247)
第一节　会展目的地营销概述 (248)
第二节　会展目的地营销对象 (252)
第三节　会展目的地营销内容 (253)
第四节　会展目的地营销策略 (256)
第五节　会展目的地营销过程 (259)

第十七章　会展市场营销的创新思路 (264)
第一节　会展整合营销 (265)
第二节　会展关系营销 (268)
第三节　会展体验营销 (270)
第四节　会展网络营销 (271)
第五节　会展绿色营销 (274)
第六节　会展内部营销 (277)

参考文献 (280)

参考答案 (283)

第一篇

会展市场营销基础篇

第一章 会展市场营销绪论

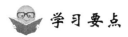

1. 理解会展的概念、分类、特征、构成,会展产业的概念、发展前景等内容;
2. 理解市场营销的概念、过程、组合策略内容,为认识会展市场营销奠定基础;
3. 从会展市场营销的概念、特征、任务与内容、目标与要求等方面,认识会展市场营销的基本要素。

 开篇案例

会展营销的六要素

1. 会展组织者

会展组织者是会展活动的发起者、会展诸多事宜的执行者和监督者,以及活动后期事务的处理者。在整个会展营销环节,其占据绝对的主导者地位。会展组织者通常包括主办方、承办方和代理商三类。主办方是指展会和会议的组织者。从当前我国会展活动的情形来看,会展的主办方包括各级政府部门、各级贸易促进组织机构、各类行业协会、商会、联盟和大型会展专业公司。承办方一般是指对会议和会展活动直接操控运行的会展策划公司。会展的承办方主要负责展会的具体运作过程。

2. 会展参与者

会展参与者主要包括参会者和参展商。参会者是参加会展活动的代表。其目的是以会展活动为平台,发布信息、交流资源、商洽事宜、获取潜在市场。参展商是指参加展会的有目的性地展出商品或者服务的企业或者机构组织。参展商是展会服务的主要"付费"购买者,也是展会承办方主要营销服务的对象。作为参展商,往往要十分认真地考虑参展的目标、条件、效益等一系列因素,谨慎做出决定、决策。

3. 会展中心

会展中心主要包括展览中心和会议中心两部分。它们是会展营销活动的重要展出主题,也是会展主办方举行会展活动的一个落地空间承载体,是影响会展参与者进行决策的一个大比重参考条件。展览中心,通俗理解其实就是展览场馆、会展场地,可以将其理解成由硬件设置和软件配置两部分组成。展览中心自身的级别不同,软硬件是最直观的表现,如地理位置、周边建设、交通环境、展厅设备配置、内部装修等。会议中心主要是为不同规模的会议提供专门的场地、设备和服务的场所。

4. **专业观众**

专业观众是和普通观众对应的,专业观众一般是指从事专业性会展所展示产品的设计、开发、生产、销售、服务等不同环节的观众,其很可能是参展商的潜在目标客户群体。通常情况下,如果会展主办方或者承办方不进行刻意控制,一个展览会除了拥有专业观众外,同时会有一定数量的普通观众,这主要取决于展览会的性质和定位,而对会展活动本身,普通观众的价值往往体现在人气以及口碑传播的价值上。

5. **会展所在地**

会展所在地包括国家、城市、地区、酒店等,它是会展营销活动中的利益主体之一。会展所在地,上到一个国家,下到一家酒店或者宾馆,对于参展商来说都有十分重要的意义。会展所在地的地理位置、交通环境、知名度、综合环境构成等因素,往往都是吸引参展商参加展会或会议的主要条件之一。

6. **相关媒体**

相关媒体是与会展组织者或者参展企业机构等有关利益体有着千丝万缕利益关系的宣传媒介,其价值在于帮助提高企业形象、会展产品以及展会的知名度。会展组织者必须高度重视与各类媒体的合作,充分整合和利用媒体资源。合作不仅仅是宣传,还包括联合举办各类活动,扩大影响力,以便促进招商。

资料来源:袁帅.会展营销六要素[EB/OL].http://www.hui.net/news/show/id/2256.

第一节 会展与会展产业概述

一、会展的概念

会展,字面上是会议与展览的集合。关于会展的定义很多,狭义的会展被称为 C&E(convention and exposition)或 M&E(meeting and exposition)。广义的会展是通常所说的 MICE(meeting, incentive tourism, convention, exhibition and event),包含:会议(meeting),即企业或社团举办的研讨会或培训会议;奖励旅游(incentive tourism),即为鼓励和提升员工表现,举办的旅游活动和聚会;年会(convention),即企业团体举办的大型年会;展览(exhibition),以陈列和公开展示的形式,宣传和推广产品、科技和经营成果;节事(event),即在短时间内发生的节日、节庆、特殊事件等重大活动总和。

会展是会议、展览、奖励旅游、大型事件等活动的简称,是围绕特定主题多人在特定时空的集聚交流活动。其概念内涵是在一定地域空间、时间范围内,许多人聚集在一起形成的,定期或不定期、制度或非制度传递和交流信息的群众性社会活动。其概念外延包括各种类型的博览会、展览展销活动、大型会议、体育赛事、文化活动、节庆活动、奖励旅游等。

二、会展的类型

狭义的会展是会议和展览会;广义的会展是会议、展览会、节事活动和奖励旅游的统称。会议、展览会、博览会、交易会、展销会、展示会等是会展的基本形式。对会展活动的分类经历了三个阶段：①早期会展，主要是将会议和展览简单叠加，即会议和展览。②内涵扩大的会展，包括：大型会议，如奥运会、世界妇女大会；中小型会议，如论坛、高峰会议；大型博览会，如世界博览会；中小型展示活动，如汽车展、服装节等。③内涵和外延丰富的会展，包括各种会议、展览、博览会、奖励旅游，各种节事活动，如庆典活动、节庆活动、文化活动、体育活动、科技活动等，引入了创意概念。会展分类必须融入会展活动的构成特征，根据会展活动的性质、主体、目的和规模，对包括会议、奖励旅游、展览、博览会、大型体育赛事等进行细分，得到会展分类体系。

三、会展的特征

(一)类型多样

会展产业内涵十分丰富。相对其他行业，会展行业主题广泛、类型多样，涉及会议、展览、节事、体育赛事等不同类型，而在每一大类的会展中，根据主题内容、组织形式、主办主体、复杂程度、规模、涉及范围等不同，可划分成不同类型的会展。会展产业主要构成，见图1-1。

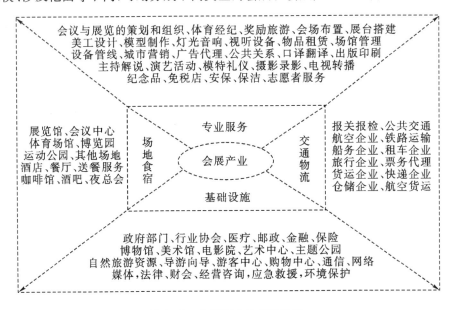

图1-1 会展产业的主要构成

(二)服务广泛

由于会展类型多样，涉及参展商、服务提供商、专业观众、普通观众，以及主办者、承办者、协办者、政府、行业协会、媒体、社区居民等利益相关群体，因此会展主办者需要为客户和利益相关者提供良好的服务，满足不同群体的不同诉求，为会展成功举办创造条件。

(三)产品体验

由于会展产业属于第三产业的现代服务业，会展生产的产品以无形服务为主，不同于制造业、建筑业和科技业，会展产出物需要客户抵达会展现场，参与运作过程亲自体验，给会展团队提出了更高要求。

(四)活动关联

根据产业价值链理论和会展的运作实际,会展形成了独特的产业价值链。该产业链是围绕特定主题,以所在地产业经济、历史文化、地区影响、区位交通和基础设施为基础,依托展览馆、会议中心、运动场馆和博览园等设施,以人员流、物资流、资金流与信息流交织而成的价值链,如图1-2所示,将会展的主要参与者和相关参与者整合起来,形成战略联盟。由此,会展往往可以带动城市相关产业发展,具有经济效益、环境效益、文化效益与社会效益。

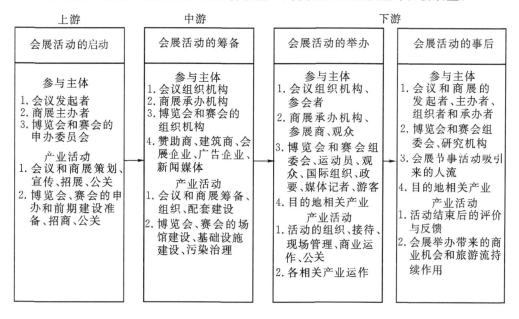

图1-2 会展的产业价值链

四、会展的主要构成

(一)会议

会议是人们怀着不同目的,围绕一定主题,进行信息交流或聚会、商讨活动。其主要内容是与会者之间进行思想或信息的交流,往往伴随一定规模的人员流动和消费。一次会议的利益主体有主办者、承办者、与会者和演讲人。大型会议特别是国际会议在提升城市形象、促进市政建设、创造经济效益等方面具有特殊作用。

(二)展览

展览会是由单位和组织指导主办,通过宣传或广告形式邀请或提供给特定人群和市民参观欣赏交流的聚会。展览须具备场地、参展方、展品、主办方、承办方、观众六个基本条件。展览集中向观众传达信息,实现双向交流、扩大影响、树立形象、投资交易、传授知识、教育观众等目的。

(三)节事

节事一词来自英文"event",含有"事件、节庆、活动"等含义。国外常常把节日(festival)和特殊事件(special event)、盛事(mega-event)等作为整体,简称FSE(festival & special event),

中文译为"节日和特殊事件",简称"节事"。西方将文化庆典、文艺娱乐事件、体育赛事、教育科学事件、私人事件、社交事件等都归到节事范围内。因此,节事是节庆、事件等精心策划的各种活动的简称,形式包括精心策划和举办的某个特定仪式、演讲、表演和节庆活动,各种节假日及传统节日以及创新的各种节日和事件活动。节事活动可达到节日庆祝、文化娱乐和市场营销等目的,提高举办地知名度和美誉度,树立举办地良好形象,促进当地发展;节事活动内容具有浓郁的文化韵味和地方特色;节事活动形式要生动活泼,具有亲和力,达到休闲娱乐目的;活动编排严谨、环环相扣、切合主题;不仅是文化现象,更是一种经济载体。

(四)奖励旅游

奖励旅游是协助企业达到特定目标,并对达到该目标的参与人士,给予一个尽情享受、难以忘怀的旅游假期作为奖励的旅游活动形式。它是企业重要的管理工具。奖励旅游的种类包括商务会议旅游、海外教育训练、奖励对企业运营及业绩增长有功人员。奖励旅游包含了会议、旅游、颁奖典礼、主题晚宴或晚会等内容,企业首脑人物会出席作陪,和受奖者共商企业发展大计,对参加者是一种殊荣。活动安排由旅游企业特别安排,融入企业文化的主题晚会具有增强员工荣誉感、加强企业团队建设的作用。常年连续进行的奖励旅游会使员工产生强烈期待感,对刺激业绩成长形成良性循环。

五、会展产业的概念

会展产业是服务行业的重要领域,是会议和展览业等行业的总称,影响面广,关联度高,涉及农业、工业、商贸等诸多产业,对调整经济结构、开拓市场、促进消费、扩大产品出口、加强合作交流、推动经济发展发挥重要作用。在世界经济继续保持温和复苏态势下,全球会展产业呈现出全方位、多元化、稳定的发展态势。

六、会展产业的前景

(一)政策环境

近年来,我国政府高度重视会展业发展,相继出台多项政策优化会展业发展环境,促使其逐步走向规范化、科学化、全球化。在国家政策层面,国务院颁布《关于加快发展服务贸易的若干意见》(国发〔2015〕8号),强调完善服务贸易政策支持体系,加快服务贸易自由化和便利化;国务院颁布《关于进一步促进展览业改革发展的若干意见》(国发〔2015〕15号),通过改革管理体制,推动改革创新,优化市场环境和强化政策引导,推动我国从会展业大国向会展业强国迈进;商务部会同有关部门印发《服务贸易发展"十三五"规划》,明确了服务贸易及其重点领域发展的总体目标、主要任务、战略布局、保障措施等。各级地方政府对展览业的发展尤为重视,2017年相继跟进出台会展产业扶持、鼓励和规范的相关办法和意见,鼓励模式创新,注重品牌发展,为我国会展产业健康发展提供了良好的政策环境。

(二)专业水平

伴随着全球展览业专业化发展,我国展览业专业化水平大幅提升,不论综合性会展还是专业性会展,展览题材、组织运营、观众等方面的专业化程度都在不断提高,行业集中不断增强,展览会正在向专业化发展。例如,2017年我国出国举办的展览会中,机械类、纺织服装皮革制品类、交通运输物流类等专业性展会数量占所有展会数量的77.9%。展览业市场愈发注重品牌发展、模式创新,市场结构不断优化,经济和社会效益持续向好。

(三)双线会展

双线会展也可称为"数字展会",是利用"互联网+"创新传统会展业发展模式,实现线下+线上会展的"双线融合",开拓会展新天地,丰富会展新产品,为展馆方、举办方、参展商、展装方和观众提供线上会展整体解决方案和服务。其有利于实现促进整个会展行业打造"二维会展空间"和会展新产品的提供并满足国内民众"足不出户畅览展会"的愿望,创新中国会展业的双线驱动发展模式。未来"双线会展"模式的应用将为展览业的发展注入新的活力和新的机遇。近年来,我国在互联网技术、产业、应用以及跨界融合等方面取得了积极进展,已具备加快推进"互联网+"发展的坚实基础,未来互联网与经济社会各领域的融合发展将进一步深化,基于互联网的新业态将成为新的经济增长动力。在此背景下,我国展览业将迎来"双线会展"创新发展的新机遇,有望实现媒体、展览和广告等三个行业跨界融合,把线下的大型活动以及大型场景"再造"并在互联网上举办、展示和宣传,将传统的"展览"和"会议"两个行业进行平台化融合,在互联网上培育打造全新的数字展会产业经济形态。

(四)产业融合

展览业的价值主要通过展示的技术化、专业化和商品化来实现,其价值链的融合也要以展示为基础,因此围绕营销、体验和创意等途径,展览业可与其他产业实现产业融合。未来,会展业有望与以下产业实现融合,延长国内产业链:①充分利用会展业的营销功能,加速与一般产业融合发展。例如,龙头企业、行业协会可通过举办专业产品展览,实现产业融合;政府可通过举办地方性产业展,推动产业集聚,提升城市及产业知名度。②积极推动展示技术发展,实现与通信、传媒、出版等产业的融合发展。例如,借助技术融合路径,实现线上线下会展协调发展;借助数字技术(如VR技术、3D技术等),增强客户体验感,提高展示技术。③发挥会展的体验路径优势,增强与旅游、休闲等产业的融合发展。促进会展业与这些产业的融合,形成会展旅游、会展休闲等,不仅能拉动这些产业发展,还可以丰富人们旅游、休闲体验。④挖掘会展业的创意路径,加快与文化创意产业的融合发展。创意本身需要通过展示获得认可,需要通过活动交流形成创意碰撞,创意需要一定的聚集空间、特殊的氛围和有组织的活动,推动创意文化与会展融合发展,加快创意园、创意展、创意会等会展文化产业发展,将是未来会展业融合发展重要方向之一。

章节案例

会展活动本质上是资源整合

1.组织工作是资源整合

组织一个会展活动,要有策划人员、招商人员、设计人员、管理人员、搭建人员、安保服务人员等,单靠某一个人或者某一类人不能完成这项工作,只有多个工种的多个人员密切配合、相互支持,才能完成一个系统工程。你认为设计工作不重要,可是没有这类人员,就很难科学规划展位,或者完成展位设计;你认为策划工作不重要,可是没有这类人员,就难以很好地搭配展会中的相关活动,充分烘托展会的良好氛围;你认为安保工作不重要,可是没有这类人员,一旦展会上发生盗窃、火灾、打架等事件,自己很难处理……总之,组织工作的资源整合主要在于整合"人"和"工种",让每个人各归其位、各尽其才,让每个工种各显所能、各司其职。

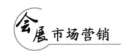

2. 招商工作是资源整合

从资源整合对象上来讲,尤其是专业展会,需要把某一个行业有关的产品和衍生产品,尽最大努力整合到一起。比如食品展,食品生产制造企业是主要邀约对象,但是相关的食品包装企业、代理销售企业、食品研究机构、食品媒体等食品产业链上的企业和个人,也都是邀约对象。这种整合,主要是"系统化",让单个的个体集中化,让分散的个体一体化。从进行资源整合的手段上来讲,随着市场经济的完善,招商手段越来越丰富,过去组织展会是以信函邀请,现在已成为电话招商、网络招商、信函招商、广告招商、代理招商多种手段的综合应用,每一种招商手段,都有各自突出的优点,单纯依靠某一种手段,就难以实现目标利益的最大化,因此,这种整合重在发挥渠道优势,让条条大路通展会。

3. 展会平台是资源整合

首先是信息整合。展会开幕了,企业来了,采购商来了,经销代理商来了,管理者来了,专家学者来了,原材料供应商来了,大家都因为展会聚到一起,谈合作话发展,学经验谋创新。在这个平台上,需求信息、物价信息、发展趋势信息、科技信息等各路信息荟萃,让你的眼界不再狭窄,让你的思想不再故步自封,让你的思路更加开放,让你发现更多的发财机会。信息整合的积极作用就是给你一把开启未来发展大门的金钥匙。其次是产品整合。比如LED展览会,展出的照明产品LED路灯、太阳能LED灯、日光灯、装饰灯等各种室内外LED照明新品、LED芯片/封装及配套材料、制造设备及测试仪器等新品,各种户内外广告及舞台LED显示屏等一应俱全。这种展览展示的产品整合,让你充分享受一站式采购的便捷服务,让你享受不同档次需求的个性服务,让你享受比较选择物美价廉产品的尊贵服务等。产品整合的最大优点是让你看得见摸得着,实物接触,从多种款式多种功能中选择最适合自己的产品,或者自己最中意的产品。

资料来源:江志君.会展活动本质上是资源整合[N].中国贸易报,2013-03-05(07).

第二节 市场营销概述

一、市场营销的概念

市场营销(marketing),又称市场学、市场行销或行销学,MBA、EMBA等经典商管课程均将市场营销作为对管理者进行管理和教育的重要模块包含在内。市场营销是在创造、沟通、传播和交换产品中,为顾客、客户、合作伙伴以及整个社会带来经济价值的活动、过程和体系。市场营销主要是营销人员针对市场开展经营活动、销售行为的过程。

市场营销从营销原理看,包括市场分析、营销观念、市场营销信息系统与营销环境、消费者需要与购买行为、市场细分与目标市场选择等理论。从营销实务看,由产品策略、定价策略、分销渠道策略、促销策略、市场营销组合策略等组成。从营销管理看,市场营销包括营销战略、计划、组织和控制等。特殊的市场营销由网络营销、服务市场营销和国际市场营销等组成。

二、市场营销的过程

(一)市场调研分析

市场调查是运用科学方法,有目的、系统地搜集、记录、整理有关市场营销信息和资料,分析市场情况,了解市场现状及其发展趋势,为市场预测和营销决策提供客观、正确资料的过程。市场调查内容很多,有市场环境调查,包括政策环境、经济环境、社会文化环境;有市场基本状况调查,包括市场规范、总体需求量、市场动向、同行业市场分布占有率等;有销售可能性调查,包括现有和潜在用户人数及需求量、市场需求变化趋势、本企业竞争对手产品的市场占有率、扩大销售可能性和具体途径等;还可对消费者及消费需求、企业产品、产品价格、影响销售的社会和自然因素、销售渠道等开展调查。

(二)目标市场选择

目标市场选择是估计每个细分市场吸引力程度,选择进入一个或多个细分市场。企业选择的目标市场应是那些企业能在其中创造最大顾客价值并能保持一段时间的细分市场。资源有限的企业或许决定只服务于一个或几个特殊细分市场。根据各细分市场独特性和企业自身目标,有三种目标市场战略可选择:①无差异性目标市场策略。把整个市场作为一个大目标开展营销,强调消费者共同需要,忽视其差异性。采用这一策略的企业,一般都实力强大,进行大规模生产方式,又有广泛而可靠的分销渠道,以及统一的广告宣传方式和内容。②差异性目标市场策略。把整体市场划分为若干细分市场作为目标市场。针对不同目标市场特点,制订出不同营销计划,按计划生产目标市场所需要的商品,满足不同消费者需要。③集中性目标市场策略。选择一个或几个细分化市场作为营销目标,集中企业优势力量,对某细分市场采取攻势营销战略,以取得市场优势地位。实力有限的中小企业多采用集中性市场策略。

(三)营销策略定位

市场营销战略是确定目标市场并制定相应的市场营销组合。营销战略定位实质是通过规划,制定企业发展的宗旨、目标,使企业资源和能力与不断变化的营销环境相适应的过程,这种定位表现为制定企业营销的长期、全局、方向性的动态发展规划。因此,营销战略定位是一个动态过程。成功企业的市场营销战略主要有三类:①成本领先战略,企业致力于达到生产成本和销售成本的最低化。②差异化战略,企业致力于创造有显著差别的产品线和营销方案,以便成为本行业的市场领导者。③集中化战略,企业将力量集中在为几个细分市场的服务上,而非追求全部市场。企业怎样结合自身情况和营销环境在这些战略中加以选择和确认,实质上就是战略定位问题。战略定位相当重要,因为它解决的是企业长期性、全局性和方向性问题。

(四)市场营销管理

市场营销管理是企业为实现经营目标,对建立、发展、完善与目标顾客交换关系的营销方案进行的分析、设计、实施与控制;是企业规划和实施营销理念、制定市场营销组合,为满足目标顾客需求和企业利益而创造交换机会的动态、系统管理过程。市场营销管理是企业经营管理的重要组成部分,是企业营销部门的主要职能。市场营销管理是由市场营销活动的社会化所引起的。随着市场营销活动深入发展,市场营销活动的领域越来越广,并不断涌现许多新的理论、技术和方法,涉及更多的营销人员、机构、商品和信息等。市场营销管理的任务是为促进企业目标实现而调节需求的水平、时机和性质,实质是需求管理。根据需求水平、时间和性质的不同,市场营销管理任务也有所不同。

三、市场营销的组合策略

市场营销策略是企业以顾客需要为出发点,根据经验获得顾客需求量以及购买力的信息、商业界的期望值,有计划地组织各项经营活动,通过协调一致的产品策略、价格策略、渠道策略和促销策略,为顾客提供满意的商品和服务而实现企业目标的过程。

(一)11P 组合营销策略

1986 年 6 月,美国著名市场营销学家菲利浦·科特勒教授提出 11P 营销理念,即在大营销 6P 之外,加上探查、分割、优先、定位和人,并将产品、定价、渠道、促销称为"战术 4P",将探查、分割、优先、定位称为"战略 4P"。该理论认为,企业在"战术 4P"和"战略 4P"的支撑下,运用"权力"和"公共关系"这 2P,排除通往目标市场的各种障碍。①产品(product)。即产品的质量、功能、款式、品牌、包装,新产品开发,产品生命周期,品牌策略等。②价格(price)。其又称定价策略,在产品不同的生命周期内制订相应的价格;主要目标有四点:维持生存、利润最大化、市场占有率最大化、产品质量最优化。③促销(promotion)。主要目的是传递信息、强化认知、突出特点、诱导需求、指导消费者、扩大销售、滋生偏爱、稳定销售。④分销(place)。即为达到产品分销目的起用的销售管道。⑤政府权力(power)。依靠国家政府间谈判,打开另外一个国家市场大门,依靠政府人脉,打通各方面关系。⑥公共关系(public relations)。利用新闻媒体力量,树立对企业形象有利的报道,消除或减缓对企业不利的报道。⑦探查(probe)。即市场调研,通过调研了解市场对某种产品的需求状况,有什么具体要求。⑧分割(partition)。即市场细分过程,按影响消费者需求的因素进行细分。⑨优先(priortion)。即选出企业的目标市场。⑩定位(position)。即为企业产品赋予特色,在消费者心目中形成一定印象,或者说是确立产品竞争优势的过程。⑪人员(people)。不单指员工。所有知识工作者、白领雇员、管理人员以及部分消费者都直接或间接被卷入消费过程,将额外价值增加到既有社会总产品或服务供给中,这部分价值非常显著。

(二)6C 组合营销策略

顾客(customer)、成本(cost)、沟通(communication)、便利(convenience),加上机会(market chance)、市场变化(market change)为 6C。不销售企业制造的产品,而要将满足消费者需求的产品售出;不根据竞争者或自我盈利策略定价,而是通过一系列测试手段了解消费者为满足需求愿付出的成本;不要以自身为出发点,想着网点怎么布置,采用什么样的通路策略,而要关注消费者购买产品的便利性;不是想着如何通过媒体传播提升销量,而要和消费者互动沟通。

(三)4R 组合营销策略

4R 营销理论以关系营销为核心,注重企业和客户关系长期互动,重在建立顾客忠诚;既从厂商利益出发又兼顾消费者需求,是更为实际、有效的营销制胜术。该理论认为,随着市场发展,企业需要从更高层次上以更有效的方式在企业与顾客之间建立起有别于传统的新型主动性关系。①关联(relevance)。企业与顾客是命运共同体。建立并发展与顾客之间的长期关系是企业经营的最重要的内容。②反应(reaction)。在相互影响的市场中,对经营者来说最难实现的问题不在于如何控制、制订和实施计划,而在于如何站在顾客角度及时倾听和观测商业模式转移成为高度回应需求的商业模式。③关系(relationship)。在企业与客户关系发生本质变化的市场环境中,抢占市场的关键已转变为与顾客建立长期而稳固的关系。④报酬(reward)。任何交易与合作关系的巩固和发展,都是经济利益问题。一定的合理回报既是正确处理营销活动中各种矛盾的出发点,也是营销的落脚点。

章节案例

基于会展营销7Ps策略组合的创新

1. 产品（product）

会展产品是个复合体系，不仅意味着会展产品的内涵丰富、构成复杂，也意味着不同的利益相关方对产品认识将各不相同，产品开发和营销的不同阶段其产品内涵也要不尽相同。因此，对于会展产品的任何一个组成要素都应该精心打算，系统开发，动态发展，不断创新，使得会展产品日益完善，具有可持续发展的能力。

2. 价格（price）

会展产品营销成功后的收益主要来自参展商的参展费、与会者的参会费，以及租赁费、会刊收入、赞助费等。会展组织者要负担的成本主要包括各项调研费、场地费、营销推广费、设备费，以及会展结束后的信息搜集整理、客户维护、其他营运和一般管理费。

3. 渠道（place）

会展营销渠道是对会展项目进行推广的路径和机构。通常，会展营销渠道可以分为直接营销、代理营销、直接与代理相结合的营销三大种类。

4. 促销（promotion）

在制定和实施会展促销活动的过程中，首先要对促销对象的心理、行为、职业、媒体接触习惯等特征进行分析，并在此基础上确定选择何种促销方式，然后制定促销预算，再将各种促销活动投入运营，并根据促销效果对促销策略进行动态调整。在应用与调整促销方法时，广告成本一定要重点关注。

5. 过程（process）

会展组织者必须注重会展服务过程，以客户为本，在会展前、中、后阶段提供完善、连贯、一致的服务，优化各个服务环节，关注服务细节，尽量减少参展商和专业观众的不便，提高对展会的满意度。

6. 人员（participants）

在会展产品的营销过程中，要充分重视员工服务的作用，与客户建立良好的关系，提高营销的效率和效果。会展相关机构都应根据市场要求和自身情况来培训员工，开发会展人才，使员工明确工作任务、服务内容以及服务规范，逐步提高其经营和管理技能。

7. 实体展示（physical evidence）

现阶段，会展产品实体展示的内容包括硬件环境、设施装备、导引系统。硬件环境是指会展场馆中的展厅展位、会议室、餐厅等；设施装备包括网络、电梯、通信、水电、视听等；导引系统设置会展现场的标识标志、周边交通指引等。

8. 营销创新

第一，营销理念创新。①从服务参展商到服务观众。参展商的参展目的就是把自己的产品拿出来给观众，并在展览会上找到合适的买家，但如果专业观众因对服务质量不满意不来参展，就可能会出现整个场馆只有参展商的现象。②从国内营销到全球营销。国内展览企业必须树立全球营销的理念，把成熟的展会品牌拿到世界上专业观众更多的地方举办，以开拓新的

市场。③从大众营销到品牌营销。展览公司必须注重展览会品牌所代表的主题和特色,以品牌为指向,招来特定的参展商和专业买家。换句话说,展览公司的营销目标是招来更多的参展商和专业观众,而不是简单地招来更多的人。

第二,营销主体创新。①随着世界展览业竞争的日益加剧,各个国家和地区特别是展览业落后的国家和地区将出现更多专门的展览营销组织或推广机构,这些机构可采取紧密型的董事形式或采取松散型的联合形式。②大力宣传自身的办展环境,从而吸引更多的国际会议或展览会,城市甚至全国性的展览整体营销活动将大量涌现。③在营销观念上,人们对展览营销主体的认识将更加深入,即除了传统意义的会议或展览会外,还包括展览城市、展览企业整体和专业媒体等。

第三,营销手段创新。①积极运用各种新技术和新的理论研究成果,如网络营销、目的地营销、整合营销、一对一营销、微信营销、场景营销、DSP 等。②要创造性地运用常见的营销手段。展览公司不妨和旅行社、体育场等合作,以商务旅游作为卖点,在邀请函中附加特别内容,以求抵消远途劳顿的负面效应,从而达到提高观众前来观展的兴趣。

第四,营销内容创新。①强调服务。服务是展览会的主要竞争力要素之一,它直接影响着参展商和专业观众对展览会的印象,并决定了一个展览会是否能发展成为世界知名的品牌展。②主题创新。只有策划和宣传鲜明的主题并提供个性化的服务,才能吸引某一类观众的眼球,进而达到预期的营销目的。③产品创新。展览企业必须精心策划并适时推出新的产品和服务,这是营销成功的基本前提。事实证明,创新并关注市场需要的展览会永远都是受欢迎的。

资料来源:袁帅.从会展营销的7Ps策略组合思考会展营销的特点和创新[EB/OL]. http://www.hui.net/news/show/id/3315.

第三节 会展市场营销概述

一、会展营销的概念

会展营销是政府或企业等主体在不断变化的内外环境中,为促进会展的理念、产品、服务交换而开展的一系列创造性活动,以满足会展利益相关者需求的过程。会展营销通过精心策划具有鲜明主题、能引起轰动效应、具有强烈新闻价值的独立或系列营销活动,实现更有效的品牌传播和销售促进目标。会展营销是集广告、促销、公关和推广等活动于一体的营销体系,也是建立在品牌营销、整合营销、关系营销、社会营销和网络营销基础上的全新营销模式。会展市场营销最终目标是为了促进会展产品服务的营销推广,获取良好的经济、社会等效益。会展营销对象包括会议、展览、场馆、会展城市等。

二、会展营销的特征

(一)营销主体综合

会展营销主体十分复杂,大到国家或城市,小到会展企业甚至是一次会议或展览会。每个主体的营销目的不同,营销内容侧重点也存在明显差异。一次展览会可能涉及众多组织和企业,大型国际性展览会可能由当地政府主办,由一家或几家展览公司承办,其中个别较复杂的活动由具体项目承担。一个展会由几方共同操作,且各自承担的工作在深度广度上不同,但进程必须保持一致,合作也必须紧密有效。

(二)营销内容整体

展览会的举办时间、地点、主题及内容等都是参展商关心的。因此,会展营销内容必须具有整体性,既包括举办会展的外部环境,如城市安全状况、综合接待能力等,又包括会展创新之处,如给观众带来独特利益,以及配套服务项目水平等。这一切都会影响参展商的购买行为。

(三)营销手段多样

会展营销的主体复杂和内容广泛决定了展览会必须综合利用各种手段来开展宣传,达到预期营销目的。从传统的广播、电视、报纸到各类行业杂志、专业会展杂志,再到面向大众的路牌广告、地铁或出租车以及互联网,会展营销主体以平面或立体方式,将大量信息以最快、最直接方式传递给大众。

(四)营销对象参与

会展活动主办者虽然熟悉会展策划和运作,但对行业认知程度可能并不深刻,因而在整个过程中必须广泛听取与会者和参展商的意见,根据自身能力结合与会者和参展商要求调整营销内容,更好地满足与会者和参展商的需要。另外,在会展活动中,与会者和参展商参与性都很强,主办者必须与其互动交流,才能提高与会者和参展商的满意程度。

三、会展营销的任务与内容

(一)会展营销的任务

①营销分析。在会展营销分析任务方面,包括会展营销环境、市场规模与构成、参与者购买消费行为、竞争对手、同类会展、产品服务、价格、分销渠道、促销方式等的调查分析。②营销计划。在会展营销的计划预测和决策方面,包括会展营销推广的形势概况,会展优势、劣势、机会和挑战的确定和评价,会展营销的目标制订和营销策划,会展的短期和长期营销计划制订等。③营销执行。会展营销组织和执行,包括全员营销观念培养、营销导向组织机构建立、营销人员选择和培训、营销部门与其他部门沟通合作、新产品服务开发、价格制定、营销渠道建立、促销活动开展、营销信息系统建立。④营销控制。会展营销控制和评价方面,包括会展营销数据分析、归纳和总结,会展营销绩效考评,评估市场营销活动有效性,评估营销人员工作业绩,采取必要纠偏措施。

(二)会展营销的内容

①会展信息。会展基本信息通常设计成广告或编辑成册,采用直接邮寄、电子邮件等方式进行宣传推广。基础信息有:会展的时间、地点、交通、住宿、接待事宜、时限;会展组织机构主办、承办、协办、支持、顾问单位的强大阵容,以显示会展实力;回顾历届会展活动的丰硕成果、行业和社会评价,突出会展不断成长的趋势;会展活动宗旨、主题与范围;参展、观展等参与办法;详细的服务清单和价目表。②会展活动。会展相关活动有高峰论坛、竞赛、参观旅游、新品展示发布等,以衬托主题、积聚人气、丰富会展内容、增进行业联系、树立品牌形象。相关活动推广内容包括活动名称、时间、地点、内容、流程、参与者、相关价值。③会展品牌。会展品牌推广应建立在深入的市场调研和分析基础上,深入了解观众、赞助商等利益相关者动机,体现会展特殊性,最终增强会展品牌价值与吸引力,培养客户忠诚。品牌推广需要建立良好的市场信

誉、争取广泛社会支持、建立亲密客户关系、增加亲身体验机会等。

四、会展营销的目标与要求

(一)会展营销的目标

①广而告知。向目标对象及潜在参展商和观众发布会展组织机构、时间、地点、主题、参展内容、提供服务内容和参展须知等信息。②积极说服。在告知基础上,通过广告、新闻发布会等手段,说服目标对象建立对会展的信任和兴趣。鼓励其他潜在对象积极参展、参观,扩大参展商和目标观众范围。③强化意识。有计划地开展宣传推广活动,使目标参展商和观众在参展参观后,加深对会展的认识,不断强化其主动关心和参与意识,提高会展知名度和美誉度。④培养忠诚。一旦会展拥有较多忠实的目标参展商和观众,会展将成为行业内具有影响力的标杆会展活动。目标参展商和观众对会展品牌忠诚度越高,越倾向参加。

(二)会展营销的要求

①主题突出。主题是会展策划的灵魂,也是吸引公众的根本,会展策划主题来源包括社会文化、节日文化、地理物产文化、人文文化、历史名人文化、时尚文化、品牌文化和商业文化等。②娱乐吸引。重视娱乐氛围营造,引导公众积极参与,策划符合公众心理需求的活动,以得到公众和社会认可。③文化厚重。策划和宣传推广会展讲究文化性,从主题思想、活动形式到现场气氛、赠送礼物都突出文化色彩,给公众文化体验。④奖励刺激。在活动进行中,通过利益刺激,设计有吸引力的奖品、奖金,吸引公众参与活动。⑤情节起伏。情节设计符合主题思想、活动品味和宣传推广需要,同时具有趣味、高潮迭起、煽动感情,以欢快的现场气氛和富有感染力的情节抓住公众。

 章节案例

会展营销的本质:精准定位及满足客户需求

1. 精准定位我们的行业客户群体

每一个行业都有着一个多元化和多层次的市场。首先,找准哪些是我们的客户群体,可根据该行业上下游产业链的特点,列出客户群体的公司名单,这些名单再分类,哪些是重点客户(大企业及经常参展的企业),哪些又是非重点客户。

列出这些公司名单后,我们需要找出这些公司中的具体相关负责人(很多情况下不止一个人),会展营销经理可以有多元化及灵活性的选择,这些选择可以结合起来使用,主要可通过以下几种方法:其他行业展会及会议现场沟通、通过客户公司电话询问、客户公司在网上的新闻报道、电话预约登门拜访、其他客户帮忙推荐、网上职场人脉平台(领英、脉脉等)。

研究及找准客户的需求,并以个性化的方式、整体化的服务满足客户的需求。我们在客户公司官网上得到的信息与客户实际的需求往往存在较大出入。大部分营销经理还是以展会本身的展示为中心,以营销为导向,在为客户提供参展方案时,不能按照客户的实际需求出发进行整体规划。

营销经理应从大的行业层面出发,找出一些共通点,也就是规律,再通过更细节化的深入了解,加上与客户的沟通,找准客户的需求,也许不只是一个,或许有多个需求。将与客户沟通的过程记录下来,特别是客户的一些回答和决定。

基于以上我们获得的框架和内容,可以采取如下步骤实施,可称之为过程管理。①营销经理搭配组合出几类典型的客户角色,今后在与同类型的客户沟通中可以使用一致的话术以达成目标。②记录与客户沟通中客户提及的各类信息。③总结出可以满足客户需求的一整套参展方案。以上这三步营销经理需分别拿出具体的操作方法。所以营销经理需要对客户有深刻理解,并在与客户的沟通中做出正确的引导,才能更加理性、客观地为客户提供相应的参展方案,在重要的环节上为客户提供强有力的支持,包含客户体验,而不只是营销展位。

2. 借助移动互联网实现精准人群营销

在移动互联时代,每个人、每场展会都会受影响,只要我们做好准备,就能利用技术配合营销来提升展会竞争力。

互联网时代营销都是死数据,而移动时代每个手机、每个数据背后,代表的是一个活人。如果你是一个云计算行业的高级管理者或兴趣人群,当你浏览信息时,可能你看到的广告不是云计算趋势就是云计算行业展会,抑或是云计算行业的最新资讯洞察;而另外一个美妆时尚行业的用户在同一个网页上则看到的是完全不同的广告。更令你想不到的是,基于你自身的特性,出现在你面前的这些超匹配的广告是通过技术的形式实现的……这样的场景其实在会展圈已经不是幻想,人群定向技术的成熟,让移动端程序化广告这种方式已经出现在精准营销中,一些规模性的展会品牌已经开始率先尝试这种广告投放方式。

移动端的技术创新,让信息的挖掘和捕捉更加的精准和完善,可以构建用户画像,满足特定的展会推广需求;而移动互联对于定位技术的发展,让精准营销有了新的延伸。很多展会看重位置精准这一新模式,纷纷尝试和应用竞争展会开展时的定位投放策略。

就渠道来说,有四大渠道最适合展会营销:手机网站自媒体,移动端程序化广告,微信朋友圈,移动端App。但是,展会网络营销是庞大的工程体系,无论你是想借助这些互联网渠道运营什么,都需要规划好传播的内容、实现的目标、主要衡量指标以及执行计划。真正把目标客户当作"有需求的人"来精细化运营,才能真正抓住移动互联的精髓。

最后,精准定位以及满足客户的需求是一个持续不断的过程。因为客户的需求是在不断变化中的,我们需要理解,相应地,我们提供的服务质量也需要不断提升。以客户需求为出发点的营销方式,我们可以称之为客户解决方案,也可以称之为提高服务质量,不过归根到底,我们要保证每一次的服务都是基于这个出发点,并不断改变和提升,以便我们可以尽最大可能地达成与客户的双赢!

资料来源:刘亮.会展营销的本质:精准定位及满足客户需求[EB/OL].双线会展.

本章小结

本章介绍了会展的概念、分类、特征和构成,会展产业的概念、发展前景,市场营销的概念、过程、组合策略等内容,为认识会展市场营销奠定基础;分析了会展市场营销的概念、特征、任务内容、目标要求等。

1. 会展是会议、展览、奖励旅游、大型事件等活动的简称,是围绕特定主题多人在特定时空的集聚交流活动,包括各种类型的博览会、展览展销活动、大型会议、体育赛事、文化活动、节庆活动、奖励旅游等。

2. 会展产业是会议和展览业等行业的总称,影响面广,关联度高,涉及农业、工业、商贸等诸多产业,对调整经济结构、开拓市场、促进消费、扩大产品出口、加强合作交流、推动经济发展发挥重要作用。

3.市场营销是在创造、沟通、传播和交换产品中,为顾客、客户、合作伙伴以及整个社会带来经济价值的活动、过程和体系,是营销人员针对市场开展经营活动、销售行为的过程。

4.会展营销是政府或企业等主体在不断变化的内外环境中,为促进会展的理念、产品、服务交换而开展的一系列创造性活动,以满足会展利益相关者需求的过程。

复习思考题

1.查阅相关资料,对会展的概念和分类进行梳理、分析,提出你自己的会展分类体系。
2.从市场营销的角度出发,谈谈会展产业的功能和发展前景。
3.结合会展领域的实际案例,谈谈11P、6C和4R营销组合理论的具体运用。
4.论述会展市场营销的任务、内容、目标与要求。
5.基于11P营销组合理论和会展产业实际情况,对会展市场营销组合要素进行分析论述。

单选题

1.会展产业的功能作用主要包括关联带动、消费促进、(　　)、市场培育、营销整合。
   A.供需调解　　　　B.结构调整　　　C.拉动内需　　　　D.宏观调控
2.市场营销从(　　)看,包括市场分析、营销观念、市场营销信息系统与营销环境、消费者需要与购买行为、市场细分与目标市场选择等理论。
   A.营销实务　　　　B.营销原理　　　C.营销过程　　　　D.营销理论
3.从(　　)看,市场营销由产品策略、定价策略、分销渠道策略、促销策略、市场营销组合策略等组成。
   A.营销控制　　　　B.营销形态　　　C.营销管理　　　　D.营销实务
4.以下内容不属于11P营销组合策略的是(　　)。
   A.探查　　　　　　B.环境　　　　　C.优先　　　　　　D.定位
5.以下内容不属于6C营销组合策略的是(　　)。
   A.定位　　　　　　B.变化　　　　　C.便利　　　　　　D.机会

多选题

1.会展营销的对象主要包括(　　)、(　　)、会展中心、观众、(　　)、相关媒体。
   A.组织者　　　　　B.参与者　　　　C.会展目的地
   D.当地政府　　　　E.赞助商　　　　F.供应商
2.会展营销的任务包括(　　)、营销计划、(　　)、(　　)等。
   A.营销研究　　　　B.营销分析　　　C.营销执行
   D.营销控制　　　　E.营销规划　　　F.营销进度
3.会展营销目标主要有广而告知、(　　)、(　　)、(　　)等。
   A.传播扩散　　　　B.客户满意　　　C.积极说服
   D.经济收益　　　　E.强化意识　　　F.培养忠诚
4.会展营销的组合策略主要有(　　)、价格战略、(　　)、促销战略、(　　)、(　　)、(　　)。

A. 人群规模   B. 产品战略   C. 渠道战略   D. 有形展示战略
E. 过程战略   F. 气候条件   G. 人员战略   H. 地理位置

5. 会展营销的要求有（　　）、娱乐吸引、（　　）、（　　）、（　　）。

A. 主题突出   B. 目标明确   C. 文化厚重   D. 行动迅速
E. 行动有序   F. 情节起伏   G. 奖励刺激   H. 成果明显

第二章 会展市场调查预测

 **学习要点**

1. 理解会展市场调查的概念、特征,能够对会展市场进行不同类型的调查研究;
2. 理解并能对会展市场调查的各种方法进行应用,掌握会展市场调查样本选取的主要方法;
3. 掌握会展市场调查的主要程序和方法,特别注意掌握会展市场调查资料的性质、来源渠道和主要内容,能够对会展市场调查资料进行搜集;
4. 理解会展市场预测的内涵、分类、规定,明确市场预测的内容,掌握市场预测的程序和方法,能够对具体的会展市场案例进行预测。

 开篇案例

会展市场营销成功的七步调查法则

1. 产业调查

搜集产业信息,从大的局面角度来看,有助于分析在该产业举办展会或者会议的可能性以及产业给展会提供的可能发展空间;从小的局面角度看,对会展业的会展活动的主题选择、会展项目立项、策划及至具体的会展营销活动的安排都具有非常重要的参考指导价值意义。会展营销企业需要搜集的产业信息主要有产业性质、产业规模、产业分布、销售模式、技术组成等。

2. 顾客调查

会展企业对目标顾客的调研,就是通过调查,了解目标顾客的需求以及变化。目标顾客的情况调研,主要包括目标顾客界定、目标顾客对会展的需求、目标顾客参与行为三个方面内容。

3. 同类会展调查

同类会展的情况调研主要是为了解竞争对手的情况和同类型展会的情况,包括竞争对手的情况、同类型展会的情况。

4. 企业经营调查

企业经营状况往往一般是指会展营销企业的内部资源的优势和不足。每一个会展营销企业都有自己所擅长的领域、自己优于他人的资源,也有自己不熟悉的领域和欠缺的元素短板。这些决定着会展营销企业自身在哪些产业举办展会、举办什么类型的展会的成功可能性更大。要做到"知己",就要认真地分析自身的方方面面。

5. 产品调查

对于会展营销企业来说,"产品"就是某一具体会展营销项目,要了解该项目的市场寿命周期、产品生命周期、该项目切实的市场需求和发展空间。

6. 价格调查

在定价前,要调查与价格有关的一系列因素,如具体会展营销项目的成本核算、企业的定价目标、竞争对手定价策略、营销运营策略、参会者/展商心理预期及期望回报等。

7. 促销调查

促销方式调研是对影响会展营销企业自身促销方式开展的各种因素的调研、分析、总结、策略制定。会展营销企业促销方式调研,至少包括各种促销方式的成本和效果预估、目标顾客的媒体元素使用习惯、竞争对手的促销策略、竞争对手的市场额度和运营手段等。

资料来源:袁帅.会展营销的市场调研,须做好这7个调度[EB/OL].(2015-09-06).http://www.sohu.com/a/30747666_243993.

第一节 会展市场调查概述

一、会展市场调查的概念

会展市场调查是运用科学方法,有目的、计划、步骤、系统地搜集、记录、整理和分析有关市场营销方面的各种情报资料,掌握会展产品服务从会展企业到达消费者的各种情况和趋势,为会展企业管理人员经营决策提供依据的过程。在会展市场营销活动中,会展市场调查和市场预测是重要一环。重视会展市场调查,掌握和运用市场信息,是会展管理现代化的主要标志。会展市场调查必须采用观察法、实验法、调查法及抽样法等科学方法,找到与市场营销活动有关的资料,为会展企业管理者制定营销决策提供客观依据,提高市场营销活动效率。

二、会展市场调查的特征

会展市场调查的特征主要有七个方面:①方法的科学性。有效的市场调查原则是使用科学的方法,仔细观察、形成假设、预测并试验。②调查的创造性。市场调查最好能提出调查会展市场特征和主体行为的建设性调查方法。③形式的多样性。市场调查员并不过分依赖一种方法,强调方法要适应问题,而不是问题适应方法,通过多种来源收集信息,有更大的可信度。④模型和数据的相互依赖性。市场调查人员应知道事实的含义是源自解决问题的模型。这些模型指导待搜集信息的类型,尽可能明确其相互关系。⑤信息的价值性。市场调查人员应注意衡量信息价值与成本之比。价值依赖调查结果的可靠性和有效性,以及管理层是否愿意承认调查结果并加以使用。⑥态度的怀疑性。市场调查人员对轻率做出的关于市场运转方式的假设应持怀疑态度。⑦职业的道德性。市场调查获得的漂亮数据会给政府、会展企业和参展商等带来好处,然而为了一味追求亮眼数据,在调查中弄虚作假,是违背职业道德甚至是触犯法律的危险行为。

三、会展市场调查的类型

根据会展市场营销问题的不同、调查目的的不同、搜集资料方法的不同以及在市场营销决策中作用的不同,会展市场调查可分为四种类型:①探测性调查。会展市场营销人员对所调查问题不太清楚时,采用此调查形式。调查目的是发现问题所在,初步确定问题范围。如在经济正常的年份展会参展率下降,但不知原因何在,就可以采用探测性调查。会展市场营销人员可以通过咨询专家或经验丰富的工作人员取得对面临问题的深入了解。②描述性调查。对所探讨问题已较清楚时采用此方法,即对客观事物或现象如实描述,通过掌握过去和现在的资料进行研究。绝大多数会展市场调查均属此类。这种调查要求有完备设计,比探测性调查更严密。③因果关系调查。为发现会展营销活动或会展营销环境中出现问题的原因,找寻现象间因果关系。因果调查一般基于描述性调查结果,针对某一现象的产生,进一步搜集资料并运用逻辑推理和统计分析方法找出问题并证明因果关系。会展企业把企业经营的目标销售额、市场占有率、利润等设为因变量,把企业可控制的因素如产品、价格、分销、促销以及企业外部不可控因素定为自变量。这种调查可帮助会展企业决策者评价和选择活动方针。④成就监测调查。即对会展市场营销成就结果反馈的调查,主要调查企业营销计划的执行情况,特别是对销售结果的调查。

 章节案例

美国会展业发展情况调研(之一)

1. 美国会展业发展现状

自1896年底特律会议局成立以来,美国会议产业开始得到越来越多的地方政府与相关机构重视并逐步发展起来。目前,拉斯维加斯、奥兰多、芝加哥等已成为美国最著名的会展中心城市,一些专业协会影响力也日益增加,如美国国际展览管理协会(IAEM)、美国专业会议管理者协会(PCMA)、国际会议专家协会(MPI)等。

会议会展业在美国社会经济生活中发挥了重要的作用。根据美国会议行业委员会(Convention Industry Council,CIC)2011年发布的报告《会议产业对经济影响的重要性》显示,2009年美国举办各类会议和贸易展总计约179万次,参会人员达20472万人,对GDP的直接贡献额为1060亿美元,为美国提供直接工作岗位170万个,间接工作岗位630万个,直接创造联邦税收143亿美元,州与地方税收113亿美元。

2. 美国会展业的特点

第一,参展商的重新签约率下降。美国许多参展商并不急于就展览会上的展位与组展单位签约,参展商对展览会的积极参与意识也不如从前了,重新预订展位的比率减少已是大势所趋。展览会人数在下降,参展商感受不到展位紧俏的压力。

第二,展览会中的会议越来越少。由于观众与参展商人数减少,展会无须提供更多的服务项目,造成参展环境恶化,反过来使参展商缺乏主动参与的积极性。值得注意的是,展会管理者还必须不断对展览会及会议安排适时更新,有的展会会期原来是3至4天,而现在也缩短成1至2天。

第三,新展览会规模不断缩小。过去,一个美国新展览会规模通常在300个至400个展位,但现在一般新的展览会拥有展位就在75个至100个左右。新展会主要集中在一些细分市场领域,其运作在第一年至第二年通常会面临相对困难的处境。

第四,参展商签约参展的预留时间缩短。2001年年初,参展商在参展前的签约情况良好,

在展会举办前9个月支付展位费50%,在参展前3个月把参展商的全部展位费付清。2002年年底以来这个情况就有所不同了,展会主办单位让参展商提前签约展位,参展商即使签约也不超过3个月。这种情况造成了展会主办单位资金的困难,展会主办单位无法把一个展会的参展规模做一个统计,也没有一个可靠的资金作保障。

第五,媒体公司出售展会项目。这虽不是一个全球趋势,但在2002年以来美国会展业中表现突出的是,许多媒体公司面临大量债务。它们想通过抛售展会项目得到现金来清债。根据美国《展览》杂志报道,从2001年10月到2002年2月,仅有3个展览会是媒体举办的,到3月份以后,几乎全是商业性会展公司在运作展会。

第六,消费类展会走势坚挺。消费类展会使人们有机会走出家门、观展、娱乐。这也就是消费类展会面对经济不景气而保持不衰的原因。例如:纽约一个四口之家花费在展会一天的开销,仅相当于看一场2小时电影的费用。类似展览会的参展人数一直能够得到保证,并且在很多地方快速增长。

3.美国会展业的管理制度及促进政策

第一,美国会展业的管理主要靠行业自律。美国会展业的管理属于企业推动型的协会管理模式;以企业自愿参加为特点,具有较强的民间性,主要通过自律机制和自律规范相对独立地承担管理责任,没有专门的政府部门通过行政手段来直接管理会展业。任何商业机构和贸易组织都不需要特殊的审批程序,即可以进入会展业;会展项目基本上不需要审批。

第二,美国会展行业协会具有协调职能。美国会展企业在发展过程中,碰到同行业内部价格上的相互倾轧与产品质量问题时,会展企业出于维护自身利益和市场秩序的需要,组建行业协会,尝试用行业自律的方式规范市场秩序,如美国国际展览管理协会。美国会展行业协会成立的动力源是企业本身,即会展企业只要存在相同的利益,就可以建立一个行业协会,政府对此既不干预,也不予资助。行业协会为企业提供技术与信息服务,协调政府、企业、消费者之间的关系,同时实力强劲的行业协会,如美国商会及美国制造商协会与联邦政府、国会都保持着密切联系。当政企发生矛盾时,行业协会将寻求国会的支持与介入,以制衡为原则,处理政府与行业协会的关系。

第三,美国政府对会展业提供间接支持。美国政府对会展业的间接支持主要体现在对出国会展项目和对国内展览会进行审核认证,这两项工作均由美国商务部具体负责。主要目的是通过对展览会的质量和组展水平进行认证和监督,以保证美国企业无论是出国参展还是参加在美国国内举办的展览会都能取得较好的参展效果。

资料来源:驻美国使馆经商处. 美国会展业发展情况调研[EB/OL]. (2013-03-28). http://mds.mofcom.gov.cn/article/zcfb/201303/20130300070655.shtml.

第二节 会展市场调查方法

一、定性方法

(一)面谈法

调查人员通过与会展参与者详细交谈,了解所需要的信息。调查人员必须训练有素,鼓励会展参与者无顾忌地谈论其对会展活动的态度、兴趣、感情等任何与调查有关的话题,避免与调查无关的话题。这种调查能收集到会展参与者对会展产品创新、设计、开发、定位和改善会展服务质量等方面的信息。

(二)讨论法

组织会展参与者对调查专题进行小组讨论,如对会展目的地或某会展企业的印象、态度,对去某地参与会展的倾向、动机、感受等。小组讨论的优点是被调查者间相互激发,比面谈法节省时间。无论是小组讨论还是与被调查者面谈,调查人员必须事先拟好调查提纲,认真组织,才能保证调查效果。

(三)测验法

测验法的目的是了解会展参与者个体潜在动机。一般是要求被调查对象描述无标题绘画,判断墨迹图形,或根据某些绘画或图形谈论个人联想等。测验法的理论基础是个体内在思想和品质通过对模糊刺激的反应表现出来。会展参与者是否有所意识,其需求、期望、动机、态度、个性特点都会在某种程度上反映到他所讲述的故事或所完成的句子上。

(四)体验法

体验法即参与观察法,是调查人员参加到被观察对象所在的群体和组织中,作为其中一员,参与日常活动的观察法。此法的优点是了解情况深入、细致,能观察到非参与观察不能观察、体验到的细微深层之处。调查人员应有意识参与一些会展群体活动,获得真切的体验和资料。

(五)深层法

探究会展参与者内心的真实想法和真实动机。优点在于不直接询问参与者对自己行为的分析评价,而是通过访问或测验与被调查者无直接关系的问题,转移参与者注意力,了解会展参与者的心理防卫,了解会展参与者被压抑的潜意识和不愿直接暴露的真实想法和动机。

(六)日志法

调查人员通过购买的方式,获得会展参与者每个时期平均会展行程和会展消费的日志,以及被调查者接触广告媒体的资料。调查人员同被调查者事先联系,并给被调查者一定报酬。因此,这种方式效果好、回收率高,可取得连续性资料,对推算总体结论有效,能代表母体特征。但这种方法花费成本较高,也不易进行管理。网络时代,可以采取搜集会展参与者网络博客日志、空间日志、微博日志、点评日志等网络资料的方法,弥补直接向被调查者索要日志的局限性。

二、定量方法

(一)观察法

观察法即观察会展参与者的会展消费过程。通过观察,了解某种会展产品能否满足会展参与者的需要,进而了解展参与者的兴趣、动机和态度。

(二)实验法

实验法是指从影响调查问题的许多因素中选出一两个因素,将其置于一定条件下进行小规模实验,对实验结果分析的调查方法。实验法可以通过控制外来变量和检查结果差异发现变量间的因果关系,也可以测定任何一个或几个影响营销效果变量的关系。如选择会展参与者的期望值、价格、服务质量、活动安排等实验因素,通过设计,其中一个因素发生变化,其他因素保持不变,根据会展参与者不同反应了解各因素在会展参与者满意度中发挥的作用。

(三)面谈访问法

调查人员直接访问被调查者,以递送问卷或面对面交谈等方式收集第一手资料。面谈调查既可以采用个人访问方式,也可以采用召开用户座谈会方式。调查对象包括会展参展商、观众、会展中间商或其他有关人员。

(四)小组座谈法

小组座谈法,又称焦点座谈法,是由一个经过训练的主持人负责组织讨论,以无结构自然形式与一个小组的被调查者交谈。通过倾听被调查者获取对调查目标问题的深入了解。常常可以从自由的小组讨论中得到意想不到的发现。这种方法特点是小组由8~12人组成,成员具有同质性;预先筛选被调查者;座谈环境放松、非正式;时间在1~3小时;使用录音带和录像带;主持人可以观察,可相互接触,有熟练的交流技术。

(五)深层访谈法

深层访谈是一种无结构的、直接的、个人化的访问。访问过程中,掌握高级技巧的调查员深入访谈被调查者,以揭示对某一问题的潜在动机、信念、态度和感情。与小组座谈会一样,深层访谈法也是用于获取对问题深层理解的探索性研究。如发掘目标客户购买产品深层动机时采用,研究者为消除受访者的自我防卫心理,采用文字联想法、语句完成法、角色扮演法等技巧对客户访问。

(六)电话询问法

电话询问法是指调查人员通过电话向被调查者征询意见、收集信息的方法。优点是在短期内调查多数样本,迅速获得资料,且调查成本较低,不受地区大小限制。采用这种方法,调查人员不易获得对方合作,受时间限制,很难询问较复杂的问题;调查人员也难以判断被调查者回答问题的真实程度。

(七)邮寄调查表法

由调查人员将设计好的调查表邮寄给被调查者,被调查者按照要求填写并按时寄回。此方法成本低,调查范围广,被调查者可充分、自由地回答问题。但回收率低,也不及时,直接影响调查效果;如果被调查者对调查表不理解,可能出现答非所问的情况。

(八)问卷调查法

调查问卷又称调查表或询问表,以问题形式系统记载调查内容。问卷通常有选择地发送,会展参与者自行回答,也可在调查人员指导下回答。为鼓励被调查者如实、全面反馈信息,问卷必须设计得有趣、朴实、简单,不给人造成负担。问卷应只包括与调查内容相关的问题,同时也要利于统计分类。问卷的格式、措辞和问题顺序会影响反馈率和反馈信息的效果。问卷可以要求被调查者署名或匿名,匿名答卷更为真实,署名问卷要考虑的顾虑更多。有些答卷除选择题外,在最后还出一两个问答题,让答卷人阐述自己的观点,可以获取更深层次信息,但很难统计分析。

三、调查的样本选取

会展市场调查通过面谈、实地观察、发放问卷等方法搜集资料,由于不能对全部调查样本进行调查,需要选取对全体被调查者具有代表性的样本进行调查。样本是从总体当中抽取出能代表总体的部分集合,市场调查人员需要通过抽取样本得出有关总体的结论。因此,调查人员必须设计样本选取方案,需考虑样本确定、样本大小、样本选取方法三个方面的问题。调查主要包括全面调查、重点调查、典型调查和抽样调查。抽样调查中又包括随机抽样和非随机抽样。非随机抽样又可做进一步细分。

(一)全面调查

全面调查也称普查,是对与会展市场调查有关的所有对象无一例外地进行普遍调查,通过全面调查获得全面、可靠和准确的资料。由于市场广大,全面调查费时、费力,也不现实,因此这种方法在会展市场调查中几乎不用。

(二)重点调查

重点调查是在全体会展市场调查对象中选择一部分重点单位进行调查,以取得统计数据的非全面调查方法。由于重点单位在全体调查对象中只占很小一部分,调查的标志量在总体中却占较大比重,因而对这部分重点单位进行调查所取得的统计数据能够反映会展市场发展变化的基本趋势。和抽样调查不同的是,重点调查取得的数据只能反映总体的基本发展趋势,不能用以推断总体,因而只是一种补充性的调查方法。目前主要是在对一些重点会展企业集团的调查中运用。优点是花费较小,能及时提供必要的资料,便于掌握基本情况。

(三)典型调查

典型调查是以现象总体中的某些单位为对象进行调查,通过了解典型单位情况而推断现象总体的方法。运用这种方法的关键在于正确选择典型单位,这些典型单位应具有充分的代表性。从性质上说,典型调查是抽样调查的特殊形式。

(四)抽样调查

抽样调查是从调查对象总体中抽取一部分具有代表性的个体进行调查,并从这部分抽样调查中推断全体的方法。抽样调查虽然有时有误差,但比全面调查具有省时、省力、省钱、速度快、应用广等优点。抽样调查结果与普查接近,有时甚至比普查准确。目前抽样调查已普遍应用于各个领域,在会展业运用尤为广泛。如会展企业要了解会展参与者对新产品反应或检测会展广告效果测定,均可采用抽样调查。抽样调查包括随机抽样和非随机抽样。①随机抽样。随机抽样是按随机原则抽取样本的方法,完全排斥调查人员主观意志,使总体中每一个体被抽出的机会完全均等。在概率抽样成本过高或时间过长时,调查人员可采用非概率抽样,非概率抽样在许多场合非常有用,尽管无法衡量抽样误差。为了方便数据统计和分析,应尽量将所得信息进行量化,然后进行分类、制表、作图,得到结论。随机抽样又分为简单随机抽样、等距随机抽样、分层随机抽样、分群随机抽样。②非随机抽样。非随机抽样根据会展调查人员的需要和经验,凭借个人判断进行抽样。调查人员有意识选择具有代表性的个体作为样本,使得每一个体被选中的机会并不均等。常用的方法有配额抽样、任意抽样、判断抽样三种。

第三节　会展市场调查过程

一、调查目标

确定调查目标，就是要明确在调查中要解决哪些问题，通过调查要取得怎样的资料，取得这些资料有什么用途等问题。衡量一个调查项目设计是否科学的标准，主要就是看方案的设计是否体现调查目标的要求，是否符合客观实际。另外，准确陈述目标也很重要，因为它决定了调查所需信息的类型和数量。

二、调查对象

调查对象是根据调查目的、任务确定调查范围以及调查总体，调查对象是由某些性质相同的许多调查单位组成的。会展市场现象具有复杂多变的特点，因此调查对象也是复杂的，必须以科学理论为指导，严格规定调查对象含义，指出调查对象与其他有关现象的界限，以免造成调查时由于界限不清发生的差错。

三、调查单位

调查单位是所调查社会经济现象总体中的个体，即调查对象中一个个具体单位，是调查中要调查登记的各个调查项目的承担者。例如，为研究某市展览企业经营情况及存在的问题，需要对全市展览企业进行全面调查，该市所有展览企业就是调查对象，每一个展览企业就是调查单位。

四、调查项目

调查项目是对调查展览企业所要调查的主要内容，确定调查项目要明确向被调查者了解些什么问题，调查项目包括调查单位所须登记的品质标志和数量标志及其他有关情况。如对会展参与者调查时将参与者的姓名、性别、年龄、民族、受教育程度、行业、职业、职位、收入、参与动机、参与行为、消费行为等作为调查项目。确定调查项目时，除考虑调查目标和调查对象特点外，还要注意以下四个问题：①确定的调查项目应当既是调查任务所需，又是能够取得答案的，否则不应列入。②项目表达必须明确，要使答案具有确定的表示形式，如数字式、是否式或文字式等。③确定调查项目应尽可能做到项目之间相互关联，使取得的资料相互对照，以便了解现象发生变化的原因、条件和后果，便于检查答案的准确性。④调查项目含义要明确、肯定，必要时可附以调查项目解释。

五、调查时间地点

①调查时间是调查资料的时间属性。如果要调查的是时期现象，就要明确规定调查资料所反映的是调查对象从何时起到何时止的资料。如果所要调查的是时点现象，就要明确规定统一的标准调查时点。②调查期限是规定调查工作的开始时间和结束时间，包括从调查方案

设计到提交调查报告的整个工作时间,也包括各个阶段的起始时间,其目的是使调查工作能及时开展、按时完成。为了提高信息资料的时效性,在可能的情况下,调查期限应尽量缩短。③调查地点与调查单位通常是一致的,当不一致时,有必要规定会展市场调查地点。

六、调查方法

调查方法是指通过考察了解会展市场客观情况获取材料,并对材料进行分析的研究方法。在会展调查中还要规定采用什么组织方式和方法取得调查资料。采用何种调查方式、方法不是固定和统一的,而取决于调查对象和调查任务,为及时、准确、全面地取得会展市场信息,应注意多种调查方式结合运用。在明确调查方法后,设计相应的调查工具,如调查问卷和访谈提纲等。

七、调查资料

(一)调查资料的性质

调查资料从性质上分为两类:①第一手资料。第一手资料也叫原始资料,是调查者为特定调查目的、直接经过搜集整理和直接经验所得的资料,具有实证性、生动性和可读性优点,特点是证据直接,准确性、科学性强。多数市场调查都要求搜集第一手资料。如果需要有关会展参与者消费特征、参与行为等方面的详细资料,就要搜集第一手资料,需要更多的时间和资金,但也能得到更准确的信息。②第二手资料。第二手资料是不为目前正在调查的特定问题,而是为其他目的搜集的数据资料,有助于确认研究问题,界定范围,帮助拟定更好的研究方法,可以进一步解释第一手资料。第二手资料是调查的起点,优点是成本低、立即可供使用。在搜集第一手资料前,应先搜集第二手资料,若第二手资料非常充分,就不必再设计原始资料搜集方案。第二手资料包括各类统计数据、前人研究成果,政府机构、研究机构的数据库和研究报告、各类出版物,以及其他社会和商业机构提供的数据资料等。互联网已成为越来越重要的第二手资料搜集渠道。

(二)调查资料的来源

调查资料从来源渠道上看,主要包括机构、媒体和活动现场三个大类,每个大类又包括若干具体的来源渠道,如表2-1所示。①机构渠道。主要是通过联系和前往各类与会展活动相关的机构部门,如政府部门、行业协会、会展组织、举办会展企业所在的行业组织、驻外使领馆商务处、调查机构、研究机构等,获得会展市场调查资料。从各类机构获得的调查资料信息往往以第二手资料为主,真实、准确、权威性高。②媒体渠道。包括报道和传播会展信息的各类新闻媒体和传播媒介等,如互联网、电视、报刊等。主要以第二手资料为主,也包括从会展活动官方网站获得的第一手资料。具有信息量大,良莠不齐,传播速度快等特点。③现场渠道。前往会展活动举办现场,通过对参与者和举办者进行调查访问、实地调查、索要资料获得第一手资料。资料真实度高、调查成本较高。

表2-1 会展市场调查的资料来源

来源渠道	信息类型	信息特征
政府部门	产业规划、法规政策、统计数据等	宏观、准确
行业协会	产业规模与分布、行业预测、企业名录等	宏观、微观、准确
会展组织	展览会信息	具体、准确
行业组织	产业规模与分布、行业现状与发展预测等	宏观、准确
使领馆	会展举办国的产业规模、企业名录等	具体、准确
调查机构	行业信息、市场信息、研究报告等定制化信息	费用较高、较准确
研究机构	产业分析报告、研究报告等	具体、多元、较准确
网络媒体	产业规划、法规政策、行业预测、统计数据、展览会信息、企业名录等	时效性强、覆盖面广、方便快捷、准确性不够
电视媒体	法规政策、行业预测、统计数据、展览会信息、企业名录等	准确、传播速度快、详细度不够
报刊媒体	法规政策、行业预测、统计数据、展览会信息、企业名录等	详细、深度、准确
活动现场	展出规模、布展水平、参展商专业观众区域分布、参展企业名录等	准确、费用较高

(三)调查资料的内容

1.产业信息

产业发展状况和产业性质是影响会展能否成功举办的重要因素之一。一个展会可能涉及一个或几个相关产业。涉及产业规模大小会直接影响展会规模。产业不同,举办会展的策略和方式也不一样。搜集产业信息主要是为了从产业角度分析产业对举办展会可能产生的影响,以及产业给展会提供的发展空间等,为制定切实可行的会展举办策略奠定基础。产业信息主要有产业性质、产业规模、产业分布、产业集群、产业技术、产品形态、产品销售等内容。

2.市场信息

我国会展市场化程度越来越高,大多数展会用市场化的商业性展会方式运作,即使政府主导型展会也逐步向市场化转变,市场化经营是我国会展业发展的主流。举办市场化商业展会需要对市场进行全面和详细的了解,对各种市场信息进行全面认识和深入分析,在其基础上做出决策才有科学性和准确性。从策划举办展会实际出发,需要搜集市场规模、市场竞争、市场发展、销售商、终端客户、行业协会等信息。

3.会展信息

在策划举办展会时,要对该行业现有展会情况有所了解,一方面,可以为是否在该行业举办展会提供依据;另一方面如果以现场参观方式了解展会信息,可以搜集参展商信息,扩大目标参展商数据库,至少搜集四个方面信息,如同类展会、重点展会、营销环境、目标客户。

4.政策法规

会展产业和市场不同程度地受到国家政策法规影响,体现在三个方面,即通过影响企业参展意愿和参展行为间接影响展会,通过对展会组织方式等约束直接影响展会,通过对会展举办单位市场准入限制影响展会。因此了解政策法规对成功策划和举办展会十分重要,主要包括产业政策、发展规划、准入政策、进出口政策、产权保护政策、其他政策等内容。

八、调查分析

实地调查结束即进入调查资料整理和分析阶段。调查搜集的原始资料大多是零散、不系统的,只能反映事物表象,无法深入展现事物本质和规律。会展企业想充分利用这些信息,必须进行整理筛选使之合理有序,之后还要分析信息,透过信息表面了解市场深层情况。调查资料分析处理方法主要分为定量分析和定性分析两种。定量分析使认识趋于精确,但只说明总体趋势和倾向,难以说明产生结果的深层次原因和特殊情况。定性分析使认识趋于深刻,但是结论可能片面。因此,两种分析方法使用应相互补充,不能以追求"研究科学"排斥定性分析,也不能以"现象复杂"为借口排斥定量分析。

九、调查结果

市场调查最终结果要写成调查报告,供会展企业和政府机构决策参考。调查报告编写应注意以使用者为导向,在报告中必须明确回答调查之初确定的问题。市场调查报告包括:①导言,即标题、前言、目录表;②报告主体,即调查详细目的、方法说明、结果描述、结论摘要;③建议事项,即有价值的建议,这是建立在对整个调查有深刻认识基础上的;④附件,即样本的分配、图表及附录。调查报告完成后要考虑的是报告的形式和份数、图表大小、打印装订、提交或发布方式等。

美国会展业发展情况调研(之二)

1. 中国企业赴美参展情况及经验总结

近年来,中国企业赴美参展整体呈上升趋势。2012年1—8月,向我驻美使馆经商处提交参展申请共26件,较2011年同期的19件增长36.8%。目前,中国企业主要是通过国内会展公司组团,赴美参加专业或综合展会,参展目的多为展示和销售产品、建立客户联系、考察市场环境等。中国企业青睐赴美参加在北美乃至全球具有较高行业影响力的展会,这些展会的专业观众集中度高,有利于中国企业开拓美国及周边市场。

第一,从参加美展会类别看,轻工服装、农产品、新能源、化工机械以及综合类展会是中国企业的主要参展对象,主要包括:盐湖城户外用品展、美国国际厨房及卫浴展览会、美国夏季优质食品展、波士顿水产品展、美国化工展览会、美国国际太阳能展会、拉斯维加斯国际消费品展、美国国际轮胎工业展览会等。

第二,从中国企业组团规模看,单个团组规模相对较小,一般在10家企业以下,申请展位面积为几十至数百平方米不等。

第三,从组团单位性质看,组团主体呈多元化,既有中国机电产品进出口商会、中国贸促会贸易推广交流中心、中国化工信息中心等事业单位,也有国药励展、远大国际展览、北京领会国际展览等企业单位。相关单位大多拥有较为丰富的境外组展经验。

第四,从我国企业参展情况和效果看,中国企业赴美参展以展示和销售产品为主,重视展品实物展示,但在展台设计、手册制作、营销手段等方面,与美本土企业相比存在不小差距。近年来,开始有部分中国企业通过参与展会专业论坛、在展厅播放企业宣传视频等方式主动发声,取得了一定效果。

2. 美国会展业成功经验及对我国的启示

第一,坚持市场导向。美展会主办者多为非官方性质,展会决策、运营更为灵活,展会的主题定位、布展实施均以市场需求为导向,将服务参展企业、吸引更多展商和观众作为办展目标,展会的功能性、效益性更为突出。我国参展企业对美展会主办方的服务意识、考虑周全普遍持肯定态度。与此同时,由于会展对促进当地经济发展、带动就业作用较为明显,展会所在美地方政府也乐意为展会举办提供便利,但政府通常不参与商业展会的具体运营。

第二,突出自身优势。美知名展会主题鲜明,通常以特定产品类别为主。例如儿童用品展、高尔夫用品展等,不追求覆盖产品的全、广、多,加上主办方多年精耕细作,使得参展企业、专业观众市场细分更为具体。总体来看,美展会正朝着精细化方向发展,不同主题的展会重叠度较小,既避免了不同地区展会的相互恶性竞争,也突出了各自优势,能够更好地吸引企业参展。

第三,丰富展会内涵。美展会内容已由传统的以展促销,向利用会展平台加强行业研讨、为企业新产品发布提供平台等方向发展。展览也从实体展台向网络虚拟展台延伸。企业通过参展不仅能够展示、销售自身产品,还能了解业界动态及发展趋势,与同行及客户开展深入交流。

第四,重视品牌营销。美知名展会主办方高度重视展会包装、宣传,部分展会定期赴海外进行市场推介。展会主办方在向传统媒体投放广告的同时,更加侧重网络营销。例如:在展览结束后,向参展客户和观众发放制作精良的电子刊物,介绍展会数据、亮点、特色,通过与客户保持密切联系,增加展会"黏度"。

资料来源:驻美国使馆经商处.美国会展业发展情况调研[EB/OL].(2013-03-28).http://mds.mofcom.gov.cn/article/zcfb/201303/20130300070655.shtml.

第四节　会展市场预测

一、预测的内涵

会展市场预测是在会展市场营销调查基础上,运用科学方法,根据过去和现在的情况,对会展市场需求量和影响会展市场供求变化的要素进行质和量的分析研究,估计变化可能性,并对未来发展趋势做出预计、测算和判断,得出符合逻辑的结论,为会展企业市场营销决策提供依据的过程。

二、预测的类型

(一)按预测时间划分

会展市场预测按预测期长短分为四种:①长期预测,即 5 年以上市场发展前景的预测,对战略性决策的预测,多半适用于市场需求较稳定的会展产品,是制定中长期会展发展规划的依据;②中期预测,即 1～5 年市场发展前景预测,是制定中期会展发展任务的依据;③短期预测,即 1 季度或 1 年市场发展变化的预测,适用于市场需求变化快的会展产品,使会展企业及时调整营销战略,迅速适应市场需求变化,是经营决策的依据;④近期预测,通常为1周~1季,适用于会展产品生命周期很短、市场需求变化很快的会展产品。

(二)按预测范围划分

会展市场预测按预测范围分为两种:①宏观市场预测,即包括整个国民经济在内的会展企业不可控因素的预测,目标是预测会展市场供求关系变化和总体市场的运行态势;②微观市场预测,即对会展企业产品市场潜在需求的预测,为企业营销决策提供依据。

(三)按预测性质划分

会展市场预测按预测性质分为三种:①定性预测,即通过市场调查,了解实际情况,凭个人实践经验和理论水平、业务水平,对市场发展前景的性质、方向和程度做出判断预测;②定量预测,即根据历史和现实的统计数据和市场信息,运用统计方法和数学模型,对市场未来发展的规模、水平、速度和比例关系进行分析测定;③定性与定量相结合的预测,即在分析过程和结果上综合运用上述两种预测方式。

三、预测的内容

(一)会展产业发展

会展产业发展是决定和实现会展市场容量的物质基础,进行会展市场预测必须预测会展发展及变化趋势。预测会展业发展及变化趋势,首先了解会展历年交易额、会展面积、成本和利润等情况。其次了解现有会展企业数量、供给能力、会展设备、会展技术和会展品牌现状,各项指标在会展行业达到的水平及会展生命周期。最后了解各种会展企业设备更新、技术引进以及近期挖潜、革新、改造措施和场馆规划,可能达到的效果及时间。

(二)会展生命周期

会展生命周期主要是从展出量、获利能力变化上进行分析,是研究会展需要量和利润随时间变化的趋势。这一过程还受价格、经济发展、科技进步、市场竞争、供需平衡等多种因素影响。会展市场生命周期,一般分为投入期(试展期)、成长期、成熟期和衰退期四个阶段。

(三)会展市场容量

会展市场容量是有支付能力的市场需求量。会展市场预测不是抽象预测购买者的需求欲望,而是预测有支付能力的需求量。需求欲望没有实际支付能力的支撑,不是现实需求。需求欲望可作为市场需求预测的重要参考变量,但不能作为决策依据;有支付能力的需求才是现实的市场容量。

(四)会展市场价格

价格反映会展经济各方面的关系,与会展发展、市场安排密切相关。进行会展市场预测不能忽视会展市场价格变化。价格是价值的货币表现。价格的变化,最主要是由会展产品价值量变化引起的。同时,价格又是调节市场供求比例关系的重要手段,因而供求关系也是影响价格变化的重要因素,而价格变化又反过来影响市场供求关系变化。

(五)会展市场需求

会展市场需求既受会展发展、参展企业和专业观众购买力增长、会展供求变化和价格变动制约,也受参展企业和专业观众需求变化影响。随着经济发展和购买力提高,参展企业和专业观众需求量不断增长,在会展品种、规模等方面也不断变化。

(六)会展市场占有率

无论是会展企业、会展部门都不可能独占市场,只能占有市场一定份额。因此,应当从微观方面预测会展部门和企业在会展市场中的占有率及未来发展变化。这就需要会展市场调查者根据历史市场占有率,现实竞争对手,各自优势、竞争能力和经营管理新措施及市场未来占有率变化趋势等数据,对会展市场占有率做出预测。

四、预测的原则

①客观性。市场预测是一种客观的市场研究活动,不能主观随意地"想当然",更不能弄虚作假。②全面性。影响市场活动的因素,除会展经济本身外,还有政治、社会、科技等因素,预测人员应从各个角度归纳和概括市场变化,避免以偏概全。③及时性。为了帮助经营者不失时机做出决策,要求市场预测快速提供必要信息。信息越及时,不可预测因素越少,预测误差越小。④科学性。预测资料须经过去粗取精、去伪存真的筛选过程。运用资料应遵循近期资料影响大、远期资料影响小规则。预测模型须先进行试验,找出最能代表事物本质的模型,减少预测误差。⑤持续性。市场预测需不间断持续进行。一旦有初步结果,就应当将预测结果与实际情况比较,及时纠正预测误差,使预测保持动态准确性。⑥经济性。市场预测需要耗费一定资源。有些预测项目,由于预测所需时间长,预测因素较多,往往需要投入大量人力、物力和财力,这就要求预测工作量力而行。如果企业自己预测成本太高,可委托专门机构或咨询公司预测。

五、预测的程序

(一)确定目标

明确预测目标,就是根据会展企业经营活动需要,确定预测解决什么问题,并根据问题,拟定预测项目,制订预测工作计划,编制预算,调配力量,组织实施,保证预测工作有计划地进行,取得满意结果。

(二)搜集资料

进行有效的会展市场预测,必须占有充分的会展市场资料,包括历史资料和现实资料,在此基础上对所搜集资料进行整理、分析和选择。搜集资料是否充分、客观、可靠,对会展市场预测结果的准确性、可靠性和有效性具有重要影响。

(三)选择方法

选择预测方法时,要综合考虑所预测会展特点、预测目标、时间界限、准确程度及成本效益等因素,并要结合资料多寡和搜集资料的可能性。有时预测某一项目需要用多种方法,利用多种方法相互印证,提高预测的准确性和可靠性。

(四)建立模型

预测技术有定性预测和定量预测两大类。会展市场预测更多涉及关系复杂、影响因素较多的变量和因素,更多运用定量预测技术。定量预测技术要涉及预测模型建立。因此,必须建立会展市场预测的数学模型,即用数学函数关系,抽象描述会展经济实体及其相互关系。然后,根据模型具体运算,求出初步预测结果,并考虑模型没有包括的因素,对预测数值进行调整。

(五)结果检验

预测是估计和推测,很难与实际情况完全吻合。预测模型又是简化的数学模型,不可能包罗影响预测对象的所有因素,出现误差不可避免。产生误差的原因,可能是搜集资料有遗漏和篡改或预测方法有缺陷,也可能是工作中处理方法失当,工作人员偏好影响等。因此,每次预测后,要将利用数学模型计算的理论预测值,与过去同期实际观察值比较,发现预测误差,估计可信度。同时,还要分析各种数学模型产生误差的大小,以便对各种预测模型改进或取舍。

(六)编写报告

预测报告是对预测工作的总结并向市场调研委托者做出汇报。预测结果出炉后,应及时编写预测报告。报告内容除应列出的预测结果外,还应包括资料搜集与处理过程、选用的预测模型、对预测模型的检验、对预测结果的评价包括修正预测结果的理由和修正方法,以及其他需要说明的问题等。预测报告表述应尽可能利用统计图表及数据,做到形象直观、准确可靠。

六、预测的方法

(一)定性预测方法

1.概念

定性预测是依据预测者个人的经验和分析能力,在充分利用已知信息基础上,发挥预测者主观判断力,通过对影响市场变化的各种因素分析、判断、推理,推测市场发展变化。定性预测的特点是简便易行,不需要经过复杂的运算过程。但也正因如此,它又具有不能提供以精确数据为依据的会展市场预测值的缺陷,只能提供市场未来发展的大致趋势。为扬长避短,实践中应将定性预测与定量预测结合起来运用,以便对会展市场发展变化做出科学预测。

2.分类

定性预测方法主要分为主观估计法和技术分析法两类。主观估计法包括经验判断法、集体意见法、专家会议综合预测法、类推法和主观概率法等。技术分析法包括德尔菲法、历史类推法、形态分析法和系统分析法等。

3.典型方法

①头脑风暴法。预测人员邀请有关专家对预测问题进行研讨,通过专家的创造性思维获得预测结果。②德尔菲法。其又称专家小组法或专家意见征询法,依据系统程序,采用匿名发表意见方式,即专家之间不得互相讨论,不发生横向联系,只能与调查人员联系,通过多轮调查专家对问卷所提问题的看法,经过反复征询、归纳、修改,最后汇总成专家基本一致的看法,作为预测结果。这种方法具有广泛代表性,较为可靠。③参与者意图调查法。此方法是预测人员向会展参与者或潜在会展参与者抽样调查预测期内的会展意图,以分析、预测未来会展需求的方法。④客户意见调查法。此方法是直接征求客户意见,了解其购买愿望,预测会展产品销售状况的预测方法。在购买人数较小、调查成本不高、客户具有明确意向并愿意配合调查时,采用此法合适。⑤营销人员意见综合法。此方法是由最接近市场的营销人员进行预测,由预测人员综合其意见的方法。这种方法比较适合于对会展市场需求和竞争对手的预测。⑥管

人员意见法。此方法是由营销、业务、财务等管理人员做出集体判断的预测方法,主要预测销售前景,将经验与判断相结合进行预测。

(二)定量预测方法

1. 概念

定量预测法是在数据资料充分的基础上,运用数学方法和计算机技术,确定各变量之间数量关系,对会展市场发展趋势进行数量方面的估计与推测。定量预测法依靠实际观察数据,重视数据作用和定量分析;建立数学模型作为定量预测工具。随着统计方法、数学模型和计算机技术日益普及,定量预测的应用空间会越来越大。

2. 分类

定量预测方法主要分为时间序列预测法和因果分析预测法两大类。时间序列预测法包括各种趋势模型预测法、季节变动预测法、周期波动预测法、移动平均法循环波动分析、ARMA模型、马尔科夫链预测法等。因果分析预测法主要包括回归分析预测法、计量经济模型预测法、多元统计分析预测技术、投入产出法等。其他预测方法还包括人工神经网络模型、灰色预测、人工智能等。

3. 典型方法

①时间序列法。以历史和当前的时间序列数据资料为基础,按时间顺序加以排列,构成一个数字序列,根据其动向预测会展市场发展变化趋势。时间序列法以过去时间序列统计资料为基础,花费不大,简便易行,普遍受到重视,可用于短期预测、中期预测和长期预测。根据对资料分析方法的不同,又可分为简单序时平均数法、加权序时平均数法、简单移动平均法、加权移动平均法、季节趋势预测法、指数平滑法、市场寿命周期预测法七种。②因果关系法。因果关系法是分析市场变化原因,找出原因同结果之间联系,并据此预测市场发展变化趋势的方法。在会展经济活动中,许多现象是有因果关系的,如会展产品销售量与会展参与者收入、会展产品价格都有关,可以通过回归分析法来预测。回归分析法除时间外,还可以用其他变量作自变量,主要有单元回归预测法、多元回归预测法、投入产出分析预测法。

章节案例

会展行业预测:我国会展业将步入发展新常态

1. 行业整体发展迅猛

据前瞻产业研究院发布的《2017—2022年中国会展行业市场前瞻与深度调研分析报告》数据显示,近年来会展行业收入均实现了快速增长,2014年会展企业总体收入已经接近200亿元,年增速超过20%。2015年会展企业总体收入247.32亿元,同比增长31.94%,整体发展势头迅猛。

2. 行业企业数量较多,规模偏小

据统计,2013—2016年6月国内会展行业企业数量呈逐年递增之势,截至2016年6月末,会展行业共有6269家,为近年来新高。依此计算,2014—2015年企业平均业务收入规模分别仅为313.41万元和401.10万元。我国会展企业数量较多,但规模相对而言都比较小是当前阶段会展业主要特征。

3. 中外合资占主导,民营会展企业竞争弱

从企业构成上看,我国会展业总体呈现出以政府为主体、民营企业和中外合资企业多元参与的格局。其中政府主要指贸促会等政府机构及各类行业协会;民营企业数量较多(占比约为80%),但规模过小、竞争力弱,展览数量多,品牌少,大多数展会质量不高、发展不稳定;中外合资企业主要是由国外著名展览集团在国内收购成立的,品牌大、发展快,已经成为国内展览行业的重要力量。

可以预见的是随着中国经济的快速发展,各项城市基础条件逐步进入成熟阶段,会展业在推动社会经济增长方面将会发挥重要作用,未来国内会展企业也将面临新的发展形势,如何在恶性竞争环境中脱颖而出,提升自身市场竞争力,成了当务之急。在此阶段,会展业资本运作、兼并重组、合作共赢将成为发展新常态。

资料来源:许志新.会展业将步入发展新常态[EB/OL].(2017-02-24).https://www.qianzhan.com/analyst/detail/220/170224-83504cd8.html.

本章小结

本章介绍了会展市场调查的概念、特征、类型;从定性和定量两个维度介绍了会展市场调查的研究方法,介绍了市场调查样本选取的方法;说明了会展市场调查的主要程序;介绍了会展市场预测的内涵、分类、原则、内容、程序和方法。

1. 会展市场调查是运用科学方法,掌握会展产品服务从会展企业到达消费者的各种情况和趋势,为会展企业管理人员经营决策提供依据的过程。

2. 会展市场调查方法从定性的角度包括面谈法、讨论法、测验法、体验法、深层法、日志法;从定量的角度包括观察法、实验法、面谈访问法、小组座谈法、深层访谈法、电话询问法、邮寄调查表法、问卷调查法。

3. 会展市场调查的过程可分为确立调查目标、调查对象、调查单位、调查项目、调查时间地点、调查方法,搜集调查资料,进行调查分析,获得调查结果。

4. 会展市场预测是对会展市场需求量和影响会展市场供求变化的要素进行质和量的分析研究,估计变化可能性,并对未来发展趋势做出预计、测算和判断,得出符合逻辑的结论,为会展企业市场营销决策提供依据的过程。

复习思考题

1. 任举一个会展活动例子,说明会展市场调查包括哪些主要类型,需要对哪些内容进行调查。
2. 任举一个会展活动例子,使用至少五种方法,对会展活动调查进行研究,并说明调查样本选取的方法。
3. 论述会展市场调查的主要程序和方法。
4. 任举一个会展活动例子,说明会展市场调查资料的性质、来源渠道和内容。
5. 任举一个会展活动例子,设计会展市场的预测方案,并进行实际分析研究。

单选题

1. 根据营销问题、调查目的、搜集资料方法等不同,会展市场调查可分为探测性调查、描述性调查、因果关系调查、（　　　）调查。

A. 市场预测　　　B. 成就监测　　　C. 市场定位　　　D. 回归分析

2. 会展产业信息需要从产业性质、产业规模、（　　　）、销售模式、技术组成五个方面进行搜集。

A. 产业分布　　　B. 产业集群　　　C. 产业集聚　　　D. 客户需求

3. 对会展企业可控因素营销组合的调查主要从产品调查、（　　　）、渠道调查、促销调查等方面开展。

A. 营销调查　　　B. 环境调查　　　C. 定位调查　　　D. 价格调查

4. （　　　）包括各种趋势模型预测法、季节变动预测法、周期波动预测法、移动平均法循环波动分析、ARMA模型、马尔科夫链预测法等。

A. 相关关系预测法　　　B. 因果关系预测法
C. 等差序列预测法　　　D. 时间序列预测法

5. （　　　）包括经验判断法、集体意见法、专家会议综合预测法、类推法和主观概率法等。

A. 技术分析法　　　B. 形态分析法　　　C. 主观估计法　　　D. 系统分析法

多选题

1. 会展产业信息主要有产业性质、（　　　）、产业分布、（　　　）、产业技术、（　　　）、产品销售等方面内容。

A. 产业水平　　　B. 产业规模　　　C. 销售收入
D. 产业集群　　　E. 产品形态　　　F. 产品组合

2. 会展市场调查方法从定性的角度包括（　　　）、（　　　）、（　　　）、（　　　）、（　　　）。

A. 面谈法　　　B. 实验法　　　C. 测验法
D. 讨论法　　　E. 体验法　　　F. 日志法

3. 会展市场调查方法从定量的角度包括（　　　）、实验法、（　　　）、小组座谈法、（　　　）、电话询问法、邮寄调查表法、（　　　）。

A. 观察法　　　B. 面谈访问法　　　C. 德尔菲法
D. 日志调查法　　　E. 深层访谈法　　　F. 问卷调查法

4. 会展市场调查的样本选取包括（　　　）、重点调查、（　　　）、（　　　），其中抽样调查又可细分为（　　　）和（　　　）。

A. 典型调查　　　B. 抽样调查　　　C. 全面调查　　　D. 普遍调查
E. 选择调查　　　F. 随机抽样　　　G. 滚雪球调查　　　H. 非随机抽样

5. 会展市场调查过程可分为确立（　　　）、（　　　）、调查项目、调查时间地点、（　　　），搜集调查资料，（　　　），获得调查结果。

A. 调查范围　　　B. 调查项目　　　C. 调查目标　　　D. 调查对象
E. 调查方法　　　F. 调查单位　　　G. 调查进度　　　H. 调查分析

第三章 会展市场环境分析

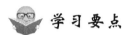

学习要点

1. 理解会展市场营销环境的概念和内涵,特别明确和区分会展营销的宏观环境和微观环境,明确会展市场营销环境的特征,理解环境给会展市场营销带来的影响;
2. 识别和理解会展宏观环境和微观环境的基本要素;
3. 掌握会展市场营销环境战略分析的两种主要方法。

开篇案例

四十不惑,中国会展业进入全新发展时代

1. 会展大国增强行动力

"会展业是我国经济发展、社会进步、改革开放的窗口、标志和缩影。"商务部原副部长张志刚出席中国会展年会时表示,改革开放四十年,我国会展业由小到大逐步成长起来,目前,展览总规模已居世界前列,正在向会展业强国迈进。商务部服务贸易和商贸服务业司副司长丁慧如表示,现阶段,我国展览业呈现五个方面的发展趋势。一是在供给侧结构性改革的大背景下,展览业对国民经济的贡献及拉动作用不断增强。二是随着政府简政放权和管理体制改革的深入推进,市场在展览行业资源配置方面的作用更加突出,展览业整体格局正逐步优化。三是信息技术渗透展览产业链每个端点,数字化、信息化、智能化日趋凸显,新题材、新模式、新技术、新平台不断涌现。四是可持续发展理念深入人心,成为展览业转型升级新的突破口。五是"一带一路"倡议、"中国制造2025"、加快自贸区建设等,为中国加强与"一带一路"沿线国家(地区)的互联互通,推动中企走出去提供了新契机。

2. 境外自主办展增幅显著

"'一带一路'沿线国家逐渐成为中国境外自主办展的热门举办地。"在中国会展年会上,中国会展经济研究会常务副会长储祥银解读《2017年度中国展览数据统计报告》(简称《报告》)时指出,2017年中国在境外自主办展达123场,较2016年下降3.1%,展览总面积达83.6万平方米,较2016年增长7.1%。其中,有71场是在"一带一路"沿线国家举办,展览总面积51万平方米,占中国境外自主办展展览总面积的61%。《报告》显示,2015年至2017年,境外自主办展的热门举办地中,"一带一路"沿线国家的占比达70%以上。储祥银介绍说,中国境外自主办展分为独立办展、合作办展、展中展三类,项目分为服务贸易展和货物贸易展两大类。2017年,中国境外自主办展举办地共涉及45个国家。相较2016年,中国2017年在美国、德

国、墨西哥等9国的办展数量均有增长。其中,在巴基斯坦的展览总面积增幅高达1260%,墨西哥的展览面积增幅高达495%。

3. 会展业带动经济增速

《报告》显示,2017年国内举办的展览总数为10358场,展览总面积为14285万平方米,较2016年分别增长4.7%和9.3%,全年净增展览466场、展览总面积1210万平方米。2017年,全国净增展览面积列前十位的城市为:昆明、沈阳、重庆、上海、广州、长春、桂林、哈尔滨、南京、临沂。

资料来源:周春雨.四十不惑 中国会展业进入智慧时代[N].中国贸易报,2018-04-26.

第一节 会展市场环境概述

一、会展市场环境的概念

会展市场环境是影响会展企业市场营销活动的各种外部因素和内部因素总和。企业面对的环境是复杂多变的,环境变化在不断创造新机会的同时,也在不断涌现新威胁。检测、把握环境因素的变化,善于从中发现并抓住有利于企业发展的机会,避开或减轻不利于企业发展的威胁,是企业营销决策和技术的依据和前提。对影响会展企业营销活动的各环境因素进行分析,是市场营销调研的重要内容,也是会展企业营销决策和计划的依据和前提。

二、会展市场环境的构成

会展市场环境由微观环境和宏观环境两部分构成。①会展宏观营销环境,又称会展间接营销环境,是存在于会展企业之外的并为其本身所不能控制的各种外部因素,主要有政治、经济、政策法律、社会文化、自然生态、技术等环境因素,它们对会展营销的影响具有两个显著特征,即强制性和不稳定性,它们或为会展营销带来市场机会,或造成潜在威胁。虽然会展宏观环境对会展营销活动产生的影响是间接的,但其影响作用却是巨大的,如政府对会展产业发展进行政策支持,信息技术对会展产业的影响。②会展微观营销环境,又称会展直接营销环境,是对办展机构举办展会构成直接影响的各种因素。这些因素包括办展机构内部环境、目标客户、竞争者、营销中介、服务商和社会公众等。和宏观市场环境一样,微观市场环境包括的因素也可能给办展机构举办展会带来市场机会,或造成市场威胁。

三、会展市场环境的特征

(一)客观性

会展市场外部环境比较复杂,它作为外在的、不以营销者意志为转移的因素,对会展营销活动的影响具有强制性和不可控制的特点。所以对于这些外部环境,会展营销人员必须客观地认识和正视它们的存在,才能对其进行准确的分析和研究。

(二)差异性

会展市场环境的差异性既表现为不同会展企业受不同会展环境的影响,而且即使同样的会展环境变化对不同会展企业的影响也不相同。不同的国家、民族、地区之间在人口、经济、社会文化、政治、法律、自然资源等方面存在着广泛的差异性,这些差异性对会展营销活动的影响力各不相同。

(三)相关性

会展市场环境是一个大的系统,在这个系统中,各种影响因素相互依存、相互作用和相互制约,某一因素的变化可能带动其他因素也发生变化,从而形成新的会展市场环境。这是由于社会经济现象的出现,往往不是由单一的因素所能决定的,而是受到一系列相关因素影响的结果。

(四)动态性

会展市场环境是会展营销活动的基础和条件,这并不意味着会展市场环境是一成不变的,而是一个动态系统。我国会展行业发展迅速,今天的环境与十多年前的环境已经有了很大的变化。十多年前,人们对会展的认识还很模糊、很片面,如今会展行业的飞速发展万众瞩目,会展经济也成为我国经济发展和城市发展的一种新模式。值得注意的是,动态变化的会展宏观环境虽然会影响会展行业,但也能为会展行业带来新的发展契机或威胁,而这些会展机会与威胁又是可以相互转化的,这就要看会展组织者是否具有驾驭会展市场的营销运作能力。

(五)可变性

会展市场环境是现实存在的,但是这并不意味着不能对它进行影响和改变。会展企业可以通过对会展内部环境要素的调整与控制来对会展外部环境施加一定的影响,最终促使某些会展环境要素向有利于会展发展的方向转化,或者运用自身的经营资源去影响和改变会展活动营销环境,从而创造更有利的发展局面。

四、会展市场环境的影响

(一)会展营销机会

会展营销机会是会展组织者开拓经营新局面的重要基础,为此应加强对环境因素的预判和分析,当会展营销机会出现时要善于捕捉和把握,以求得发展的先机。如国家"一带一路"倡议的推进为会展业发展带来机遇,根据国家商务部服务贸易公司的统计,2016年全国共举办了9558场展会,展览面积达9475万平方米,展览平均利润率19%左右,场馆利用率29%左右。

(二)会展营销威胁

外部环境中也会出现许多不利于会展营销活动的因素并由此形成挑战。如国外会展企业的大举进入,造成国内一些已经形成的品牌项目消失,市场份额下降,同时也加大了对人才的争夺,不惜重金利用各种手段从国内会展企业挖走高素质人才。为此,会展组织者必须重视对会展环境因素的调研与分析,及时预见环境威胁,将危机减少到最低程度。

(三)会展营销基础

会展营销活动所需的各种资源,例如资金、信息、人才等都是由环境提供的,因此,办展机构应认真分析各种营销环境因素,以获得最优的营销资源满足自身发展的需要,进而实现营销目标。

(四)战略制定依据

会展营销活动受制于客观环境因素,必须与所处的营销环境相适应。同时,应该发挥自身的主观能动性并制定有效的会展营销战略决策去影响环境,才能在激烈的市场竞争中占得先机,争取主动。

章节案例

新环境让会议市场更具活力

2017年,随着中国会议产业的迅猛发展,市场格局发生了本质性变化。"遵循市场导向与产业发展规律"作为目前中国会议市场在深化供给侧结构性改革进程中的指导思想,正在引领中国会议行业迈向新的变革期。稳增长、调结构、促改革成为中国会议产业全面升级的标准。

科创技术公司CEO李楠讲道:"商业环境的净化让业界摒弃过去会议组织华而不实的部分,将会议质量放在首位。随着主办方对会议重视程度的增加,处于会议产业链中下游的服务商也将更加重视技术创新,打造高质、高效的会议,品牌会议项目将脱颖而出。"

对于会议市场的发展前景,李楠表示,首先中国会议市场新增需求并不明朗,造成现有会议市场整体需求量压缩,会议型酒店或者会议中心对于市场占有率的竞争变得越发的激烈。随着竞争的加剧,各酒店或会议中心会针对市场需求以及自身产品特点,整合优化会议产品资源,提高会议服务的精细、快捷化程度。

其次,酒店加大客户开发力度以及与产业链各环节的PCO、DCM等会议服务商的合作,进一步提高会议营销的主动性,甚至跨界营销合作。由于供需关系的变化,存在两极化现象。一是会议型酒店或会议中心调整经营重心,调整会议市场比例以转型应对市场变化,确保经营发展的趋势。二是对会议产品加大投入,扩增规模,保持和追求市场份额的趋势。

提质增效是目前市场的主流思想。"会议组织者更注重会议的效率。2017年在会议产品和技术提供方面以及会前、会中、会后的服务保障方面都加大了力度来帮助会议组织者推进会议高效顺利举办。同时,围绕会议日程提供到店前环节和离店后流程的保障服务,从而拓宽场地提供方的服务链,更好地做到衔接过渡,确保会议高效顺畅。"李楠总结。

2017年政府型会议市场占比进一步减少,作为会议酒店来说,政府会议市场的变化,意味着会议市场中早前依托于政府型会议的会议场所存在着不可避免的损失。尤其是作为挂牌五星级酒店来说,受影响最大,市级政府采购已经不再将五星级饭店作为定点会议饭店供应商。中央政府一级的定点会议采购,也只能接待一类会议,实际上基本丧失了政府采购类会议市场。面对此种市场变化,首先还是要分析预判市场供需趋势,从酒店自身产品、客源市场、营销渠道、行业对手等多方面综合考察,进行产品优化组合、调整市场比重,最大化减少市场变化带来的营收影响。

资料来源:裴超. 新环境让会议市场更具活力[EB/OL]. (2018-01-10). http://www.sohu.com/a/215867377_414902.

第二节 会展宏观环境分析

一、政治环境

会展营销政治环境是指会展企业所在国以及主要目标顾客所在国双方的政治制度、政治体制、对外政策、国际政治环境、居民的政治文化心理以及两国之间的政治关系。其中,两国之间的关系以及国际政治形势主要作用于国际性的会展,国内的政治形势直接或间接地影响国内会展行业的发展环境和企业的会展需求。我国加入世界贸易组织,会展行业在拥有巨大市场前景的同时,也面临着国外同行进入中国市场的强烈冲击。例如,上海已发展成为亚太地区会展行业的重镇之一。上海每年举办的国际展达到300多个,这主要得益于上海具有发展会展行业的良好政治环境。

二、经济环境

影响会展行业发展的会展营销经济环境主要包括会展举办地的经济发展水平、展会题材所属产业的发展现状和发展前景、展会题材所属产业的市场规模、展会所在地区的区域条件等。

三、政策法律环境

会展营销政策法律环境指具有强制性的、对展会产生影响的政策、法律、管理条例,主要包括会展行业法律法规和与会展行业相关的政策法规等。总体来说,我国会展行业发展的政策法律环境还不是很成熟,相关立法还处于探索及积累经验的阶段。我国目前还没有一部独立的会展法,会展领域发生的许多纠纷还需借助于其他经济领域的相关法律如合同法、知识产权法、反不正当竞争法、专利法等来协调解决。我国政府先后出台过一些规范会展行业发展的管理办法与条例以及国家标准,主要有《商品展销会管理办法》《展会知识产权保护办法》《专业性展览会等级的划分及评定》等。此外,会展题材所属产业的相关政策,政府对消防、安保、工商管理、产品进出口、知识产权保护方面的严格要求等,也都会对举办会展活动产生不可忽视的影响。

四、社会文化环境

会展营销所面临的社会文化环境主要包括社会所共有的价值取向、审美观、道德观、传统习惯、宗教信仰等,上述社会文化因素会对会展的招展、布展、餐饮、住宿、旅游、出入境手续等方面产生影响。另外,会展营销人员在会展产品和商标设计、广告和服务形式等方面应考虑到社会文化因素的影响。

五、自然环境

会展营销自然生态环境是对会展行业的生存和发展产生直接或间接影响的各种天然形成的物质和能量的总体。当前,我国自然生态环境的突出特点是自然资源日益短缺、环境污染日益严重、能源成本趋于提高、政府对自然资源的管理和对环境保护的干预日益加强。绿色、低碳已成为会展行业发展的新趋势。会展机构或会展项目欲树立良好的公众形象,应积极了解自然生态环境方面的有用信息。例如,在会展营销中顺应自然生态环境的变化,实施"会展绿色营销",策划以降低能耗、循环利用、环境保护为主题的展会,布展中提倡绿色设计,物流中提倡绿色包装,使用环保且能循环利用的展具等。此外,会展的发展潜力和发展方向与其所在地区的自然条件是密不可分的。一个地区地理位置优越,处于交通枢纽,客户来往极为方便,那么将非常适合发展会展甚至是国际性会展;一个地区如果气候条件宜人,自然风光秀丽,是人居之地,那么如旅交会、住宅产业博览会、休闲博览会等展会就可以开拓和发展。

六、技术环境

会展营销技术环境是会展营销活动得以顺利开展的物质手段,它包括会展期间所使用的设施、设备、工具、器具等。会展业是科技含量很高的行业,现代化的会展场馆需要完善的设施设备,为与会者、参展商和观众提供全面、快速、高质量的服务。一般来说,除了中央空调、自动消防控制系统、安保监控系统、广播音响系统、地面综合布线、宽带上网等基本服务设计外,还要将一些新技术纳入会展场馆设计中,如楼宇的自动化管理系统、新型材料的运用、VOD 国际会议功能、无线上网操作等。针对一些国际会议或会展的特殊要求,有时还要将数字会议网络(digital conference network)、红外语言分配会议同声传译系统、组合式大屏幕投影电视墙等先进设备运用于会展中。网络技术近年大规模地应用在会展中,并逐步显示出了强劲的生命力。首先,网上会展没有时间限制,每天 24 小时均可访问,真正实现了会展的永不落幕;其次,无地域限制,只需有一台连上互联网的电脑,即可随时随地参观访问,这种优势可以将世界各地的资源聚合起来。

章节案例

市场和环境对产业会展价值几何

众所周知,先进制造业和现代服务业是驱动当下经济的"双核",会展业的功能之一是链动生产和消费,一手牵着制造,一手牵着市场,如何提升会展业的边际效应,是做大做强会展业,发挥其"更好地服务于国民经济和社会发展全局"的课题之一。"产业会展"理念的提出,让会展的价值功能回归,对产业会展的理解多从生产制造业的端口加以探寻,其基本的路径为:加工制造的蓬勃发展→产业集聚→产地展→产业会展市场,形成这一模式的前提是伴随改革开放发展起来的乡镇企业、家庭作坊(江浙模式)和"三来一补"(珠三角模式)经济形式。

1. 制造业对产业会展的影响

产业会展的先决条件是生产制造的产业集聚化结果,尤其是加工制造业的发展。那么,又如何看待譬如义乌、绍兴、余姚、临沂的会展模式?以上述会展模式来看,生产制造的产业基础未必雄厚,即使存在也较为薄弱,甚至也不可能支撑起包罗万象的商品贸易种类,但却是更加遵循"以贸兴展"的发展路径。如果从会展业链动供给和需求、携手生产与市场的角度来理解,上述问题则可迎刃而解:现代商贸基础之上的展览和会展产业同属产业会展的范畴。由此,产业会展的内涵则不仅仅指生产制造业,根植于商贸集散基础的展会同样归属于产业会展的范畴。这类展会有别于行业性专业展,不同于政府展,间或存在起步阶段的行政意愿(成果展示与城市品牌的打造、招商引资等),但其本质属性更贴近市场,是商贸功能基础上的市场资源的集聚,会展的功能恰恰是提升了商贸的价值,实现了生产供给和市场消费的扩大,满足了会展业贸易对接的功能。根植于生产制造业的产业会展容易理解,服务于商品贸易的产业会展同样不难理解。现代经济生活的方方面面在恰当的契机引发下,催生更多新型的展会题材,进而回归了会展产业的本源。

2. 文化创意产业对产业会展的影响

来自于文化创业产业的展会活动,则是将创意理念和文化产品通过展览、会议和节事活动的载体加以演绎,引领文化创意产业的集聚和结构的优化,进而成为特定区域和城市经济发展的引擎。深圳文博会是中国文化创意产业集聚的成功范例,开启了当代中国方兴未艾的创意产业园区发展模式,继而助推支柱产业和战略性新兴产业的发展。近年来各地风起云涌的文化创意类展会,结合科技、旅游和历史文化,推动地方经济的转型升级。再者,当下对活动管理理念的引进和探讨,成为未来中国会展业发展的一个新趋向。依托产业、企业或品牌、产品,营造富有创意性的吸睛活动,放大特定产业或企业的品牌效应,或锁定某一类品牌产品,进行包装策划、路演,迅速提升产品和企业的品牌影响力和市场占有率,加快产品渠道的建设,这类活动愈益占据会展市场的一定份额。突出表现在消费市场领域,如医药、化妆品、时尚服装、名车(奔驰、宝马等),以封闭式展示、洽谈、技术交流和演艺活动等,根植于产业、服务于市场,通过不同的会展形式和载体加以表现,从产业会展的外延角度,无不归于其功能体现。

3. 资源环境对产业会展的影响

此外,立足于环境资源条件,引进和培育国际性、全国性或区域性体育赛事,进而引导具有一定基础的体育产业的集聚和发展,不啻是区域城市经济发展的一条新路径。以海南省为例,作为国际旅游岛的战略定位,未来产业发展方向当以轻型产业为主体,良好的生态环境和便利的交通条件,培育和引进国际赛事,将与环境资源条件发生良性互动。以引进知名国际赛事为切入点,带动产业基础设施的建设、各类训练基地的打造、相应配套采购链条的延伸,逐步形成相对的产业聚集和规模化,有利于区域经济的发展,同样符合产业会展的三要素之一(产业、市场和环境),环境催生会展,会展提升产业。

资料来源:姜淮.产业会展的边界[N].中国贸易报,2017-08-01(A5).

第三节　会展微观环境分析

一、企业内部环境

会展营销微观环境中的第一种力量是会展企业内部的环境力量。会展企业自身包括市场营销管理部门、其他职能部门和最高管理层。会展企业为实现其目标,必须进行旅游产品的研究与开发、财务管理、市场营销等业务活动。而市场营销部门一般由市场营销部门经理、推销人员、广告人员、市场研究人员、市场计划人员、定价专家等组成。为了使企业业务得以开展,不仅营销部门各类专职人员需要尽职尽责、通力合作,更重要的是必须取得企业内部其他部门、高层管理层的协调一致。这些都会影响会展企业的营销管理决策和营销方案的实施。只有协调一致,会展企业的营销工作才能顺利进行,并取得较好的效果。

二、参展商

参展商是受会展生产者的邀请,通过订立参展协议书或会展合同,在特定的时间和地点展示产品或服务的主体。参展商是参加会展展出商品或服务的企业。对于企业来说,参加会展活动是其营销活动的重要组成部分,会展可以展示其新产品、新技术,有利于树立品牌形象,提升企业、产品和服务的知名度。参展商是会展服务的主要购买者,同时也是会展经营企业的主要营销服务对象。作为会展消费者需要支付一定的成本,因此,需要考虑参展的目的、条件、效应等一系列因素,谨慎地做出参展的决策,而会展经营企业在会展营销过程中,应首先详细分析会展参展商的消费目的和需求。

三、参展观众

观展者是通过购买门票或提前注册入场参观,与参展商进行洽谈的自然人、企业以及其他相关市场主体,观展者一般也被视作会展的消费者。观展者是会展主体的重要组成部分,按照观展者身份、目的的不同,可以分为专业观众和普通观众两类。①专业观众。专业观众包括产品供需型、技术探求型和情报收集型三类。产品供需型专业观众以产品交易为最终目的,通常由企业和公司的采购员、市场部经理等人员组成;技术探求型专业观众的观展目的往往是探求相关领域技术的发展状况,了解该领域的最新动态,其参加人员一般是企业的工程师、设计师等技术人员;情报收集型专业观众的主要目的在于收集竞争对手的产品、价格等情报,从各个方面实际了解竞争者的现状,一般由企业的战略层人员和市场部人员参与。②普通观众。普通观众是由于兴趣和爱好来了解会展情况的群体。由于一般的观众只是希望初步了解会展的情况,因此许多会展特别是专业技术会展不允许一般观众入场,即使允许也是安排在会展的最后两天,而且参展商一般不大重视一般观众,只有在消费类产品和服务的展会上,一般观众才会得到重视。对会展企业而言,最重要的会展目标客户是参展商和专业观众。参展商是会展产品和服务的直接购买者,亦是会展企业的主要营销服务对象,其对会展营销的影响程度远远超过其他环境因素。专业观众出于贸易目的而来,他们从事的职业一般与会展题材密切相关,也称采购商。专业观众的质量越高、数量越多,参展商的展出效果就越好,会展的知名度和品牌效益也就越强,故此拥有一定数量与质量的专业观众是会展成为"品牌展"的重要标志之一。

四、会展服务商

会展服务商是受会展主办方委托,为会展活动提供各种服务的机构,包括会展指定的展品运输商、负责展台搭建的展位承建商、指定的旅游公司和酒店、提供会展资料印刷和观众登记的专门服务商等。会展活动的规模越大,所需要的服务商就越多。很多会展服务是外包给会展服务商的,例如,会展现场翻译、车辆租赁安排、待定酒店机票等。但从参展商和观众的角度看来,这些服务都是会展直接提供的,是与会展服务一体的,并将服务商的失误归结到会展主办方身上,所以即使进行服务外包,会展主办方也决不能忽视这些服务的品质。故此,会展企业必须选择和委托高质量的服务商,并时刻监督其服务质量。作为会展营销人员,要时刻关注会展服务商的稳定性、价格变化以及服务质量等。

五、会展营销服务机构

会展营销服务机构是为会展项目提供营销服务的各类机构。例如,会展市场调查公司、招展代理、招商代理、广告代理公司等,主要任务是协助会展企业策划会展项目、进行会展项目的商业包装和会展推广、进行会展调研、协助进行招展招商等。一些大型会展企业通常会设立广告部门、招商部门以及市场调研部门等,但也有不少会展企业以合同方式委托相关公司代理有关事务。会展营销服务机构的工作效率直接影响到会展营销的效率与效益,会展企业需要密切关注、精心选择会展营销服务机构,力求获得对会展最为有效的营销服务。

六、会展竞争者

当前,我国会展行业竞争日趋激烈,国内展馆总量过剩,会展主题重复,导致竞争到了白热化地步。一方面,北京、上海展馆供不应求,展馆租金不断上涨,令会展企业压力大增;另一方面,一些中小城市展馆门可罗雀,产生巨额亏损,难以为继。从国际会展市场来看,会展经济发达的国家非常重视推行全球化战略,积极抢占发展中国家的会展市场。随着更多外资注入我国,有着丰富经验的国外展览管理人员来到中国市场,对其独资、合资项目进行管理或开发更多的会展项目,国际会展公司从会议、展览、组织、接待等方面全方位进入中国会展市场。

七、会展社会公众

会展社会公众是对会展企业实现其会展目标的能力感兴趣或有影响的团体和个人,主要有金融界、政府、新闻媒体、群众团体及社会一般公众等。公众既有可能增加会展企业实现目标的能力,也有可能阻碍会展营销目标实现。因此,会展企业营销人员应注重收集有关会展公众对本会展企业的印象、意见、购买强度等方面的信息。会展企业是一个开放的系统,它的一切活动必然要与社会各个方面发生联系。疏通、理顺、融洽与会展社会公众的关系,是会展企业营销的重要任务之一。在会展行业迅速发展的今天,会展营销人员更要注重该类信息的收集,了解会展社会公众对会展行业的理解程度,对本会展企业的美誉度以及会展社会公众的愿望等信息,以利于会展企业采取适当措施,在会展社会公众中树立良好的形象。

章节案例

场馆管理须与新时代需求匹配

习近平总书记在十九大报告中将过去五年的外交工作总结为"全方位外交布局深入展开,全面推进中国特色大国外交,形成全方位、多层次、立体化的外交布局",并逐一提到近年来在我国举办的"一带一路"国际合作高峰论坛、亚太经合组织领导人非正式会议、二十国集团领导人杭州峰会、金砖国家领导人厦门会晤、亚信峰会等国际峰会。

当下会展活动所肩负的外交功能已由过去的经贸外交向全方位外交转变。但在越来越多的国际峰会落户中国尤其是选址快速发展起来的二三线城市的过程中,一些会展城市的短板开始暴露出来。其中极为明显的是,国际峰会的高规格、高要求与二三线城市场馆和服务能力之间存在不小差距,"峰会场馆"和"峰会服务"已经成为会展人才稀缺高地,这直接反映出会展场馆高层管理人才和高端会展服务人才匮乏的弊病。会展人才短缺特别是高端人才短缺是长期以来各方面综合因素导致的,并非三言两语可以加以概括。在此,仅对会展高端管理人才短缺的些许感想与业内同行做一些分享。

一方面,从展览场馆到综合体场馆,从因需建设到超需建设,造成会展人才成长速度(供给)与人才需求增速之间的脱节。综合体场馆的多元化复合功能,要求场馆高层管理者必备能力范围需要相应扩展。一是场馆高层管理者不仅要熟悉场馆管理,还要熟悉餐饮、酒店、写字楼、商业等横向关联领域的业务。二是超需建设导致的买卖双方市场变化,令场馆管理者成为场馆的代言人,尤其是在宣传推广渠道越来越丰富、渠道组合越来越灵活、目标市场越来越定向的新媒体时代,场馆品牌建设能力成为必备的看家本领。除此之外,会展行业特性需求也要求管理者具备协调政府、业主、客户等利益相关方的能力,"互联网+"时代需要管理者具备开放、包容的跨界思维,等等。客观地说,近年来,随着会展业的快速发展,场馆高层管理者的成长速度比传统时期加快了许多。仔细算来,我国第一家综合体场馆出现至今不足10年,这期间是场馆建设高热的持续期,但高层人才成长速度与人才需求速度严重脱节。

另一方面,从展览业到"大会展",从公益性到兼具公益性与市场性,也进一步加剧了会展高层管理人才的短缺。市场化运营为场馆管理带来资产盈利能力的新要求,即提高场馆使用率,使其成为高效资产。这也提出,场馆高层管理者需具备"大会展"的经营理念,并善于开拓会、展、节、演、赛等多类型活动。但需要清楚的是,每类会展活动的不同特点、场地和服务需求特征,管理者均需要掌握,以准确把控场馆发展目标、定位及运营管理。"大会展"理念已在国际峰会内容构成中落实到位——除会议活动之外,还有展览、商务论坛、晚宴、文艺活动、配套活动、文化旅游节等活动安排。改革开放以来,国内场馆以展览业务为主的商业模式根深蒂固,与当下"大会展"盈利需求的矛盾凸显了会展高层管理人才短缺的瓶颈。

进入新时代,我国社会的主要矛盾已经转化为人民日益增长的美好生活需要和不平衡不充分的发展之间的矛盾。同理,"不平衡不充分"的发展矛盾在会展场馆代际分布、区域分布、供求结构布局等方面也都存在。这再次证明,只有依靠人才的智慧和力量才能解决矛盾、适应新时代会展经济发展需求。

资料来源:刘海莹.场馆管理须与新时代需求匹配[N].中国贸易报,2017-10-24(A5).

第四节 会展环境战略分析

一、会展环境战略分析概述

影响会展市场环境因素众多,导致会展企业营销环境存在不确定性。不确定性是指会展企业对外部环境未来变化究竟对企业本身产生哪些影响是无法确定或不可能准确预测和评估的。环境不确定程度取决于其复杂性和动态性。环境的复杂性是指该环境所含因素的多少和它们的相似程度。环境所含因素相对较少,且比较相似,就称为同质环境;反之,如果因素很多,又各不相似,则称为异质环境。环境动态性是环境所含因素发展变化的速度及其可预测性。环境变化速度较缓慢且容易预测,就称为稳定环境;反之则称为不稳定环境。由于环境的不确定,会展企业在制定营销战略决策时必须对营销环境进行必要的战略分析。这里介绍两种常见的分析方法。

二、SWOT分析法

(一)概述

SWOT战略分析法,是对会展企业发展环境的优势(strengths)、劣势(weaknesses)、机会(opportunities)和威胁(threats)进行全面评估。其中,优势和劣势是对会展企业内部环境的分析,机会和威胁是对会展企业外部环境的分析。这种方法最大的特点是把会展企业内部条件和外部营销环境结合起来综合分析,有利于会展企业对自身营销战略地位的全面把握和综合判断,从而为营销战略决策提供充分、直观的评价依据。会展SWOT分析法的核心思想是通过对会展企业的外部环境和内部条件的分析、评价,明确会展企业可以利用的机会和可能面临的风险,并将这些机会和风险与企业的优势与劣势结合起来,形成会展企业管理的不同战略措施。

会展企业内部环境的优劣势以是否有利于营销活动及其他经营活动的开展为标准,主要体现在两个方面:一是有形资源,包括人力、财力、物力等,是会展企业实施市场营销战略的必备基础条件;二是无形资源,包括技术、时间、信息、组织管理模式、领导风格、企业文化等,是企业营销战略实施的有力保证。会展企业的外部环境中的市场机会是指外部环境中对企业发展有利的场景和状况。动态的市场环境本身就是会展企业面对的机会之一。与之相反,威胁是外部环境中对会展企业发展不利的因素和场景,是对会展企业保持现有市场定位或追求更高位置的主要障碍。

(二)基本步骤

第一,分析优势和劣势。针对每一个具体的会展项目,对会展企业来说,就要分析会展企业内部的优势和劣势,重要的是找出对会展企业有关键性影响的优势和劣势,做到心中有数。第二,分析机会和威胁。由于会展企业面临的外部环境是不断变化的,会展企业管理者要分析会展企业面临的外部机会和威胁,应该回避风险。第三,形成可行的备选战略。针对外部的机会和威胁与会展项目内部的优势和劣势进行全面分析,对各种可能的配对组合进行罗列,这样就可以利用图表等手段来制订出各种备选战略方案,见表3-1。

表3-1 会展项目的SWOT分析

内部因素＼外部因素	机会(O)	威胁(T)
优势(S)	最大成功的可能性	需要防范的活动
劣势(W)	大力弥补缺陷	最小成功的可能性

(三)不同战略决策

完成会展SWOT分析步骤后,就要对分析的情况进行战略决策。充分利用表3-1形成不同组合来采取不同的战略措施,见图3-1。

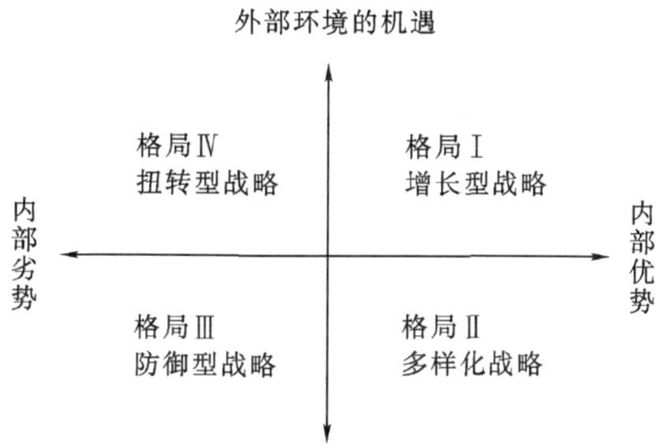

图 3－1 SWOT 分析坐标

1. SO 战略

SO 战略即优势-机会组合战略,是一种既能利用外部机会又能发挥会展企业内部优势的战略。当会展企业内部具有特定方面的优势,而外部环境又为发挥这种优势提供有利机会时,可以采取这种组合策略。例如,具备类似活动的经验,有可利用的空间和人力资源,主题新颖,没有竞争者,有地区行业支持等。

2. WO 战略

WO 战略即劣势-机会组合战略,是一种充分利用外部机会来弥补内部弱点,使会展企业改变劣势而获得优势的战略。当外部存在一些机会,而企业当前的状况又限制了它利用这些机会时,可采取此战略,利用外部机会克服内部弱点。例如,某会展管理者没有类似活动的管理经验,项目实施没有足够的场所和人力资源,管理人员没有就此活动接受充分培训,但主题新颖,没有竞争者,有地区行业支持等。

3. ST 战略

ST 战略即优势-威胁组合战略,是一种利用会展企业的优势来回避或减轻外部威胁影响的战略。外部威胁可能来自会展外部环境的变化,也可能来自竞争对手。例如,会展具备类似活动经验,有可利用的空间和人力资源,主题新颖,但存在竞争者,行为受到一定的限制。

4. WT 战略

WT 战略即劣势-威胁组合战略,这是一种旨在减少内部弱点的同时回避外部环境威胁的防御性战略。例如,没有类似活动的经验,会展实施没有足够的场所和人力资源,管理人员没有就此活动接受过相关培训,相关展览存在不少竞争者,发展受到制约。

(四)具体应用

以成都市会展业为例,进行 SWOT 分析,见表 3－2。

表 3-2　成都市会展业发展 SWOT 战略分析矩阵

内部／外部	内部优势(S) 1.城市品牌知名度较高：曾经举办过中国·成都全球创新创业交易会、G20 财长和央行行长会议等重大会议，极大提升了成都在国际舞台的曝光率和知名度 2.每年春季糖酒会与中国西部国际博览会知名度较高，影响力大	内部劣势(W) 1.品牌会展较少：除春季糖酒会与中国西部国际博览会，其余小型展会经济效益和社会效益不明显 2.市场运行机制不健全：成都市目前展会，大部分属于政府主导型会展，行政势力对展会影响力较大，市场运行机制相对落后 3.与一线城市相比，展览、会议场地不足，资源配置相对不合理 4.人力基础差，缺乏高素质的专业展览人才
外部机会(O) 1.成都作为西部中心城市，经济基础条件好，产业结构比较合理，经济总量在西部12个省会(首府)城市中常年保持排名第一 2.交通便利，是成都会展业的发展的基础保障 3.城市环境好，旅游资源丰富 4.政府大抓"会展经济"，支持力度大	SO 战略 1.借助政府行政资源加大申办力度，提高展馆使用率 2.巩固已有办展品牌，培育创新项目，增大会展收入来源 3.拓展国际合作机会，提高知名度	WO 战略 1.建立新型用人机制、薪酬机制、激励机制，培育优秀会展人才 2.借助知名展览成功的事例来扩大业内宣传，加强对市场主动出击，完善营销网络 3.利用优越旅游资源，增加对全国巡回展会申办力度
外部威胁(T) 成都周边几大城市如西安、重庆、昆明等相继提出建设会展城市的发展目标，在会展业的发展上下足功夫。这些城市在发展过程中也各有优势。周边城市会展业发展给成都带来极大的压力	ST 战略 1.发挥已有展馆，如新会展中心、西部国际博览城等场地优势，捆绑销售，增强竞争实力 2.将展馆经营、品牌自办展览、会展服务等业务进行优势互补 3.积极扶持本地小型展览公司的创新项目，培育更大的市场	WT 战略 1.加强创新管理，提升综合竞争实力 2.积极参加各类行业协会、组织，对环境变化灵活应对

三、波士顿矩阵模型

(一)概述

波士顿矩阵又称波士顿咨询集团法(Boston Consulting Group Model，BCG)、四象限分析法等。波士顿矩阵认为一般决定产品结构的基本因素有两个：①市场引力，包括企业销售量（额）增长率、竞争对手强弱及利润高低等。其中最主要的是反映市场引力的综合指标——销售增长率，这是决定企业产品结构是否合理的外在因素。②企业实力，包括市场占有率，技术、设备、资金利用能力等，其中市场占有率是决定企业产品结构的内在要素，它直接显示出企业的竞争实力。销售增长率与市场占有率既相互影响，又互为条件：市场引力大，市场占有高，可以显示产品发展的良好前景，企业也具备相应的适应能力，实力较强；如果仅有市场引力大，而没有相应的高市场占有率，则说明企业尚无足够实力，则该种产品也无法顺利发展。相反，企业实力强而市场引力小的产品也预示了该产品的市场前景不佳。

在矩阵中，以10%的销售增长率和20%的市场占有率为高低标准分界线，将坐标图划分为四个象限。然后把企业全部产品按其销售增长率和市场占有率的大小，在坐标图上标出其相应位置（圆心）。定位后，按每种产品当年销售额的多少，绘成面积不等的圆圈，顺序标上不同的数字代号以示区别。定位的结果即将产品划分为四种类型，见图3-2。

通过以上两个因素相互作用，会出现四种不同性质的产品类型，形成不同的产品发展前景。①销售增长率和市场占有率"双高"的产品群（明星类产品）；②销售增长率和市场占有率"双低"的产品群（瘦狗类产品）；③销售增长率高、市场占有率低的产品群（问题类产品）；④销售增长率低、市场占有率高的产品群（现金牛类产品）。

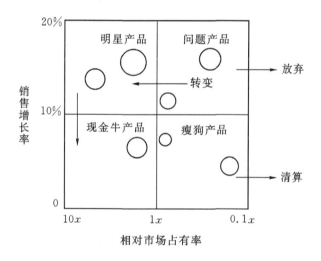

图3-2 波士顿矩阵模型

(二)不同类型产品

1. **明星产品**（stars）

明星产品是处于高增长率、高市场占有率象限内的产品群，这类产品可能成为会展企业的现金牛产品，需要加大投资以支持其迅速发展。采用的发展战略是积极扩大经济规模和市场机会，以长远利益为目标，提高市场占有率，加强竞争地位。发展战略以及明星产品的管理与组织最好采用事业部形式，由对生产技术和销售两方面都很内行的经营者负责。

2. **现金牛产品**（cash cows）

现金牛产品又称厚利产品，是处于低增长率、高市场占有率象限内的产品群，已进入成熟期。其财务特点是销售量大,产品利润率高,负债比率低,可以为会展企业提供资金,而且由于增长率低,也无须增大投资。因而其成为会展企业回收资金,支持其他产品,尤其是明星产品投资的后盾。对于这类产品,可以把设备投资和其他投资尽量压缩;也可以采用榨油式方法,争取在短时间内获取更多利润,为其他产品提供资金。对于这一象限内的销售增长率仍有所增长的产品,应进一步进行市场细分,维持现存市场增长率或延缓其下降速度。对于现金牛产品,适合于用事业部制进行管理,其经营者最好是市场营销型人物。

3. **瘦狗产品**(dogs)

瘦狗产品也称衰退类产品,是处在低增长率、低市场占有率象限内的产品群。其财务特点是利润率低,处于保本或亏损状态,负债比率高,无法为会展企业带来收益。对这类产品应采用撤退战略。首先应减少批量,逐渐撤退,对那些销售增长率和市场占有率均极低的产品应立即淘汰。其次是将剩余资源向其他产品转移。第三是整顿产品系列,最好将瘦狗产品与其他事业部合并,统一管理。

4. **问题产品**(question marks)

问题产品是处于高增长率、低市场占有率象限内的产品群。前者说明市场机会大,前景好,而后者则说明在市场营销上存在问题。其财务特点是利润率较低,所需资金不足,负债比率高。例如:在产品生命周期中处于引进期,因种种原因未能开拓市场局面的新产品即属此类问题产品。对问题产品应采取选择性投资战略。因此,对问题产品的改进与扶持方案一般均列入会展企业长期计划中。对问题产品的管理组织,最好是采取智囊团或项目组织等形式,选拔有规划能力、敢于冒风险、有才干的人负责。

(三)不同战略决策

分属不同区域的业务需要不同的营销战略与之相对应,通过上面对现有业务或产品的评估和发展前景分析,会展企业由此得出对原投资组合调整,见表3-3。

表3-3 会展企业战略类型选择

战略类型	战略内容
发展	运用问题类业务发展战略的目的是扩大市场占有率,需要追加投资
维持	主要适用于现金牛类业务,指保持某一战略业务单位的市场份额,不缩减也不扩张
收缩	用于处境不佳的现金牛业务,也适用于仍有利可图的问题类或瘦狗类业务,其目的是获取战略业务的短期效益,不做长远的考虑,产品会很快由成熟期进入前景黯淡的衰退期,会展企业更需要眼前的收益
放弃	常用于瘦狗类或问题类业务,意味着会展企业应该对该业务进行清理、撤销,以减轻企业负担,把资源转换到更有利的投资领域

波士顿矩阵法不但提高了管理人员分析和战略决策能力,同时还帮助他们以前瞻性眼光看问题,更深刻理解企业各项业务活动之间的联系,加强业务单位和企业管理人员之间的沟通,及时调整企业的业务投资组合,收获或放弃萎缩业务,加大在更有发展前景的业务中的投资,紧缩那些在没有发展前景业务中的投资。

本章小结

本章介绍会展市场营销环境的概念,对会展市场营销的宏观环境和微观环境进行了说明,分析了会展市场营销环境的特征,分析了市场营销环境对市场营销活动的影响;分别对会展市场营销宏观环境和微观环境的具体构成要素进行了分析解释;根据会展企业发展和办展的实际需要,详细介绍了会展市场营销环境战略分析的两种主要方法。

1. 会展企业的宏观环境是企业外在的不可控的因素,是对企业营销活动造成市场机会和环境威胁的主要影响力量。

2. 会展企业的微观环境影响企业为目标市场服务的能力。构成会展企业微观营销环境的各种制约力量存在于企业周围。

3. 会展企业不能准确地预测和评估外部环境未来的变化发展对其的影响,此种不确定性程度取决于环境的复杂性和动态性。

 复习思考题

1. 以具体的会展活动为例,分析宏观环境和微观环境对会展活动的影响。
2. 以具体的会展活动为例,分析会展市场环境的宏观要素。
3. 以具体的会展活动为例,分析会展市场环境的微观要素。
4. 以具体的会展活动为例,使用不同方法,对会展市场营销环境进行战略分析。

 单选题

1. 顾客属于会展企业的(　　)。
   A. 微观环境因素　　　　B. 宏观环境因素　　C. 中观环境因素　　D. 内部环境因素
2. 分析市场营销环境的目的是(　　)。
   A. 防患于未然　　　　　B. 寻求企业发展空间
   C. 增强企业适应能力　　D. 发现机会和识别威胁
3. 代理中间商属于会展市场营销环境的(　　)因素。
   A. 内部环境　　　　　　B. 竞争　　　　　　C. 渠道企业　　　　D. 公众环境
4. 企业的营销活动不可能脱离周围环境而孤立地进行,会展企业营销活动要主动地去(　　)。
   A. 控制环境　　　　　　B. 完善环境　　　　C. 改造环境　　　　D. 适应环境
5. 现在有越来越多的消费者通过互联网来购买展会门票等产品,这要求会展企业在制定市场营销组合战略时还应当着重考虑(　　)。
   A. 人口环境　　　　　　B. 技术环境　　　　C. 经济环境　　　　D. 社会文化环境

多选题

1. 下列(　　)属于企业的微观环境因素。
   A. 竞争者　　　B. 社会公众　　　C. 供应商　　　D. 营销中介　　　E. 顾客
2. 下列(　　)属于宏观环境因素。
   A. 人口环境　　B. 经济环境　　　C. 自然环境　　D. 法律环境　　　E. 文化环境

3.就因特网对企业营销的影响来说,下列说法正确的是(　　)。

A.以顾客为中心提供产品和服务

B.以顾客能接受的成本进行定价

C.产品的分销以方便顾客为主

D.从强迫式促销转向加强与顾客直接沟通的促销方式

E.品牌建设的重要性下降

4.国际上各国政府采取的对企业营销活动有重要影响的政策和干预措施主要有(　　)。

A.进口限制　　　B.税收政策　　　C.价格管制　　　D.外汇管制　　　E.国有化政策

5.科技环境对企业营销的影响包括(　　)。

A.科学技术的发展直接影响企业的经济活动

B.科学技术的发展和应用影响企业的营销决策

C.科学技术的发明和应用可以推陈出新

D.科学技术的发展加快产品更新换代

E.科学技术的进步将改变人们的消费模式和需求结构

第四章　会展市场分析

学习要点

1. 明确会展市场的主要类型,理解市场细分和会展市场细分内涵,理解会展市场细分的意义、原则、标准,掌握会展市场细分程序;
2. 明确会展目标市场的概念,理解会展目标市场选择的条件、影响因素,掌握会展目标市场选择策略;
3. 明确会展市场定位的内涵,理解会展市场定位的依据、步骤,掌握市场定位策略。

开篇案例

近年来全球会展市场发展概况

1. 全球会展行业规模较大且持续增长

现今,欧洲会展经济在国际上整体实力最强、规模最大,德国、意大利、法国、英国都已经成为世界级的会展业大国。截至 2012 年 11 月,欧洲共有 496 个至少 5000 平方米的室内展馆,总面积约 1560 万平方米,占世界展馆总面积的 48%,大多数行业顶级和世界大型展会在欧洲举办,其展出规模、参展商数量、国际参展商比例、观众人数、贸易效果及相关服务质量等均居世界领先地位。欧美发达国家在国际会展行业内倡导形成国际展览局(BIE)这一政府间国际组织及全球展览业协会(UFI)、国际展览与项目协会(IAEE)、独立组展商协会(SISO)等国际性行业协会组织。

2. 欧美地区市场主导地位稳固增速放缓

①欧洲市场。2013 年欧洲会展行业市场规模为 128.2 亿美元,预计 2018 年将达到 158.9 亿美元,年复合增长率 4.39%。欧洲会展行业市场规模将保持一个较为稳定的增长率,其主导地位未动摇。欧洲会展行业市场正在"数字化"进程中,其展会形式、互动与信息分析均在创新中。博闻等大型欧洲展会企业仍是全球会展行业领导者。随着全球会展行业市场的发展,欧洲会展行业市场的增长率将低于发展中国家。欧洲会展企业将它们的本土展览经验输送到新兴市场以获得新的利润增长点,这些企业试图用品牌战略来吸引更多的展商以期对抗未来的低增长率态势。②北美市场。2013 年北美会展行业市场规模为 77.5 亿美元,预计 2018 年将达到 97.5 亿美元,年复合增长率 4.7%。北美市场亦将保持较为稳定的增长率,从居民可支配收入和生活水准上看,北美已经是成熟的市场,且这个市场中有大量的竞争企业。北美自由贸易协定积极地促进了这个地区货物与服务的贸易。各个展会中,先进科技的进步及其应

用给展商带来了潜在的收益。美国政府认为,会展是经济重要刺激因素,因为会展同时促进了旅游业和就业率。

3.亚太、中东非地区市场规模占比不断提升

目前,国际会展行业形成了以欧美国家为中心,辐射亚太、中南美、中东非的格局。亚太地区、中东非地区会展市场占比不断提升。其原因在于,一方面随着国际会展行业的不断发展,众多国际知名的会展品牌纷纷进入亚太、中东非市场,通过行业细分、跨地域的协调、延伸以巩固自身地位;另一方面亚太、中东非地区经济的高速发展以及人民生活水平的日益提升,促使当地贸易需求增加,当地会展市场规模亦随之增长。未来,亚太及中东非地区的会展行业市场规模将大幅度增长,其在全球会展行业占比将不断提高。2013年,亚太地区市场规模为51.4亿美元,预计2018年将达到73.3亿美元,年复合增长率达7.36%,年复合增长率居全球首位,较欧洲地区增长率高67.65%,较北美地区增长率高56.60%。2013年中东非地区市场规模为10.7亿美元,预计2018年将达到15亿美元,年复合增长率6.99%,年复合增长率仅次于亚太地区。

资料来源:未来会展业的发展趋势[EB/OL].(2018-01-02). http://www.sohu.com/a/214199563_100092781.

第一节 会展市场细分

一、会展市场的类型

市场是针对某一种产品或服务具有购买欲望和购买能力的潜在和现实消费者总和。消费者的需求是多种多样的。这种需求的差异性在不同的商品上以及不同的供求关系中会表现出不同的程度。消费者需求差异程度主要有三种类型(见图4-1),构成三种市场。①在同质市场上,如图(a)所示,所有消费者的需求都是一样的,不存在差异。显然,绝对的同质市场是不存在的。但是,接近同质市场却大量存在。比如,人们对于食盐的需求,差异实际上非常小。②异质市场上,如图(b)所示,没有任何两个消费者的需求是相同的,差异永远存在。同样,绝对的异质市场也是不存在的,因为人不管从生物性还是从社会性角度看,都有某种共性。一般地,差异较大的需求往往表现在社会性需求方面,如对艺术品的理解、对奢侈品的偏好等。③最为常见的需求模式是图(c),即聚类市场。在这种市场上,对于不同产品,人们喜好程度不同,但却总能找到与自己需求接近的人。于是市场上出现需求的不同类别。企业想用一种产品满足所有需求已很困难。这种情况下,市场细分概念应运而生。

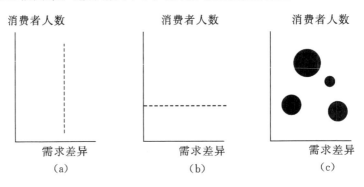

图4-1 消费者需求的类型

二、会展细分市场的内涵

(一)市场细分的内涵

市场细分是按照顾客欲望与需求,把通常太大以致企业很难为之服务的总体市场,划分成若干个具有共同特征的子市场的过程。因此,分属于同一细分市场的顾客,他们的需要和欲望极为相似;分属于不同细分市场的顾客对同一产品的需要和欲望存在着明显的差别。根据对市场类型的划分,可以认为市场细分是对聚类市场进行分类的过程。目标市场营销过程三个主要步骤见图4-2。①市场细分,将市场分割成不同的购买群体,这些群体可能需要不同的产品或营销组合。发掘各种不同风格市场,并对所形成的各个细分市场的总体特征加以描述。②选择目标市场,先对每一个细分市场的吸引力进行评价,然后选择一个或几个细分市场。③市场定位,对产品进行竞争性定位,并制定适当的营销组合战略。这三个步骤被称为市场营销的STP战略。

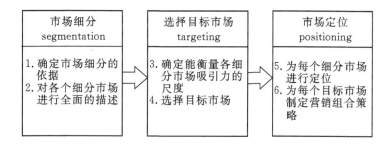

图4-2 市场营销的STP战略

(二)会展市场细分及会展营销STP战略的内涵

对会展营销而言,会展目标客户分为会展参展商和会展专业观众两类,会展市场细分主要是对会展参展商市场的细分。会展市场细分是办展机构根据主要会展目标客户对会展产品和服务的不同需求,把会展客源市场划分为若干子市场(亚市场),分属于同一会展子市场的客户需求基本相同,而分属于不同会展子市场的客户需求存在明显差别。

会展营销STP战略是办展机构根据展会发展的战略规划,在综合考虑外部市场机会及内部资源状况等因素的基础上,确定目标市场,选择相应的市场营销策略组合,并予以有效实施和控制的过程。①对会展企业长期发展进行系统规划,并被全体员工所高度认同。②从会展企业长远发展来考虑如何有效地战胜竞争对手,立于不败之地。③在对会展营销环境和市场变化准确分析的基础上进行科学决策。④汇聚科学发展观念,符合会展市场动态变化。

三、会展市场细分的意义

(一)选择目标市场

通过会展市场细分后得到的子市场,即办展机构的营销服务对象。该细分市场具体且需求明确,有利于办展机构针对客户需求的特点,结合自身的经营理念、方针及服务水平和营销力量,提供更具针对性的营销服务。同时,在该细分市场上,信息沟通和反馈便利且及时,一旦客户需求发生变化,办展机构可迅速改变营销策略,制定相应对策,以适应客户需求的变化,提高应变能力和竞争力。

(二)发掘市场机会

通过对会展市场进行细分,办展机构可以对每一细分市场的参展商的购买潜力和需求程度进行对比,发现有利于本展会的市场机会,从而及时做出反应,进行展会策划和筹备,或根据办展机构的服务专长,推出新的展会项目,开拓新市场,以便适应会展的需要。

(三)开展营销活动

任何一个会展企业的人力、物力、资金等营销资源都是有限的,通过会展细分市场,办展机构可以选择适合自己的会展目标市场,能够集中优势资源对其会展目标客户展开集中营销,争取局部会展市场上的优势,然后再进一步巩固和扩大自己的会展市场规模。

(四)提高经济效益

办展机构通过会展市场细分后,可以根据会展目标参展商需求的不同,有针对性地提供他们所需要的会展产品和服务,这既能满足会展目标参展商的需要,维持与他们之间的关系,又可增加办展机构的经济效益。

四、会展市场细分的原则

(一)规模性

规模性是指细分出来的会展市场规模必须足够大,大到足以补偿办展机构为进入该细分会展市场而付出的成本,同时能实现一定利润目标,如果该细分会展市场规模太小,甚至不能补偿为进入该细分会展市场所付出的成本,这样的细分会展市场是没有意义的。

(二)差异性

打算进行细分的产品市场,其需求必须是有差异的,即是异质市场,否则细分就没有意义。有时,会展企业认为有差异,而参展企业还未意识到,细分的效果也不会好。所以这种差异应该是参展企业所认可的。需求差异的出现与企业、行业发展水平有直接关系,发展水平达不到一定的水准,差异不会出现或者不会很明显。

(三)可进入性

细分会展市场是可以进入的,这样的细分会展市场才有效。因此,评估细分会展市场是否有效,主要要看办展机构有无能力进入该会展市场。细分出来的会展市场应与办展机构的自身状况相匹配,其有优势占领这一会展市场。可进入性具体表现在信息进入、产品进入和竞争进入。考虑会展市场的可进入性,实际上是研究其营销活动的可行性。

(四)可盈利性

在选择进入某个细分会展市场前,除了看其规模以及发展潜力外,很重要的一点是看其能否获得盈利。办展机构应对该细分会展市场的成本、收益状况进行预算,评估该会展市场的盈利能力,进而决定是否进入该会展市场。举办展会的成本费用包括展览场地费用(租用展览场馆以及由此而产生的各种费用,包括展览场地租金、展馆空调费、展位特装费、标准展位搭装费、展馆地毯及铺设地毯的费用等)、展会宣传推广费用(用于展会宣传与推广的各种费用,包括广告费、宣传资料设计、印刷费、资料邮寄费、新闻发布会的费用等)、招展和招商的费用(招展资料的设计、印刷、邮寄费;付给代理商的佣金、大买家邀请费等)、相关活动费用(支持展会配套活动的相关费用,如技术交流会、论坛、展会开幕式、嘉宾接待、酒会、活动现场布置、礼品、纪念品和临时工作人员费用等),以及行政办公费和人员工资。而举办展会获得的收入包括展位费、门票收入(不仅包括展会门票,还包括相关活动如技术交流会、研讨会、表演等的门票)、广告和企业赞助及其他相关收入。

(五)发展性

该细分会展市场应有一定的发展潜力。办展机构策划和举办一个会展项目,要投入大量的人、财、物、时间和精力,要消耗大量的营销资源。选择具有良好发展前景的行业或办展题材,就可以保证展会的可持续发展,而一个好的会展项目必须持续举办才能打造出品牌特色。如果通过细分会展市场找到的是夕阳产业,则尽管该细分会展市场具有一定规模、鲜有竞争对手,也应该谨慎进入。

五、会展市场细分的标准

(一)参展商所属行业

按照我国行业分类,可分为工业机械、汽车制造、交通运输、电力、采掘、冶金、建筑、电信、家电、食品、医药等,在会展市场上,通常按照行业来举办展会,如每两年在上海举办的宝马展是全国最大规模的工程机械类产品展览会。

(二)参展商地理位置

会展市场细分还会受到一个国家资源分布、气候条件、产业布局、历史传承等因素的影响,一般在地理上会形成若干个产业区域,如山西煤田、江浙丝绸。办展机构可根据会展参展商的地理位置进行会展市场细分,选择参展商较为集中的地区作为会展目标市场。如义乌是中国最大的小商品集散市场,每年秋季在义乌召开的义乌国际小商品博览会可以在本地进行集中营销和招揽客户。

(三)参展商规模

在会展市场上,不同的会展参展商按其规模可细分为大客户、中等客户、小客户等。办展机构可以根据会展参展商规模的不同采取不同的营销策略,例如,对大客户采取直接上门销售展位、给予价格上的优惠或提供更多的附加服务等营销措施,以获取和维持这些大客户。

(四)参展商行为

根据会展参展商的参展行为进行会展市场细分。如根据参展状况,将会展参展商分为从未参展、准备参展(潜在客户)、初次参展、经常参展四大类,对老客户、新客户、潜在客户实施不同的会展营销策略;再如,可根据会展参展商对价格反应的敏感程度,将其分为不敏感客户和敏感客户两类,在制定展位价格和实行折扣策略时分别有所考虑。

(五)专业观众特点

会展专业观众是会展参展商产品或服务的直接购买者,办展机构在进行会展市场细分时,也应考虑到会展专业观众的因素。会展专业观众的年龄、性别、职业、经济状况等,也会影响到会展参展商的参展决策。例如:奢侈品博览会不但要考虑到参展商规模、产品特性、品牌知名度等因素,对参观展会的专业观众也要有所考虑,会展专业观众的经济状况、社会地位、审美水平、消费价值观等,都会成为展会策划与营销的影响因素。

六、会展市场细分的程序

(一)调查阶段

会展企业在确定经营目的之后,就必须确定市场经营范围,这是市场细分的基础。为此会展企业必须开展深入细致的调查研究,分析参展企业需求的动向,做出相应决策。根据调查需要,研究人员设计正式调查问卷,着重收集相关资料,包括项目属性及重要程度,会展项目与参展企业产品营销的配合方式,品牌知名度及受欢迎程度,调查对象对会展项目的态度,调查对象的企业数量统计、心理统计和媒体接触统计。

(二)分析阶段

在该阶段,研究人员利用因素分析法分析资料,删除相关性高的变量,利用群体分析法找出差异性最大的细分市场。在该阶段中,研究人员分析可能存在的细分市场,并进行初步细分。企业通过分析不同参展企业的需求,找出各类参展企业的典型及其需求的具体内容,并找出不同类型参展企业的地区分布、企业特征、购买行为等方面的情况,加上营销决策者的经营经验,做出估计和判断,进行正式市场细分。然后,对细分的市场加以筛选。企业分析哪些需求因素是最重要的,并将其与企业的实际条件进行比较。然后,删除那些对各个细分市场无关紧要的因素,以及企业无条件开拓的市场。

(三)描绘阶段

在该阶段,研究人员根据参展企业的不同态度、行为、企业个体变量、心理变量和展位认购习惯等特征,用形象化的方法,给各个可能存在的细分市场确定名称。此外,在细分市场过程中,要注意分析市场营销机会。主要是分析总的市场和每个子市场的竞争情况,以及确定对总的市场或每个子市场的营销组合方案,并根据市场需求和需求潜力的估计,确定总的或每个子市场的营销收入和费用情况,以估计潜在利润量,作为最后选定目标市场和制定营销策略的经济分析依据。会展企业要根据市场细分结果来决定市场营销策略。如果分析细分市场后,发现市场情况不理想,则应该放弃这一市场。如果市场营销机会多,需求和潜在利润较满意,企业可以根据细分结果提出不同的目标市场营销战略。

(四)应用阶段

根据细分市场的规模和前景、市场结构吸引力、企业的目标和资源,按照细分市场的规模性、差异性、进入性、盈利性及发展性要求,明确目标市场,调整企业的会展市场营销策略。

 章节案例

近年来国内会展市场发展概况

1. 我国会展行业发展迅速

随着国民经济的不断发展,我国的会展行业增长迅速。2016年,我国境内举办展览9892场,较上年增加6.56%;展出面积13075万平方米,较上年增加10.82%。据商务部测算,展会经济直接产值接近5000亿元人民币。

2. 出国参展办展保持增长态势

(1)出国参展、办展指标有所回升。2016年,尽管世界经济呈现出缓慢复苏的态势,但仍

有众多不利因素使全球经济充满了不确定性。在这种背景下,我国通过稳步推进"一带一路"倡议、供给侧改革等措施,保持了社会经济平稳健康发展。2016年出国展览扭转了2015年国别数、项目数"双降"的态势,全国97家组展单位共赴63个国家组织参展1492项,较上年增加7%;展出面积为83.5万平方米,较上年增加14%;参展企业数为5.84万家,较上年增加12%。2016年出展项目数(包含自办展、代理展)列居前十位的国家分别为美国、德国、俄罗斯、阿联酋、印度、巴西、印度尼西亚、土耳其、泰国和墨西哥。我国赴上述十国的展览项目数量占全年总量的67.6%,展出总面积占全年总量的65.3%,参展企业数占全年总量的65%。

(2)境外自主办展面积上升。2016年我国出国自主办展单位数为37家;2016年我国会展行业境外自主办展128场;2016年我国境外自主办展总面积相比2015年的32.2万平方米增加了45.8万平方米,增长142.24%。2016年我国会展企业出国自主办展面积排名前十位的国家分别是印度、俄罗斯、印度尼西亚、波兰、美国、巴西、泰国、阿联酋、土耳其、德国。2016年境外自主办展共涉及的行业为14种,排名前三分别为:综合展会46场,占比40.2%;工业机械17场,占比13.7%;纺织服装15场,占比17.3%。

3. 赴"一带一路"沿线国家参展初见成效

2016年全国83家组展单位共赴32个"一带一路"沿线国家实施办展(包括自办展及代理展)602项,较上年增加83项,占出展项目总量的42.2%;展出总面积为30.2万平方米,较上年增加7.3万平方米,占总量的39.7%;参展企业2万家,较上年增加0.4万家,占总量的37.4%。从国别上看,项目数排名前十位的"一带一路"沿线国家依次为:俄罗斯、阿联酋、印度、印度尼西亚、土耳其、泰国、越南、伊朗、波兰、新加坡。其项目总数为501个,占"一带一路"沿线国家参展总项目数的83.2%;展出总面积24.5万平方米,比重为81.1%;参展企业数为1.6万家,占企业总数80%。上述国家中,俄罗斯、阿联酋、印度、土耳其同时也是出国办展数总量前十位国家。

资料来源:2017年中国会展行业发展现状及未来发展趋势分析[EB/OL].(2017-11-21). http://www.chyxx.com/industry/201711/584758.html.

第二节 会展目标市场选择

一、会展目标市场的概念

目标市场即会展企业的目标参展企业群体,是会展企业会展项目的销售对象,是会展企业在整体会展市场上选定作为营销活动领域的某一或某些细分市场。会展目标市场是会展市场营销活动中的一个重要概念,因为会展企业必须把满足参展企业的需求放在首位,充分满足参展企业的需求,会展企业才能生存和发展。参展企业的需求是千差万别的,没有任何一个会展企业能满足所有的会展需求,而只能满足会展市场中一部分参展企业的需求。

会展企业只能根据自身技术力量、物质资源及管理能力等,满足参展企业特定需求,也只有用特定的会展项目和服务来满足这些参展企业,会展企业才能实现经营目标。会展目标市场中所指的一组特定参展企业就是一个或几个会展细分市场。

二、会展目标市场选择的条件

(一)具有市场发展潜力

会展企业选择某一或某些细分市场作为会展目标市场,其最终目的是期望会展企业进入该领域后具有理想的长期盈利能力。因此,目标细分市场必须具有一定市场发展潜力。测量目标市场发展潜力,一般要估算目标市场的需求总量即市场容量。也就是在一定时空条件下,目标市场的需求总量是该市场参展企业数、参展企业购买力、参展企业购买意愿三者乘积的结果。①选择尚未开发过的会展细分市场作为目标市场,可通过抽样调查获得其一定时段可能形成的参展企业数/次和平均意愿价格的乘积作为该会展目标市场的潜量估算值。②选择已经开发的各会展细分市场,可根据已有的一定时段的参展企业数/次和会展消费水平的乘积作为该会展目标市场的潜量估算值。③根据"帕累托图"对会展企业已进入的各细分市场对本企业获利的重要程度进行分析。如图4-3所示,某会展企业A类会展细分市场的参展企业占本企业营业总量的30%,而销售额却占销售总额的70%;B类会展细分市场的参展企业占本企业营业总量的50%,而销售额占销售总额的20%;C类会展细分市场的参展企业占本企业营业总量的20%,而销售额占销售总额的10%。显然,A类参展企业市场应当成为该企业的目标市场。

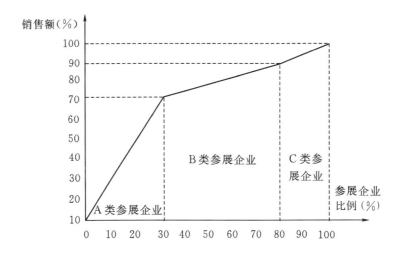

图4-3 会展企业的目标市场选择

(二)选择避免"多数谬误"

多数谬误是过多企业都把同一个细分市场作为目标市场,造成某一种会展项目的供给大大超过市场需求的状况。许多会展企业共同经营同一种会展项目,实际上就是共同争夺同一项目有限的消费者群,结果造成社会劳动和资源的浪费,也不能满足本来有条件满足的其他市场需求,大大提高了企业的机会成本,影响了企业的经济效益。出现多数谬误的原因主要在于:①会展企业均选择市场容量最大、利润量最大的市场作为目标市场。②会展企业在指导思想上急功近利,只考虑企业的目前利益,而看不到企业的长远利益。在现实中,目标市场选择的多数谬误屡屡发生在会展行业中。例如在同一地区短时间内多次举办同一行业同一主题的展览会。

(三)符合企业目标和能力

会展企业选择目标市场必须具备开发该市场所需的人力、财力、物力资源条件,还必须符合企业最终的发展目标。只有选择那些企业有条件进入、能充分发挥自身资源优势的市场作为目标市场,会展企业才能增强拓展竞争能力,以获得最佳效益。

三、会展目标市场选择的影响因素

(一)宏观环境

会展市场宏观环境影响会展者的购买行为以及会展市场的供求关系。一般情况下,当某种会展产品处于供小于求的卖方市场,可采用无差异目标市场策略,而在供大于求的买方市场情况下,则可采用差异性或集中性目标市场策略。

(二)竞争状况

如果竞争者数量较少或弱,且项目具有垄断性,会展企业则可采取无差异市场策略。若竞争者采用无差异市场策略,会展企业则可反其道而采用差异性市场策略或集中性市场策略。如果竞争太多,则应采取差异性或集中性市场策略。从竞争者采用策略来看,如果竞争对手实力较强大且已经采用了差异性市场策略,会展企业则应在进行充分市场调研基础上,实行更深一层的差异性市场策略或集中性市场策略。

(三)产品服务

同质性会展项目或服务,由于其差异性小,替代性很强,竞争主要集中在价格上,较适宜实行无差异市场策略。而对于一些差异性较大、参展企业选择性很强的会展项目或服务,则宜采用差异性市场策略或集中性市场策略。

(四)自身条件

会展企业的自身实力条件主要包括人力、财力、物力条件,以及策划能力、技术能力和销售能力,具体表现为会展企业的项目设计与营销组合能力、宣传促销能力、服务与管理能力等方面。如果会展企业的实力雄厚、管理水平较高、信息资源丰富,可考虑采用无差异市场营销策略或差异性市场策略;如果会展企业的实力不足,人力、财力、物力、信息等资源有限,企业无力顾及整个市场或多个细分市场,则适宜采用集中性市场策略。

(五)生命周期

会展项目生命周期分为导入期、成长期、成熟期和衰退期四个阶段。会展项目处于导入期或生长期时,应采用无差异市场策略或集中性市场策略。当会展项目进入成熟期后,竞争者也增多,此时适宜采用差异性市场策略,以开拓会展市场,扩大市场份额。当会展项目进入衰退期,则应采用集中性市场策略,以便保持部分市场,延长会展项目的生命周期。

(六)需求状况

当参展企业在某一时期的需要与偏好及其他特征很接近,市场类似程度很高时,适宜采用无差异市场策略。而对于参展企业需求异质程度很高的会展市场,一般要采用差异性市场策略或集中性市场策略。

四、会展目标市场选择的策略

会展企业进入会展目标市场时,有三种策略可供选择,即无差异会展目标市场策略、差异性会展目标市场策略和集中性会展目标市场策略,如图4-4所示。

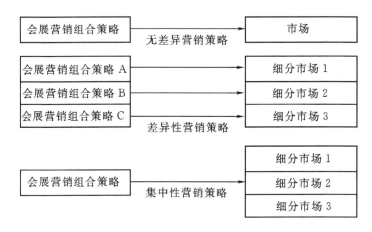

图4-4 会展目标市场选择策略

(一)无差异策略

无差异营销是会展企业不考虑细分市场的差异性,对整个市场只提供一种营销组合。这种营销策略的焦点是参展商需要上的共同性而不是差异性。它所设计的营销计划要力图吸引更多的参展商,大批量分销和大众广告是最基本的营销工具,广告的目的是要在消费者头脑中创造一种良好的形象。在使用无差异营销策略时,会展企业可以决定不考虑会展细分市场的差异性,对整个会展市场只提供一种会展产品。会展企业的产品针对的是会展顾客的共同需求而不是不同的需求。会展企业设计出能在最大程度上吸引会展顾客的会展产品及营销方案,依靠大规模会展分销和大众化的广告,目的是在人们的头脑中树立起优秀的会展产品形象。目前,我国会展业还处于刚起步阶段,大多采用这种策略。

(二)差异性策略

差异性会展目标市场策略是会展企业根据资源条件和外部环境,选择两个或两个以上会展细分市场为目标市场,针对各个会展目标市场的需求特点,分别推出不同的会展产品,并采取不同的会展营销组合策略。例如:针对不同行业的参展商,举办不同主题的展览会;针对不同规模和实力的参展商,推介不同价位的展位和服务;采用不同的宣传推广手段来推介展会;等等。以上这些都是差异性会展目标市场策略的具体运用。会展企业在采用差异性会展目标市场策略时,必须保证所选定的会展目标市场由于总销量扩大所带来的收益,要大于营销总成本费用的增加。差异性会展目标市场策略适合一些实力雄厚的大型会展公司或企业集团,实力相对较小的会展企业一般不宜采用此策略。

(三)集中性策略

集中性会展目标市场策略,又称密集性会展目标市场策略,是会展企业在会展市场细分的基础上,只选择一个会展细分市场作为目标市场,集中所有力量进行高度专业化经营,以确保在该会展细分市场上占有较大的份额。此策略适合中小型会展企业和一些会展资源独具特色、能吸引一定类型参展企业前往的会展项目。集中性会展目标市场策略指导思想是与其四处出击收效甚微,不如突破一点取得成功。实施这一策略的会展企业追求的不是在会展大市场上占有小份额,而是在相对小的会展市场上占有大份额。因此,采用这一策略的会展企业必须密切注意会展目标市场动向,并制定适当措施,以求进可攻,退可守,进退自如。

章节案例

世界会展市场未来发展趋势

1. 世界会展产业"东移"趋势更加明显

伴随着亚太、中东非、中南美等新兴市场国家经济发展的提速,国际会展产业出现了重心由发达国家向发展中国家转移的趋势。欧美国家在保持行业主导地位的同时,市场增速放缓,而亚太、中东非地区因人均可支配收入和生活水准的提升,其会展行业市场正以较高的年复合增长率快速增长。步入"新常态"的中国更加渴望有更多、更大的平台进行自我展示,一系列国际会展的成功举办也为会展行业带来了难得的机遇,作为全球第二大经济体的展览市场将越来越令世界展览业瞩目。过去几年里,米兰、汉诺威等国际展览业巨头纷纷在中国移植或者举办新的展览会,成绩斐然。可以预见,中国经济的进一步转型将为国际市场带来更加巨大的机会,国际市场和中国市场的双向需求将带动世界展览业加速"东移"。与此同时,为了展现中国制造,国家也将充分利用出国展览平台,将中国企业的形象输出到国外,国内的出国展览行业也将迎来历史性机遇。

2. 专业性展览会已成未来趋势

综合与细分是设定展会内容的两种思路。从展览业的发展看,展会的内容从综合到细分,是展览业发育成熟并迈向专业化的重要标志。欧美展览大国已经开始细分行业之后的"再细分",展览内容极具专业性,使采购商能够以最快的速度找到所需的产品。在我国,由于追求展览经济的规模效应和"大而全"的展示效果,偏综合性的展会仍大量存在。近几年,许多综合性展会开始将内容细分成专业性主体展览会或主题馆。虽然与欧美相比这种划分仍显粗放,却已体现出中国展览业专业化进程的加速。随着政府介入的逐步减少,中国展会将在市场的要求下对内容进行更合理、更专业的细分,许多大型展览会有可能分为规模更小、专业性更强的展览会,与国际展览业的发展更为紧密地联系在一起。

资料来源:未来会展业的发展趋势[EB/OL].(2018-01-02).http://www.sohu.com/a/214199563_10092781.

第三节 会展市场定位

一、会展市场定位的内涵

市场定位是会展活动切入市场的依据,是对会展企业的会展产品或服务和企业形象进行设计,从而使其能在会展目标市场中占有一个独特位置的行为。会展市场定位包含三层:①确立企业形象。会展企业需要了解会展目标顾客的需求特征,分析其对会展产品和服务的价值的理解,在会展产品名称、价格和包装等方面做文章,给会展目标顾客留下好印象,确立会展企业形象,以扩大销售,增加利润。②应变调整定位。会展企业的产品和服务,在会展消费者心目中的位置受很多因素的影响,包括会展消费者自身的一些因素,如会展消费者学历、经历、收入水平、社会地位、性格等,也包括会展企业方面的因素,如会展企业所处的位置、历史、外在形象等,还包括经济、社会、法律等外在环境因素。③具有同一性。会展产品和服务的生产和消费具有同一性,会展参展商的购买决策往往取决于参展商对会展举办地、会展主办者和承办者及其所提供会展产品和服务的印象,即会展举办地、会展主办者和承办者及其产品和服务在会展目标顾客心中的位置。

二、会展市场定位的依据

(一)区域定位

会展要突出区域特色。发展会展经济、创新品牌展会,利用区域优势,塑造具有区域特色的展会是有效捷径。适合举办会展的区域优势包括四个方面:①人力资源丰富、服务水平高。会展业属于劳动密集型、技术密集型服务行业,对人才及服务质量要求高。②交通运输设施齐全、便利、先进。会展不仅要吸引当地的公众,还要吸引其他地区公众。便利的交通条件能使他们很容易地进得来、散得开、出得去,顺利完成参展及观展活动。③经济发达、社会秩序良好。④风景优美,有较好的度假、休闲及观光条件。

(二)主题定位

会展应有鲜明的主题。根据会展主题不同,可将会展市场分为四种模式:①以某种高科技产业或优势产业为依托举办的专业性科技博览会或交易会。②将某些产业与内外贸易相结合而开展的产品交易会或展销会。③以宣传本地人文资源如文化、艺术、体育等为宗旨举办的博览会或展示会。④以重要城市为中心而举办的综合性的国际会议及大型的博览会或展销会。各地在确定会展内容时,应充分发挥本地资源优势,使会展呈现出鲜明的主题,提高会展的市场竞争力。

(三)优势定位

选择在某国或某地具有广泛发展前景的领域或行业举办展会。展会主题只有侧重于这些优势领域,才能显示出营销效应。目前,我国在信息、汽车和某些高新技术等方面已经具备了特定的优势及广阔的市场发展潜力。

(四)专业定位

目前,世界综合性大型博览会已被专业化的博览会所取代。例如汉诺威工博展虽是综合展,却是由若干专业展组成,如机器人展、自动化立体仓库展、铸件展、低压电器展、灯具展、仪器仪表展、液压元件展等。这些专业展一般每两年举办一次,展览的规模和水平均居世界一流。与博览会相比,专业展的针对性更强,能够更加深入地促进行业贸易的发展。

(五)拓展定位

国内每年大小主题展会不计其数,想在主题选择上进一步寻找空间,余地不是很大。因此,可以像企业间的收购与合并那样,通过展会主题收购与兼并来拓展原有的市场空间,增强展会的竞争力。国家间、地区间同行合作办展的方式,不仅可以扩大会展规模,而且也是挑战我国目前主题会展过多、易于重复的有效方法。

三、会展市场定位的步骤

(一)分析市场现状

这一步骤的中心任务是回答三个问题：①会展竞争对手的会展目标市场定位如何？②会展目标市场上客户需求的满足程度如何，确实还需要什么？③针对会展竞争对手的会展目标市场定位和潜在会展客户的真正需要及利益要求，本会展应该及能够做什么？通过回答上述三个问题，会展企业就可以从中把握和确定自身的潜在竞争优势在哪里。要回答这三个问题，会展企业的市场营销人员必须通过各种会展调研手段，系统地设计、搜索、分析并报告有关上述问题的资料和研究结果。

(二)识别目标展会

通过对展会市场细分，明确本展会要向参展商和观众提供哪些富有特色而又与众不同的价值，由此界定本展会与相同题材的其他展会的不同之处。

(三)选择目标市场

通过市场细分，选择适合本展会潜在参展商和观众的范围。当办展机构已经选择了某个细分市场作为自己的目标市场时，它所要提供服务对象的范围就应该随之明确。如再具体些，还应进一步按照消费者的年龄、地域及收入等细分，这有利于今后的会展营销工作更有针对性地进行。

(四)创造差异优势

会展定位更多表现在心理特征方面，产生的结果是潜在的参展商和公众怎样认识一次展会，对一次展会形成怎样的观念和态度。差异化是在类似的会展之间造成区别的一种战略，这种差异化就是一种优势，即区别于竞争者的优势，也是会展定位的最重要的内容和实现手段。

(五)选择竞争优势

会展竞争优势代表会展企业核心竞争力，这种能力既可以是现有的，也可以是潜在的。选择会展竞争优势，实际上就是会展企业与会展竞争者各方面实力相比较的过程，其比较指标应是一个完整体系。通常做法是分析和比较与会展竞争者在经营模式、办展水平、招展能力、展会服务、展具设备和财务控制等方面的差距。评价自己与会展竞争者相比有哪些优势，又有哪些劣势，以及选择哪些会展目标市场对自身最为有利，借此选出最适合的优势项目，初步确定在会展目标市场所处位置。

(六)传递竞争优势

成功确定展会定位后，就要通过各种方式和手段，将展会鲜明形象传递到目标参展商及观众那里。作为办展机构，可以利用传媒工具使服务对象尽快准确了解到展会全部信息。通过一系列的宣传与推广活动，会展独特的竞争优势会准确传达给会展目标客户，进而在会展参展商和会展专业观众心目中留下深刻印象。故此，会展企业要弄清楚会展目标客户是否了解、熟悉、认同本会展，会展目标市场定位是否与会展目标客户的实际理解相一致，会展目标客户对本会展是否具有较高的忠诚度。同时，会展企业还要时刻关注会展目标客户对会展目标市场定位的理解是否出现了模糊、混乱或偏差，以及这些偏差是否系宣传失误造成。会展企业应该通过各种手段强化会展目标客户对会展的好感，稳定会展客户的态度，增进与会展客户的感情，巩固会展在会展目标客户心目中的地位。当会展目标客户对会展目标市场定位的理解出现偏差时，会展企业还要及时纠正这些问题。

四、会展市场定位的策略

(一)避强定位策略

避强定位策略是会展企业力图避免与实力最强的或较强的其他会展企业直接竞争，而将自己的会展产品定位于另一会展目标市场区域内，使自己的会展产品在某些特征或属性方面与最强或较强的会展竞争对手有比较显著的区别。这是一种避开强有力的会展竞争对手的会展目标市场定位。其优点是能使会展企业较快地在会展市场上站稳脚跟，并能在会展目标客户心中树立形象，风险小。由于这种定位方式下会展市场竞争风险较小，成功率较高，因此它常常为多数会展企业所采用。其缺点是避强往往意味着会展企业必须放弃某个最佳的会展目标市场位置，可能使会展企业处于最差的会展目标市场位置。此外，空白的会展细分市场往往同时也是难度最大的会展细分市场。避强定位策略分为两种：①补缺定位策略。这是一种不与会展竞争者直接冲突、重新开拓潜在会展目标市场的策略。该策略的实施必须具备本会展企业有提供高品质服务的能力，本会展企业以相对较低的价格出售高品质服务仍能盈利，能够使会展目标客户相信本会展企业的服务质量比较好这三个条件。②特色定位策略。这是一种突出自己与众不同的特色、另辟蹊径式的会展目标市场定位策略。该策略实施须具备本会展服务独有特色且受较多会展目标客户的喜爱以及其他会展企业未注意该会展目标市场或不愿改变其服务特色的条件。

(二)迎头定位策略

迎头定位策略是会展企业根据自身的实力，为占据较佳的会展目标市场位置，不惜与会展市场上占支配地位的、实力最强或较强的会展竞争对手发生正面竞争，从而使自己的会展产品进入与对手相同的会展目标市场位置。这是一种与最强的会展竞争对手"对着干"的会展目标市场定位。其优点是在会展竞争过程中往往相当惹人注目，甚至产生所谓的轰动效应，会展企业及其会展产品可以较快地被会展目标客户所了解，易于达到树立会展目标市场形象的目的。其缺点是迎头定位策略是一种危险战术，具有较大风险性。迎头定位策略在实施时，会展企业必须知己知彼，尤其应清醒地估计自己实力，不一定要压垮对方，只要能平分秋色，对会展企业来讲，就已经是获得了巨大的成功。实行该定位策略必须具备四个条件：①本会展企业能比竞争者提供更好的会展服务；②会展目标市场容量大，足以吸纳两个以上会展竞争者的会展服务；③本会展企业所拥有的资源不低于会展竞争者；④该会展目标市场定位与会展企业的特长和信誉相适应，会展企业有较高竞争艺术和信誉。

(三)重新定位策略

重新定位策略是对销路不佳、会展市场反应差的会展产品或服务和企业形象设计进行二次定位。会展企业在选定了会展市场定位目标后，如定位不准确或虽然开始定位得当，但会展市场情况发生变化，如遇到会展竞争者定位与本会展企业接近，侵占了本会展企业部分市场，或由于某种原因会展目标客户的偏好发生变化，转移到会展竞争者方面时，就应考虑重新定位。重新定位是以退为进的策略，目的是为了实施更有效的定位。重新定位旨在摆脱困境，重新获得增长与活力。

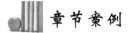 **章节案例**

我国会展市场发展趋势与特点

一、我国国内会展市场发展趋势与特点

1. 政府推动力度加大

2015年4月,国务院发布《关于进一步促进展览业改革发展的若干意见》,指出:"积极推进展览业市场化进程。坚持专业化、国际化、品牌化、信息化方向,倡导低碳、环保、绿色理念,培育壮大市场主体,加快展览业转型升级,努力推动我国从展览业大国向展览业强国发展,更好地服务于国民经济和社会发展全局。"这是国务院首次全面系统地提出展览业发展的战略目标和主要任务,并对进一步促进展览业改革发展做出全面部署,将对行业持续、健康发展产生积极、深远影响。

2. 市场力量推动会展行业进一步发展

近年来,我国会展业市场化进程进一步加快,具体体现在政府展会项目外包、行业中介组织建设和行业标准建设三个方面取得的突破。政府展会项目正积极实施服务外包,例如武汉光博会、亚欧博览会、绵阳科博会、沈阳制博会等一批政府展会项目。在积极筹备全国会展行业协会的进程中,行业中介组织建设也在近期取得突破性进展,如2014年广东筹备成立广东会展组展者协会。行业标准建设近期也取得进展,行业规范提上议事日程,2013—2014年先后颁布实施了《会展中心(会议中心)服务规范》《会展设计搭建服务规范》《商贸类展览会等级分类标准》《会议分类与术语》《会展业节能降耗工作规范》等一批国家标准、行业标准。

3. 国际会展企业进入中国市场步伐加快

近年来,国际会展企业进入中国市场步伐加快,进入方式灵活多样,包括收购中国会展项目、联合成立合资企业运营会展以及缔结战略合作关系共同开发会展项目等,其中收购中国会展项目成为国外会展企业进入中国市场的重要方式。此外,外资会展企业还纷纷与国内相关机构合作,成立合资会展公司,共同举办展会。例如英国i2i会展集团与中国纺织行业贸促会合作,共同举办中国国际针织博览会;成都市博览局与励展博览、博闻UBM、意大利罗马会展公司建立了战略合作关系等。

4. 科技助推会展进步,线上线下融合发展

近年来新技术在展会活动中得到广泛运用,从现场数据的收集统计到线上线下展会的共同发展;从信息技术的应用到会展科技资本的融合,都充分体现出"会展与科技融合发展"的总体趋势。近两年,会展业信息化水平显著提高。随着移动互联网的兴起,"自媒体"蓬勃发展,微博、微信等即时通信工具成为人们获取信息的重要来源,会展业也普遍应用官方微博、官方微信,及时发布展览资讯并与客户开展互动交流。

二、我国会展企业出国办展发展趋势与特点

1. 对外开放深入推进,为出国办展营造良好环境

我国对外开放进程深入推进,与各国之间贸易联系更加紧密,为中国外贸发展营造了良好政治环境,促进我国对外贸易增长,从而带动我国企业出国参展、办展规模逐步提升。首先,我国提出的"一带一路"倡议、国际产能和装备制造合作陆续进入实施阶段,"一带一路"沿线省市和展览业界积极支持国家战略,纷纷提出了更多的相关展会建议和设想,对外贸易与对外办展

相互促进的局面正在形成。"一带一路"沿线大多是新兴经济体和发展中国家,总人口约44亿,约占全球总人数的63%,经济总量约21万亿美元,约占全球经济总量的29%。这些国家普遍处于经济发展的上升期,与之开展互利合作的前景广阔。其次,我国积极发展多双边经贸关系,截至2017年6月底已与23个国家和地区达成15个自贸协定,并正与20多个国家和地区进行自贸协定谈判或前期研究。

2. 政府大力促进境外出展业务,政策利好不断

为了充分发挥会展行业在促进中国对外贸易的推动作用,政府近年出台了一系列文件,把促进展览业改革发展和国家对外战略相结合。2015年2月,国务院下发《加快培育外贸竞争新优势的若干意见》,指出要加大中国品牌海外推介力度,全面提升与"一带一路"沿线国家的经贸合作水平;与此同时,加快贸易促进平台建设,培育若干个国际知名度高、影响力大的国家级会展平台。2015年4月,国务院下发的《关于进一步促进展览业改革发展的若干意见》继续强调:"加快'走出去'步伐,大幅提升境外组展办展能力。在国际展览业中的话语权和影响力显著提升,培育一批具备国际竞争力的知名品牌展会。"相关文件的出台有利于境内展会企业在促进中国外贸发展方面发挥更为积极的作用,为境外办展行业长久发展提供了良好的环境。

3. 我国企业竞争优势不断积累,推动出国办展市场规模增长

目前,我国企业在数量、技术、产业链、商业模式等方面不断积累优势,从而促进我国对外贸易增长,推动会展行业发展。在数量上,我国具备跨国化经营能力的企业群体日益壮大,并更加注重品牌建设,在国际市场上拓展市场;在技术方面,我国企业积极向高端产业、高附加值产品出口拓展,出口产品技术含量不断提高;在产业链方面,中西部地区外向型产业链日益完善,外贸发展能力持续增强;在商业模式上,市场采购贸易、外贸综合服务企业等外贸新型商业模式蓬勃发展。在以上因素的影响下,出国办展市场的潜在客户将逐步扩充。

4. 国家战略催生新的出展项目

"一带一路"倡议提出,要继续发挥中国—东盟博览会、中国—东北亚博览会、中国国际投资贸易洽谈会,以及中国—南亚博览会、中国—阿拉伯国家博览会、中国西部国际博览会、中国—俄罗斯博览会的作用。"一带一路"沿线省市和展览业界积极支持国家战略,纷纷提出了更多的相关展会建议和设想,全国范围内将逐渐形成各有侧重、主题鲜明、特色突出的"一带一路"对外交流合作平台格局,推动"一带一路"沿线国家建立更加紧密的经贸联系,"一带一路"国家的展会项目将进入高速发展期。

5. 出国展览指标总体增长,展览与贸易形成互动

出国展览一直以来是国内企业走出去最为重要的贸易方式,出国展览规模与同期中国货物、服务等进出口情况息息相关。出国展览项目数已从2007年的1124项,增长至2016年的1492项。

资料来源:2017年中国会展行业发展现状及未来发展趋势分析[EB/OL].(2017-11-21).http://www.chyxx.com/industry/201711/584758.html.

本章小结

本章从市场细分、目标市场选择和市场定位三个方面,对会展市场进行系统论述。首先,介绍了会展市场的主要类型,会展市场细分的内涵、意义、原则、标准、程序;其次,介绍了会展目标市场的概念,论述了会展目标市场选择的条件、影响因素和目标市场选择策略;最后,介绍了会展市场定位的内涵、依据和步骤,提出了会展市场定位的策略。

1. 市场细分是市场分析三部曲的关键一步。会展市场细分是办展机构根据主要会展目标客户对会展产品和服务的不同需求,把会展客源市场划分为若干子市场。

2. 会展目标市场所指的一组特定的参展企业就是一个或几个会展细分市场。参展企业需求千差万别,只能满足会展市场中一部分参展企业的需求。

3. 市场定位是会展活动切入市场的依据,是对会展企业的会展产品或服务和企业形象进行设计,从而使其能在会展目标市场中占有一个独特位置的行为。

复习思考题

1. 以具体的会展活动为例,基于本章讲解的会展市场细分的原则、标准和程序等内容,对会展市场进行细分。

2. 以具体的会展活动为例,设计会展目标市场的选择策略。

3. 以具体的会展活动为例,设计会展目标市场的定位策略。

单选题

1. 对会展营销而言,会展目标客户分为参展商和(　　)。
A. 会展普通观众　　　B. 会展专业观众　　C. 会展广告商　　　D. 会展媒体

2. 会展市场细分的客观基础是(　　)。
A. 参展商需求的差异性　　　　　B. 参展商需求的同质性
C. 参展商需求的客观性　　　　　D. 参展商需求的有效性

3. 会展企业市场定位是要把企业产品在(　　)确定一个恰当的地位。
A. 市场的地理位置上　　B. 产品质量上　　C. 参展商心目中　　D. 产品价格上

4. 会展企业的一切活动都是围绕(　　)展开的。
A. 会展营销策略　　　B. 会展市场细分　　C. 会展市场定位　　D. 会展目标市场

5. 会展目标市场选择是估计每个细分会展市场的吸引程度,并选择进入(　　)细分市场的过程。
A. 一个　　　　　B. 若干个　　　　C. 一个或若干个　　D. 一个或无数个

多选题

1. 会展细分市场的评价指标主要包括(　　)。
A. 销售额与增长率　　B. 盈利可能性　　C. 资源供应者实力
D. 替代品威胁　　　　E. 顾客影响力

2. 无差异营销策略(　　)。
A. 适用于资源有限的小型会展企业　　　B. 不需要进行市场细分
C. 适宜于绝大多数会展企业　　　　　　D. 只强调需求共性
E. 最大的优点是成本的经济性

3. 会展市场细分的主要理论依据是(　　)。
A. 会展产品的多样性　　　　　　B. 参展商需求的差异性

C.利用有限资源开展有效竞争　　　　　　D.会展市场的复杂性

E.会展企业资源的复杂性

4.会展目标市场营销的全过程包括的步骤主要有(　　)。

A.市场调查　　B.市场细分　　C.目标市场选择　　D.市场定位　　E.市场预测

5.会展企业采用哪种会展目标市场策略,取决于(　　)、会展项目生命周期、会展市场竞争状况等多方面条件。

A.会展市场营销宏观环境　　　　　　B.会展企业自身实力条件

C.会展项目或服务特点　　　　　　　D.会展市场需求状况

E.展馆的地理位置

第五章 会展市场营销管理控制

学习要点

1. 理解会展市场营销管理的概念、特征和内容;
2. 掌握会展市场营销计划的基本过程,为会展市场营销活动制订详细计划;
3. 掌握会展客户关系管理、供应商管理、观众管理、时间管理等具体管理活动的概念、特征、内容、过程等;
4. 理解会展市场营销控制的必要性、类型和主要内容,理解会展市场营销评估的特征和主要内容,能够在会展市场营销实践中加以运用。

开篇案例

当前提振我国会议奖励旅游市场的对策分析

当今会奖市场呈现冷热不均的状况。一方面,由于中国正走向国际舞台中心,国际会议、大型会议日益兴旺活跃;另一方面,作为会议市场晴雨表的一般性官办会议、中小型会议,又呈明显的控制、压缩、精简态势,令会议业者感到温暾和萧瑟。宏观报喜、微观报忧是我国多数行业的共性。

1. 深摸细研,找准定位

对于会奖市场的这种困顿,熟视无睹或鸵鸟战术是不可取的。央视每天"新闻联播"披露的会议信息都是高大上的,每年定期举办的国际性会议更是花团锦簇、节节攀高,但对中小会议业者来说,这些盛会多是可望而不可即的,甚至连望梅止渴都不能,只有脚踏实地、面对现实,才能找准自己的定位。

官方会议虽然难办和压缩了,但并不是没有了,有的地方和行业的会议仍然不少,甚至从类型、主题和规格上都超过以往,而且服务外包的空间也日益扩大。一是国际性区域性的会议就有不少,采取的方式是"官督商办"、外包服务,而非官方闭门独办,规格也不低,花费也不少,这些会议大多是可持续或是轮值性的,或是要把当地争取设为永久性会址。二是常规性的会议和宣传营销也不少,如旅游部门举办或参展的国际性、区域性旅游交易会,每年多次组织的宣传推介专题会等,各省市数千万元乃至上亿元的旅游宣传费年底前都要花出去,且多数地方还在逐年增加这方面的投入。三是各行业热门话题的会议也不少,即使一个相同主题的会议,全国各地一年也要举办很多个。四是官方决策举行的会议培训,如省委市委确定的对某一层级干部进行的专业培训或外出考察,政府工作报告确定的可通过会议或培训实现的达标考核,都必须在规定时限内做完。对各地政府、各部门召开的各种会议,会议公司应该了解和把握,知道在哪儿开,大致什么时候开。除了少数官方会议是封闭的、自办的,多数会议的部分服务需要借助外力,这就是会议公司所要积极争取的市场。

2. 延展合作,互利共赢

业者要想在会议市场立足,必须有很强的市场竞争力。政府部门越来越多地采取对外招标或单一来源采购以开销大宗的预算经费,成为一个普遍性的现实。主要因为:一方面政府部门为了转变职能,要从具体会务琐事中解脱出来;另一方面为了规避经费使用风险,必须找有实力的会奖公司为其承担事务性工作。当然,旅游部门对会议公司的期望和要求也越来越高,选择的必须是一专多能或有专业背景的合作伙伴,不但能办会,还得是策划+办会+办展+宣传等的高手。

3. 坚守市场,厚积薄发

会奖旅游的服务对象比较庞杂,因单位性质不同而对办会要求不一,如机关与事业单位不同、国企与非国企不同,研究与开拓起来应做具体分析。但有一个共同之处,即普遍存在利益空间小、审批程序复杂、付款周期较长等问题。超过一定金额的会议,就得走单一来源采购或竞标,这个环节的竞争非常激烈。要在这个市场立足,必须放低身段,从小处着眼,逐步积累,集腋成裘。奖励旅游作为对优秀员工的一种奖励办法,具有比奖金和实物更特别的激励功能,在一些发达国家已普遍实施,我国应该大胆地加以借鉴和学习。2013年国家发布的《国民旅游休闲纲要(2013—2020年)》明确提出,"鼓励企业将安排职工旅游休闲作为奖励和福利措施",但是由于没有更加具体的政策条文予以支撑,在现实操作中,无法区分国家倡导的奖励旅游、福利旅游与党纪国法严打的公费旅游之界限,致使该项政策徒具空文,即使有经济实力的企业也不敢去涉足。破解这一难题,亟须有识之士大声疾呼,也企盼相关部门积极作为,尽快解决政策"悬空",让政策福利加紧落地。

4. 把握尺度,稳妥发展

想让会议从筹办就安全稳妥,应该注意三个问题。①审批程序。任何带有官方背景和需财政经费支付的会议,都需要事先立项和批准,不同规格的会议由不同级别的机关批准。此外,还有每年会议个数的总量控制。省市政府大多希望与部委厅局合办会议,但能否得以合办,主要取决于地方政府能否获得上级批准,即年度会议指标的使用。②主办单位。由于官办会议审批程序较严,审批规格也在提升,致使有时官办会议难以如期批下,而情愿退而让媒体或社团作为主办方。③办会要求。在当前形势下,贯彻中央八项规定的精神,做到厉行节约、反对浪费,是一个既很现实又很严肃的要求。所有花费财政经费的会议和培训都要受到相应的约束和规范,甚至是国企自筹经费的会议和活动,也要加倍谨慎和留神。主要难点是,具体应注意的那些问题大多因地、因时、因会而不相同,需要预先研究和知悉,不可掉以轻心和想当然。

资料来源:高舜礼.会奖市场开发应有耐力[N].中国旅游报,2017-01-17(3).

第一节　会展市场营销管理概述

一、会展市场营销管理的概念

会展市场营销管理是对会展企业的经营项目和营销活动进行分析、计划、组织、执行、控制与评估等管理过程，以便能创造、建立和维持与会展企业目标市场的良好关系，达到实现会展企业总体目标的目的。

二、会展市场营销管理的特征

①会展市场营销管理是一种包括分析、计划、组织、执行和控制的管理过程。②会展市场营销管理的目的在于帮助会展企业和活动主办方维持与目标市场的良好关系，顺利实现总体目标。③实施会展营销管理可实现企业和客户双方利益的共赢。④会展市场营销管理重点在于产品、价格、促销、销售渠道等营销要素的相互协调和适应，以实现有效的营销。⑤由于会展活动的自身特征，会展市场营销管理的内容除了一般营销管理内容外，还存在招展管理、赞助管理、客户关系管理、供应商管理、观众管理和时间管理等特殊内容，本书将着重对这些内容进行说明。

三、会展市场营销管理的内容

①市场分析。市场分析包括会展营销环境分析、会展消费者购买及消费行为分析、会展市场分析、会展产品和服务分析、会展竞争分析。②市场计划。市场计划包括：会展市场营销情况的概括总结，会展的经营机会、威胁、优势、劣势的确定和评估，会展市场营销目标和策略的制定，会展长期和短期市场营销计划的制订，市场销售预测的预测。③组织和执行。组织和执行包括：会展市场营销观念在全体员工中的灌输，营销导向的会展组织机构的建立，选择合适的营销人员，对新老营销人员的培训，会展企业各种促销活动的开展，会展企业市场营销部内部及市场营销部与其他各部门之间的广泛交流和密切配合，会展市场营销信息系统的建立，会展新产品开发、价格制定及销售渠道的建立。④控制和评估。控制和评估包括：会展营销数据的分析、归纳和总结，用既定的绩效标准来衡量和评估会展营销活动的实际结果，分析各种促销活动的有效性，评估营销人员的工作成绩，采取必要的纠正措施。

第二节　会展市场营销计划

一、搜集信息

营销信息的搜集和使用对会展市场营销计划制订的各个步骤都有影响。营销计划制订不是凭空想象，而是依赖会展企业的内部信息和外部营销环境信息。

二、树立目标

会展市场营销目标主要包括财务目标和营销目标两类。其中财务目标由利润额、销售额、市场占有率、投资收益率等指标组成。市场营销目标由销售额、市场占有率、分销网覆盖面、价格水平等指标组成。市场营销目标可发挥三个方面作用：①让会展企业市场营销人员了解会展企业营销的总体方向；②具体的营销目标有助于营销任务分工，便于衡量营销计划的执行结果及各营销人员的工作成绩；③有利于评估市场营销人员的绩效，提高其工作热情和积极性。

三、分析形势

会展企业市场营销目标建立后，营销人员就应开始分析会展企业所拥有的优势及存在的不足，还要确认会展企业所面临的营销机会或营销威胁。营销人员应考虑诸如企业的产品是否与众不同或产品是否比竞争对手好等问题。确认优势或劣势、机会或威胁的过程就像检查资金平衡表一样，依据优势和机会来规划和制定新的决策，同时，尽力弥补或缓解存在的劣势和面临的威胁。

四、制定策略

营销人员衡量会展企业市场营销策略的有效性，主要采取六个标准：①是否具有长期竞争优势；②是否能加强会展企业力量；③是否有较高的投资收益率；④是否能保证良好的资金周转；⑤是否引起市场增长；⑥是否有利于提高会展企业市场占有率。除使用上述衡量标准外，营销人员还可利用预测以及从内部和外部调研得出的信息，衡量会展企业营销策略组合的有效性。

五、选择策略

为选出最佳营销策略需要对各种营销策略进行评估，评估也有利于会展企业营销承诺的兑现及营销目标的实现。评估营销策略的一种有效方法是分别将每种策略的优缺点列出，然后进行分析对比，选出对营销目标贡献最大的营销策略。营销人员也可以邀请其他部门人员提供建议和意见，从而选出最佳的营销策略。

六、执行计划

会展企业营销人员在制定行动执行日程表和确定一系列评估行动计划标准的基础上，制订会展企业行动计划和执行方案。会展企业使命、营销目标、营销策略及行动计划等内容确定后，就要执行营销计划并验证营销计划是否真的如设想的那样能导致会展企业成功。检查计划执行的结果非常重要。营销人员对任何与预期结果的差异都要加以注意和评估。

七、评估结果

市场营销计划执行后，应马上进行评估。营销人员可将各种计划目标和绩效标准与实际计划执行结果比较，以便确认营销计划及各项营销活动对会展企业市场营销目标贡献的大小。

八、信息反馈

市场营销计划的制订过程不是纯粹的线性过程。在许多情况下，这一过程中的各个步骤进行重新循环是完全可能的。随着营销环境或计划的变化，营销人员应重新回到进程的步骤上去，重新确定会展企业市场营销策略。市场营销计划模型可看作是综合的、最佳的模型，具有相当大的灵活性,营销策略或行动执行的日程表可以随着营销环境的变化做出相应调整。

第三节 会展市场营销管理的主要内容

一、会展客户关系管理

(一)会展客户关系管理的概念

客户关系管理是为企业提供全方位的管理视角,赋予企业更完善的客户交流能力,使客户的收益率最大化的一种管理策略。实施客户关系管理企业的组织结构、工作流程、技术支持和客户服务都要以客户为中心,协调企业与客户之间的交往,以便获取、发展、留住有价值客户,挖掘潜在客户,提高客户满意程度,培育客户的忠诚度,实现企业盈利能力最大化。作为典型的服务型企业,会展企业的营销活动都围绕着各类客户展开,客户关系管理是会展企业营销管理的重要内容之一。

(二)会展客户关系管理的内容

1.参展商关系维护

①推广展会。会展企业有责任提供展会客观真实的历史记录和前景预测,让参展商知道继续参展将会给其带来的好处,但切忌言过其实。②倾听和采纳参展商建议。满足参展商需求,成立展商顾问委员会,进行电话采访和小组座谈,了解会展举办工作中的成绩和不足。把办展工作过程向参展商汇报,采纳其建议加以改进。展会结束后,立即对参展商进行调查,有计划地满足其需求。③进行双向沟通。会展企业通过与参展商的交流和倾听建议来加强双方的关系。在展会举办中,举办者应不断向参展商提供诸如日程安排、最后期限和促销等信息。信息提供越及时,参展商对展会举办者的配合越好。④帮助参展商确立合适目标。参展商的期望值与实际参与经历越接近,再次参展可能性就越大。会展企业有责任帮助参展商理解展会、确立合适目标。⑤吸引观众群。利用注册系统获取参展观众的人口统计特征。掌握了观众数据,参展商就可以向观众展示其最感兴趣的产品,可以合理安排工作人员。⑥协助参展商获取销售佳绩。为协助参展商向顾客成功销售产品,会展企业可以向参展商提供相关培训指导。⑦展位提前销售。对提前续签参展协议的参展商给予价格优惠。

2.专业观众关系维护

会展企业的客户主要是参展商,参展商在展会期间最大的需求就是足够数量的对口专业观众。组织观众是会展企业增强展览会效果并满足参展商需求的重要手段。①建立观众信息库。通过现代信息技术,建立专业观众信息数据库,将其中高级职位和具有决策权和购买力的用户定义为专业观众,提供专业服务,使之成为展会核心价值,并通过其带动作用,吸引更多专业观众参加展会。②对专业观众进行细分。将客户按行业划分,建立行业信息资源,掌握行业最新、最活跃的客户资源,减少展会对参展商邀请客户的依赖。通过行业信息库,会展企业也能为行业提供有偿信息服务。通过观众信息资源,会展企业能为专业观众提供更好的增值服务,保证稳定的专业观众参展。

3.重视客户投诉

客户投诉与客户满意度密切相关。满意的和感觉受重视的顾客不容易受竞争对手影响。

参展商对会展企业的服务不满时,往往采取两种处理办法,向企业投诉或不投诉。一般来说,70%左右的客户在不满时不会向企业投诉。这主要是因为客户没有时间或是觉得即使自己投诉,也不会起任何作用。有不满不向企业投诉的客户也许会宣传对企业的不满或转而购买其他公司的产品。向会展企业投诉的客户,是对企业抱有希望的,会展企业应当及时解决客户投诉,留住客户。企业也要鼓励客户表达不满,这可以使不满客户不采取有损企业利益的行为。在处理客户投诉时,适当对员工授权也是必要的,这样便于他们及时采取补救措施,解决客户问题。

(三)会展客户关系管理的策略

1. 客户获得策略

获得新参展客户的主要方式有两种:①加强展会宣传力度,形成对客户的吸引力。参展商对展会的规格、知名度、同类参展商、主办者名誉地位、展览企业资质等要素十分在意。针对客户需求,会展企业需要通过传播手段向参展商、采购商传播有关信息,介绍会展项目和相关服务,并将这些信息迅速、准确传递到客户,争取客户支持信任,把客户吸引到展会上来。②提高服务水平。会展企业凭借优质、高效、完备的服务赢得客户信任,进一步留住客户,按照国际惯例办事、遵循国家标准,为客户提供现代化、个性化、人性化服务。利用互联网技术,为参展商提供网上招展、网上预订机票与酒店、及时通过社交媒体回复客户咨询、网络传输客户需要的展览资料等服务。

2. 客户保留策略

会展企业长期工作目标就是要巩固、加深与客户的关系,尽可能留住客户,建立客户忠诚。会展企业需要做到以下两点:①追踪与满足客户服务需求。只有不断满足客户需要,才能取得他们的长期信任。会展客户需要会因人而异。最有效的方法是通过座谈会、调查表和电话访问了解客户需求。要建立长期互信关系,关键还在于会展企业要倾听和付诸行动,去实现客户需求。②关注与提高客户参展交易额。客户参展的直接目的是通过展会拓展销路和市场,达成产品交易,从中获利。如果参与购买的客户少或质量不高,参展商不能取得预期收益,与组展机构关系就很难保持,会展市场就会逐步萎缩。因此会展企业要想从根本上留住客户,需要关注客户在展会上的交易情况,有效组织采购团和贸易团,增加参展商交易额,提高其参展效益。

3. 客户忠诚策略

为保持与顾客的长期关系,实施顾客忠诚策略必不可少,主要采用三种方式:①提供获利帮助。组织大型买家,帮助参展企业吸引更多采购商,为参展商在展会上获取订单,提高其交易额;举办参展商培训班,请权威专家进行讲座,帮助参展企业提高参展效果;举办研讨会、鸡尾酒会等,为买卖双方创造亲密接触机会,使在不同区域、不同环境下的商家汇聚一堂,商讨产品流行趋向、未来供求关系,及时把握市场走向。②实施促销激励。采用价格折扣促销产品和服务;采取积分激励,在客户档案中建立参展积分栏,按其一定时间内的参展次数积分,当积分达到不同程度时,实施不同级别的奖励、折扣等,鼓励客户长期参展。③加强彼此联系。开展各种联谊活动,成立会员俱乐部,加强会展企业与忠诚客户之间的关系,向参展商会员无偿提供供求信息、展览知识服务等。

二、会展供应商管理

(一)会展供应商管理的概念

供应商是向会展企业及其竞争对手供应各种所需资源的企业和个人,提供资源的内容包括设施设备、原材料、能源、服务和资金等。会展企业在办展过程中,在市场调研、招商招展、寻求赞助、会展策划、展品运输、知识产权、场馆租赁、展台搭建、展台装饰设计、文案设计印刷、摄影摄像、文艺演出、观众登记、餐饮服务、保洁服务、安全保障、差旅服务、旅游服务等方面,都不同程度地需要进行服务外包、寻找供应商。会展营销人员必须对供应商的情况有比较全面的了解和透彻的分析。会展供应商管理顺应了会展企业所需服务内容多元化、会展企业外部环境复杂化的特征,为了保证会展企业服务质量、维持客户较高的满意度,必须采取必要的供应商管理措施。

(二)会展供应商管理的内容

1. 供应商确定

对于小型会展活动而言,举办者通过网络搜索、企业黄页或推荐基本上就可以找到合适的会展供应商。若会展活动规模较大,举办者需要事先将相关信息传播出去,提出需要的服务供应商类型和条件,通过招投标的方式公开招募供应商。会展供应商往往是采取独家代理的方式,即一家服务供应商为会展活动提供服务,其他同类型服务供应商将被禁止进入会展场馆提供同类型服务。

2. 合同与服务标准制定

采用公开招募服务供应商,需要根据会展活动服务总体质量的要求提出具体的服务标准,然后再根据这一服务标准起草招募服务供应商的招标书。在合同订立时应考虑三个方面:①服务标准。合同必须明确双方的期望,这样产品和服务才能明确定义。活动组委会必须要求所有的零售商对服务和产品质量全权负责。②保险和资质。服务供应商必须证照齐全和购买相关保险。仅有口头承诺是不行的,签约前必须提供员工赔偿和公共责任险的相关文件复印件。③赔偿条款。因供应商原因造成的损害是由举办者赔偿还是由供应商赔偿的责任和明细必须明确。④付款条件。付款方式必须在谈判后达成,包括预付款和尾款。支付的数额可能采取佣金形式或按照营业额提取一定比例。⑤解决问题方式。诚信友好的定期协商是建立长期良好合作关系的基础,在合同中进行详细约定。

3. 供应商培训

服务业营销效果不仅与营销部门有关,而且与市场运营部门、人力资源管理部门和服务供应商等部门都有重要关系。供应商作为会展活动服务的重要提供者,供应商员工在这个会展企业团队中所占比例很高,直接影响会展活动服务的质量。会展企业人力资源部门必须对供应商员工进行培训和管理,使供应商团队更具有凝聚力,能够向客户提供无缝链接的服务。会展活动策划和运营手册可以作为培训材料。

4. 动态管理

会展活动举办过程中,会展活动举办者应安排人员根据合同明列的产品和服务质量进行监控。随着会展活动的深入,会展活动举办者和服务供应商可以根据活动进展的具体情况对合同细节和服务标准进行调整和完善。由于服务供应商员工与会展活动举办方不属于同一团队,双方在合作中往往会出现各种沟通问题和障碍,这就要求举办者进行动态监控与管理,与供应商定期沟通,解决可能出现的各种问题。

三、会展观众管理

(一)会展观众管理的概念

会展活动观众作为会展活动主要参与者之一,尤其在节事活动、体育竞赛、大型博览会等会展活动中发挥了重要作用,是会展活动举办者最重要的服务对象。会展活动举办者有必要采取一系列管理行为,以服务为基础,同时对观众的行为进行约束、规范和引导,以绝大多数观众利益为基础,保证会展活动顺利进行。

(二)会展观众管理的内容

1. 信息管理

对会展活动潜在和现实的观众的信息进行搜集,建立数据库,数据库收录的信息包括观众个人的性别、年龄、教育程度、职业、家庭背景、家庭生命周期、兴趣爱好、闲暇时间、所在企业、所在行业、消费能力和参观行为等。其中,参观行为是观众行为特征中与会展活动息息相关的内容,包括观众过往的参展动机、参与活动动机、参与活动经历以及与会展活动主题相关的特长、知识储备、专业水平、相关领域消费能力等。通过数据库的建立和使用,可以帮助会展企业更好地进行市场开拓和客户服务,同时在会展活动举行过程中,为观众提供更专业的服务。

2. 现场管理

现场管理包括:①进场安检。采用类似机场登机的安检技术,检查观众随身携带物品的安全性,如钥匙、刀具、非软包装饮料、闪光灯等,过量饮酒者禁止进场。②进场时控。根据会展活动的级别、门票出售情况确定观众进场时间。以体育赛事为例,活动开始前1~2小时开始进场,活动开始10分钟后禁止入场。③观众区分。观众进场与出场地点应当加以区分,防止首场活动观众退场与下一场次观众进场发生冲突。集体购票单位和专业观众群体可从指定通道进入。④年龄管理。根据会展活动性质,对一些特殊年龄和生理阶段群体进行区别管理,如:12岁以下儿童观展应当有家长陪伴,高龄老人、孕妇、有心血管疾病者禁止入场等。⑤安全巡逻。会展活动开始前,安排专门人员对会展场馆内外环境进行安全检查,排除爆炸物等危险物品隐患。活动进行中应有专门的巡逻保安分区安全防卫。

3. 风险管理

会展活动举办场所作为大规模人员密集场所,由于人员在短时间内高度聚集,极易发生踩踏、盗窃、打架斗殴、恐怖袭击等危机事件,会展活动观众管理过程中的风险管控变得十分必要。一般来说,大型会展活动观众组织管理的风险变量主要包括人群规模、场所规模、场所属性、活动时间、活动性质、观众的食物和酒精饮料等消耗品、人群年龄、气候条件、举办地地理位置等。防控会展活动风险、保障会展安全,举办者必须根据实际情况,综合考虑上述因素,在观众组织、动线设计、检票程序、场馆区域分隔等过程中,全面地进行风险分析、调查和评估,制定突发事件应急预案。风险管理除了由会展举办者负责外,还可以交由公安机关、安保公司等专业机构完成,同时购买各类保险产品,转移风险。

四、会展时间管理

(一)会展时间管理的概念

会展时间管理是会展活动举办者对会展的各项筹备和组织工作在时间上的通盘考虑,对会展的招展、招商、宣传推广、布展、撤展以及展会服务等各环节在时间及工作进度上进行的统筹安排,估算活动所需资源,制订进度计划及策略,使各项工作在时间安排和进度上彼此协调,符合会展整体筹备和组织工作需要,最终在时间上保证会展活动如期顺利举行。会展时间管理的重点是对会展活动各阶段的主要工作、工作程序及其衔接关系编制计划,在实际进度与计划进度出现偏差时进行纠正,并控制整个计划的实施。会展活动由于其项目所具有的独特性及时间的重要性,对时间的管理更为严格、细致。

(二)会展时间管理的步骤

会展时间管理的步骤如下:①目标选择。确定会展活动在某段时间内计划要达到的目标,各目标最晚必须在什么时点达到,这些目标构成了会展举办者在这段时间内的行动指南。②拟订计划。明确该会展活动的开始日期、结束日期,并依据活动重要事项确定相应的里程碑。③界定行动。界定和确认会展活动举办过程中的各个环节及行动内容。会展活动中的各项行动,是工期估算、编制进度计划以及后续各项工作的基础。④行动排序。按照计划目标,对在这段时间内要采取的各种行动进行合理排序,分清主次,计划哪些需要优先执行,分析各项行动的逻辑关系。⑤估算工期。估计会展各项行动所需要的时间,在估算中也要考虑风险因素的影响。⑥控制进度。对各项行动的进展情况进行监督管控,及时发现问题并纠正,对各项行动的执行过程进行优化控制,合理规划业务流程,使执行过程顺畅。

(三)会展时间管理的内容

1. 招展时间管理

招展是会展策划和筹备的核心工作,能否在预定时间内顺利完成招展任务是展会能否成功举办的关键。展会招展不是一蹴而就的,需要经过多次反复、多次邀请才能完成。举办者必须对招展工作在时间上进行合理安排,并对展会招展进度进行有效监督控制,合理把握展会招展工作时间,保证在开幕前完成招展任务。具体而言,举办者按照预设的招展效果和展位数量,对招展进行全程监控,将目标参展商名单逐一列出,将每次与各目标参展商联系及对方信息反馈情况记录在案,并绘制"展位分布平面图",将已被参展商租用的展位用不同颜色标出,标明租用该展位参展商的名称。同时掌握目标参展商参展和展位划出情况,与招展进度计划对比,分析招展任务完成情况,制定进一步招展策略,控制招展时间。

2. 招商时间管理

招商工作直接关系展会的整体展出效果,也关系到参展商参展的实现价值。招商工作的主要任务是吸引观众,并使展会开幕后有足够数量的目标观众如期到会参观。面对数量庞大且有很大不确定性的专业观众,展会招商很难像招展那样控制。展会应根据实际情况选择合适的监控办法。以国际展会为例,由于国外观众对于参观异国展会有很多情况不熟悉,很多方面需要展会帮助,他们往往会提前进行参观申请登记,对于国外招商可以按观众申请登记情况进行监控。国内观众一般不习惯预先进行参观登记申请,展会应按照事先根据市场分析情况和已掌握的目标观众数据信息制订的招商进度计划,对国内招展进行有效监控。两种方法也

可以结合使用。

3. 宣传推广时间管理

会展宣传推广的三大任务是促进展会招展、促进展会招商和建立展会良好的品牌形象。因此,展会宣传推广工作不仅在内容上要与展会招展、招商以及品牌建设相适应,还要在时间安排上与之相协调。宣传推广工作是一项计划性和时间性都很强的工作,专业媒体推广、大众媒体推广、展会现场推广、公共关系推广等多种推广方式不仅要在口径上协调,还要在时间上统一规划。展会宣传推广是长期工作,从展会的筹备期开始一直延续到展会结束,在筹展启动、宣传造势、重点招展、重点招商、开幕筹备、正式开幕等阶段,都要有明确的宣传推广重点。

4. 服务时间管理

高质量会展服务是给客户提供及时、快速、高效和规范的服务。会展服务时间管理是在时间上合理安排展会的展前、展中和展后各环节的全过程服务,并在时间上有效管理。值得注意的是,很多办展机构对展中的时间性理解深刻,却忽视了展前、展后服务的时间要求,影响了客户对展会的整体评估。

5. 布展和撤展时间管理

布展和撤展时间管理可从三个方面入手:①为方便参展商进行布展准备和撤展规划,展会要将展会布展、撤展的确切起止时间准确通知参展商和其展位承建商,还要尽快通知各参展商需要提交审查的展位搭建设计材料和应提交的时间,以备展会有关安全和消防部门审查。展会可在参展商手册或布展(撤展)通知中注明或用专函通知,还可以在展会现场以广播形式提醒参展商。②让参展商理解布展和撤展时间的不可变更性,使其在时间上科学规划布展、撤展工作。很多展馆展期安排很紧,很难进行临时调整,展会布展时间一旦确定,一般不再调整,对布展截止时间更是如此。③加强布展和撤展现场管理。如果展会现场秩序混乱,各参展商互相干扰,其布展、撤展工作进程必将受到影响,整体进度将被拖延。因此,展会有必要维持良好现场秩序,对现场进行有效管理。

 **章节案例**

确保会展专业观众质量的三种方法

1. 建造有效的数据库

蒙哥玛利先生表示要确保专业观众的质量就必须建立专业观众数据库。充分收集和了解专业观众的背景资料,然后用数据对观众的质量进行科学的分析。他说:"40多年来,我们储存了所有会展的观众数据。透过问卷调查、参展注册或网上注册等方式了解他们的职务、个性特点、年龄以及购买影响力等情况。实际上在很大程度上我们也成了专业观众的朋友。这么多年来,我们透过分析发现,在我们数据库中的观众有2/3的人坚持到我们办的展览来,而不去同行业其他的展览。"

2. 在同类会展招商

一年两届的广州国际家具展在海外招商上做得特别成功。据中国对外贸易广州展览公司的项目经理说,家具展的国际化定位,使得招商必然会将重点放在北美、东南亚、中东等中国家具出口最强劲的地区。会展营销是一种很有效的手段。组委会多次派代表到海外会展招商,半年内曾与多家世界著名家具会展合作,并设立广州展的招商推广中心。这些著名家具展有意大利米兰、德国科隆、法国巴黎、西班牙瓦伦西亚、俄罗斯莫斯科、阿联酋迪拜、美国高点、日本东京、韩国首尔、马来西亚吉隆坡、印度尼西亚雅加达、澳大利亚墨尔本等家具展。广州国际家具展成为国内首家跨国在十家国际顶级的同类型家具展中设展位现场招商的会展。

3. 与媒体网络互动

目前,专业展已成为会展发展的趋势。市场细分的结果是,参展商需要更明确的产品市场定位及客户定位,需要在会展上接触到意向更加明确的贸易观众。在这方面媒体宣传的优势则难以取代。广州国际家具展通过与海外媒体的良好互动,为广州家具展做跟踪报道,发布信息。还充分利用互联网便捷和高效的特点按期传送广州展的新闻稿。会展不仅通过互联网发布会展信息、发邮件邀请函,还在网上设立预先登记服务。只要买家预先填好登记表并成功发送到该展览公司,就能在来中国参展前免费领到由展览公司寄发给他们的卡证。这种人性化的服务为会展赢得了众多的买家。

资料来源:赵春霞.会展概论[M].北京:对外经济贸易大学出版社,2007.

第四节 会展市场营销控制

一、会展市场营销控制的概念

会展市场营销控制是为确保会展企业实现预期的营销目标而采取的保持动态适应的一系列评估、反馈、纠偏和调试的行动,是会展企业市场营销管理的主要职能之一,并与分析、计划、管理、执行、评估等职能密切结合,形成会展企业完整的市场营销管理系统。

二、会展市场营销控制的类型

这里主要探讨年度营销计划控制、获利性控制和战略性控制三类。①年度营销计划控制。当会展企业市场营销人员制订年度营销计划后,一年的时间都用在计划执行上,目的是使营销计划目标如营业收入、市场占有率等如期完成。然而,会展企业外部和内部营销环境是不断动态变化的,其中有些因素的变动会影响营销计划的执行。因此,为确保营销计划的实现,营销人员必须进行年度营销计划控制。②获利性控制。营销人员不但要进行年度营销计划控制,还要对会展企业各种经营项目、细分市场、中间商等进行获利性控制。这种控制有利于营销人员做好产品市场开发和扩展决策,并有利于会展企业选择合适的销售渠道。③战略性控制。战略性控制最常用的手段是会展企业营销审计。会展企业要经常回顾企业的总体经营情况,及时调整营销手段和方法,从而使企业的经营适应环境变化。

三、会展市场营销控制的内容

会展市场营销控制的内容主要有:①决策部门对营销部门的控制。市场营销部的各项活动及其成效,直接影响会展企业的生产经营、财务、人事等部门的活动和成效。②营销部门对其他部门的控制。会展企业市场营销部门工作必须得到其他部门的密切配合和支持才能顺利进行。建立部门间有效的沟通系统,促使会展企业各部门向同一方向努力,致力于会展企业整体利益。③营销部门对供应商的控制。对向会展企业做出较大贡献的供应商,会展企业应给予适当奖励;对不守信用的供应商,会展企业应考虑放弃,或采取必要的惩处行为。④营销部

门对营销人员的控制。通过制定良好的权责关系、预算制度、成效审查制度、报酬制度等,执行这一项营销控制工作。⑤营销部门对营销计划的控制。由于营销环境中市场、竞争、需求等因素的不断变化,从而使会展企业市场营销计划的实际成效和预期成效发生偏差,需要对营销计划执行成效加以控制。⑥营销部门对营销方案的控制。控制营销部门所采取的市场营销方案,如会展企业新产品开发计划、主要广告活动或新市场开拓等,控制工具为规划法、计划评审法、预算及专案成效研究。

四、会展市场营销控制的过程

①确定评估内容。需要营销评估的内容很多,如营销人员工作效率、广告宣传效果、营销计划有效性、营销调研工作有效性等,营销主管应从中选出主要内容作为评估对象。②确立绩效标准。确定营销控制的衡量单位,并将这些衡量单位加以量化。③确定实际结果。会展企业市场营销人员可以从会展企业市场营销信息系统中获得信息,然后根据市场行情和同行状况等进行分析总结,得出各项营销活动的实际结果。④绩效标准比较。将会展营销活动实际结果与绩效标准进行比较,确定是否实现预期目标。⑤分析原因提出改进。经过比较,对实际结果不理想的营销活动进行分析,找出原因。分析方法有因果分析法、差异分析法等。

第五节 会展市场营销评估

一、会展市场营销评估的概念

会展市场营销评估是通过定期、全面、系统和独立的检查方式,对会展企业营销环境、内部营销系统、特殊营销活动等进行整体检查、审计和评估,以对比实际情况与预期的差异,发现问题,寻求解决之道的有计划、系统的整体营销活动检查方法。会展市场营销评估有三个步骤:①营销环境评估,即分析目前及将来的营销环境,包括对市场、顾客、竞争对手、宏观环境等内容评估。②营销系统评估,即分析会展企业内部营销系统对营销环境的适应性,包括对会展企业目标、策略、执行情况等内容的评估。③对会展企业具体营销活动评估,即分析会展企业市场营销组合的构成,特别是对会展企业产品、价格、销售渠道、各种促销活动等进行检查。会展企业市场营销评估是最常用的战略性营销控制手段。会展企业有必要经常回顾会展企业的总体经营情况,从而使会展企业经营适应变化的环境和机会。

二、会展市场营销评估的特征

①定期性。营销评估应按年或季度定期进行,不能只在会展企业出现经营营销问题或危机时才进行。②全面性。营销评估要对会展企业所有营销活动进行全面核对检查,而不能仅仅对会展企业某些已经存在问题的营销活动进行检查。③系统性。营销评估要用标准化检查方法对会展企业营销环境、内部营销系统及特殊营销活动等进行系统诊断。④独立性。营销评估应由一组不受营销部门影响的人员去独立执行,如会展企业决策者邀请会展企业外部有经验的专家小组进行营销评估活动。

三、会展市场营销评估的内容

(一)营销环境评估

营销环境评估包括：①客源市场评估。主要评估会展企业主要市场和公众构成、每一主要市场包括的重要细分市场、每一细分市场现在和将来的规律及特征等问题。②客户评估。主要评估客户和公众对会展企业的态度、客户如何做出购买或选择决策、客户现在和将来需求的满意程度。③竞争对手评估。主要评估会展企业主要竞争对手情况以及竞争的发展趋势。④宏观环境评估。主要评估当地人口、经济、技术、政治和文化等情况的发展趋势，这些趋势是否会影响会展企业营销，这些趋势将如何影响。

(二)营销系统评估

营销系统评估包括：①营销目标评估。评估会展企业长期和短期整体目标和营销目标；这些目标是否能清楚确切表达，是否有明确的评估标准；营销目标是否合理；是否充分利用会展企业资源和营销机会；目标是否具有竞争力。②营销策略评估。评估会展企业实现目标的核心策略；这些策略是否有较大的成功可能性；为实现营销目标，会展企业是否具备足够的营销资源；营销资源是否已按产品、销售区及市场等做合理分配；这些营销资源是否已比较合理地分配到会展企业主要的营销组合因素中去。③营销执行评估。评估会展企业是否制订年度营销计划；会展企业是否使用标准控制程序；为掌握各种营销活动的有效性，会展企业是否进行定期分析研究；会展企业是否有完善的信息系统为决策人员在进行计划和控制工作时提供有用信息。④营销组织评估。评估是否安排高层管理人员参与营销部门的分析、计划、执行等工作；营销部门工作人员是否能胜任工作；会展企业是否需要对其进行培训、激励或提升；营销人员和执行人员的职责是否明确；会展企业全体员工是否充分理解营销观念，在实际工作中是否以此作为指导思想。

(三)营销活动评估

营销活动评估包括：①产品评估。评估会展企业的主要产品构成，会展企业是否要淘汰某种产品，会展企业产品现状如何，会展企业产品整体组合情况如何。②价格评估。评估价格制定依据，是根据成本、市场需求还是竞争因素；会展企业提价或降价，市场需求发生何种变化；会展企业顾客怎样理解会展企业价格水平；会展企业是否要对临时价格进行宣传；若进行宣传，效果如何。③销售渠道评估。评估会展企业销售渠道是否为会展企业带来更多利益，会展企业销售渠道是要增加还是减少。④人员推销评估。评估会展企业营销队伍的规模是否足以完成营销目标；销售队伍按何种形式组织，是否合理；销售队伍是否有很高的士气和效率；销售人员能力如何；制定销售指标和评估实际成绩时，是否有一套正规程序。⑤广告、公关宣传及特殊促销评估。评估会展企业广告活动目标，广告费用是否适当，广告预算如何拟定，广告主题与文稿是否有效，客户对会展企业广告看法如何，广告媒介选择是否恰当，会展企业特殊促销是否有效，有无良好的公关宣传计划。

如何评价城市会展业发展程度

1. 会展业核心发展体系

第一，品牌展会的数量、规模。巡回展带来的仅仅是一时丰腴，品牌展才是长久不衰的活力源泉。城市会展业拥有一定数量的品牌展，将确保本地会展业发展有牢固根基，既带动本地相关产业经济，又为其他同类展会的延展和提升提供了可能。评估城市会展业，品牌展数量和规模是首要的考察标准。

第二，办展主体的构成、实力。目前国内二线城市基本以政府办展、协会办展、公司办展三大形式构成，但其中实力却大相径庭。衡量一个城市会展业的发展，必须对其城市办展主体进行评估细分，主体构成越趋于市场化，其发展潜力也就越大。反之若单纯仅以引进展作为生存之本，过多地依赖于外来展，尽管短期之内城市会展业会呈现兴荣之貌，一旦巡回展骤减，城市会展业必将遭遇滑铁卢。办展主体的构成和实力是评估城市会展业发展程度的核心要素。

第三，展商观众的数量、质量。展商和观众是所有展览会最重要的内容。评估一个城市会展业是否成熟，展商和观众更是重要指标。重点需要着力于对专业展的考评分析。对于消费类展会而言，亲民性保证了其观众的数量，参展的质量则由组织者全权把关。专业类展会是否拥有高质量的展商和观众更能体现城市办展水平。

2. 会展业配套支撑体系

第一，区位辐射力。区位即指城市所处的地域位置和交通便利程度，而辐射则重要体现为城市影响力、带动面的大小。城市辐射范围的大小，直接决定了展览会影响力的广泛性和带动性，尤其是与产业基础密切相关的专业类展览会。

第二，城市承载力。短时间内，大量的客商、观众从国内外汇聚到一个城市，并在这个城市中滞留2~3天。这势必给整个城市的交通、酒店、餐饮、旅游、商务等配套服务体系带来巨大的压力。评估一个城市会展业的发展阶段或成熟度时，必须将城市承载力这一要素具体量化成城市餐饮设施的数量、城市不同级别酒店与客房的数量、城市旅游景点的数量等，以突出所评价城市的综合配套实力。

第三，产业驱动力。产业驱动力的来源必须是强有力的产业基础，并不是所有的城市都能拥有的资源，但它确实是衡量一个城市会展业发展的动力因素，谁能够将产业驱动力与会展拉动力有机结合，以会展促产业，以产业谋会展，谁就能在下一波的高速发展中占得先机。

3. 会展业城市环境体系

第一，经济环境。衡量一个城市会展业发展程度，经济环境是考虑的首要因素。国民经济生产总值、城市人均GDP水平、城市的进出口总额、城市所拥有的金融机构数量等指标都是经济环境的重要构成，再结合城市的产业结构和发展模块，将基本理清城市会展业发展的经济脉络。

第二，管理环境。管理环境包括政府的综合管理与协调能力、会展专门管理机构的设置和管理政策、制度的建设情况、政府及会展行业协会的公共服务能力和服务意识等。

第三，研究环境。城市会展教育及研究机构的数量和质量、会展培训机构的数量和质量、会展行业协会的评估、协调所发挥的作用均可以成为考评的要点。是否拥有高质量的会展人才队伍和会展管理队伍也是评估城市会展业发展的其中一环。

资料来源：浅析如何评价一个城市会展业的发展程度[EB/OL].(2015 - 01 - 29).http://www.ccpit.org/Contents/Channel_3466/2015/0129/444229/content_444229.htm.

 本章小结

本章介绍了会展市场营销管理的概念、特征和内容；分析了会展市场营销计划基本过程的主要步骤；在会展市场营销管理的具体内容中，介绍了会展市场营销客户关系管理、供应商管理、观众管理、时间管理；对会展市场营销的控制和评估的概念和内容等进行了说明。

1. 会展市场营销管理是对会展企业的经营项目和营销活动进行分析、计划、组织、执行、控制与评估等管理过程。

2. 会展市场营销计划主要包括搜集信息、树立目标、分析形势、制定策略、选择策略、执行计划、评估结果、信息反馈等步骤。

3. 会展市场营销管理需要对具有会展行业特征的招展管理、赞助管理、客户关系管理、供应商管理、观众管理、时间管理等管理活动进行关注。

4. 会展市场营销控制是为确保会展企业实现预期的营销目标而采取的保持动态适应的一系列评估、反馈、纠偏和调试的行动。

5. 会展市场营销评估是通过定期、全面、系统和独立的检查方式，对会展企业营销环境、内部营销系统、特殊营销活动等进行整体检查、审计和评估。

 复习思考题

1. 将会展市场营销管理与一般意义上的市场营销管理、财务管理、人力资源管理、会展策划、会展项目管理等进行对比，分析它们之间的联系与区别。

2. 以一个会展活动为例，运用会展市场营销计划框架，为该会展活动制订市场营销计划。

3. 以一个会展活动为例，对该会展活动客户关系管理、供应商管理、观众管理、时间管理方案进行设计。

4. 论述会展市场营销控制的主要类型与内容。

5. 运用系统思维，结合某一类会展活动的实际情况，设计会展市场营销的评估指标体系，并对指标体系的各级招标进行说明。

单选题

1. 会展市场营销管理是对会展企业的经营项目和营销活动进行分析、计划、组织、（　　）、控制与评估等管理过程。

　　A. 策划　　　　　　B. 检修　　　　　　C. 定位　　　　　　D. 执行

2. 会展市场营销计划是会展企业分析当前形势、发现企业现实地位与理想地位差距的过程，以下内容不属于会展市场营销计划具体步骤的是（　　）。

　　A. 搜集信息　　　B. 营销组合　　　C. 执行计划　　　D. 评估结果

3. 会展市场营销部门在进行招展活动时，需要编制发放（　　），让外界了解会展活动的信息。

　　A. 招展函　　　　B. 招展广告　　　C. 招展通知书　　D. 招展手册

4.会展企业的内外部环境对会展赞助管理活动具有重要影响。以下内容不属于会展企业内部环境要素的是(　　)。

A.市场占有率　　B.主要利益相关者　　C.企业形象　　D.公关战略

5.客户关系管理的核心是客户,不同企业有不同类型的客户,就会展领域而言,客户主要包括组展商、(　　)、参观者三类。

A.当地政府　　B.行业协会　　C.参展商　　D.供应商

多选题

1.营销人员衡量会展企业市场营销策略的有效性,主要采取的指标包括:竞争优势、(　　)、投资收益率、(　　)、市场增长率、(　　)。

A.企业实力　　　　B.资金周转率　　　　C.外部依赖性
D.外部威胁　　　　E.流动性　　　　　　F.市场占有率

2.会展营销控制分成(　　)、(　　)、营销部门对供应商控制、(　　)、营销部门对营销计划控制、营销部门对营销方案控制六种。

A.总体营销开展　　B.决策部门对营销部门控制　　C.营销部门对其他部门控制
D.营销部门对人员控制　　E.营销对计划控制　　F.营销进度控制

3.会展企业可针对客户生命周期,分阶段制定(　　)、(　　)、(　　)等客户关系管理策略。

A.客户获得　　　　B.客户满意　　　　C.客户保留
D.客户调查　　　　E.客户价值　　　　F.客户忠诚

4.一般来说,大型会展活动观众组织管理的风险变量主要包括(　　)、场所规模、(　　)、(　　)、活动性质、观众的食物和酒精饮料等消耗品、人群年龄、(　　)、(　　)等。

A.人群规模　　B.场所属性　　C.产业结构　　D.活动时间
E.接待设施　　F.气候条件　　G.公共服务　　H.地理位置

5.会展时间管理的步骤主要包括(　　)、拟订计划、(　　)、(　　)、估算工期、(　　)。

A.界定范围　　B.目标选择　　C.设定目标　　D.界定行动
E.行动排序　　F.目标管理　　G.控制进度　　H.评估审计

> 第二篇

会展市场营销策略篇

第六章 会展产品策略

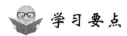

1. 明确会展产品的概念,理解会展产品的内涵层次,能够对不同类型会展产品的特征进行分析总结;
2. 理解会展产品开发的影响因素,能够采用不同策略对会展产品进行开发;
3. 运用产品生命周期理论对会展产品生命周期进行分析,提出适合各生命周期的营销策略;
4. 理解会展产品中的服务要素与主要内容;
5. 掌握会展品牌打造、经营、品牌形象塑造的策略。

意大利米兰制冷展的产品介绍

【展出时间】2018-03-13 至 2018-03-16
【展出地点】米兰国际展览中心 Rho 新展场
【展会周期】两年一届
【组展单位】北京励航国际商务会展有限公司
【出国观展考察】
　　本公司为您提供出国考察机会,让您在大型展会上获得世界同行领先科技的一手资料同时,感受异域文化气息。本公司将为您提供服务、咨询及企业方面的相关信息,详细内容及相关报价和日程安排请来电咨询。
【展品范围】
　　制冷:空调设备、通风装置、商业和工业制冷;
　　供暖:暖气设备、零部件、工具-器具;
　　能源:光电-太阳能-热电、生物能源-共生能源、绝缘。
【展会介绍】
　　意大利米兰供暖、空调、制冷、再生能源及太阳能展(MCE)是专注于"人性化科技"的国际双年展,其主要展品范围包括制暖、空调、制冷、部件、阀门、管通、卫浴、水处理、安装与工具、可再生能源及相关服务。MCE 始创于 1960 年(意大利首个专业展会),40 多年来一直紧贴市场发展,不断为业者创造着会面、比较及开展技术、文化与政策交流的平台,始终保持着行业领先地位。

MCE 参展商总监 Massimiliano Pierini 表示:"MCE 致力营造聚合国际供求的理想环境。作为国际领先的展会平台,我们的主要目标是帮助参展公司在展前和展中高效推广他们的优秀产品和服务、拓展业务联络,同时为所有业者创造会面与比较的绝佳机会。"

资料来源:2018年意大利米兰供暖、空调、制冷及太阳能展[EB/OL]. http://cn.sonhoo.com/exhi/exhi_93775.html.

第一节 会展产品概述

一、会展产品的内涵

会展产品是会展企业向会展参展商及观众提供的旨在满足其参展或参观需求的有形产品和无形服务的集合体。会展产品是整体概念,是宣传、会议、陈列、商品交易、物流、饮食、住宿、交通、游览、售后服务等有形产品和无形服务的综合。

会展产品包含五个层次,见图 6-1。①会展核心产品。会展核心产品是向会展目标客户提供基本的效用或利益。它是会展产品最基本的层次,是会展企业为会展目标客户提供交易、展示的机会和会展经历,这是会展目标客户在会展过程中得到的核心利益,也是其参加会展的首要目的。②会展基础产品。会展基础产品是核心利益借以实现的形式,是会展企业向会展目标客户提供的会展产品实体和服务的外观。

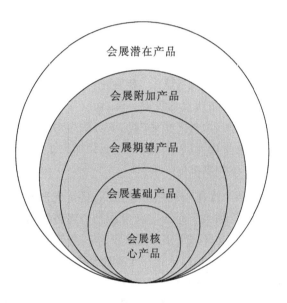

图 6-1 会展产品的五个层次

在这个层次,会展企业为会展目标客户提供场地、展位、座位、装饰、餐饮、纪念品等实物形式的产品,相应地,会展目标客户得到的是享受这些实物带来的有形收益。基础产品有五个基本特征,即质量、特色、款式、品牌和包装。③会展期望产品。会展期望产品是会展目标客户在购买会展产品时,希望会展产品具有的一些属性和条件。④会展附加产品。会展附加产品是会展产品包含的附加服务和利益。在这个层次,会展企业为参展商和观众提供娱乐、表演、休闲、旅游、住宿、交通、停车场及其他服务(如金融、保险)等,还提供与各种类型和身份的来宾打交道和进行社交的机会,这些是会展目标客户参加会展得到的引申服务与收益。⑤会展潜在产品。会展潜在产品是会展产品最终可能的所有增加和改变,是某种会展产品将来可能的发展趋势。

二、会展产品的特征

(一)综合性

虽然各种行业的参展企业购买的只是会展产品,但整个活动过程中需要餐饮、住宿、交通、公关等多个环节衔接和配合,才能构成严格意义上的会展产品。综合性首先表现在它是各种会议和展览设施、交通设施、住宿餐饮设施、娱乐设施以及各项服务组成的混合性产品;其次表现在为会展业提供服务产品的部门和行业的涉及面广,包括商业部门、交通运输部门、餐饮业、娱乐业、游览景点、旅行社业、银行、海关、邮电等众多部门和行业。无论是某一环节、某一部门服务不符合参展人员要求,都会使参展人员感到遗憾,甚至失望,从而降低他们对整体会展产品的评价价值。

(二)不可分割性

会展服务是生产与消费在同一时间、同一地点进行的,会展产品生产过程同时也就是参展企业对会展产品消费过程。会展产品的生产必须由参展企业直接加入其中,才能有效完成。会展服务活动、服务人员、参展商、观众或参加会议的人员等结合在一起,他们之间协调配合是提高会展产品质量的重要条件,而会展产品的即时生产和即时消费受一些客观条件、相关单位的协作程度、服务人员和参加人员的生理以及心理等方面因素影响。即时生产和即时消费的产品质量易变,具有不稳定性,从而加大了参加会展人员消费风险。

(三)无形性

会展产品是一种服务性产品,具有无形性,企业无法直观地展现产品外形、内部构成以及使用价值,加大了企业与其潜在消费者进行有效沟通的难度;会展产品的消费者在购买之前既无法看到,也不能试用,无法预计其消费效果,不能预计其成本和效益,加大了他们的购买风险。会展产品必须依托一定实物形态的资源与设施。会展消费者购买决策的依据是购买前的附加服务、相关群体的口碑宣传、大众媒体宣传以及相关物品的外在表现。因此,会展公司的员工应树立服务营销观念,做好售前服务工作,增加服务有形性,加强有形因素管理,增强消费者购买信心,从而赢得参展企业信赖。

(四)不可储存性

会展服务的生产与消费是同一的,具有不可储存性。一方面表现在它所凭借的会展资源和会展基础设施是相对固定的,参展企业必须到会展目的地进行展览活动,因而会展产品不能像其他实物产品一样通过运输实现异地销售,而只能通过招展活动把参展企业从各地聚集起来。另一方面,会展产品的不可移动性还表现在会展资源的独特性与地方性上。知名品牌的会展产品需要在特定地区的长期培育与积累才能形成,盲目模仿只能造成会展资源浪费,使会展产品销售不出去。会展产品不可储存性加大了企业经营风险。

(五)异质性

会展产品核心部分是服务,服务产品质量评价往往具有很强的主观性,对于大多数具有不同社会文化背景和兴趣爱好的参展者而言,个性化很强的针对性服务更能满足其需求。因此,会展产品具有异质性的特点。异质性使会展服务难以标准化,加大了企业质量控制的难度,而且某些服务环节的标准化虽然便于质量控制,但是不一定有利于提高会展参加者满意度。会展服务异质性决定了服务个性化的必要性。

章节案例

时尚+科技:让欧美博物馆文创产品很萌

1. 大英博物馆:围绕"明星藏品"进行系列开发

2000年年底,伦敦大英博物馆开始免费开放。不过,来自政府的资金支持只占其总收入的30%,文创产品销售成为主要收入来源之一。大英博物馆的文创产品年营业额高达两亿美元。利用馆藏的大量珍贵文物资源,大英博物馆联合一些设计公司进行文创产品研发,同时开辟实体店和网络商店进行全球营销。大英博物馆往往将一件藏品当作"明星",进行系列开发。譬如,镇馆之宝"罗塞塔石碑"相关的文创产品就包括石碑拼图、笔记本、笔、钱包、卡套、电脑包、鼠标垫、T恤、伞、背包、围裙、明信片、钥匙圈等。

2. 大都会博物馆:让女性戴上名画项链

纽约大都会博物馆一年的文创产品销售金额高达4亿美元至5亿美元,占其全部收入的80%,文创产品数量多达2万余种。纽约大都会博物馆以200余万件典藏文物为基础,通过版权认证方式制作和研发了大量与馆藏相关的音乐、演讲、文娱、影像等文创产品,并为青少年及学龄儿童设计专用教材。此外,大都会博物馆与众多行业联合开发的珠宝首饰类文创产品,将博物馆的艺术藏品与珠宝首饰有机结合,成为该馆的创举之一。比如,依照名画里人物所戴的项链样式,开发出了系列女性饰品。其艺术商店在纽约市内就有8家。

3. 卢浮宫:把博物馆装进口袋

法国卢浮宫最近推出了一系列移动应用,走的是"移动博物馆"路线。比如,其推出的口袋博物馆型App,精选了100件珍贵藏品的数百幅图片,其中包括古希腊雕塑和达·芬奇、拉斐尔等大师的杰作。这些图片供用户与文物亲密接触,并附有详细的背景介绍及馆藏位置说明。用户也可以把喜欢的文物通过邮件或社交网络与亲友分享。此外,卢浮宫还开发了拉斐尔个人画作的专题App等。作为卢浮宫三大镇馆之宝之一的名画《蒙娜丽莎》,则是在商店中出镜率最高的,并屡屡"变身",融入各种纪念品中。魔方、七巧板、马克杯等都能见到蒙娜丽莎的影子。其中最"萌"的一件纪念品是面向儿童的一本卢浮宫导览手册。在手册的封面上,蒙娜丽莎的怀里多了一只小猫,这只小猫正准备畅游卢浮宫,蒙娜丽莎则为小猫充当向导。

4. 梵高艺术博物馆:3D打印技术复制油画

荷兰梵高艺术博物馆以收藏有梵高黄金时期最珍贵的200幅画作而闻名世界。其与梵高有关的文创产品种类不胜枚举,衣服、鞋帽、阳伞、文具、酒具、瓷器、提兜、挂件、器皿等应有尽有。最近,博物馆利用3D打印技术,成功复制了梵高的画作。通过3D打印技术复制再造的油画,不仅在图画内容和颜色上更加贴近原作,在油画质地和纹理上也能达到惊人的相似程度。目前,博物馆已成功复制了梵高的《杏花》《向日葵》《麦田》《雷电云下的麦田》《克里奇林荫大道》,之后还将有更多梵高作品的3D复制计划。通过3D打印技术再造的复制品可视为一种较为高端的文创产品,对于热爱油画却无法承担艺术品高昂价格的梵高迷来说是个福音,还可以用作辅助教育,为学生提供近距离接触艺术名作的机会。

资料来源:禾泽.时尚+科技:让欧美博物馆文创产品很萌[N].中国文化报,2016-07-14.

第二节　会展产品开发

一、会展产品开发的影响因素

(一)会展目标

会展产品开发着眼点在于达到会展目标,有目标才能真正进行正常有序的会展策划。承办会展有政治、社会或其他目的,但经济回报赢得利润是最主要的目的。因此,承办单位对经济目的的具体化应当量化为如下指标:投资回报率或所获得的全部毛利或净收入;吸引的赞助以美元或人民币计算总额;会展引起的收入上升的比例;市场份额的增加率,假设该会展直接与其他类似会展相竞争。

(二)参展商

面对激烈市场竞争,作为会展的组织者,能否做好参展商的服务工作,维系好与参展商的客户关系,是会展提升发展的重要因素。会展产品开发始于参展商。赢得参展商的参与是会展成功的开始。会展的组织者要赢得参展商,首先要使参展商了解会展的概念及目的。这就意味着会展要通过宣传、广告及销售渠道,将会展信息传递给企业,以推广会展。会展服务以参展商为中心。做好参展商的组织、服务工作是会展成功的关键。参展商报名参展,主办单位与参展商的合作就开始了。作为主办单位,应向参展商提供专业、周到的服务。与参展商建立长期的合作关系是会展产品发展的根本。

(三)专业观众

会展成功与否的关键,某种程度上取决于观众的质量,犹如一部电影吸引观众,就有票房收入一样。会展不仅需要观众,而且要看吸引了哪些观众。凑热闹的观众不是参展商所需要的。会展需要专业贸易观众,他们是主办者的目标观众,是参展商的潜在客户。参展商参展主要是为了拓展销路和市场。如果观众少,质量不高,参展公司没有取得参展效益,下次就不会再参展。会展公司要在组织观众上下功夫。有效的贸易观众才能给会展带来"票房"价值。

(四)参与人数

参与人数从以下五个方面进行量化:①全体参观出席人数,以具体组别分类的国外、外地人数,总公司或分支机构的成员;②按照租用摊位者、参展者、出席者数量计算该会展的规模;③本地与外地参展企业数量相比;④会展活动中出席的某地区参展企业比例;⑤涉及此次会展的社会团体数量。

(五)会展质量

会展产品质量可从八个方面衡量:①成交情况。如销售目标、成交额、成交笔数、意向成交额、实际成交额、与新客户成交额、与老客户成交额、展览期间成交额、预计后续成交额等。②接待客户情况。如接待参观者数、现有客户数、潜在客户数,观众订货决定权、建议权、影响力、行业、区域等,接待客户成本效益等。③调研情况。如通过展出对市场和产品有无新的了解和认识,有无更明确的发展和努力方向等。④竞争情况。如展览工作和展览效果与竞争对手相比的表现。⑤宣传公关情况。如宣传公关有无效果、效率、效益,是否需要增加投入提高展出者形象,形象对实际成交的影响等。⑥满意程度。如参观者、参展者、租用摊位者、赞助者、志愿者等满意程度。⑦国际化。如享有国际声誉的参展企业、发言人、目标观众人数。⑧投诉情况。如参观者、参展者、租用摊位者、志愿者的投诉数。

(六)人力资源

人力资源工作需要从七个方面着手:①组织与工作设计。会展企业要有效设置岗位和科学地配置资源。②人力规划。确定人力资源目标,评估现有人力资源状况、未来人力资源变化,预测人力资源的供给与需求等。③招聘录用。根据组织目标与要求及时寻找和发现符合工作要求的申请者,从众多应聘者中择优挑选最适合者从事相应的工作。④培训开发。对员工进行教育培训与智力开发,提高职业道德、文化知识和业务技术水平。⑤绩效管理。绩效管理是指对员工个人或团队的工作行为、工作态度、工作业绩的计划、沟通、评估、反馈、改进等活动。⑥薪酬管理。薪酬管理是薪酬支付原则、薪酬策略、薪酬水平、薪酬结构、薪酬构成的确定、分配和调整的动态管理过程。⑦团队管理。团队管理包括项目经理选拔、成员选定、项目目标和进度科学设计、团队成员沟通交流合理机制,全体人员、志愿者周转率,从上一年度会展保留下的志愿者人数比例。

二、会展产品开发的策略

(一)资源重组策略

更新资源观念,重新认识现有的会展资源,在充分利用挖掘其资源优势的基础上,推动会展资源的优化组合。资源重组策略主要有三种方式:①基于市场需求重组。此策略基于对会展市场的深入调查和对会展消费行为的仔细分析,具有灵活性强的特点,易于新的会展线路和产品的开发。②基于关联性重组。放在同期同地举办各个会展的观众都可交叉,各专业会展的参展商之间也可能会互为观众,这样几个会展在一起举办,会展观众数量大大增加。③基于经济效益重组。会展资源的组合要能够实现会展资源价值增值和利润回报,提高产业贡献率,这也是会展业作为经济产业发展的内在需求与动力。

(二)产品升级策略

通过产品升级战略延长会展产品的生命周期,满足不断变化的市场需求。①提升会展产品形象。在原有会展产品形象的基础上提炼新形象,使参会者从崭新角度认识原有会展产品,产生强烈兴趣。②提高会展产品品质。持续对会展产品生产设计与管理的完善改进,对原有会展资源深度开发,不断丰富原有会展内容。③引入和应用高新技术设计。挖掘资源文化内涵,依托科技手段与技术支持,推出具有竞争力的会展产品。

(三)产品组合策略

会展产品组合主要有五种:①地域组合。组合产品以内容丰富、强调地域间反差为特色。其分为国际与国内两种,国内组合还可细分为全国型、区域型等。②内容组合。根据会展活动主题选择会展产品构成,其分为综合型组合产品与专业型组合产品。③组合扩展。采取扩大会展产品组合广度的策略,有助于会展企业扩大经营范围,实行多角化经营,充分利用企业资源并提高经济效益。④组合简化。缩小会展产品组合广度,减少会展企业资金占用,提高资金利用率;实现会展生产的专业化,淘汰已经过时的会展产品。⑤组合改进。改进现有产品,发展组合深度,不断调整会展产品组合结构,使会展产品组合深度保持在合理范围。

会展 App 开发解决方案

1. 会展 App 概述

会展 App 是根据针对会展(展览、会议、节庆)进行"网络+实体"相结合的互动 App,为参展商、采购商/观众、主办者、服务商、媒体、赞助商提供会展的服务,帮助展会参展商更好地宣传自己的企业和展品,帮助采购商/观众方便地了解展品,更好地进行互动及后续贸易。

2. 会展 App 开发的意义

第一,对会议展览行业来说。①展前招商,帮助参展商和采购商参加会展。②展中实现现场互动、交换名片、数据手机。③会场现场室内实时移动定位,方向指引。④通过信息平台进行及时信息发布,并推送消息给用户。⑤集成会展企业库和产品库,采购商可以关注参展商,而参展商会知道谁关注了他。⑥展会现场运营数据收集,帮助展会越办越好。

第二,对主办方和承办方来说。①提高会展品牌。借助 App 提供的营销服务可以有效提升展会在高端人群中的知名度。②消息及时互动。组织者、参展商、观众等可通过 App 现场互动,在信息平台及时发布信息,通过消息平台推送消息。③会展数据分析评价。对参展者和参会的过程进行监控和量化分析,并可及时了解参加者对会展的评价和需求,有助于主办方准确评估展会效果。

第三,对于参展商来说。①提高展会效果。借助 App 可以显著提高展会效果,企业及商品有效客户传递提高 2~3 倍。②谁关注我。知道谁对自己的产品感兴趣,有效进行沟通,会展后还能持续交流。③行业/公司产品热点趋势一目了然。借助会展后的会展数据分析报表,可以一目了然地知晓会展的真实情况及行业趋势,为来年的生产、销售做好准备。④可设置互动活动。可以通过功能支撑进行 App 活动,引导采购商来关注自己的企业和产品。

3. 会展 App 的功能

①App 客户端推送信息。Web 后台可向不同类型的客户端推送信息(在线、所有、IOS/Android 版本、参展商、采购商、观众)。②会展基本信息展示,包括会展介绍、现场活动、主/承/支持办机构、会展公告、会展指南、展位图、联系我们。③预登记/现场活动报名。参展商、采购商、观众、媒体、赞助商、嘉宾、参展商、普通参加者,通过在电子市场下载安装 App 实现预登记或报名。④便捷了解会展议程(安排)、会展嘉宾、会展公告、会展服务指南等信息。⑤及时互动。通过微博、会议问答等模式进行会议互动,对会议主题进行评价,向嘉宾进行提问和关注。⑥高效参会。参观者可以根据议程、展商、嘉宾的活动有效地安排自己的参会行程,自动签到,设置自动提醒功能。⑦精品展铺。付费的参展商可以得到在手机上面有别于其他参展商的个性化的展示,宣传企业、展品,给采购商与众不同的体验,促成贸易。⑧二维码应用,参展商根据产品数量购买不同的支持包,给自己的展品贴上系统生成的二维码,可以实现现场的互动功能。

资料来源:会展 App 开发[EB/OL]. http://www.kubikeji.com/solution/hz/.

第三节 会展产品生命周期

一、会展产品生命周期的阶段

会展产品会经历培育、成长、成熟和衰退四个阶段(见图6-2)。由于一方面会展题材会受所在产业的影响,另一方面会展本身也会受发展的影响,因而应针对会展所处的不同发展阶段制定相应的营销策略。①培育期。会展规模不是很大,市场影响力弱,行业知名度不高,目标客户对其实际可达到的会展效果的预期不确定。参展企业与参观观众对会展的意愿和欲望平平,会展组织机构必须在营销工作上下功夫,努力使会展能在会展市场站住脚跟,被行业认同。②成长期。会展产品在行业内形成一定的知名度,具有一定的市场竞争力,参展商构成发生变化,中小型企业参展热情提高,会展规模迅速扩大。会展在所属行业地位与知名度不断上升,开始快速发展。③成熟期。会展产品在市场上的地位基本稳定,参展商构成多元化且数量也基本固定,会展规模基本定格,主要经营目标是最大限度地获取利润,价格不宜变动。④衰退期。会展产品竞争力逐步减弱,大中型参展商逐渐减少,会展规模萎缩。

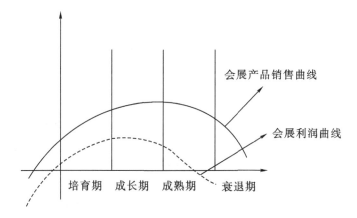

图6-2 会展产品生命周期的不同阶段

二、产品生命周期不同阶段的营销策略

(一)培育期策略

①弱化盈利做大会展。会展组织机构需有长远发展眼光,不过分强调会展短期盈利能力而削减对会展必要的前期投入,着眼点放在将会展办强办大思路上,只有会展做强做大,才能实现长期盈利。②规划会展发展战略。会展机构需在错综复杂市场环境中找准会展鲜明的定位,赋予会展以个性化的特色,利用差异化战略在会展市场中脱颖而出,打出自己的品牌,找到合适的发展空间。③提升会展知名度。组合运用多种形式的广告、软性介绍文章、人员推广、直接邮寄、公关事件等营销手段。④实现会展规模扩大。利用多渠道的宣传与推广、有效的目标管理与会展营销队伍的建设,培育会展内功。⑤提供体验式服务。对目标客户提供"体验式服务",从会展服务中实现会展的品牌价值,全面提升目标客户忠诚度。

(二)成长期策略

①强化会展招商组织。招商组织工作容易被忽视,与会观众数量能与会展规模同比增长才能有效保持会展快速成长。②重视客户关系管理。对目标客户须实行客户关系管理,以信息技术与科学管理手段来提高和保持目标客户对会展的忠诚,防止老客户流失,不断开发新客户。③持续改进会展服务体系。不断改进会展观众组织、参观登记、会展现场交通、餐饮、通信、卫生环境等会展服务体系。④动态研究市场与竞争对手。加强对会展市场与竞争对手的动态研究,针对性地制定会展营销策略,使会展营销组织工作有的放矢。⑤提高会展增值功能。提供相关功能服务,如信息发布会、市场研讨会、产业高层论坛、网络会展、贸易撮合、商务旅行等。

(三)成熟期策略

①完善会展营销评估体系。进行系统评估,为会展成熟期营销工作总结经验和教训,评估内容包括营销质量评估、营销效率评估以及营销成本评估等。②创新会展品牌形象内涵。通过对前瞻性技术、时尚性标志、行业发展趋势、产业综合效应等进行分析,在行业地位、专业化程度、市场引导、品牌象征意义等上下功夫。③优化会展市场份额。优化会展营销网络,扩大海外宣传与推广活动,建立会展营销网络的预警机制,调整会展选题组成等。④赢返流失客户,稳定现有客户。强化会展客户关系管理系统,调整工作流程,提高营销管理模式,放大每一环节的效率和控制力度,建立会展组织内部全方位的管理信息平台等。⑤提炼客户知识,增加客户价值,建立以客户知识为导向的营销体系,使客户在享受优质会展服务时能提升自身价值。

(四)衰退期策略

加强对会展营销的各项评估,通过对营销质量、营销效率、营销成本、盈亏平衡点、新老参展商参展率、参展行业变动率、营销人员流动率、贸易观众参会率等指标评估,发现问题并查找原因,建立衰退期会展特征预警机制,确定衰退期会展是否需继续扶持,或调整,或合并,或取消。在会展还有微利之际,对会展走向进行决策,以保留会展组织机构的赢利性不受影响并能有效地保持营销队伍的稳定性,为重新策划与组织新的会展品牌积累资源。

第四节 会展产品服务

一、名企效应

龙头企业即名牌企业、名厂家,出名品,是行业领头羊、行业产品的代表作,具有一定引领作用,会产生"名企名气"效应。龙头企业参展,会聚集一批厂家结伴同行,很多参展商也视领头羊动向来定夺自己的行动。龙头企业参展,除了会带上经典产品外,一般都要推出新产品,或展示将要发展的概念产品,还会举行新产品发布会、推介会。专业观众最感兴趣的也是产品的成熟度、经典性以及新产品的推出和发展趋势。如果一场会展中没有龙头企业出现,甚至宣传资料上有提及而实际上没来参展,会让专业观众大失所望。

二、观众吸引

组织专业观众参展的比例,这是参展商衡量会展服务质量的最首要的参数。参展商的主要目的是扩大成交额,扩展新客户。他们呕心沥血地将自己的产品筛了又筛、选了又选,反复打扮包装,不惜重金设置展台,全部心思都是为了目标观众,皆因目标观众中有合作伙伴和潜在客户。目标观众中如果缺少决策者,那么所进行的洽谈,多数将是意向性的协议,能拍板定案的不多。因此,专业目标观众的比例,其中决策者的比例是至关重要的。其他方面的服务质量差些,尚可忍受,缺少目标观众,参展商是不能忍受的。还有的会展将目标观众与一般观众在参观时间上做了分流,减少了干扰,提供高质量的交流机会,受到了参展商与目标观众的共同欢迎。这些服务方法是值得借鉴的。

三、运输服务

会展运输服务商主要负责展品运输、展品报关代理等工作。展品运输包括展品始发地到会展现场的运输以及会展结束后展品回运等工作。运输商能否中标,主要是看其运费报价以及其服务、管理能力。一般情况下,大型会展特别是涉及报关的国际会展,运输工作必须在会展开幕前几个月就着手。因此,运输商要指定好各国、各地的运输代理。由于费用的关系,大多展品多是海运的。对于重要会展、重要展品,有时为了避免意外丢失而造成不能参展的情况,参展商还会通过其他的运输方式多发运一套展品。运输商要提前与目的地口岸沟通协调,并把相关凭证准备齐全,一旦展品到了目的地,不管是港口、机场或者火车站,都要保证展品一到就能把手续办理好,卸货并转运到现场,这才不会影响布展。

四、搭建服务

会展现场施工效率的高低、质量的好坏关系到会展的"门面"。主办单位会根据会展规模、会展预算及会展的特点向施工承包商发标。有的承包商与主办单位有长期合作关系,对于不同届次的会展,就不一定每次都需招标。在确定了场地及主办单位的发标书后,施工承包商就要按要求做图纸设计,特别是总体规划,其中包括会展的 logo、标示、服务台及办公室等。标准摊位要根据主办单位或展团组织者的要求来设计施工。特装摊位一般是根据参展商的要求来设计的。一般主办方和承办方指定的施工商拿不到很多特装项目。不同性质的会展在施工各环节次序上略有差别。如汽车或消费品由于体量较小,一般是搭建商先进场搭建,然后再进展品,这样也可以尽量避免施工过程中损坏展品。而对于大型机械、仪器等,就要让展品先进,如果先搭展台,展品就很难进场。这对搭建商的经验也有所要求。

五、平台服务

广交会、深圳高交会等知名会展,都在提高洽谈效率、强化成交手段上动脑筋、想办法。会展主办者接连推出诸如设立洽谈区域、组织配对洽谈、举办拍卖会、网上商务与场馆会展结合等举措,深受欢迎,此外还逐步引进为参展厂家、客商服务的众多机构,朝着"一站式""一条龙"服务方向发展。

六、生活服务

很多会展往往只负责安排参展团领导的食宿,对其他随行人员不予安置。作为目标观众来讲,一般来说多是按时前来参加开幕式,不可能像参展商那样提前一两天到达,食宿更得不到保证落实,常常引发出不愉快。现在新建的大型场馆已经注意到了配套服务设施,配置了一定数量的餐饮、客房,但仅此是远远满足不了突然而至的参展人流的。创建名牌会展是不能忽略这些富有"以人为本"内涵的规范化服务的。应设立大会服务台或网上服务台,甚至可以成立专门机构,负责预订或推荐不同档次酒店,让客户满意。涉及生活服务的项目很多,诸如场馆内的快餐冷饮、小憩长椅、洗手间、厕所等必要设施,都应具备。

七、附加服务

常规服务是会展机构要及早提供展馆展位图以及各参展商所在的馆号、摊位号、联系电话等,方便客户相互之间查找联系。在许多创新附加服务中,会展中的银行进驻,设立律师事务所,邀请中介资质认证部门,专门成立知识产权办公室,举办获国家批准的展品评奖活动等,都体现了会展服务水平的提升。

八、承诺信誉

及时发放会展简报,提供会展的有关数据和各类信息资料以及会展的后期服务。有些会展,经常出现违背承诺、减少服务项目现象,或取消记者招待会,或缺少论坛题目等。当咨询时,大会服务人员一改收费的积极热情,一问三不知,既不说明缘由,也不退费用。另外,有的会展开幕式一结束,就很难再找到会展的主办者。信守承诺,提高工作人员职业道德,是所有会展主办者要注意的问题。

九、规范标准

随着会展业的发展,国内很多展览企业都已经意识到了会展市场的竞争归根到底是服务的竞争,认识到展览服务流程规范化、标准化的重要意义,如在全国率先获得ISO9000国际质量体系认证的深圳高交会展览中心,就已经创立一套包括展览业务经营、展览工程、展场租赁、会展物业管理等较为完善的展会服务体系,在展会实践中严格按照ISO9000流程进行运作,为展览会提供一流、高效的展会服务。

十、人才素质

目前会展人才培养集中在会展核心人才培养上,对展览服务人员培养和培训认识不足,其实展览服务人员是在会展工作的一线,工作在展会现场,直接面向参展商、参观者,他们的言行举止、服务规范、服务质量,直接影响着服务水准,中国会展业要尽量缩短与先进国家的距离,在会展服务专业人才的培养方面要尽可能快地制定培养目标、培训标准、培训措施。

十一、人本服务

整个展览服务流程要体现实效和"以人为本"的思想。如:展览会的布局可以以展品大类来划分,方便目标观众参观;提供不同文字编成的参观指南,方便参观者一进展馆就能有目的地直达目标,节约时间提高效率;在展场内设立就餐中心区、休息场所、电动通道,在人流密集区设立休息椅,方便那些在宽大的展场中走得腰酸腿痛的观众。这些将充分体现人本服务的魅力。

章节案例

中国国际涂料博览会:3天展览、365天服务

中国国际涂料博览会(CICE),作为中国涂料工业协会主办的重要会展,在完成产品展示、技术交流两大任务的基础上,服务水平和服务质量也越来越高。CICE因其内涵以及高质量服务渐进国际品牌会展。

1. 产品:从观众的需求着手

会展企业为满足各类展会目标客户的需求,不仅设置诸如"中国最受欢迎的涂料品牌评选与颁奖""2011色彩中国高峰论坛""2011漆彩中国——现场涂鸦展示"等一系列相关活动而且创新性地开设了四个展示引导区,分别为"功能涂料展示引导区""低碳环保明星涂料展示引导区""世博奥运等重大工程应用涂料展示引导区""技术成果转让展示引导区"。在展示引导区里,参展企业通过产品实物样板、功能图示说明、应用案例照片等形式进行集中展示推广,并为感兴趣的会展观众提供相应的展位引导。

2. 服务:从体贴到入微

CICE 2011在展场布置、信息发布、食宿交通等多个环节下大力气,从人性化、个性化方面入手,力争把展会服务做到细致入微,让每一位展会目标客户感觉到舒适、便利和尊崇感,并通过多种方式提高展会目标客户的参展效率。例如:为所有在会展官方网站预登记的展会专业观众提供矿泉水、会刊、机票及酒店预订等服务;为符合条件的买家开通直达酒店的接机服务;推出手机短信服务,展会参展商及观众到达北京后便能收到组委会送出的温馨短信提醒,包括活动日程、出行交通等贴心内容;为加强与同期其他展会观众的交流,组委会还提供北京展览馆与新国际展览中心和国家会议中心之间免费接送大巴,全天不间断循环发车;在会场内设置专门休息区,为展会参展商和媒体免费提供午餐。

3. 服务:只有想不到,没有做不到

CICE举办现场到处都一尘不染,井井有条。你不会看到分发小广告和卖珠宝的人,也不会看到满地废纸材料、展馆角落堆积如山的快餐盒。为改善展会现场的展示和交流环境,营造一种舒适从容的展示、参观和交流氛围,会展企业采取了场馆内限制音量等措施,使会展观众可以静下心来仔细参观。会展企业在展馆内设立了服务中心,服务内容不仅包括与展会有关的问询、活动介绍,还包括展会之外的旅游、参观、购物等信息咨询。

资料来源:方勇.会展营销[M].北京:中国纺织出版社,2013.

第五节　会展产品品牌

一、会展品牌的打造

(一)制定品牌战略

经营者与管理者树立牢固的品牌观念,认识到走品牌化的发展道路才是中国会展业持续健康发展的唯一途径,并从场馆设计、主题选择、会展规划、会展组织与管理等具体方面实施会展业品牌化发展。

(二)提升品牌质量

提升品牌质量主要从会展硬件和软件两方面入手。会展硬件设施是影响品牌质量的重要因素,国际上著名的品牌会展中所使用的设备也往往是最先进的。因此,要实现会展品牌质的飞跃则要求会展公司加大投入,不失时机更新会展的硬件设备。在会展软件服务上,会展企业一方面要加大专业人才引进力度,另一方面应积极加入国际性会展组织,通过这些途径实现会展服务与国际接轨。

(三)拓展品牌空间

会展品牌的拓展空间具有三维性,即时间、空间和价值。时间是指品牌的影响力随着时间的延续而不断发散和扩张。一般来说会展延续时间越长则参展商与参观商之间的交流就越充分,会展的效果就越显著。国外的会展延续时间大约有十来天,而我国会展往往只有3~5天时间,这对于会展品牌拓展远远不够。空间是品牌在地域上的扩张。价值是品牌作为会展企业的无形资产,其经济价值含量是可以增加的,品牌价值的提升实际上也是为了会展业品牌在时间上和空间上的拓展创造条件。

(四)打造网络品牌

网络已日益成为人们生活中的第二空间,我国会展业应该充分利用网络的信息资源优势,在现实世界之外打造出知名的中国会展网络品牌。而网络品牌的建立主要从企业网络形象塑造、网络会展的建设以及开展网络营销等方面进行。借助网络优势开发出形象、生动、交互性能良好、功能强大的网络会展平台。

(五)宣传推广品牌

品牌的推广可通过两种渠道实现:①将网络资源登录到国内外知名的搜索引擎上,便于人们建立相关的链接,对于这种专业性比较强的行业来说,该方式可能是较为有效的;②与网民展开互动型公关活动同样可以达到推广目的。

二、会展品牌的经营

(一)形成品牌产权

会展品牌经营是以经营品牌的观念来经营会展,将会展培育成品牌,并通过会展品牌来加强会展与参展商和观众的关系的一种会展经营策略。会展品牌经营的主要目的,是通过对会展进行品牌化经营来提高会展的影响力和市场占有率,并努力使本会展在该题材的会展市场上形成一种相对垄断,也就是形成一种品牌产权。品牌产权是现代市场经济下出现的比知识产权更为高级的产物,其市场竞争力比知识产权更强大。

(二)提升品牌知名度

会展知名度分为四个层次:①无知名度。即会展的目标参展商和观众根本就不知道该会展及品牌。②提示知名度。经过提示后,被问者会记起某个会展及品牌。③未提示知名度。即不必经过提示,被访问者就能够记起某个会展及其品牌。④第一提及知名度。即使没有任何提示,当一提到某一种题材会展时,被访问者就立即会记起某个会展及其品牌。提升会展品牌知名度,要使会展品牌逐步从无知名度走向第一提及知名度,会展才会被其目标参展商和观众作为首选对象。

(三)扩大品质认知度

品质认知度是目标参展商和观众对会展整体品质或优越性的感知程度,它使参展商和观众对会展的品质做出是"好"还是"坏"的判断,对会展档次做出是"高"还是"低"的评价。品质认知度对会展发展具有重要意义:①可以为目标参展商和观众提供参加会展的充足理由,使本会展能最优先进入他们参展(参观)选择决策考虑的视野;②使会展定位和会展品牌获得目标参展商和观众的认同,提高参加会展的积极性;③有助于会展的销售代理展开招展和招商工作,可以增加会展的通路筹码;④提高会展"性价比",创造竞争优势,促进发展。

(四)创造品牌联想

会展品牌联想是指在目标参展商和观众的记忆中与该会展相关的各种联想,包括他们对会展的类别、会展的品质、会展的服务、会展的价值和顾客从会展能获取的利益等的判断和想法。会展品牌联想有积极的联想和消极的联想之分。积极的会展品牌联想有利于强化会展的差异化竞争优势,使目标参展商和观众对会展的认知更趋于全面,并可帮助目标参展商和观众进行参展(参观)选择决策,促成他们积极参加本会展。

(五)提升品牌忠诚度

目标参展商和观众对一个会展品牌的忠诚度越高,他们就越倾向于参加该会展,否则他们很可能抛弃该会展而去参加其他会展。品牌忠诚度可分为五个层次:①无忠诚度。参展商和观众对该会展没有什么感情,他们可能随时抛弃该会展面去参加其他会展。②习惯参加某会展。参展商和观众基于惯性而参加某会展,他们处于一种可以参加该会展也可以参加其他会展的摇摆状态,容易受竞争会展的影响。③对该会展满意。参展商和观众对该会展基本感到满意,他们不太倾向于参加其他会展,因为对他们而言,不参加本会展而去参加其他会展存在较高时间、财务和适应性等方面的转换成本。④情感参加者。参展商和观众真正喜欢本会展,对本会展有一种由衷的赞赏,对本会展产生深厚的感情。⑤忠贞参加者。参展商和观众不仅积极参加本会展,还以能参加本会展为骄傲,并积极向其他人推荐。

三、会展品牌的形象塑造

(一)品牌形象定位

形象定位决定会展品牌形象设计的基本方向。会展品牌形象定位可从六个方面理解:①属性,即品牌所代表的会展性质;②利益,即会展能带给参展商和观众怎样的利益;③价值,即会展在现实中和希望在参展商和观众心目中的地位;④文化,即会展品牌所体现出的会展本身文化内涵和会展组织者的企业文化;⑤个性,即品牌所体现的会展的独特个性和特征;⑥角色,即品牌是某些特定客户群体的特定角色和地位的象征,什么样的目标客户喜欢和选择。

(二)传播形象设计

会展品牌的符号、名称和图标设计是会展品牌形象中最重要的元素之一,是会展的核心价值。创立会展品牌形象,对会展品牌有形展示主要从三方面设计:①名称设计。给会展取一个好名字,不仅能准确传达会展的信息,还能使人容易记住。如在名称发音上要使人听起来感到愉快并能过目不忘,要遵循品牌名称要简洁、简单、易记易传播的特点。为维护会展名称知识产权性,也可申请法律保护。②标志设计。经过艺术化后的图案、符号和文字等,向参展商和观众传递形象、特征和信息。标志设计遵循简洁、色彩协调、有整体感原则,以免受众产生歧义而影响品牌形象传播效果。③标识语设计。要求简单明了,以"口号"的形式表达出来,与会展定位和主题密切联系,传递会展优势。

(三)品牌形象传播

将会展品牌形象有效地传递给目标受众,使他们对会展的理念和核心价值有更深入的理解,获得受众认同。会展品牌形象传播需要注意三方面问题:①会展品牌形象传播应提供有形线索,充分利用标志、符号、图案、标识语、数据和形象比喻等将无形的东西化为有形线索;重视口碑传播,口碑传播对会展形象有巨大的影响,通过努力建立会展良好口碑;让内部员工熟悉传播内容,对工作有责任感和荣誉感;传播要有连续性和一贯性。②会展品牌传播可供选择的媒体有印刷媒体、广播电视、人员沟通、网络等。③组合传播媒体应考虑的主要因素有单位接触成本、信息接触、接触频率、目标受众。

(四)传播效果评估

在会展品牌形象设计后,需组织专门的评估小组对设计好的品牌形象进行多方面的斟酌与评估;要检查设计的品牌形象是否符合会展本身的品牌定位;检查是否符合会展品牌传播的要求,要能适合通过不同媒体传播;评估其推广价值与成本;确定是否为会展品牌的推广留有较大的发展空间。

章节案例

东莞认定 15 个展会为 2016 年重点品牌展会

2017 年 9 月,东莞市商务局通知称,根据《东莞市重点品牌展会认定办法》,经市政府专题工作会议同意,认定"第八届中国加工贸易产品博览会"等 15 个展会为"2016 年东莞市重点品牌展会"。东莞每年举行的大小展会有数百场,如虎门服交会、大朗织交会、厚街名家具展等。展会对相关行业的产品创新、技术创新发挥着不可替代的作用。

重点品牌展会是指具有一定规模,与东莞市产业发展关系密切,能反映行业内的发展动态,体现行业发展趋势,能有效推动东莞市产业发展、促进市场消费、填补市场空白,并对行业发展起到引领和示范作用,具有较强影响力的展览会。

东莞每年认定上一年度东莞市重点品牌展会一次,对由市级或以上人民政府主办、市财政有出资支持举办的展会可认定为重点品牌展会,但不纳入以上指标。根据《东莞市重点品牌展会认定办法》规定,重点品牌展会将给予资金支持,并在东莞市有关宣传推介中予以重点宣传。获得认定的会展项目组织单位要坚定发展信心,开拓进取,不断提高综合竞争力,为推进东莞会展业健康发展、升级"华南工业展览之都"建设做出更大的贡献。

2016 年东莞市重点品牌展会有:第八届中国加工贸易产品博览会,2016 中国(东莞)国际科技合作周,第八届中国国际影视动漫版权保护和贸易博览会,2016 广东 21 世纪海上丝绸之路国际博览会,2016 东莞台湾名品博览会,第 35 届国际名家具(东莞)展览会,第三届中国(广东)国际印刷技术展览会,2016 广东国际机器人及智能装备博览会,第十六届广东国际汽车展示交易会,第 15 届中国(大朗)国际毛织产品交易会,2016 华南国际瓦楞及中国国际彩盒·柔印技术·包装包容展,第 16 届中国(长安)国际机械五金模具展览会,第七届中国(道滘)美食文化节暨首届东莞(水乡)新型旅游展,2016 中国(东莞)国际纺织制衣、鞋机鞋材工业技术展,第 21 届中国(虎门)国际服装交易会。

资料来源:田晓霞.东莞认定 15 个展会为 2016 年重点品牌展会[EB/OL].(2017-09-15). http://news.163.com/17/0915/02/CUBE63F400014AEE.html.

 本章小结

本章介绍了会展产品的概念,分析了会展产品的内涵层次,总结了会展产品的特征;提出了会展产品的开发影响因素和主要开发策略;从产品生命周期视角,对不同阶段的会展产品营销策略进行了介绍;介绍了会展产品的服务要素与主要内容;说明了会展品牌打造、经营、品牌形象塑造的策略。

1. 会展产品是会展企业向会展参展商及观众提供的旨在满足其参展或参观需求的有形产品和无形服务的集合体。

2. 会展产品开发的影响因素包括会展目标、参展商、专业观众、参与人数、会展质量、人力资源;会展产品开发策略有资源重组策略、产品升级策略和产品组合策略。

3. 会展产品经历培育、成长、成熟和衰退四个阶段,每个阶段有不同的营销策略。

4. 会展产品服务需要从名企效应、吸引观众、运输服务、搭建服务、平台服务、生活服务、附加服务、承诺信誉、规范标准、人才素质、人本服务等方面着手。

 复习思考题

1. 结合具体案例,分析会展产品的主要层次。
2. 结合具体案例,对会展产品的特征进行分析。
3. 结合具体案例,基于会展产品开发影响因素,对会展产品进行开发。
4. 运用产品生命周期理论,分析会展产品生命周期,提出各生命周期营销策略。
5. 结合具体案例,设计会展产品的服务方案。
6. 查找资料,对国际或国内的品牌会展进行分析研究。
7. 论述会展品牌打造、经营与品牌形象塑造的策略。

 单选题

1. 为会展目标客户提供场地、展位、座位、装饰、餐饮、纪念品等实物形式的产品,属于( )。
   A. 会展核心产品   B. 会展基础产品   C. 会展期望产品   D. 会展附加产品
2. 会展已完全定型,并走向鼎盛,即( )。
   A. 会展培育期   B. 会展成长期   C. 会展成熟期   D. 会展衰退期
3. 会展品牌中能够识别而不能用语言直接读出的部分,即( )。
   A. 会展品牌标志   B. 会展商标   C. 会展品牌名称   D. 会展主题
4. 与一般产品品牌或服务品牌相比,会展品牌有更强的( )、辐射性和带动性,能创造出更高的附加价值。
   A. 识别性   B. 差别性   C. 依附性   D. 拉动性
5. 会展现场的安全保卫、清洁卫生、餐饮服务、解答观众咨询、解决参展商的各种问题等,属于( )。

A.展前服务　　　　B.展中服务　　　　C.展后服务　　　　D.商务服务

 多选题

1.会展产品是一个整体概念,它包含(　　)会展潜在产品等层次。
A.会展核心产品　　B.会展基础产品　　C.会展期望产品　　D.会展附加产品
2.衰退期会展应采取的营销策略为(　　)。
A.维持策略　　　　B.补缺策略　　　　C.放弃策略　　　　D.转型策略
3.会展品牌是一个集合概念,主要包括(　　)。
A.会展品牌名称　　B.会展品牌标志　　C.会展商标　　　　D.会展品牌识别
4.会展品牌价值主要包括(　　)。
A.经济价值　　　　B.识别价值　　　　C.社会价值　　　　D.人文价值
5.会展企业可实施的会展服务策略有(　　)。
A.会展服务规范化策略　　　　　　　　B.会展服务有形化策略
C.会展人性化服务策略　　　　　　　　D.会展服务差异化策略

第七章 会展价格策略

学习要点

1. 明确会展产品价格的概念,理解会展产品价格的构成,能够分析会展产品价格的影响因素;
2. 理解会展产品价格制定的重要性,能够理解并运用会展产品价格的制定策略和制定方法;
3. 理解会展产品价格调整的内涵、主体、类型、影响因素,能够运用价格调整的策略和方法。

开篇案例

××技术应用国际研讨会价格

2017年××技术应用国际研讨会价格主要由三个部分构成。

第一,会议注册费。国内参会代表3500元/人;国外参会代表,7月31日前注册400美元/人,7月31日后注册500美元/人;集体报名,每组团超过8人免一名领队人员注册费。注册费包含参加大会及任一分会费用、论文集费、参观大会展览展示费、招待会(宴会)费、茶点费、午餐费等。食宿由会议统一安排,享受宾馆会议价格。

第二,会前培训讲座注册费。未参加大会代表,国内800元/人,国外100美元/人;已参加大会代表,国内300元/人,国外40美元/人。会前培训注册截止日期:2017年9月9日上午8:00。

第三,撤销注册费。参会代表一经缴费注册,即享有参会权利,如遇特殊情况须提前取消注册,组委会将返还部分注册费。7月31日前取消注册,返还注册费50%;7月31日后取消注册,不返还注册费。

第一节 会展产品价格概述

一、会展产品价格的概念

会展产品价格是会展参与者为享受整套会展服务所需付出的费用。会展产品价格表现形式多样,可体现为针对参展商收取的展位费(包括展品运输费、展台搭建费、餐饮费、住宿费、广告宣传费、租赁费、证件费、其他人工费用等)以及针对参展观众收取的门票。会议产品价格体现为会务费,节事产品服务价格为门票、摊位费等。会展产品价格与会展承办者取得收入并不一致,后者范围更广,除参展费、会务费及入场券收入外,还包括赞助收入和广告收入等。

二、会展产品价格的构成

会展产品价格必须包括四个组成部分,即会展企业所制定的价格应该能够弥补会展产品的成本、费用及税金,并能获得一定利润。①会展企业产品成本。会展产品的定价首先应考虑补偿其租金、广告宣传的成本支出。②会展经管费用开支,主要是人工费,另外还包括代理费、损耗费、水费、电费、行政管理费以及其他杂费。③税金。任何会展企业都需向税务局缴纳税金。④经营利润。利润是任何企业追求的经营目标,会展企业经营的主要任务同样是获取最大限度的利润。适当的利润附加是构成会展企业价格的重要依据。

三、会展产品价格的影响因素

(一)会展定位

会展可分为国际性、全国性和地区性会展三类。这三类会展按其市场定位、规模大小、客户来源,可称为高端市场用户会展、中端市场用户会展和低端市场用户会展。会展规模不同,客户来源不同,价格定位也应该有所不同。会展也可以调整自己的市场定位和价格定位,从而改变客户来源,改变会展规模。

(二)生命周期

会展产品生命周期与行业发展周期密切相关。当行业处于起步阶段且有很大发展空间时,市场上同类会展不是很多时,办展机构就可以将会展价格定得高些;当行业发展到一定阶段,产生很多同类型会展时,办展机构只能维持当前价格水平或适当降低价格。

(三)企业规格

高端市场用户,以国外企业、国内三资企业、大型国企参展商为主,因企业规模大、资金实力雄厚,能够承受国际性会展价格;中端市场用户以国内合资、独资、国内中型企业为主,企业规模和资金实力稍低,更愿意参加全国性会展;低端市场用户以国内中、小企业为主,企业规模小、实力不大,愿意承受低价格会展。不同规模、不同实力的企业,在对待不同价格的会展时对价格会有不同的承受力。

(四)参展服务

主办机构应向企业提供高质量服务,服务包含三个方面:①会展现场服务,如会展组织、展位搭建等,以及会展的问讯服务、引导服务、会刊印刷、新闻采访报道等;②相关机构服务,如运输代理、食宿预订、旅游服务等;③合格参观人群,即既有一定数量,又有一定质量的参观群体,而不是嘈杂人流和混乱环境。

(五)竞争状况

市场竞争状况直接影响会展企业的定价。在会展业经营产品差异较小、市场上存在着多个竞争者情况下,会展企业在价格方面活动余地也相应缩小。价格如高于竞争对手,则参展企业数量减少,营业额降低,无法吸引高层需求;价格如低于竞争对手,可能的后果便是引发同行业价格大战,结果是"数败俱伤"。所以,行业竞争状况对会展企业定价影响力很大,会展企业应客观评估自身的竞争能力,并根据自身竞争能力优劣制订出可行的企业价格方案。

(六)市场环境

会展行业现状及发展趋势、通货膨胀状况、政府政策法规的颁发、社会公众的意见及消费理念变化等市场环境因素,都将对会展企业的定价产生相应的影响。会展题材所在行业的状况是重要的市场环境因素。这主要是指该行业平均利润率的大小和该行业的市场发展状况。行业平均利润率的大小决定了该行业所属企业可能的盈利水平和支付能力。如行业平均利润率较小,该行业企业的盈利水平和支付能力可能也不高,如果展会的招展价格定得过高,企业将无法承受而放弃参展。反之,展会的招展价格就可以相应地定得高一些。

(七)需求状况

任何会展产品都必须经过市场运营,被参展企业认可后才能实现企业的利润及经营的目标。所以,在会展企业进行定价时必须要考虑到参展企业的需求状况及支付能力,若定价太高,则易使参展企业认为价格与会展企业所提供的会展产品价值不相匹配而失去参展企业,进而使会展企业失去获利的机会;若定价太低,又不足以补偿会展经营中成本及费用开支。从两方面衡量会展市场需求状况:①消费者对会展产品价值的评估状况。会展产品价格取决于消费者对其价值的评估。消费者评估点包括会展企业自身条件、会展产品内容和功能、会展企业服务质量。②消费者支付能力。不同类别参展企业对会展活动价值认识程度不一样,这主要是因为企业实力差异导致支付能力不同而造成的。不同参展企业群体对会展产品消费能力不同。

(八)经营战略

会展企业总体经营战略是为了实现该企业经营的总目标而制定和策划的各部门总体行动计划方案。一切经营子计划、子策略都应与整体经营战略保持一致,不能相互冲突。作为会展企业经营策略中重要一环的价格策略当然也不能例外。所以在进行会展企业定价决策时,一定要考虑到该会展企业总体经营战略要求。

(九)成本状况

成本是确定会展企业产品价格的重要依据,决定了价格的最低限度。制定展位价格的有关人员必须掌握会展业产品成本的特点和构成,密切关注影响成本变动的相关因素,以便随时采取相应的价格措施和策略,并且应努力地探索与发现降低和控制企业成本支出的途径。会展产品成本包括投资成本和经营成本两部分,是向消费者提供会展服务时所发生的所有费用的总和。会展产品场地租金、其他物品的购进费用、营业费用、营业税金、财务费用、设备购置费用、管理费用等,都是会展企业定价时要考虑的因素。举办会展要付出的主要成本见表7-1。

表7-1 举办会展要付出的成本

成本项目	主要内容
会展场地费用	租用会展场馆以及由此而产生的各种费用,包括会展场地租金、展馆空调费、展位特装费、标准展位搭装费、展馆地毯及铺设地毯的费用等
会展宣传推广费用	用于会展宣传与推广的各种费用,包括广告费、宣传资料设计和印刷费、资料邮寄费、新闻发布会的费用等

续表 7-1

成本项目	主要内容
招展和招商费用	用于招展、招商的各种费用,包括招展资料的设计、印刷、邮寄费,付给代理商的佣金,大买家邀请费等
相关活动费用	支持会展配套活动的相关费用,如技术交流会、论坛、会展开幕式和闭幕式、嘉宾接待、酒会等活动现场布置、礼品、纪念品和外请临时工作人员的费用等
办公及人员费用	会展企业的行政办公费、设备费、人员工资等
其他运营成本费用	杂费、机动费等

(十)定价目标

会展企业定价目标为定价者指明了价格制定方向。会展企业定价目标可分为五类。①生存目标。当市场竞争非常激烈时,企业为在市场上站稳脚跟,就会采取以先求得企业生存空间为目标的价格,价格往往会定得较低,并希望市场是价格敏感型的。②利润目标。企业以盈利为主要目标来给会展定价,有两种方法:一是以当前利润最大化为目标,制定能使当期利润最大化的价格;二是以企业满意利润为目标定价。③市场份额目标。即市场占有率的最大化,最大限度增加展位销售量,扩大会展规模,提高会展市场占有率,为此制定比较低的价格,不惜放弃当前利润,在会展培育期十分常见。④市场撇取目标。定出尽可能高的价格,争取在会展举办前几届获得尽可能多的利润。一旦竞争变得激烈,企业就有充分主动权逐渐降低价格。⑤质量领先目标。以保证向客户提供高质量会展为主要目标,利用大众"价高质优"常识,贯彻质量最优原则,用高价格弥补高质量和高研发成本。

(十一)价格弹性

价格与需求量成反方向变化。就会展产品而言,需求价格弹性是当展位价格每变动1%时,展位销售量的变动比率,是用来表示招展价格变动对展位销售量影响大小的参数。弹性大小不同引起价格与收益之间的变动关系不一。如果展位需求富有弹性(弹性值大于1),展位价格下降,会引起展位销售量大增使总收益增加;如果展位需求缺乏弹性(弹性值小于1),展位价格下降不会使展位销量增加多少,因而总收益会减少,提价则会引起收益增加。在不同情况下,需求价格弹性会发生变化,如经济不景气时,弹性会比较大,而经济繁荣时弹性较小。会展企业必须考虑会展产品价格弹性对招展价格的影响和作用。

第108届广交会展位价格恢复至2万元

2010年7月10—11日,第108届广交会筹备工作会议在北京召开。第108届广交会将重点优化参展企业结构,提升整体参展质量。同时,将因金融危机而临时调低的标准展位费恢复至2万元的原价格。

步入2010年,全球经济复苏,我国经济却仍然面临许多困难,虽然上半年稳定出口政策成效明显,但外贸形势仍不容乐观,这无疑给第108届广交会带来较大压力。尤其是随着近年来广交会规模的不断扩大,广交会参展企业的整体结构和质量都受到一定影响。广交会工作领导小组办公室主任王志平就此指出:"参展企业质量决定着一个展览的整体素质。优化参展企业结构既是对我国外贸'调结构'的积极落实,也是转变外贸发展方式的重要途径。"他进一步指出,在当前我国经济出现恢复性增长、外贸出口逐步趋稳的形势下,广交会展位需求已超过金融危机前的水平。为此,从第108届起,广交会将恢复每个标准展位2万元的原价格。另一方面,在连续扩容和金融危机冲击后,提升广交会参展企业质量已成为大众广为关注的问题。

此外,在客商邀请方面,第108届广交会计划邀请总量为91万户,比上届增长5.8%。在出访招商方面,将主要选择受金融危机影响较小的新兴市场、我国重要贸易伙伴、广交会重要客源市场等。目前,赴马来西亚、新加坡的出访小组已顺利完成招商任务。第108届广交会将于10月15—11月4日在中国进出口商品交易会展馆举办,并将保持三期展览格局不变。

资料来源:安飞.秋交会展位价格将恢复至2万元[N].国际商报,2010-07-12.

第二节 会展产品价格制定

一、会展产品价格制定概述

价格决定了会展企业收益,同时影响企业市场竞争地位,合理的价格决策会给企业招徕大批参展企业,从而实现会展产品收入增长。在会展行业,会展产品就是会展企业产品,因此会展产品定价就是产品定价,以展位及其他会展服务价格体现出来。会展产品是一种特殊服务产品,会展产品定价也呈现出不同特点,需要考虑会展行业产品自身特点、市场需求状况及市场竞争发展环境等多种因素,结合实际情况采取不同定价方法。

会展价格策略是指导会展企业价格制定的行动准则,定价方法直接为实现定价目标服务。企业从事经营活动的长期目的都是最大限度获得利润,提高经济效益。但由于会展企业特点和实力不同,其产品在目标市场地位也不一样,在一定时期内,其定价策略和方法不尽一致。

二、会展产品价格的制定策略

(一)利润最优化策略

利润最优化策略并不意味着企业完全实行高价政策,因为企业定价过高会抑制市场客源供给量,最终会导致价格的下降和会展企业原有市场份额减少,结果只能对其利润最优化目标产生消极影响。

(二)从速回收投资策略

此策略目标是尽快收回投资。一般来讲,会展企业奉行这种定价策略往往迫不得已,只有在一些特殊情况下,如会展商极度缺乏资金、亟待调整产品生产、或是会展市场前途变化莫测、开发市场得不偿失等,会展企业才会执行这种策略。这种策略反映在价格上,一般是比较优惠的。

(三)预期收益策略

会展企业把预期的收益率设定为其投资额或销售额的一定百分比,依此制定价格。对于不同企业,其预期收益率各不相同。实力雄厚、垄断程度较高的大企业有条件把预期收益率定得较高,所以其价格水平一般也较高,而广大中、小会展企业势单力薄,必须考虑市场竞争情况,故一般不指望预期收益率很高,反映在价格水平上也就不太高。

(四)满意利润率策略

这种定价策略目标是取得适当利润,即在正常情况下,取得与自己投资额及风险量相适应的平均利润率,价格水平也要与此相适应。这种策略多适用于品牌会展、规模会展的会展企业。

(五)占领市场策略

这种策略的目标一是占领新市场,二是扩大现有市场占有率。基本做法是努力降低经营性成本,以优惠的价格水平吸引消费者,冲击竞争者。但是因为执行这种策略的企业往往需要经过较长一段时间才能取得预期的收益,所以实行这种策略一般要有两个前提条件。一是目标市场对价格变动的反映比较敏感,二是企业具有较大经济规模。企业如果承受力不足,目标策略难免中途夭折。

(六)市场撇油策略

市场撇油策略是新产品定价过程中经常奉行的策略。如果会展企业估计自己产品在投入目标市场后会深受消费者欢迎,那么很可能就奉行市场撇油策略,即趁着产品对客商有较大使用价值和吸引力、价格需求弹性较小时,在产品介绍期内制定较高的价格,这样一方面会创造出自己产品"名贵"形象,另一方面又会获取丰厚利润。如果将来情况有变,企业降价余地也较大。

(七)稳定价格策略

有些在市场上垄断程度较高、能左右行情发展变化的大型会展企业往往在定价过程中奉行稳定价格策略。稳定价格并不一定是保持价格长期不变,在更多的情况下,是保持价格相对稳定、有节制地增长。一方面调动参展商的积极性;另一方面也避免价格过快增长导致需求减少,最后妨碍企业实现利润最优化。

(八)差别定价策略

许多会展企业,尤其是经营会展外联招徕的企业,经常采用这种策略。此策略的主导意图是,根据不同会展市场或同一市场不同消费层次具体情况,对同种会展产品制定不同价格,以取得良好经济效益。鉴于各国的消费水平及消费习惯各不相同,市场竞争状况及法律环境也不尽一致,这种策略为很多会展企业推崇。

(九)应付竞争策略

目前会展市场竞争情况愈演愈烈,为保证自己市场份额在激烈角逐中不至于丢掉,许多会展企业在制定价格的目标策略时都把竞争因素放在首位,根据竞争对手的价格水平,控制和调整会展产品价格。

(十)折扣让价策略

会展企业为扩大市场占有额,用折扣或让价方式鼓励中间商或会展者积极购买。折扣主要有五种:①交易折扣。即根据会展批发商和零售商在会展市场营销中所起的作用而给予不同的折扣。②数量折扣。会展产品供应者为鼓励顾客大量购买而按购买数量给予不同折扣。数量折扣又分为累进折扣和非累进折扣两种。累进折扣应用于批发业务,在规定时期内,会展批发商或零售商购买到一定数量时,就给予折扣优惠,数量越多折扣越大;非累进折扣应用于一次性购货,数量越多折扣越大。③同业折扣。同业折扣是会展企业给予批发商和零售商的折扣。④季节折扣。季节折扣适用于季节性产品,如展馆、旅馆、航空公司、旅游公司常在淡季按季节折扣出售展位、床位、机座和门票,但在制定季节折扣价时应有一定的限度,即降价后所增加的营业额必须大于所需可变成本,否则企业就会亏损。⑤现金折扣。即顾客用现金付款或提前付款,可按原定价格享受一定折扣。现金折扣一般包括规定折扣大小、规定给予折扣的限期、规定付清货款的期限。

(十一)心理定价策略

心理定价策略是指掌握客商消费心理,通过定价来刺激他们购买产品积极性。①奇数定价。如消费者乐于接受价格尾数为奇数的价格,不喜欢偶数价格,如价格99元的门票比标价为100元的销路好,因为消费者认为这是在几十元范围内的开支,而不是上百元开支。②偶数定价。在另一些场合,特别是对享有一定声望的企业和一些高质量的产品不宜采用奇数定价策略,因为这些高收入游客会认为奇数为尾数的价格反映的质量较低,例如500美元一天租金的豪华套房不宜改标为495美元。③声望定价。在一部分收入和社会经济地位较高的客商心目中,价格反映产品的质量。高价产品标志着高质量。他们不计较花钱多少,反而认为花钱多,购买高级会展产品可提高自己声望。

三、会展产品价格的制定方法

(一)成本导向定价法

成本导向定价法是以产品单位成本为基本依据,再加上预期利润来确定其销售价格的定价方法。成本导向定价法具体有两种:①成本加成定价法。按照单位成本加上一定百分比加成来制定产品销售价格。加成的含义就是一定比率的利润。对于办展机构而言,就是在单位展位成本基础上附加一定加成额作为自身盈利的定价方法。②边际成本定价法。边际成本是展会增加一个展位时所加的成本。在展会增加展位所引起的追加支出成本基础上制定价格。

(二)目标收益定价法

目标收益定价法是根据经营者在一定时期的预期利润,首先确定一个目标收益率,再根据要消耗的总成本和目标收益量来确定产品价格的方法。目标收益是企业希望用成本加成的方法所获得合意的收益率。目标收益设定意味着放弃最高收益,同时也避免了最大的市场风险。目标收益法具体有四种:①总成本定价法。总成本定价法是以会展企业所有成本为基础,加上一定比例的利润和税金制定价格的方法。会展企业成本在前期的场地租金、广告宣传投入中占比例较大,需要按一定方法进行分摊。营业成本中主要以人工费及管理费为主。②目标利润定价法。目标利润定价法是按照与投入的资本成一定比例进行利润附加的定价方法。在制定展会价格时,使展位的定价能保证办展机构达到预期的目标利润率。相对于成本加成定价法,其着眼于举办展会的总成本定价。③成本系数定价法。此方法用于定价关键是考虑两个因素:一是成本计算,二是确定合理的成本率。④后向分析定价法。从会展企业经营者的角度出发,综合考虑营业费用及合理的负担后计算出最低平均价格,适用于短期会展价格推算。

(三)需求导向定价法

需求导向定价法是以市场需求强度及消费者感受为主要依据的定价方法。从参展商角度出发,考虑参展商对展会价格的期望和接受程度,并根据参展商对展会反应和接受能力制定展会价格。需求导向定价法具体有六种:①市场认知价值法。会展企业以参展商对展会的认可程度和认可价值为定价基础。企业首先通过市场调研来研究展会在参展商心目中所形成的价值,然后结合展会规模来确定单位展位价值,以此为基础定价。②需求差异法。根据市场需求的不同而定出不同价格,价格差别与展会展位成本之间没有直接关系。实际执行时包括以顾客为基础的差别定价、以展位区域为基础的差别定价、以时间为基础的差别定价。③需求心理法。根据从众心理,随潮流制定与其他同题材展会大致相同的价格;根据顾客按质论价心理,根据办展机构良好声誉提高展位价格;根据顾客求廉心理,特意将几个展位价格定得较低吸引顾客;声望定价法,把高价看成高质量和身份标志,制定超高价格获取超额利润;一口价政策,所有会展产品都只定一个固定价格,不允许讨价还价;尾数定价法,保留价格尾数,采用零头定价。④例行定价法。会展企业设定会展产品及服务价格,并在相当长的一段时间内保持不变,在消费者心中形成习惯性标准的收费。⑤折扣折让法。消费达到一定数量或金额后给予其折扣优惠。消费量越大、金额越多,折扣比率也就越高。折扣包括累积型数量折扣、非累积型数量折扣、团体消费折扣、消费时段折扣等。⑥差别定价法。差别定价法是依参展企业支付意愿而制定价格的定价方法。该方法主要是为了缓和需求波动带来的影响,主要有价格/时间差别、参展企业支付能力差别、会展产品的品种差别、地理位置差别。

(四)竞争导向定价法

竞争导向定价法是根据市场竞争需要,以与本展会有竞争关系的展会价格作为定价主要依据的定价方法。竞争导向定价法并不仅仅将价格作为竞争手段,还根据自己在竞争中的地位,确保该价格是在加强而不是在削弱竞争地位。竞争导向定价法具体有四种:①随行就市法。企业依照本题材展会或是本地区展会一般价格水准制定价格。此方法在难以估算成本、企业打算与同行和平共处、另行定价很难了解购买者和竞争者对本企业价格反应的情况下使用。②渗透定价法。一开始将价格定得很低,为了使新产品迅速地被参展企业接受,能迅速打开和扩大市场,在市场取得领先地位,而且可以有效防止竞争者挤入市场。此方法适用于竞争性大而且容易模仿、目标参展企业需要的价格弹性大的会展新产品。③吸脂定价法。在新的会展产品推出后,制定大大高于成本的价格销售,在于立即取得丰厚的市场回报,获取高额利润。此方法适用于会展企业需要迅速收回投资,需要迅速获得大量利润;会展产品生命周期过短需要高价策略帮助在短期收回成本;会展产品由于技术政策或资金原因等只能由少数企业经营,不易被模仿、复制或有专利保护时。④投标定价法。投标定价法是企业根据竞争者可能的报价,兼顾利润采用的定价方法。其在展会主办权需要通过投票方式来取得的时候被广泛应用。

 章节案例

会展企业加入全球展览业协会(UFI)的费用

1. 正式成员(full members)

(1)展览组织机构(2000~18000欧元)。

最低会费:2000欧元/年(含组织1个展览的展览组织机构)。

展览数为2~10个:2500欧元/年。

展览数为11~30个:4000欧元/年。

展览数超过30个:5000欧元/年。

此外，经 UFI 认证的展览每加一个加收 150 欧元/年。

例：某个展览组织机构一年办了 26 个展览，其中有 6 个是经 UFI 认证的展览，其要缴的年费为：4000+150×6=4900（欧元）。

(2) 展馆（2000～18000 欧元）。

面积 5 万平方米以下：2000 欧元/年；

面积 5 万～10 万平方米：3000 欧元/年；

面积 10 万平方米以上：4000 欧元/年。

如展馆还参与展览组织，会费上限为 18000 欧元/年。

(3) 协会（1200～2000 欧元）：展览业协会、展览中心（展馆）协会、研究中心、管理机构。

基本会费：2000 欧元/年；

中等机构（由程序委员会认定）：1500 欧元/年；

小型机构（由程序委员会认定）：1200 欧元/年。

2. 协作会员（associate members）

(1) 尚未满足正式会员条件的协会。

基本会费：2000 欧元/年；

中等机构（由程序委员会认定）：1500 欧元/年；

小型机构（由程序委员会认定）：1200 欧元/年。

(2) 行业合作伙伴：行业供应商、教育研究机构、报刊、顾问等。

基本会费：5000 欧元/年；

个人顾问：2000 欧元/年。

资料来源：刘春章.活动策划家.2016.

第三节　会展产品价格调整

一、会展产品价格调整概述

(一)价格调整的内涵

随着市场环境的变化，为了适应竞争，在外部经营环境或内部经营条件发生变化情况下，会展企业有必要进行相应的会展产品及服务价格调整，会展企业可以把价格调整当作一种经营机制来运用。会展企业产品价格调整的动力既可能来自于内部，也可能来自于外部。倘若企业利用自身产品或成本优势，主动对价格予以调整，将价格作为竞争利器，这称为主动调整价格；若价格调整是出于应付竞争需要，即竞争对手主动调整价格，企业也相应地调整价格，这称为被动调整价格。

无论是主动调整，还是被动调整，调价形式都是削价和提价两种。提价是在原来价格上追加新的附加价格，是在需求大大增加或会展产品的成本上升时运用的；削价通常发生在进行同一会展产品经营的企业超过一定限度，本企业进行改进质量等努力后也无法吸引足够的参展企业时，以及当会展企业的成本降低，且有降价条件，为提高企业竞争地位时。

(二)价格调整的主体

价格调整的主体包括三类。①价格调整发起者。降价可能由于企业的生产能力过剩，在强大竞争压力下,企业成本费用低于竞争者,技术进步使行业生产成本大大降低。提价可能由于通货膨胀,企业产品供不应求,产品包装、款式、性能等有所改进。②价格调整应对者。在同质产品市场上,如果一个企业降低,其他企业只能随之降价。而异质产品市场上,对竞争者价格变动反应有更大的自由度。对竞争者价格变动做出三种反应:一是维持原有营销组合,二是保持价格不变修改其他营销策略,三是同幅度或不同幅度的价格跟进。③价格调整受影响者。企业调价对消费者、竞争者、中间商等产生影响。消费者一般对价值较高、购买频率也较高的产品价格变动反应敏感,对价值低、不经常购买的产品价格变动反应不太敏感。竞争者和中间商的反应,可通过两种方法进行了解:一是搜集有关情报;二是运用统计分析方法,研究过去的价格反应策略。

(三)价格调整的类型

1. 削减价格

确定何时削价是调价策略的难点,通常要综合考虑企业实力、产品在市场生命周期所处的阶段、销售季节、消费者对产品的态度等因素,表现在八个方面。①急需回笼大量现金。既可能是其他产品销售不畅,也可能是为筹集资金进行某些新活动,资金借贷来源中断。企业可通过对某些需求的价格弹性大的产品予以大幅度削价,增加销售额,获取现金。②开拓新市场。产品的潜在顾客往往由于其消费水平限制阻碍了其转向现实顾客的可行性。在削价不对原顾客产生影响的前提下,企业可通过削价方式来扩大市场份额,有时需要以产品改进策略相配合。③排斥现有市场边际生产者。各企业的生产条件、生产成本不同,最低价格也会有所差异。那些以目前价格销售产品仅能保本的企业,在别的企业主动削价以后,会因为价格的被迫降低而得不到利润,只好停止生产,有利于主削价企业。④生产能力过剩,产品供过于求,但企业又无法通过产品改进和加强促销等扩大销售,企业必须考虑削价。⑤削价扩大销售,获得更大生产规模。特别是进入成熟期的产品,削价可以大幅度增进销售,从而在价格和生产规模之间形成良性循环,为企业获取更多市场份额奠定基础。⑥成本降低,费用减少,削价成为可能。随着科学技术进步和企业经营管理水平的提高,许多产品单位产品成本和费用在不断下降,企业拥有条件适当削价。⑦出于对中间商要求考虑。以较低的价格购进货物不仅可以减少中间商的资金占用,而且为产品大量销售提供一定条件。企业削价有利于同中间商建立较良好的关系。⑧政治法律环境及经济形势的变化。政府为了实现物价总水平下调,保护需求,鼓励消费,遏制垄断利润;在紧缩通货的经济形势下或在市场疲软、经济萧条时期,币值上升,价格总水平下降,产品价格也应随之降低,以适应消费者的购买力水平。

2. 提高价格

提价能够增加企业利润率,但会引起竞争力下降、消费者不满、经销商抱怨,甚至还会受到政府干预和同行指责,对企业产生不利影响。提价的主要原因有四个方面:①应付产品成本增加,减少成本压力。成本增加或由于原材料价格上涨,或由于生产或管理费用提高而引起。企业为保证利润率不致因此降低,采取提价策略。②为适应通货膨胀,减少企业损失。在通货膨胀条件下,即使企业仍能维持原价,但随着时间推移,其利润实际价值也呈下降趋势。为减少损失,企业只好提价,将通货膨胀压力转嫁给中间商和消费者。③产品供不应求,遏制过度消费。在需求旺盛而生产规模又不能及时扩大而出现供不应求情况下,可通过提价来遏制需求,同时又可以取得高额利润,在缓解市场压力、使供求趋于平衡的同时,为扩大生产准备条件。

④利用顾客心理,创造优质效应。企业可利用涨价营造名牌形象,使消费者产生价高质优的心理定势,提高企业知名度和产品声望。对那些革新产品、贵重商品、生产规模受到限制而难以扩大的产品,这种效应尤为明显。

二、会展产品价格调整的影响因素

(一)市场地位变化

由于新的同类会展企业上马,本企业会展产品在市场上竞争地位相对下降,而本企业设备性能、环境等与新加入的企业相比不占有优势,因此需要对原有的价格水平做新的调整。

(二)竞争对手变化

由于会展企业定价是考虑到当时条件下与对手的竞争,当竞争对手改变原先的价格策略时,企业应适当调整本企业产品的价格。

(三)生产成本变化

构成会展企业产品价格的主要部分是成本。当会展企业投资已收回或者企业采取措施有效地进行成本控制时,都应适当变动企业产品价格。

(四)营销目标变化

当会展企业重新选定营销目标时,其价格也应随之做相应变动。另外,国家的价格政策和经济形势的变化都将影响价格的变动。

三、会展产品价格调整的步骤

(一)明确目标

会展企业在进行价格调整、利用价格的提高或降低作为竞争工具时,必须事先考虑一定因素,以免陷入"只求数量、不问利润"的恶性价格竞争。主要考虑的因素有期望利润的大小、市场潜能与特性、参展企业与竞争企业的预期反应、市场需要的高低、竞争压力的大小、经营成本的高低;会展产品总定价策略应考虑会展产品市场细分化的问题和会展企业促销计划的配合。

(二)分析背景

了解竞争者的营销策略特征,对利润的看法、财务状况、销售业绩、经营的会展产品种类等;分析竞争者价格竞争的用意及时间长短;根据销售情报和消费者反应,评估对手的价格政策效果以及竞争对手价格策略对消费者、本企业以及同行业所造成的影响;分析竞争对手是单纯地进行价格改变还是配合有其他的促销活动。

(三)决定策略

针对竞争者研究降价时机,采取一种或多种方式来改变会展产品的价格策略。略微提高价格,同时提供更多会展价值;直接改变会展产品价格,而不改变所提供会展产品品质与数量;以较低价格提供会展价值较低的会展产品;改变会展产品所搭配的服务条件(时间、地点、方式、水准等);采用弹性价格,视会展企业需要或市场竞争情形而差别定价;用累积型及非累积型数量折扣方式达到间接改变会展产品价格的目的;视会展产品的性质采取分开标价的方式。

(四)具体实施

估计本会展企业在迎接对手的竞争后,对方是否有特定的反应模式或会再做何种反应;在确定竞争价格之前,拟订未来相互竞争的各项应变方案;加强"非价格竞争"营销努力。

四、会展产品价格调整的策略与方法

(一)价格调整的策略

会展产品价格调整策略也可参照会展产品生命周期加以制定。第一,导入期策略。可以根据产品的市场定位而采取高、中、低三种价格。①高价撇脂策略,在短期利润最大化目标下,以远远高于成本的价格推出新产品;②低价渗透策略,以较低价格投放新产品,目的是通过广泛的市场渗透迅速提高企业的市场占有率;③满意定价,介于撇脂和渗透策略之间的中等价格策略。第二,成长期策略。通常是在不损害企业和产品形象前提下适当降价。第三,成熟期策略。成熟期价格策略呈现出低价特点。第四,衰退期策略。价格策略以保持营业为定价目标,通过更低价格,驱逐竞争对手,等待适当时机退出。

(二)价格调整的方法

①削价方法。削价最直截了当的方式是将产品目录价格或标价绝对下降,但企业更多的是采用各种折扣形式降低价格,如数量折扣、现金折扣、回扣和津贴等。变相的削价形式有:赠送样品和优惠券,实行有奖销售;给中间商提取推销奖金;允许顾客分期付款;赊销;免费或优惠送货上门、技术培训、维修咨询;提高产品质量,改进产品性能,增加产品用途。②提价方法。会展企业尽可能采用间接提价,把提价不利因素减到最低,使提价不影响销量和利润,而且能被潜在消费者普遍接受。同时,企业提价时应采取各种渠道向顾客说明提价原因,配之相应的产品策略和促销策略,并帮助顾客寻找节约途径,减少顾客不满。价格调整幅度,最需要考虑消费者反应。因为调整产品价格是为了促进销售,实质上是要促使消费者购买产品。忽视消费者反应,销售就会受挫,只有根据消费者反应调价,才能收到良好效果。

本章小结

本章介绍了会展产品价格的概念、构成和影响因素;明确了会展产品价格制定的重要性,提出了多种制定策略和制定方法;介绍了会展产品价格调整的内涵、主体、类型、影响因素,以及主要策略和方法。

1. 会展产品价格是会展参与者为享受整套会展服务所需付出的费用;会展产品价格要能够弥补会展产品的成本、费用及税金,并能获得一定利润。

2. 会展产品价格制定需要考虑会展行业产品自身特点、市场需求状况及市场竞争发展环境等多种因素,结合实际情况采取不同定价方法。

3. 为了适应竞争,在外部经营环境或内部经营条件发生变化情况下,会展企业有必要进行相应的会展产品及服务价格调整,可以把价格调整当作经营机制来运用。

复习思考题

1. 结合具体案例,分析会展产品价格的构成要素。
2. 结合具体案例,分析会展产品价格形成的影响因素。
3. 结合具体案例,对会展产品价格方案进行设计。
4. 结合具体案例,设计会展产品的价格调整思路、策略和方法。

单选题

1. 会展产品价格的价格构成中不包括（　　）。
   A. 展品运输费　　　B. 展台搭建费　　　C. 租赁费　　　D. 报名费
2. 在通常情况下，会展价格提高，则会展目标客户对该会展的需求（　　）。
   A. 减小　　　　　　B. 增加　　　　　　C. 无关　　　　D. 有关
3. 对于需求（　　）的会展，会展目标客户对会展价格的变化不敏感。
   A. 富有弹性　　　　B. 缺乏弹性　　　　C. 固定弹性　　D. 不定弹性
4. （　　）是以会展单位成本为基本依据，再加上预期利润来确定价格的方法。
   A. 会展差别导向定价法　　　　　　B. 会展竞争导向定价法
   C. 会展需求导向定价法　　　　　　D. 会展成本导向定价法
5. （　　）是会展企业给予会展目标客户或招展代理商的一种价格优惠，旨在促销展位的策略。
   A. 会展声望定价策略　　　　　　　B. 会展折扣定价策略
   C. 会展差别定价策略　　　　　　　D. 会展品牌定价策略

 多选题

1. 影响会展定价的内部因素包括（　　）。
   A. 会展企业定价目标　　　　　　　B. 会展成本
   C. 会展发展阶段　　　　　　　　　D. 会展行业的竞争状况
2. 影响会展定价的外部因素包括（　　）。
   A. 会展成本　　　　　　　　　　　B. 会展目标客户的需求状况
   C. 会展题材所在行业的情况　　　　D. 会展行业的竞争状况
3. 会展需求导向定价法常用的方法有（　　）。
   A. 会展理解价值定价法　　　　　　B. 会展边际成本定价法
   C. 会展区别需求定价法　　　　　　D. 会展需求心理定价法
4. 会展竞争导向定价法常用的方法有（　　）。
   A. 会展随行就市定价法　　　　　　B. 追随领先会展定价法
   C. 会展渗透定价法　　　　　　　　D. 会展投标定价法
5. 常见的会展折扣策略包括（　　）。
   A. 会展交易折扣　　　　　　　　　B. 会展数量折扣
   C. 会展季节折扣　　　　　　　　　D. 会展现金折扣

第八章 会展渠道策略

学习要点

1. 理解会展营销渠道的概念,能够对会展营销渠道的结构进行识别和划分,理解每种结构的内涵和功能,明确会展营销渠道的两种类型;
2. 掌握会展直接营销渠道和间接营销渠道的主要内容,能够根据时代进步和产业发展,提出更多的直接营销渠道和间接营销渠道形式;
3. 重点掌握会展营销渠道选择的影响因素和主要类型;
4. 理解会展营销渠道管理的概念和意义,掌握会展营销渠道管理的过程,重点掌握中间商数量确定、渠道成员激励、渠道成员绩效评估的方法。

开篇案例

从广州国际照明展看企业"吸睛"营销大法

1. 微信扫一扫成新宠

使用微信扫描方式的企业数量最多。不少商家都在大力推介自己的微信号,很多都在展台的醒目位置展示微信二维码来进行产品推广、接受报名等业务,大有不设置微信二维码都不好意思跟人打招呼的趋势。随着互联网技术的日益成熟、市场需求的多样化、智能手机的普及、移动网络的不断升级,手机的便携性和互动性优势,传统的互联网难以比拟,手机服务终端的推出将走在现代会展的前头,作为展会现场互动的介质也是再适合不过了。通过微官网的建立,可以将企业放进客户的口袋里,将品牌、服务深植于客户心中,便携的同时更易宣传,这是一个在展会期间提高企业品牌知名度的强势手段。

2. 模特站台各种抢镜头

几乎一个展馆便有至少两家参展商聘请模特站台,"秒杀"不少菲林。毫无疑问,这算是所有展会营销中最"吸睛"的"利器",每年各大车展便能知晓,照明企业也深知这一卖点,利用模特自身拥有的特定优势,更好地凸显品牌形象,扩大品牌影响力,从而为企业带来更多的商机。

3. 创意行销:举牌"活体"广告牌求关注

每年广州国际照明展都会吸引来自不同国家和地区等众多人来共享盛宴。人流多自然不在话下,有些参展商正看中这大好时机,在人流最旺盛的地方8小时进行举牌,增加关注度。商家别出心裁的创意,确实吸引了不少人的"眼球"。相对于一些广告,这种"活体广告"成本低,广告对象明确,容易吸引观者的注意。

4. 吉祥物互动展商们的"公关先生/小姐"

在产品的包装和营销宣传中使用漫画或形象是由来已久的事了。过去只是为了增加产品包装和营销宣传的视觉气氛,有着强烈的装饰意味。然而,在这些漫画和角色的运用过程中,商家慢慢发现消费者越来越受其吸引,逐渐成为指名购买的视觉目标和标识对象。吉祥物之所以被称为商家的"秘密武器",因为它是最优秀的"公关先生""公关小姐",是企业既公开又秘密的,而这一"大使"永不衰老,永不疲劳。现在是一个逐渐趋于感情消费的时代,其标志之一是吉祥物在商战中大显神威,施展魔力。吉祥物能够成为促销的有力武器,其根本的原因是将产品品牌形象化、感性化、人格化、艺术化和情节化,极大地增加了品牌形象的亲和力,拉近了与消费者之间的心理距离。

5. 现场搭建舞台无娱乐不营销

娱乐营销,就是借助娱乐的元素或形式将产品与客户的情感建立联系,从而达到销售产品,建立忠诚客户的目的的营销方式。通过借助其对于用户的视觉冲击效果,可以创造快乐和新鲜活力,吸引消费者主动参与,使其在娱乐中获得轻松快乐的体验,从而激发消费者对品牌的记忆度和购买动机。本届广州国际照明展依然沉浸于一个无处不娱乐的情况中。国星光电、联浩科技照明等多家参展商也利用了此种营销手法助推其品牌吸引力,如拉小提琴、古筝演奏、拉丁舞表演等。

6. 实用购物袋有"内涵"

广州国际照明展现场,几乎每个参展商都派了几名工作人员或兼职大量发送宣传册。有的发送人员就采用特殊的技巧吸引人们的目光。如用送购物袋的方式招揽人气。购物袋内放有宣传资料。广州众恒光电以高空发的方式吸引了大量的群众围观拍照,索要传单。该方式具有的惊险性、新鲜性,在一定程度上实现了企业想要吸引受众的目的,同时公司也根据不同的人流量制订不同的宣传方案。

7. 座谈会、新品发布会隐藏式销售传口碑

较大企业往往采用开专题的方式对产品进行宣传,其中飞利浦成效最为明显。而StrongLED、华灿光电、硅能照明等展商也分别以灯光秀、LED芯片解决方案展示、COB技术交流为主题与进行面对面的接触。讲述有深度的行业观点,展示最火的技术应用、最新的产品资讯、最广博的市场动力的座谈会,往往围观人数是最多的。企业开设的发布会也好,研讨会也好,应更多地贴近行业人的需求,解其所惑,供其所需。

资料来源:从广州国际照明展看企业"吸睛"营销大法[EB/OL].(2014-06-28). http://www.jcbmt.com/news/show-33260.html.

第一节 会展营销渠道概述

一、会展营销渠道的内涵

(一)会展营销渠道的概念

营销渠道又称分销途径、销售路线,是某种产品或服务从生产者向消费者移动时,取得产品或服务所有权或帮助转移其所有权的所有企业或个人。简单说,营销渠道就是产品和服务从生产者向消费者转移过程的通道和路径,以及相应的市场销售个人和机构。正确运用营销渠道,可以使企业及时将产品转移到消费者手中,以扩大产品销售,加速资金周转,降低流动

费用。

会展营销渠道是会展企业借以把会展产品交付给顾客的一整套相互依存、相互协调的有机系统。在会展营销中,企业为获得竞争优势,应该寻找会展产品分销商,方便和扩大顾客对会展产品的购买。会展营销渠道也可作为信息传递的途径,对企业广泛、及时、准确地收集市场情报和有关销售、消费的反馈信息起着重要的作用。

(二)会展营销渠道的结构

在营销过程中,会展企业对组织或个人进行组合,形成渠道结构。会展业作为第三产业中典型、特殊的综合性行业,渠道结构既有与消费品和工业品的共性,亦有特殊性。会展营销渠道结构可分为长度结构、宽度结构、广度结构三种类型。三种渠道结构构成渠道设计的渠道变量,完整构成三维立体的渠道系统。

1. 长度结构

会展营销渠道的长度结构,又称层级结构,是按照其包含的渠道中间商(购销环节)即渠道层级数量多少来定义的渠道结构。营销渠道根据包含渠道层级分为四种:①零级渠道,又称直接渠道,是没有渠道中间商参与的渠道结构,可理解为一种营销渠道结构的特殊情况。在零级渠道中,产品或服务直接由生产者销售给消费者。②一级渠道,包括一个渠道中间商,这个渠道中间商通常是代理商、佣金商、经销商或零售商。③二级渠道,包括两个渠道中间商,通常是代理商及批发商或零售商。④三级渠道,包括三个渠道中间商。这类渠道主要出现在消费面较宽的日用品中,在大型代理商和小型零售商之间衍生出一级专业性经销商,出现三级渠道结构。

2. 宽度结构

会展营销渠道的宽度结构,是根据每一层级渠道中间商数量多少来定义的渠道结构。渠道宽度结构受产品性质、市场特征、用户分布以及企业营销战略等因素的影响。渠道宽度结构分成三种类型:①密集型营销渠道,也称广泛型营销渠道,就是会展企业在同一渠道层级上选用尽可能多的渠道中间商来营销产品的渠道类型。②选择性营销渠道,是在某一渠道层级上选择少量渠道中间商来进行营销的渠道类型。③独家营销渠道,是在渠道层级上选用一家渠道中间商的渠道类型。这种渠道结构多出现在总代理或总营销一级。许多会展新产品推出多选择独家营销模式,当市场广泛接受产品后,就从独家营销渠道模式向选择性营销渠道模式转移。

3. 广度结构

会展营销渠道的广度结构,是渠道的多元化选择,也就是许多会展企业使用多种渠道组合,即采用混合渠道模式进行销售。如有的企业针对大的行业客户,成立大客户部直接销售;针对数量众多的中小企业用户,采用广泛的营销渠道;针对一些遥远地区的消费者,采用邮购等方式覆盖。

二、会展营销渠道的类型

(一)直接营销渠道

直接销售渠道即没有中间商参与,会展服务生产者直接与服务消费者接触完成服务销售,将会展信息传递给潜在的参展商,达到销售展位的目的。会展服务生产者不仅可以控制销售行为,也能及时掌握最新需求信息,获取竞争优势。会展直接销售的主要表现:一是会展服务生产者可以按照顾客即时反应的最新需求信息提供个性化解决方案,或是在最短时间内调整自己服务的方式及内容以满足顾客需求。二是服务生产者直接对自己的服务生产及供给实时监督及改进,动态地改进服务质量,提高顾客满意度。直接销售渠道有四个特征:①可控性强。对服务的供应与表现,保持较好的控制。若经由中介机构处理,往往造成失去控制的问题。②实现差异化。可提供真正个性化服务,能在其他标准化、一致化以外的市场,形成服务产品的差异化。③直接了解市场。直接销售人员可以在同客户接触时直接了解其目前需求及其变化,同时也能获得客户对竞争对手产品内容的意见等信息。④受专业化限制。在需要专业技术人员提供服务的情况下,企业业务的扩充会受到限制,因为多数会展企业的专业人才储备很薄弱。

(二)间接营销渠道

间接销售渠道即会展产品或服务生产者通过一个或多个商业环节来向服务消费者销售服务的渠道类型。常见的中介机构包括各类金融市场中介(银行网点、保险代理人、证券经纪人、投资银行等)、各种服务代理商(包括旅游、住宿、交通等)、各类服务零售商、代销网点(如门票代理销售点)等。会展企业也经常通过中介机构来销售会展服务产品,这些中介机构便是中间商。会展市场中间商将会展企业与会展客户连接起来,这也意味着他们将介入会展企业的销售工作,同时很大程度上影响着会展企业的产品销售。会展中间商主要有六个作用:①沟通企业与顾客。会展企业要拓展市场、要营销、要调研市场,精力难免有限,此时如果有一些优秀的会展中间商,就能及时地汇总参展企业的意见和建议,转达给会展企业,达到提高会展产品质量的目的。②共享资源。会展中间商可以协助会展企业的日常经营活动,如市场调研、市场预测、营业推广等活动。由于会展中间商一般都拥有自己的客户群,所以容易与他们取得联系,收集第一手资料。③优化资源,提高效率。通过会展中间商进行营销,简化会展企业与客户接触的程序,降低交通费用与成本。会展企业不仅可以缩小销售队伍规模,还可简化交易联系,节省大量时间。④调查市场,收集反馈信息。会展中间商拥有更好的市场调研的条件。因为在客户眼里,中间商既是卖方,又是客户利益保护者,一旦客户对会展服务质量有所不满,便会向会展中间商投诉,形成庞大、灵敏的信息网,使会展企业敏捷满足客户需求。⑤参与营销,拓展客户。能否不断扩大客户群是会展企业成功与否的关键,这需要会展中间商与企业共同开发市场,参与各种营销活动,吸引各个层次客户。⑥会展周边产品开发。会展产品和旅游活动密切联系,会展中间商可向会展企业提供包括食宿、交通、购物等在内的配套服务建议,使其同会展形成产品系列,满足客户多元需求。

第二节 会展营销渠道内容

一、会展直接营销渠道

(一)直邮营销

直邮营销是指基于数据库营销和客户关系管理,选择合理细分目标市场和与此相关的高度精选的客户名址,通过有名地址直邮和无名地址直邮等方式,向客户提供包括产品宣传推广、市场促销和客户关系维护等在内的个性化、反馈性和可衡量的营销过程。直邮营销优势包括内容个性化、侵犯性低、多方位体验、覆盖面广、针对性强等,现今在我国还是呈增长趋势。会展直接邮寄是将各种资料直接邮寄给潜在会展客户,邀请他们参与会展活动。

(二)电话营销

通过电话,有计划、有组织、高效率地扩大会展客户群,提高客户满意度,维护和保持客户。电话销售依然是会展营销中重要的策略手段。电话营销不等于随机打出大量电话,靠碰运气推销展位。电话营销在多数情况下不能马上签约,却可在极短时间内识别潜在客户,将展会信息传递给对方。作为一种营销方法,电话销售尽管比较传统,但能使会展组织者在一定时间内快速、准确将信息传递给目标客户,并及时获得反馈,争取客户。

(三)现场推广

现场推广是会展企业在参加本行业的展会时向参加展会的观众进行现场推广。展会现场推广同上门推销相比可以节省更多时间,因为在展会上进行推广会展公司只需要到一个地方、进行一次布展;而上门推销则要求会展企业在多地之间往返,耗费大量的时间。此外,会展现场推广还能获取到有意向客户信息,便于展后回访。

(四)上门推销

上门推销的最大优势就是可以直接面对客户。在这种方式下,推销人员可以在详细地介绍公司服务的过程当中同客户建立融洽关系。多数情况下,能够上门推销都是经过客户允许的,所以客户对推销人员不会产生很大排斥,便于推销人员介绍服务。能够实现上门推销的前提是能够识别客户参展需求,同时能通过提前预约获得见面允许。

(五)网络营销

会展网络营销建立在会展企业营销的整合基础上,利用互联网信息技术更快速发布,如快速发布展会资讯、发布招商信息、观众报名通道等,或利用网络技术实现更灵活的营销活动,如积分兑换、推荐有奖、折扣抢占展位等。网络营销需要会展企业拥有一支专业新媒体营销团队,由文案、编辑、美术、数据分析等不同专业人才组成,才能使会展企业网络营销产生专业化效果。

二、会展间接营销渠道

(一)特许商

特许商是获得某会展企业特许权的服务商。提供或转让会展产品服务特许权的会展企业称特许方,接受特许权的特许服务商称接受方。特许转让在会展等服务行业比较普遍。特许权种类有品牌使用权和服务模式使用权,两种特许权可以一起向接受方转让。会展企业进行服务特许有四个优势:①迅速进入和扩大市场。特许转让是一种迅速进入市场的方式。只要转让合同生效,特许方就可进入接受方所在地区市场。服务机构可以利用特许服务商渠道,迅速进入新市场,扩大市场占有率和销售额,以及扩大机构知名度。②保持和扩大会展企业独特竞争优势。在特许转让中,会展企业可以要求特许服务商按既有模式运行,既保持模式独特的竞争优势,又借特许服务商扩大竞争优势。③了解新地区市场和开展关系营销。通过特许转让和利用特许服务商渠道,不仅可以迅速进入新的地区市场,而且可以利用特许服务商了解当地客户和发展当地客户关系。④降低企业财务风险。会展企业将一部分服务营销权转让给特许服务商,不再承担这部分业务由自己做的风险。

(二)代理商和经纪人

代理商是受会展企业委托与客户签订服务合同的中间商。经纪人与代理商在许多职能方面是相同的。代理商一般长期地为委托机构或委托人工作,而经纪人一般短期地甚至一次性地为委托机构或委托人工作。代理商只代表会展产品服务提供者并由委托机构支付佣金;而经纪人有时代表会展服务提供者,有时代表客户,并由所代表机构或人支付佣金。代理商种类有销售代理商和援助代理商。销售代理商是负责委托者所有营销事务的代理商。销售代理商的委托者中有的人对营销事务完全不懂或不感兴趣。援助代理商是帮助委托者处理与营销有关的财务、风险和运输问题的代理商。服务代理商也可分为独立代理商和非独立代理商两类。会展企业通过服务代理商或服务经纪人向客户提供服务,可以获得利用服务代理商现成营销网点、减轻服务提供者兼管营销负担、促进服务沟通、降低服务成本、有利于对营销控制、实现多方面代理等利益。

章节案例

中国东莞国际电脑资讯产品博览会的营销渠道

1. 国内主要城市巡回宣传

组织在电子信息产业发达的城市开展展会宣传推介,包括拜访目标城市政府、召开地方新闻发布会、媒体广告投放、媒体新闻宣传等。

2. 网络媒体宣传

与阿里巴巴、环球资源网等电子商务网进行战略合作,开设专区邀请国内外买家并与参展商进行采购配对。在中国电子信息产业网、今日电子网、慧聪电子网、电子产品世界、中关村在线、太平洋电脑网等42家专业电子网站设立展会宣传专区,发布展会信息宣传电博会。对电博会网进行全面改版,增加行业新闻系统、电子快讯系统、会员注册系统、供求信息发布系统、网上展厅、参观商登记系统、参展商资料及管理系统、商务配对功能等功能模块,增加行业新闻、电子快讯、供求信息发布栏,丰富网站内容,增加网站人气度。

3. 户外广告宣传

在广深、莞深等交通要道以及珠三角主要电脑/电子市场等设立电博会大型广告宣传牌。在东莞至深圳、广州的大巴以及东莞主要公交线路做车身广告全面宣传电博会。在东莞各大酒店、政府及工商、税务局等机关门口放置电博会资料宣传架150个,供人随时索取资料,并在各大酒店房间放置电博会宣传册,大力宣传电博会。

4. 大众媒体宣传

成立电博会媒体俱乐部,邀请中央电视台、广东卫视、凤凰卫视、东莞电视台、香港大公报、南方都市报、广州日报、东莞电台等近200家电视台、电台、报纸、杂志对电博会进行全方位的报道,不定期对外发布电博会新闻,扩大电博会的影响力。在中央电视台、广东卫视、深圳卫视、东莞电视台、香港大公报、深圳商报、东莞日报等大众媒体投放广告,宣传推介电博会。在《电脑报》等60多家专业报刊上设固定版面并配以新闻稿宣传推介电博会。

5. 其他宣传

收集全国250000家行业买家和境外买家30000余家,直接寄发邀请函,邀请其前来参观采购。在全国各大电脑/电子市场收集买家信息并定期寄发电博会简讯和买家邀请函,邀请参观电博会。

资料来源:中国东莞电脑资讯产品博览会展会宣传[EB/OL]. http://blog.sina.com.cn/s/blog_626e3806010005yy.html.

第三节 会展营销渠道选择

一、渠道选择的目标设定

会展企业要把产品服务顺利销售出去,需要正确选择产品销售渠道。选择高效的会展销售渠道前,先要确定渠道计划工作的目标。目标包括预期要达到的客户服务水平、进入市场的重点、中介机构应发挥的作用等。

二、渠道选择的影响因素

制定渠道目标时,会展企业必须考虑五个方面因素。①市场因素。一是目标市场范围,市场范围宽广,适用长、宽渠道;反之,适用短、窄渠道。二是顾客集中程度。顾客集中,适用短、窄渠道;顾客分散,适用长、宽渠道。三是顾客购买量、购买频率。购买量小,购买频率高,适用长、宽渠道;相反,购买量大,购买频率低,适用短、窄渠道。四是消费季节性。没有季节性的产品一般都均衡生产,多采用长渠道;反之采用短渠道。五是竞争状况。除非竞争特别激烈,通常同类产品应与竞争者采取相同或相似的销售渠道。②产品因素。一是物理化学性质,体积大、较重、易腐烂、易损耗的产品适用短渠道或采用直接渠道、专用渠道;反之,适用长、宽渠道。二是价格。价格高的产品适用短、窄渠道;价格低的产品适用长、宽渠道。三是时尚性。时尚性程度高的产品适宜短渠道;款式不易变化的产品,适宜长渠道。四是标准化程度。标准化程度高、通用性强产品适宜长、宽渠道;非标准化产品适宜短、窄渠道。五是技术复杂程度。产品技术越复杂,需要售后服务要求越高,适宜直接渠道或短渠道。③企业自身因素。一是财务能力。财力雄厚的企业有能力选择短渠道,财力薄弱的企业只能依赖中间商。二是渠道管理能力。渠道管理能力和经验丰富的企业适宜短渠道,管理能力较低的企业适宜长渠道。三是控制渠道的愿望。愿望强烈,往往选择短而窄的渠道;愿望不强烈,选择长而宽的渠道。④中间商因素。一是合作可能性。如果中间商不愿意合作,只能选择短、窄的渠道。二是费用。利用中间商营销费用很高,只能采用短、窄渠道。三是服务。中间商提供的服务优质,企业采用长、宽渠道;反之,选择短、窄渠道。⑤环境因素。一是经济形势。经济萧条、衰退时,企业往往采用短渠道;经济形势好,可以考虑长渠道。二是有关法规。如专卖制度、进出口规定、反垄断法、税法、知识产权制度等。

三、渠道选择的主要类型

(一)直接渠道和间接渠道

直接销售渠道是企业采用产销合一的经营方式,即产品从生产领域转移到消费领域时不经过任何中间环节。直接销售具有销售及时,中间费用少,便于控制价格,及时了解市场,有利于提供服务等优点,但此方法使生产者花费较多投资、场地和人力,所以消费广、市场规模大的产品,不宜采用。直接渠道适用于以下情况:市场集中,销售范围小;技术性高或者制造成本和售后差异大的产品以及变质或者易破损的产品;企业自身应该有市场营销技术,管理能力较强,经验丰富,财力雄厚,或者需要高度控制产品。

间接销售渠道是产品从生产领域转移到用户手中要经过若干中间商销售渠道。间接销售由于有中间商加入,企业可以利用中间商知识、经验和关系,起到简化交易,缩短买卖时间,集中人力、财力和物力用于发展生产,以增强产品销售能力等作用。间接渠道适用于:市场分散,销售范围广;非技术性或者制造成本和售价差异小的产品,以及不易变质及非易碎产品;企业自身缺乏市场营销的技术和经验,管理能力较差,财力薄弱,对产品和市场营销控制要求不高。会展产品客户参展频率低、需求量大时,会展企业往往采用直接销售策略。会展客户会谋求供应关系相对稳定,具体交易时,供需双方往往需要较长时间协商谈判才能达成协议,直接销售途径比较适宜。

(二)长渠道和短渠道

销售渠道按长度分类,可分为若干长度不同的形式,产品从生产领域转移到用户过程中,经过环节越多,销售渠道越长;反之越短。渠道长短即企业经销产品时通过中间商的个数。选择中间商环节多的营销渠道称为长渠道,环节少的渠道称为短渠道。长短渠道选择主要看中间商销售能力,包括推销速度、经济效益、市场信息等。中间商销售能力大,需配置的中间商的环节就可减少;反之,为保证产品的市场覆盖面,就要加长营销渠道。从节省产品流通费用、加速社会再生产过程的要求出发,应当尽量减少中间环节,选择短渠道。采用长渠道策略还是短渠道策略,必须综合考虑产品特点、市场特点、企业本身条件以及策略实施效果等。一般来讲,短渠道销售策略适用于:产品易腐、易损、价格贵、高度时尚、新潮、售后服务要求高而且技术性强;零售市场相对集中,需求数量大;企业销售能力强,推销人员素质好,企业资金雄厚,或增加的收益能够补偿花费的销售费用。长渠道销售策略适用于:产品非易腐、非易损、价格低、选择性不强、技术要求不高;零售市场较为分散,各市场需求量较小;企业销售能力弱,推销人员素质较差,缺乏资金,或增加收入不能够补偿多花费的销售费用。

(三)宽渠道和窄渠道

销售渠道宽窄是企业确定由多少中间商经营产品,即决定销售渠道的每个层次环节适用同种类型中间商的数目多少。在客源不太丰富而且分散的地方,渠道宽能保证一定客源;在客源丰富且相对集中的地区,要选择窄渠道。一般情况下,有三种具体策略可供选择:①独家销售渠道。在有限几家中间商中,挑选一家作为营销代理。对于产品具有某种特殊性的企业,往往采用,并希望经销商能因此更积极推销,提高产品声誉,扩大利润率。②密集型销售渠道。为方便拓展客户,会展企业选择尽可能多的中间商营销展位。③择优型销售渠道。选择少量优秀中间商推销会展产品,能稳固会展企业市场竞争地位,促进企业与中间商建立良好关系,获得足够市场覆盖面。

章节案例

外贸企业如何选择展会作为营销渠道

1. 目标客户

企业的市场和客户标准应当遵循五个方面。①客户类型:零售终端、批发商、进口商、代理商、OEM商、厂商等。②客户能力:包括从业经验、行业知识、认证需求、专业的产品知识等。③客户地区及特征:客户所在地区是欧美、日韩、南美、中东或者东南亚,以及客户采购习惯。④目标市场销售模式:代理出口、产品档次、客户采购或营销渠道等。⑤主要市场客户特别要求:OEM能力、认证要求、研发、交货期、沟通等。参展企业只有将这些定位明确了才能锁定关联的展会。同时还必须结合企业的状况和营销策略来确定展会。

2. 竞争对手

参展商在选择展会时关注下列行业信息:有没有同行业的代表企业;有没有竞争对手;同行、竞争对手的数量如何;他们在行业中地位如何;他们第几次参加该展会;这次展位的面积、位置如何;与上届展会相比,他们的面积是扩大还是缩小。以上信息可以分别从该展会的网站、上届和本届的展会指南及媒体报道中获得。这些信息十分关键,是决定企业是否要参加该展会的重要参考因素。

3. 展会性质

对各类展会的性质进行筛选、评估,以便做出投资回报的选择。从范围上讲,展会分为国际展、国内展。有的展览范围很广,如综合展,而有的只限于某行业的专业展;有的展览注重企业形象及产品的展示,有的则侧重贸易交流;有的展会对公众、消费者开放,有的只限于专业的观众和买家。作为参展商必须先对展会的性质和范围有所了解,再进行重点选择。从性质上讲,展会分贸易性展会、消费性展会和综合性展会三个类别。贸易性展会是business to business(B2B,商对商),是为制造商、进出口公司、贸易公司、进口商、营销商批发商等举办的贸易展览,为买卖双方提供交流、沟通的贸易平台。贸易性展会按行业设置又分专业展、行业展和综合展。如果想为产品寻求经销商或代理商,参加相应的专业性展览会最合适;如果旨在推销某些新产品,适合在专业的展会上租用少量摊位,带上销售员和产品专家进行面对面的接洽;如果要在某国树立本省、本市产品形象,参加展览会搭建特别装修的大面积展位,可能效果比较好。

4. 展会内容

贸易展会按内容分为综合展、行业展和专业展。综合展指包括全行业或数个行业的展览会,也被称作横向型展览会,如我国的广交会、华交会、轻工业展,都是关联行业。行业展只展示某一行业,如香港礼品和赠品展、科隆五金展、美国消费电子展。专业展指某一项产品的展览会,如视听设备展、打印设备展,锁定某一专业。专业展会的特点是提供专业交流平台,如举办讨论会、报告会,用以介绍新产品、新技术等。建议参展商尽量选择专业展或行业展,注重展会的内容、所属行业等。如是综合展,一定要选择与企业自身专业上下游产品有关联的行业。

5. 展会规模

评估展会规模可从四方面考虑。①展出者所代表的区域:国际展——全球参展商,如美国消费电子展(CES);国家展——该国参展商,如广交会;地区展——某一地区参展商,如华交会；地方展——以某一地方参展商为主，如中国义乌礼品、家用品展；单个公司的独家展。②专业观众（买家）的质量：注册买家及邀请买家的数量、职位，涵盖的目标市场、国家及地区；专业观众的形态；制造商、批发商、进口商、零售连锁商、采购办事处等各自所占的比例。③展馆面积、展馆分类：展览面积多少平方米，标准展位、特装展位多少个，分几大专业展区。同时，订展及销售状况也应引起参展商关注。④与企业的关联度：展会与企业产品专业的关联度如何，行业关联如何，是否有自己需要的专业买家，同行参展数有多少，有否设立专业的展馆，是否有专业的研讨会。

6. 展览时间地点

企业选择展会还必须了解展览的时间计划。①买家采购期。对于专业展来说，展览的时间十分重要。一般专业的行业展都会安排在行业买家的采购季节里举办。每年的4—5月和9—10月被称为买家的采购季节，同时也是全球专业行业展举办的旺季。企业应该在这时段前做好充分的人手和展品准备。②产品生命周期。对于一般产品而言，在新产品阶段，展会有事半功倍的效果；在成熟阶段，展出的效果可能事倍功半；到了衰退阶段，展出往往会劳而无功。③展会地点。参加展览会的最终目的是为了向该地区及通过该展会向其他地区推销产品，所以一定要研究展览会的主办地及周边辐射地区是否是自己的目标市场、是否有潜在购买力，该地区是否有利于新产品发布、推广，该展会能否成为专业的交流平台。

7. 展会知名度

从该展会历史有多久、已经举办了几次来评估它的有效性和受欢迎程度。今天，每个行业都已形成了自己具有全球知名度的展览会，也叫行业展。行业展已成为行业买家与供应商必去的场所和贸易平台，好的展位一位难求。展会的知名度越高，吸引的参展商和买家就越多，成交的可能性也就越大。如德国法兰克福春秋季消费品博览会、米兰的MACEF展、汉诺威的工业博览会等。

8. 展会主办方专业化服务

目前主办方分为两类：一类是每年都会定时定点举办展会的展馆拥有者，另一类是拥有媒体及市场推广经验但不拥有场馆的专业会展组织者。无论哪一类，选定展会的关键在于对展会组织者的了解。对参展商来说，组织者的核心价值是提供专业的展览服务。展前的服务一般包括对展览的宣传与准备、对展览的咨询、办理参展手续等；展中的服务是指在展览会期间的安全保障、运输、展台的搭建及研讨会等；展后的服务，往往是许多展览最容易忽视的，也是最重要的，主要指向参展商提供展会信息、数据统计、专业观众分析等，为参展商提供有效的业务服务和市场导向，保持良好的商业关系。

资料来源：外贸企业如何选择适合自己的展会[EB/OL].(2016-04-26). http://www.zhankoo.com/baike/8558.html.

第四节 会展营销渠道管理

一、会展营销渠道管理概述

会展营销渠道管理是会展企业为实现展位等产品服务销售目标而对现有的营销渠道进行管理，确保渠道成员间、企业和渠道成员间相互协调和通力合作的活动，意义在于共同谋求最大化利益。会展企业可以对营销渠道实行绝对控制和低度控制。绝对控制是会展企业能选择负责其展位销售的营销中介类型、数目和地理分布,并能支配这些营销中介的销售政策和价格政策。低度控制是会展企业无力或不需要对整个渠道进行绝对控制,往往通过对中间商提供具体支持协助来影响营销中介。

二、会展营销渠道管理的过程

(一)确定渠道模式

首先决定采取什么类型的营销渠道,是派推销人员上门推销或以其他方式自销,还是通过中间商营销。如决定中间商营销,还要决定选用怎样类型和规模的中间商。

(二)确定中间商数量

确定中间商数量,即决定渠道宽度,主要取决于产品本身特点、市场容量大小和需求面宽窄。

(三)选择渠道成员

选择渠道成员有一定标准,如合作意愿、营销实力、信用等级、财务状况、管理能力、产品线结构等,此外还包括经营规模、对新生事物接受程度、对顾客的服务水平、其下游客户数量以及发展潜力等。为了营销渠道发挥最大价值,会展企业在选择渠道成员时,应该坚持目标市场原则、分工合作原则、形象匹配原则、效率与效益原则、互利互惠原则、合适原则。选择渠道成员方法很多,包括筛选法、观察法、业内人士介绍法、反向追踪法、公开招标法、行业博览会法。每种方法都各有优点,具有不同营销需求的会展企业可根据自身需求选择某种或多种方法。

(四)规定成员权责

确定渠道长度和宽度、选择了成员之后,企业还要规定中间商的权利和责任,如对不同地区、不同类型中间商和不同购买量给予不同价格折扣,提供质量保证和跌价保证,以促使中间商积极进货,还要规定交货和结算条件,以及规定彼此为对方提供哪些服务,如:产方提供零配件、代培技术人员、协助促销,销方提供市场信息和各种业务统计资料。

(五)激励渠道成员

常见的激励措施主要有四种:①开展推介活动。会展企业利用广告推介展位一般很受渠道成员欢迎,广告费用可由会展企业承担。会展企业还可以在适当的时候,安排专人到访渠道成员的推介现场,协助广告投放、营销术语培训和指导。②提供资金支持。营销渠道成员希望会展企业能够在营销初期给予一定资金支持,以便他们可以放手宣传、尝试多种可行的营销方案。③提供情报。会展企业应将所获得的市场信息及时传递给中间渠道成员,会展企业要在营销期内定期或不定期地邀请渠道成员进行座谈,共同研究市场反应和销售情况,完善营销方案。④建立合作伙伴关系。会展企业要研究目标市场需求、市场开发、账务要求、技术服务和市场情报等方面的情况,以及彼此双方各自能从对方得到什么;然后根据实际可能,与渠道成员共同议定这些情况,制定必要措施、签订相应协约。

(六)评估渠道成员绩效

渠道成员绩效评估是会展企业通过系统化手段或措施对其产品营销渠道成员系统的效率和效果进行客观考核和评价的过程。渠道成员绩效评估可从四个方面展开:①产品分配质量评估。产品分配质量高低取决于营销渠道成员对顾客需求满足的及时程度。②市场占有率评估。市场占有率是分析企业经营状况的主要指标。在许多行业中市场占有率与企业利润成正相关关系,可从全部市场占有率、可达市场占有率、相对市场占有率三个方面考察。③渠道费用评估。渠道费用也是考核会展企业渠道绩效的重要指标。渠道费用是渠道开发、维护、发展等所花费的一切费用,其大小以及各种费用比例关系,直接关系到渠道成员的利润。渠道费用由直接人员费用、促销费用、品牌管理费等构成。④渠道盈利能力评估。主要是通过若干指标的分析进行,包括销售利润率、营销费用利润率等。

章节案例

泰国会展局发布全新会奖旅游激励方案"Meet by Design"

2018年3月14日,泰国会展局在深圳宣传其全新"Meet by Design"会奖旅游激励方案,同时,也分享了泰国蓬勃发展的金融和商业最新资讯,期望吸引更多来自中国的会议及商务奖励旅游团队前往泰国举行活动。

为了吸引更多会议与奖励旅游团队到访,泰国会展局推出了全新的会奖政策"Meet by Design",根据其团队大小,为旅行社业界、公司企业客户量身定做奖励实施方案。"Meet by Design"全新会奖旅游激励方案由三个不同级别组成,分别是入门级的"Meet Now"、进阶级的"Meet Smart"以及最高级别的"Meet Mega"。

其中,"Meet Now"要求团队至少300人并在泰国住宿三晚,提供非财务支持,如机场欢迎接待、出入境快速通关通道、纪念品、主题晚宴的文化表演,以及活动中的美食展示等。而"Meet Smart"为十万泰铢支持,要求企业客户(行业需要对口4.0政策的核心五大行业之一,如新一代汽车制造、智能电子、高端旅游与医疗旅游、农业与生物技术、食品深加工等)至少100人,同时,在泰国会奖局标准认证场地开会至少两天。最适合中国市场的"Meet Mega"则提供一百万泰铢支持,并配合非财务支持。其同时适用会议及奖励旅游,而需要达到人数标准为3000人三晚住宿,并在泰国会展局认证的标准场所举办。

泰国在中国的会奖旅游领域扮演了极其重要的角色。而泰国经济日新月异的变化不得不归功于其4.0中央政策——政府积极倡导的十大高科技产业发展的战略规划。规模宏大的基础设施建设工程正在泰国如火如荼地开展中。其中包括"东部经济发展走廊"的开发,以及在中国"一带一路"方针指引下链接中泰两国的高速铁路的建设。作为泰国的政府机构,泰国会展局肩负着通过商务会奖旅游这个渠道,促进并打通商贸交流合作的各个环节,从而将经济增长带入这十个新兴科技领域。泰国会展局高级副总裁Mrs Nichapa Yoswee认为,中国不仅是泰国最大的投资贸易伙伴,也是最重要的商务会奖客源市场。在过去几年,泰国会奖市场的最大优势在其极高的性价比。随着泰国经济的不断发展和中产阶级的崛起,泰国俨然已经成为最具魅力的会奖旅游目的地。而深圳作为中国经济最活跃的城市之一,2017年经济产出高达3380亿美元。在会议及奖励旅游市场上,深圳同样具有巨大潜力。这次泰国会展局为会奖客户们量身定做了全新的会奖激励政策,提供无与伦比的会奖体验,期待能将蓬勃发展、日新月异的泰国以全新的姿态展现在中国会奖客人面前。

资料来源:张广文.泰国发布全新会奖旅游激励方案"Meel by Design"[EB/OL].(2018-03-14).http://www.ttgchina.com/article.php? article_id=17695.

本章小结

本章介绍了会展营销渠道的概念、会展营销渠道的结构和类型;从会展营销渠道的类型出发,对两种营销渠道类型的具体形式和方法进行了详细讲解;分析了会展营销渠道选择的目标、影响因素和主要类型;分析了会展营销渠道管理的内涵以及营销管理的基本过程。

1. 会展营销渠道是会展企业借以把会展产品交付给顾客的一整套相互依存、相互协调的有机系统。会展营销渠道的结构可以分为长度结构、宽度结构、广度结构三种类型。会展营销渠道按照有无中间环节可以分为直接营销渠道和间接营销渠道两种。

2. 会展直接营销渠道主要包括直邮营销、电话营销、现场推广、上门推销、网络营销等种类,会展间接营销渠道主要有特许商、代理商和经纪人等。随着科技进步、产业发展,会展直接和间接营销渠道的具体形式会不断扩展。

3. 选择高效的会展销售渠道前,先要确定渠道计划工作的目标。目标包括预期要达到的客户服务水平、进入市场的重点、中介机构应发挥的作用等。制定渠道目标时,会展企业必须考虑五个方面的因素。渠道选择的主要类型包括直接渠道和间接渠道、长渠道和短渠道、宽渠道和窄渠道等。

4. 会展营销渠道管理是会展企业为实现展位等产品服务销售目标而对现有的营销渠道进行管理,确保渠道成员间、企业和渠道成员间相互协调和通力合作的活动,意义在于共同谋求最大化利益。

复习思考题

1. 结合具体案例,分析会展营销渠道的结构。
2. 结合具体案例,分析会展营销渠道的主要类型。
3. 结合具体案例,对会展营销直接渠道和间接渠道方案进行设计。
4. 结合具体案例,分析会展营销渠道选择的影响因素。
5. 结合具体案例,分析会展营销渠道选择的主要类型。
6. 结合具体案例,设计会展市场营销的渠道管理方案。

单选题

1. 下面选项属于会展市场营销中间商渠道的是(   )。
   A. 直邮渠道　　　B. 电话渠道　　　C. 电子渠道商　　　D. 网络营销渠道

2. 下面不属于会展市场直销渠道特点的是(   )。
   A. 可控性强　　　B. 优化资源,提高效率　　　C. 实现差异化　　　D. 受专业化限制

3. 当会展产品的客户参展频率低,但需求量大时,会展企业往往采用(   )。
   A. 短渠道策略　　　B. 宽渠道策略　　　C. 直接销售策略　　　D. 长渠道策略

4. 会展营销渠道的多元化选择,采用混合渠道模式进行销售属于(   )。
   A. 长度结构　　　B. 宽度结构　　　C. 广度结构　　　D. 混合结构

5. 会展企业进行服务特许的优势不包括(   )。
   A. 提高满意程度　　　B. 扩大竞争优势　　　C. 开展关系营销　　　D. 降低企业风险

多选题

1.会展营销中间商的作用主要有(　　　)。
 A.沟通企业顾客　　　B.共享资源　　　C.优化资源提高效率
 D.调查市场信息　　　E.拓展客户　　　F.会展周边产品开发

2.制定渠道目标时,会展企业必须考虑(　　　)等方面的因素。
 A.市场因素　　　　　B.产品因素　　　C.企业因素
 D.中间商因素　　　　E.竞争因素　　　F.环境因素

3.在客源丰富且相对集中的地区,要选择窄渠道,主要有(　　　)等具体策略可供选择。
 A.独家渠道　　　　　B.密集型渠道　　C.择优型渠道　　　D.集约型渠道

4.激励渠道成员的措施主要有(　　　)。
 A.开展推介活动　　　B.提供资金支持　C.提供情报　　　　D.建立合作伙伴关系

5.市场占有率是分析企业经营状况的主要指标,可从(　　　)等方面考核这一指标。
 A.全部市场占有率　　B.可达市场占有率　C.相对市场占有率　D.预期市场占有率

第九章 会展促销策略

学习要点

1. 明确会展促销的内涵,理解会展促销的作用,针对性地利用会展促销技巧;
2. 掌握会展促销方式的内容与要领;
3. 掌握会展促销方式的基本流程。

开篇案例

泰国会议展览局的最新会展促销政策及促销方案

2018年4月25日泰国会议展览局(TCEB)在北京召开会展路演及新闻发布会,为来自中国各行业的合作伙伴及投资者带来最新的政策及促销方案。泰国会展局在近期一系列宣传活动旨在吸引中国的参展商前往泰国参加展会,并鼓励更多的中国协会或者行业展览在泰国举办。

此次北京的路演和新闻发布会的举办是建立在中泰两国紧密的合作伙伴关系之上的,并都将得益于泰国政府为促进长期经济发展而投资450亿泰铢推出的"东部经济发展走廊"计划。这个投资项目经济走廊是泰国目前最新的投资项目,将会对泰国十个S形曲线高新产业的投资带来强有力的推进作用,并给两国提供更多的合作机会。

2017年中泰贸易总额超过740亿美元,同比增长12.6%。与此同时,泰国出口到中国的贸易总额达到29.41亿美元,同期增长24.7%;泰国进口到中国的贸易总额增长了5.9%,达到44.73亿美元。泰国MICE产业对推动GDP的增长贡献巨大,占到GDP增长率的11.84%。泰国政府计划通过高铁将"东部经济走廊"纳入中国的"一带一路"倡议。在罗勇的泰中工业区,近百家中国公司已经设立了生产基地、研究中心和运营中心。截至2017年年底总共投资约300亿美元。这些举措都将进一步促进泰国会展业的发展和两国之间的贸易合作伙伴关系。

Country Show促销活动是为了推广900平方米以上大型政府性质的展览活动。要求在展览活动中至少拥有80%的外国参展商,并使用泰国本土会展公司服务,拥有国际标准注册方式和可持续性的展会模式。Exhibiz in Market是一项奖励基金,旨在鼓励参展商在泰国举办的国际交易会上搭建大型展台。展台规模在36平方米到250平方米的会有机会获得1500美元到5780美元的财务支持。The Connect Businesses Matchmaking是泰国会奖局为吸引优质专业观众来本国参展的创新营销方案。若专业观众(需最少10人以上的团组)与政府、商贸协会、非营利组织或工业出版协会等任意三方的参展商达成合作,就有机会得到每人100美元的奖励。

此次泰国会展局北京路演活动预计将有100至120人参加。其中包括8个在全球范围内活跃的泰国活动展览公司，他们是Reed Tradex，IMPACT Exhibition Management，DMG Events，Clarion Events Asia，VNU Exhibitions Asia Pacific，Kavin Intertrade and Manch Exhibitions和NCC。这次活动将与中国各个专业协会一起，为中国投资者带来巨大商机，并增强两国互惠互利。

资料来源：2018泰国会展局会展路演及新政策北京新闻发布会［EB/OL］.（2018-05-15）. http://finance.youth.cn/finance_cyxfgsxw/201805/t20180515_11621051.htm.

第一节　会展促销概述

一、会展促销的内涵

会展促销是会展企业如何通过人员推销、广告、公共关系和营业推广等各种促销方式，向消费者或用户传递产品信息，引起他们的注意和兴趣，激发参展欲望和消费行为，达到扩大销售的目的。促销实质是一种沟通活动，即营销者（信息提供者或发送者）发出作为刺激消费的各种信息，把信息传递到一个或更多的目标对象，即信息接受者，如听众、观众、读者、消费者或用户等，以影响其态度和行为。

二、会展促销的作用

（一）传递信息

在产品或服务进入市场前，会展企业必须及时向中间商和消费者传递有关产品销售情报。信息传递，使社会各方了解产品或服务销售情况，建立会展企业良好声誉，引起消费者注意和好感，为会展企业产品或产品销售成功创造前提条件。

（二）创造需求

会展企业只有针对消费者心理动机，通过采取灵活有效的促销活动，诱导或激发消费者某一方面需求，才能扩大产品或服务销售。通过会展企业促销活动来创造需求，发现新的销售市场，使市场需求朝着有利于会展企业销售的方向发展。

（三）突出特色

会展企业通过促销活动，宣传本企业的产品或服务与竞争对手产品或服务的不同特点，以及给消费者带来的特殊利益，使消费者充分了解本企业产品或服务特色，引起消费者的注意和欲望，进而扩大产品或服务的销售，提高会展企业市场竞争能力。

（四）反馈信息

有效的促销活动，使更多需求者了解、熟悉会展企业产品或服务，再通过消费者对促销活动的反馈，企业及时调整促销决策，使本企业产品或服务适销对路，扩大企业的市场份额，巩固企业市场地位，提高会展企业效益。

三、会展促销的方法

(一)独次促销

采取限量销售法,抓住顾客"物以稀为贵"心理,造成一种强烈印象,让顾客认为该会展产品最新,机不可失,失不再来,切不可犹豫,甚至出现抢购场面。此方法主要适用于一些参展主题吸引力强,拥有优质品牌和独特资源的会展活动。

(二)翻耕促销

翻耕促销是以售后服务形式招徕老客户。在会展举办期间登记客户的姓名和地址,通过专门访问或发调查表形式,了解老客户在参展后的体验感受,是否需要进一步服务,并介绍下一届展会举办的时间地点,提供未来的会展信息,吸引客户预定参与下届展会。这种促销方式关键在于会展企业具有完善的客户管理系统,能与客户保持经常性深入沟通。

(三)轮番降价促销

会展企业分期分批地选择一些展位或服务项目为特价商品,并制作大幅海报、邮件、网站和微信公众号新闻等进行传播,以吸引客户。这些特价产品服务每期以3～4种为限,以求薄利多销,吸引顾客,且每期项目不同,迎合客户好奇心理,吸引客户关注降价产品服务时,购买整个会展产品套装。

(四)每期低价促销

会展企业在每届展会或会展活动举办前的每个阶段推出低价产品服务,以吸引客户参与。每期低价促销是一种相对稳定的低价策略。企业通过稳定的低价使消费者对会展企业增加信任,节省人力成本和广告费用,在竞争中处于有利地位。

(五)最高价促销

打破降价促销的经营常规,采取与众不同的最高价策略,采取质优价高的策略,使客户对会展产品产生信任感,同时也点明产品的质量首屈一指。此方法适合注重会展产品品质,希望在优质展会展示自己产品的参展商,可满足企业心理需求,显示企业的独特身份和行业领导地位,使会展企业收到良好效果。

(六)对比吸引促销

把最新最流行的产品服务摆在显眼的位置,标价为同类而非流行产品服务的两三倍。在同样架下或架旁两种价格的对比,最能吸引客户注意。当客户发现新流行的产品服务,会好奇地把它与非流行做比较。讲究新潮者选择高价产品服务,讲究实际者选择廉价的非流行产品服务。此方法对两种产品都可以起到促销作用。

(七)拍卖式促销

对一些会展产品服务采用拍卖或招投标方式,写清楚本次拍卖活动的产品服务名称、拍卖底价。通过拍卖卖出的产品有的高于零售价,有的低于零售价,令参展商感到富有戏剧性。拍卖形式新鲜、有趣,但也不能过于频繁,否则会失去新奇感。通常可以选择在一些选定的重大节点进行拍卖,拍卖前做好充分的宣传工作,吸引更多客户参与拍卖活动,以取得良好效果。

(八)有奖式促销

客户有时总想试试运气,因此抽奖是一种极有效果的促销活动。抽奖活动奖品易激起消费者参与兴趣,可在短期内对促销产生明确效果。参加抽奖活动必须具有规定资格,如购买某特定产品服务,购买产品服务达到一定数量,消费达到一定金额,或答对特定题目。举办抽奖活动时,抽奖活动日期、奖品或奖金、参加资格、如何评选、发奖方式等需标示清楚,抽奖过程公开化,增强消费者参与热情和信心。

(九)打折式促销

在适当时机,如节庆日等,以低于正常价格的售价出售产品,使消费者获得实惠。①设置特价区。设定一个区域或一个陈列台,销售特价产品。②节日周末大优惠。在会展开始筹办时、逢年过节或周末,将部分产品打折销售,吸引客户购买。③优惠卡优惠。向客户赠送或出售优惠卡,凭手中的优惠卡享受特别折扣。优惠卡发送对象可以是知名企业,也可以是参展次数较多的客户。④批量作价优惠。较大批量、多次购买会展产品时,给予价格优惠。

(十)竞赛式促销

融动感性与参与性为一体的促销活动,由比赛来突显主题或介绍产品,除打响会展知名度外,可以增加产品销量。还可举办有竞赛性质的活动,除热闹卖场外,也可借此增加客户对展会的话题,加深客户印象。

(十一)体验式促销

在促销之时,对于一些服务项目,会展企业可以在显眼位置设专柜,免费体验、免费赠送、免费试用,鼓励客户使用新产品进而产生购买欲望。

章节案例

灵活的会展场馆价格调节机制

近年来,会展展馆数量也呈现高速增长态势,许多城市甚至出现"一城双馆""一城三馆"现象。展馆规模、数量急剧扩大的背后,是展馆过剩现象严重、出租率低、展馆经济效益不理想。如何在市场需求和竞争的变化中有效吸引活动主办方,以显著提升展馆的出租率?

1. 淡旺季调节机制

展览活动具有一定的周期性。每年的3、4、5、6和9、10、11七个月为展览活动的旺季。相反,12、1、2和7、8五个月因气象气候的季节性节律变化、春节假期返乡等因素,是较为明显的淡季。

(1)以12、1、2、7、8月份为展览活动淡季,制定统一优惠折扣。

(2)在确定淡季月份的基础上,分出不同程度的优惠折扣。比如同是淡季的2月份和7、8月份,前者展馆出租率更低,在这种情况下,2月的场租折扣力度应大于7、8月份,也就是制定分档优惠折扣。

(3)在分出淡旺季的情况下,考虑特殊节假日人们出行、娱乐等各方面因素,制定特殊节假日优惠折扣。

2. 租用时间长短调节机制

结合团购薄利多销的概念提出:当展馆面积固定时,租用的时间越长,给出的优惠力度就越大,以达到展馆出租的"薄利多销"。因此,展馆经营者在制定租用时间长短调节机制时,应根据租用时间长短给予分档优惠折扣,但需注意设置折扣封顶,以保障展馆自身利益。

3. 活动类型调节机制

展馆具有承担各类展会为主的展会功能和承担会议、演出、室内竞技赛事、节庆活动甚至婚礼等为辅的综合性功能。所以在制定展馆场租价调节机制时,应有所区别。对于国内绝大多数展馆而言,其业务更多的是涉及其"会展功能"。因此,为体现展馆功能的多样性、吸引其他类型活动来展馆举办,给出的折扣应低于展会类型活动折扣。同时,场租价调节幅度也应与活动规模、社会影响力成正比。

4. 新老活动调节机制

本文提到的"新老活动"可以用"新老客户"这个概念来理解。在制定价格调节机制时,应理清"新老"这个概念,并对应给出不同的折扣力度和优惠方式。

(1) 新老概念:判定一个活动的"新、老",应该根据其落户的年份而定。本文提出以活动落户前三年为新活动,往后则为老活动。

(2) 新活动:在落户的前三年,展馆逐年给出8、9、9.5折的折扣。通过此优惠来培育新活动、助力其可持续发展。

(3) 老活动:在确认老活动的基础上,结合活动规模大小、社会影响力、对展馆的贡献率等因素,分出"大客户",并予以不同形式的优惠返还,以达到稳定老活动长期落户的效果。

5. 特殊类型活动调节机制

针对特殊类型活动制定价格调节机制时,应该遵循"一事一议一价"制度。以中国国际教育巡回展为例,2008年首次来到杭州办展,阔别7年于2015年再次来杭。如遇到此情况,我们无法判定其"新老"、无法用原有的价格调节机制来定价。因此,根据其活动现状,进行综合商议,给出合理价格,以体现价格调节机制的科学灵活性。除巡回展外,一些特殊题材活动(如军事题材展)也应根据其活动性质、社会影响力、针对人群、活动规模等,给出合理定价。

6. 替代性调节机制

提高展馆场租的附加值和增加一些后续服务,这样在提升展馆出租率的同时,不会对其他"正价"租用的客户造成太大的影响。

资料来源:灵活的场馆价格调节机制[EB/OL].(2017-08-26).http://www.sohu.com/a/167476422_299951.

第二节 会展促销方式

一、人员推广

人员推广是会展企业销售人员个人向消费者介绍商品或服务,目的是为达成交易及建立顾客关系。会展人员推广方式主要是直接联系、发函以及发电子邮件。人员推广是成本最高的促销工具之一,但是优势也显而易见。他们可以直接与客户见面,衡量客户兴趣,解答客户疑问,顺利完成销售任务。

(一) 直接联系

直接联系主要是电话联系和登门拜访。直接联系的覆盖面是已知目标观众,具体对象是重要目标观众。电话、拜访都有良好效果。电话邀请,被邀请人比较难拒绝。拜访是比较特殊的方式,由于成本高,只针对少数最重要客户。这类客户有巨大商业价值,或有很大新闻价值。

发函、电话、拜访工作可结合起来,先发函邀请,继而打电话邀请,最后上门邀请。直接联系可能是最有效的会展宣传方式,但也有不足,局限是不论从何途径获得的名单都会有遗漏。也要使用其他宣传方式,以吸引未发现的潜在客户,加强宣传效果。

(二)发函电邮

发函是将各种资料直接寄给潜在会展参与者,邀请他们参加会展。直接发函是一种直接但单向的宣传方式。直接发函是会展业使用最广泛的宣传方式,也是成本效益比最佳的会展宣传方式。直接发函要根据需要和预算安排工作量。直接发函可以在展出者所在地安排,也可派人或委托人在会展所在地安排。直接发函可利用专门的发函公司。这类公司在发达国家已普及,在我国大中城市也越来越多。可委托其办理直接发函,但要事先了解发函公司更新邮寄名单周期,以便确定质量。参展者也可以从发函公司等信息源购买邮寄名单自己邮寄。好的展会组织者应有目标观众数据库,按行业、地区、产品兴趣、公司规模大小等标准分类,参展者可无偿或有偿利用。由于信息技术迅速发展,利用电子邮件、即时通信等发送也越来越多。

二、广告宣传

广告是展览宣传的重要方式,也是吸引目标观众的主要手段之一。展览广告的范围可覆盖已知和未知目标观众,可将展出情况传达到直接联络所遗漏的目标观众,还可加强直接联络效果。这是覆盖面最广也是最昂贵的宣传手段,因此对广告安排要严格控制。根据需要、意图和实力,明确广告宣传目标,确定科学预算,谨慎选择广告媒体,仔细安排广告投放时间段,不要受竞争对手影响。

(一)大众媒体

大众媒体面向大多数人,覆盖面广,影响力是其他媒体所不能及的。但在信息时代,受众往往处于广告轰炸之下,不精美、无新意、缺少特点的广告很难引起消费者注意,定位前提下的创意是广告的追求。适用于会展广告宣传的传统媒体一般有电视、电台、报纸等,作用在于塑造会展品牌形象和吸引一般客户参与会展活动。大众媒体广告对专业性会展目标观众,如参展商、专业观众,针对性不够,无法直接吸引有效客户。

(二)专业刊物

专业刊物是生产、流通、服务及展会领域专业性杂志。对于专业性较强的展会来说,利用专业刊物做广告是一种价格低廉且能直接接触目标参展商及观众的最有效方式。专业刊物瞄准特定读者群体,如果与会展及参展商的目标观众一致,就可以选择刊登广告,效果较好,且费用比大众媒体低。专业杂志广告的优点有:①针对性强,阅读者通常是会展相关行业从业人士,这正是会展目标客户,面向专业媒体的广告投放,一般能起到较好的营销效果。②专业媒体往往在行业内有一定权威性和影响力,在侧面也印证了会展的真实可信度。③广告可印成彩色,照片质量也可以加工得很好。杂志阅读寿命很长,人们会保留过期杂志反复阅读并相互传阅,使得广告寿命延长。④杂志广告还可以使会展组织者有机会把会议宣传目标对准选择出来的读者群,增强广告针对性,提高广告效用。

(三)户外广告

户外广告成本相对较低,效果不错。它能制造一种会展氛围,使人感受到会展的宣传攻势。户外广告主要形式有三种:①海报。海报也称招贴,是广告的一种形式。比较适合面向大众的宣传,适合宣传消费性质的展览,适合在有专业人员集聚的地区宣传。海报多由展会组织者或大企业使用,可从机场、车站、市中心沿路一直贴到会展场地。②广告牌。广告牌分场外广告牌和场内广告牌。场外广告牌主要用于吸引、激发参观兴趣,场内广告牌的主要作用是推销产品、吸引观众参观展台。会展一般使用一个大广告牌吸引观众注意和兴趣,使用多个小广告牌引导观众走向展台,或引导形成参观者流向。③广告条幅。传统的会展组织者经常使用数量众多、颜色缤纷的广告条幅悬挂在展馆建筑物上,制造热闹气氛。在展馆内从顶部悬挂到展台上的广告条幅或矗立在展台之上的广告牌,是吸引参观者走向展台的好方式。

(四)互联网宣传

展会组织者通过互联网可以直接得到展会服务信息。使用互联网做广告形式有七种:①在专业服务网站发布信息。如快速发布展会资讯,发布招商信息、观众报名通道等。②自建网站。为参展商和其他客户提供直接了解某展会或展会单项活动的窗口,如积分兑换、推荐有奖、折扣抢占展位等。③电邮宣传。注意发送的电子邮件用语要生动、简洁,有吸引力,并不建议一封邮件中过多展示信息,往往适得其反。④网络广告投放。在各大门户网站和同类网站刊登广告。注意贴近受众需求,表现独到之处,提供可信信息,广告内容简约,整合媒体技术。⑤搜索引擎排名。其可分为免费(付费)登录分类信息目录、索引擎优化(SEO)、关键词广告(CPC)。⑥链接交换。同类展会有直接或间接关系的企业、组织、机构或个人交换彼此网站链接。⑦新媒体推广。利用手机短信、即时通信、微博、微信、小程序等新媒体工具吸引参会者。

三、营业推广

营业推广包括各类工具,如赠券、比赛、小额减价交易和奖金以及其他工具。它用以吸引消费者注意力并提供信息,使消费者产生购买欲望和行为。通过提供劝诱或给予消费者额外价值贡献强有力激励了消费者购买意愿。营业推广邀请消费者立刻购买,并给快速响应者奖赏。广告上写着"买我们的产品",营业推广则说"现在就买"。营业推广可以用来戏剧性地推出新产品和促进消费者欲望,但效果往往短暂,在建立长期品牌偏好方面效果不大。

(一)面向消费者

①赠送促销。向消费者赠送样品或试用品,介绍新产品最有效,缺点是费用高。②折价券。购买时持券可免付一定金额。折价券可通过广告或直邮方式发送。③包装促销。以较优惠价格提供组合包装和搭配包装的产品。④抽奖促销。顾客购买一定产品后获得抽奖券,凭券抽奖获得奖品或奖金。⑤现场演示。促销员在现场演示产品,向消费者介绍产品特点、用途和使用方法。⑥联合推广。企业与零售商联合促销,将能显示企业优势和特征的产品集中陈列,边展销边销售。⑦参与促销。消费者参与技能竞赛、知识比赛等活动,获取企业奖励。⑧会议促销。展销会、博览会、业务洽谈会期间现场产品介绍、推广和销售活动。⑨样品试用。让消费者免费尝试,借此培养使用该产品的习惯,适用于小包装、购买频率高的产品。⑩设置特价品。以低于正常价格的优惠价格优待消费者,或在产品包装上特别标明,或采用特价方式推广。⑪奖品。为刺激消费者购买以赠送或低价形式提供给消费者的物品,以提高产品形象,赢得美誉,扩大顾客基数,产生近期销售。⑫商业印花。购买一定金额产品,送印花一张,累积后兑换奖品或赠品。

(二)面向中间商

①批发回扣。企业为争取批发商或零售商多购进产品,在某时期给批发商或零售商加大回扣比例。②推广津贴。为促使中间商购买并推销产品,支付给中间商推广津贴。③销售竞赛。根据中间商销售实绩,给优胜者现金奖、实物奖、免费旅游、度假奖等激励。④扶持零售商。生产商资助零售商专柜装潢,提供POP广告,强化零售网络,或派遣信息员或代培销售人员。⑤货位津贴。货位津贴是企业为获得新产品占有货架或地面位置特权而支付的费用。⑥贸易折扣。企业与中间商设定某一幅度贸易折扣,向中间商提供短期折扣或资金优惠。⑦陈列津贴。企业向店铺或展场支付场地和安装陈列品费用。⑧回购津贴。推出新产品时,向零售商提供回购津贴,购回尚未售出的旧产品。⑨广告津贴。企业给零售商补贴广告的全部费用或部分费用。⑩合作广告。企业向中间商补偿在经销区域为产品或标志做广告支付的费用。⑪奖励与竞赛。使中间商达到特定销售目标或储备某种产品,企业给中间商提供奖励或礼品。⑫中间商聚会。举办中间商聚会推介新产品,举办销售和服务培训班等。

(三)面对内部员工

针对企业内部的销售人员,鼓励他们热情推销产品、处理老产品,或促使积极开拓新市场。可采用方法有销售竞赛、免费提供培训、技术指导等。主要以前途、收入或荣誉等作为诱因,激发推销人员创造业绩。

四、公共关系

以提高企业形象和信誉为主要内容的公共关系促销活动,作为市场营销重点被采用。公关部门关注公众对展会的态度、及时向媒体发布信息、与公众进行沟通,以建立良好的信誉。如果出现负面宣传内容,公关部门需要充当调解者。公关主要职能包括信息采集、传播沟通、咨询建议、协调引导,利用公共关系,把会展企业经营目标、经营理念、政策措施等传递给社会公众;对内协调各部门关系,对外密切企业与公众的关系,扩大企业知名度、信誉度、美誉度,为企业营造和谐、亲善、友好的营销环境。需要精心策划活动的时间、地点、邀请的嘉宾、媒体单位的内容和程序,尤其重要的是活动内容,让公关营销活动具备新闻价值,成为媒体和公众聚焦点。

(一)会议

会议包括报告会、研讨会、交流会、说明会、讲座等。会议是会展企业和参展商在展出地市场为其产品和服务扩大影响的直接有效方法。会议内容可以介绍产品性能、用途、使用方法,也可以探讨生产、供应、销售等各个环节。会议具有补充展览的作用。由于会议通常能吸引真正感兴趣的目标观众,且目标观众中多是决策人物、智囊人物或咨询人物,会展企业和参展商可以通过这些人士间接地扩大展出影响。会议最好邀请当地行业协会、工商会、研究会、政府部门等机构参加,以便更具号召力,吸引行业中更多有影响人士出席,加强会议影响力和宣传力。

(二)现场表演

表演能吸引注意力,提高展出效果。表演可以分为两类:一类是与展品有关的表演,包括操作、示范等,复杂的机械和简单的工艺品都可以表演;另一类是与展品无关的表演,包括娱乐、抽奖等。与展品无关的表演也能吸引观众注意,娱乐、抽奖、发礼品等都是可以选择的方式。当然,使用与展品无关的表演来吸引观众的做法在会展业内意见并不一致。在美国,可以在展示精密仪器的展台使用小丑表演吸引观众;在德国,展出者必须确认表演与展出内容有关,否则表演不被允许。参展商应根据本企业的文化、社会环境、展出需要来决定取舍。

(三)新闻公关

在会展活动中,一个轰动性的新闻点能引起大范围关注。有些新闻是偶然的,如某技术作为先进产品首次亮相、展会获得某个有声望的奖项、吸引了大批志愿者等。然而,大多数新闻是"制造"出来的,如展会组织者主办某节日活动或创新主题晚会。会展企业不仅要寻找,而且要擅于创造涉及本展会、参展产品乃至志愿者题材的各种新闻。仅仅有创造新闻故事的能力是不够的,更要引起编辑兴趣并促使其采用展会的新闻稿。优秀的公关策划人员不仅要非常清楚什么样的稿件会被采用,具有及时性、趣味性且能很快引起读者注意,更重要的是他懂得利用新闻编辑的影响力达到扩大展会知名度的目的。

章节案例

2018中国(海口)互联网+智慧水务产业发展论坛宣传推广方案

1. 宣传推广目的

展会以"2018中国(海口)'互联网+智慧水务'产业发展论坛"为主题,借当下"互联网+""建设美丽中国""全域旅游""中国智造2025"等热潮,以及海南优越的自然环境和旅游配套服务优势,以设互联网与硬件技术相结合为突破口,吸引投资,推动饮用水开发、水资源保护利用等相关产业改造升级。

利用海口得天独厚的自然环境、旅游等优势产业,为本次论坛造势,增强"2018中国(海口)'互联网+智慧水务'产业发展论坛"的知名度,引起各界人士关注,推动展会顺利召开。

以海口市创建国家卫生城市、创建全国文明城市为契机,以绿色环保、健康长寿为主题,为海口市发展打开新窗口,增加城市吸引力,通过打造绿色文化、健康产业提升城市竞争力。

2. 宣传工作推进表

宣传工作推进表如表9-1所示。

表9-1 宣传工作推进表

项目	宣传时间	宣传工作
2018中国(海口)"互联网+智慧水务"产业发展论坛	2018年1月—4月	论坛前期网络媒体、户外广告、新闻发布等在各地宣传平台进行宣传造势
关注饮水健康"饮水思源、拥抱自然"——绿色旅游项目	2018年1月起	在海口市各社区及养老机构进行项目试点,及时跟进宣传报道工作,为本次论坛公益项目启动仪式造势,吸引各界人士引起关注
"椰树杯"饮用水包装创意设计大赛	2017年10月—2018年4月	通过行业内代表民主投票进行"优秀作品"评选活动,通过线上票选环节进行终极评定;设计创新大赛同样通过线上报名、在线票选等环节晋级决赛,利用互联网的开放性达到宣传推广作用
会后整理	2018年5月	媒体总结报道和活动作品宣传以及论坛后期效应跟踪

3. 宣传推广渠道

宣传推广渠道如表9-2所示。

表9-2 宣传推广渠道

纸媒	专业期刊	《中国会展》《中国会议》《水科学进展》《自然资源学报》
	海南省主流报纸	海南特区报、海南日报
户外媒体		海口市高铁电视和高铁车厢海报,海口户外商业广告、路牌广告,各社区附近户外广告
新闻报道	中央、省外媒体	新华社、中国新闻社、中国经济时报、人民网、中国经济网
	省、市媒体	海南特区报、南方晚报、三亚晨报、海口电视台
网络/新媒体	各大门户网站与搜索引擎	新浪、网易、百度
	微信与微博	论坛、微信公众平台和官方微博,中国会展,中国会展门户,31会议网
	专业网站	中国会展网、中国会展信息网、中国会议网、中国会议产业网、中国招商网

资料来源:程志磊,等.2017.

第三节 会展促销流程

一、人员推广

(一)客户发掘

客户发掘包括两项内容,即确认潜在客户与核实潜在客户,即评估对方是否有采购潜力。①识别潜在客户。通过分析企业历史客户和现有客户数据库,销售人员可以确定理想潜在客户特点。根据特点筛选客户清单,可知道哪些是潜在客户。建立潜在客户的途径包括现有客户推荐,商贸协会和行业名录,相关但非竞争企业名单,通过广告、询问函或电话等。也可从关联较强的行业中寻找潜在客户,如会展企业可从新成立企业名单中找到潜在客户。②核实潜在客户。找出潜在客户,销售人员应加以核实,评估这些潜在客户是否有真实需求,是否有购买力和购买权力。

(二)客户分析

客户拜访前,销售人员需要事先研究,尽可能地了解销售对象本人或企业情况。潜在客户分析工作包括发现潜在客户过去与现在使用的产品和对产品的反应。在面向企业的销售过程中,销售人员应找出客户企业中谁拥有够买决策权。如知道谁是联系人、谁是购买决策的影响者、谁是购买决策者以及谁实际购买等信息,在拜访客户时就可直接接触要找的人,避免出现差错。了解潜在客户的个人生活形态如兴趣、生活习惯,收集偏好,有助于推销工作开展。销售人员应尽可能寻找所有信息,做出让客户满意的产品或服务展示。

(三)销售展示

有了正确的潜在客户信息,销售人员要设计吸引潜在客户注意的销售展示活动。销售人

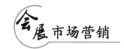

员应设法引起客户兴趣,激起欲望,并在适当时机采取行动、达成交易。这一模式是许多企业采用的 AIDA 模式,即注意(attention)、兴趣(interest)、欲望(desire)和行动(action)。①吸引注意力的方法。销售展示的首要目标是引起潜在客户注意力和好奇心。如果潜在客户有明确需求,并正在寻找解决渠道,则直接介绍本企业产品或服务即可。②掌握兴趣并换取欲望。吸引客户注意后,对销售人员的挑战在于经由销售展示抓住潜在客户兴趣,并刺激对方产生购买的欲望。③达成交易。解说产品或服务好处后,销售人员要设法让顾客采取行动,达成交易。

(四)售后服务

好的销售人员并不仅局限于签下订单,销售的最后阶段是一系列售后服务。完善的售后服务不但可以建立客户好感,还可以为将来深度合作打下基础。优秀或尽职的销售人员会追踪订单成交后的一系列事项,并确保客户真正满意。

二、广告宣传

广告促销是为了用较低广告费用取得较好的促销效果,包括分析广告机会、确定广告目标、形成广告内容、选择广告媒体以及确定广告预算等内容。

(一)分析广告机会

通过广告机会分析解决针对哪些消费者做广告以及在什么时机做广告等问题。为此必须搜集分析有关情况,如消费者情况、竞争者情况、市场需求发展趋势、环境发展动态等,然后根据企业营销目标和产品特点,找出广告最佳切入时机,做好广告群体定位,为开展有效的广告促销活动奠定基础。

(二)确定广告目标

根据促销总体目的,依据现实需要,明确广告宣传要解决的具体问题,以指导广告促销活动进行。广告促销的具体目标,可以是让消费者了解企业新产品、促进购买、增进销售,或提高产品与企业知名度,形成品牌偏好等。

(三)形成广告内容

广告具体内容应根据广告目标、媒体信息可容量加以确定,一般包括三个方面:①产品信息,包括产品名称、技术指标、销售地点、销售价格、销售方式以及国家规定必须说明的情况等。②企业信息,包括企业名称、发展历史、企业声誉、生产经营能力以及联系方式等。③服务信息,包括产品保证、技术咨询、结款方式、零配件供应、保修网点分布以及其他服务信息。企业在安排广告内容时应注意三个问题:①真实性,即传播信息必须真实可信,不可有夸大不实之词,更不能用虚假广告欺骗消费者。②针对性,即传播信息应是目标消费者想了解的,做到有的放矢。③生动与新颖性。广告具有吸引力、感染力与广告的生动性与新颖性密切相关,广告内容应简明易懂、易于记忆,广告形式应生动有趣、富有新意。

(四)选择广告媒体

广告策划人员在选择广告媒体时必须了解各种媒体特性。①印刷媒体。报纸、期刊等印刷出版物,是广告最普遍的承载工具。会议或展览会主办者在广告活动中采用报纸、杂志频率很高,以广泛宣传会议或展览会,吸引更多的潜在与会者、参展商和专业观众。②视听媒体。主要有广播、电视等。广播在营利性会议或商业展览会的广告宣传活动中使用较少,在具有特殊意义的会议中用得较频繁,但大都是媒体为抢新闻而主动报道,如全国人民代表大会、APEC会议等。与广播一样,电视在各种营利性会议或商业展览会的广告宣传中也使用较少,但一些意义重大的会议特别是国际性会议往往容易得到电视媒体报道。③户外媒体。包括招牌、广告气球、交通工具、霓虹灯等。户外媒体在会展举办地特别是会议展览场所周边的使用十分普遍。④邮寄媒体。广告对象明确而且具有灵活性,便于提供全面信息。

三、营业推广

(一)确定推广目标

每一项特定营业推广方案都应有明确目标,同时还应制定一定时期内营业推广活动目标。营业推广目标应具体,尽可能量化。应注意的问题是营业推广目标必须与一定时期促销组合目标相适应。此外,某项营业推广方案具体目标应在深入了解当前市场状况尤其是潜在购买者状况基础上制定。

(二)选择推广工具

营销人员在选择推广工具时应综合考虑市场的类型、营业推广的目标、竞争状况和每种推广工具的成本效应等因素。市场环境状况和促销目标不同,营业推广工具的选择也应该有所差别。

(三)制订实施方案

实施方案包含五个内容:①额外利益大小。额外利益太小,不足以刺激顾客购买;额外利益太高,企业难以承受。②促销对象范围。企业需要对参加促销活动者资格做出某些规定。③告示顾客。有些营业推广活动需要在特定销售现场进行,主要问题是如何利用广告吸引消费者到现场;另一些营业推广活动需要由主办者把营业推广用品如宣传册、礼品、优惠券等直接送给消费者,主办者需要研究分发营业推广用品的方式。④持续时间。如果时间太短,许多消费者可能来不及参加;如果时间太长,营业推广也失去魅力,而且企业可能花费过高的成本。⑤制定预算。计算一项营业推广活动所需费用,将推广方案中可能用到各种工具费用考虑在内。

(四)测试推广方案

推广方案要经过测试,才能确定推广工具选择是否恰当,额外利益大小是否恰当,顾客是否能产生预期反应等,以便做出改进。对于那些将在大范围内实行的推广方案,尤其有必要测试。

四、公共关系

(一)市场调查

市场调查研究是做好公关工作的基础。企业公关工作要有的放矢,应先了解与企业实施政策有关的公众意见和反映。公关要把企业领导层意图告诉公众,也要把公众意见和要求反映到领导层。因此,公关部门必须收集、整理、提供信息交流必需的各种材料。

(二)确定目标

在调查分析基础上明确了问题的重要性和紧迫性,进而根据企业总目标的要求和各方面情况,确定具体公关目标。企业公关直接目标是促成企业与公众相互理解,影响和改变公众态度和行为,建立良好的企业形象。企业不同时期的公关目标,应综合公众对企业理解、信赖的实际状况,分别确定以传递公众急切想了解的情况,改变公众态度或是唤起需求、引起购买行为等为重点。

(三)信息交流

公关工作以有说服力的传播影响公众,因而公关工作过程也是信息交流过程。企业面对广大的社会公众,与小规模生产条件下简单的人际关系大相径庭。必须学会运用大众传播媒介和其他交流信息的方式,达到良好的公关效果。

(四)效果评估

公关工作成效可从定性和定量两方面评价。信息传播可以强化或转变受传者固有观念和态度,但人们对信息的接受、理解和记忆具有选择性。传播成效取得是一个潜移默化过程,在一定时期内很难用统计数据衡量。有些公关活动成效可以进行数量统计,如理解程度、抱怨者数量、传媒宣传次数、赞助活动等。评价目的在于为今后公关工作提供资料和经验,也向企业领导层提供咨询。

章节案例

2017年第八届中国国际创意设计推广周活动方案

一、活动名称

2017年第八届中国国际创意设计推广周。

二、活动主题

创意民宿——留住乡愁。

三、活动时间和地点

时间:2017年11月14日至17日。

地点:海口市。

四、活动宗旨

通过中国国际创意设计推广周(以下简称创意周)活动,创意设计地方生态特色和产业特点,挖掘海南资源和潜力,探索新农村建设整体化、品牌化经营方式,通过举办创意美丽乡村设计大赛等活动,创新商业模式,打造特色城乡和个性化品牌旅游产品,把美丽乡村建设作为海南经济转型和发展的助推器,为加快建设美好新海南助力。

五、组织机构

主办单位:中国国际贸易促进委员会。

承办单位:省住房城乡建设厅、海口市政府、省贸促会。

支持单位:省旅游委。

协办单位:海南大学、儋州市政府、琼海市政府、文昌市政府、陵水黎族自治县政府、保亭黎族苗族自治县政府、海口市会展局(市贸促会)。

执行服务单位:中国国际商会海南商会。

六、运作模式

政府引导支持、市场运作开发、社会参与配合。

七、活动内容

1.2017 年中国国际创意设计推广周论坛

论坛名称:国际创意·美丽乡村建设发展论坛。

时间:2017 年 11 月 15 日。

地点:海口市。

活动内容:邀请全国知名设计机构代表,各省市区政府相关职能部门、民宿协会负责人、海南美丽乡村建设及管理单位、海南创意产业园区进驻企业、海南专业设计机构、海南旅游景点景区、海南城镇规划设计院负责人以及省内高校建筑设计专业的师生参会。围绕"创意民宿——留住乡愁"主题,对城乡规划、个性化品牌定位、产业协同发展、全域旅游以及生态保护等进行研讨,启发美丽乡村建设模式。(350 人左右)

2.海南美丽乡村特色民宿(民居)建筑国际创意设计竞赛及颁奖仪式

竞赛主题:留住乡愁——创意改变乡村。

时间:2017 年 8 月 25 日至 11 月 10 日。

标的物地点:海口市美兰区演丰镇山尾村、海口市琼山区红旗镇泮边村、儋州市和庆镇美万新村、琼海市博鳌镇仓贡村、文昌市昌洒镇东群村、陵水黎族自治县本号镇小妹村、保亭黎族苗族自治县三道镇什吉村。

大赛邀请形式及目标:在海南选定赛事标的物,向社会广泛征集创意设计作品和定向邀请二十家专业设计机构参赛。

奖项设定:一等奖 1 名,二等奖 2 名,三等奖 5 名,优秀奖 12 名,奖励相应的奖金及证书和奖杯,同步获颁省级建筑设计相关奖项。优秀作品将编印成册,供标的物管理部门、投资商和行业内人士交流讨论,以提升海南美丽乡村特色民居建筑设计水平,促进海南美丽乡村民居建筑特色文化发展,塑造具有海南地方特色的乡村风貌,建设一流人居环境,更好更快建设美好新海南。

具体赛事方案由省住房城乡建设负责制定。

3.2017 年中国国际创意设计推广周创意作品及绿色农庄作品(新型材料)展览展示

时间:2017 年 11 月 14 日至 17 日。

地点:海口市星海湾豪生大酒店会场周边(暂定)。

展览规模:约 1000 平方米。

展示方式:图片、实物展出。

受众人群:参会嘉宾、参会人员及相关行业代表。

展览内容:展示所有参赛的优秀作品、海南高校创意设计毕业作品、其他获得创意设计大奖的部分作品,同时展出美丽乡村成功案例的作品以及绿色农庄(新型材料)作品等。

4.乡村规划设计现场分析会

组织论坛嘉宾、大赛专家等前往海口市山尾村或泮边村(待定),现场实地考察,安排交流座谈,对美丽乡村的规划设计进行分析把脉,提出建设性意见。

资料来源:海南省人民政府办公厅关于印发 2017 年第八届中国国际创意设计推广周活动方案的通知[EB/OL].(2017-09-25). http://www.hainan.goo.cn/hn/zwgk/zfwj/bgtwj/201710/t20171009_2440683.html.

本章小结

本章介绍了会展促销的内涵,分析了会展促销的作用,全面介绍了会展促销的主要方法手段;全面介绍了会展促销的人员推广、广告宣传、营业推广、公共关系等主要方式的内容与要领,特别分析了不同类型的广告宣传媒介与方式;说明了人员推广、广告宣传、营业推广、公共关系等会展促销方式的基本流程和技巧。

1. 会展促销是会展企业如何通过人员推销、广告、公共关系和营业推广等各种促销方式,向消费者或用户传递产品信息,激发参展欲望和消费行为。
2. 人员推广是会展企业销售人员个人向消费者介绍商品或服务,目的是为达成交易及建立顾客关系。
3. 广告是展览宣传的重要方式。展览广告的范围可覆盖已知和未知目标观众,可将展出情况传达到直接联络所遗漏的目标观众,还可加强直接联络效果。
4. 营业推广包括各类工具,如赠券、比赛、小额减价交易和奖金以及其他工具。
5. 会展企业利用公共关系维护和宣传,展示品牌形象,为产品推广做市场宣传。

复习思考题

1. 结合具体案例,选择性运用会展促销的各类方法。
2. 对人员推广、广告宣传、营业推广、公共关系等会展促销主要手段进行辨析。
3. 分析人员推广、广告宣传、营业推广、公共关系等会展促销主要手段内容、要领和基本流程。
4. 分析说明不同类型的广告宣传媒介与方式。

单选题

1. 下列选项不属于常用的会展促销方式的是( )。
A. 人员推广　　　　B. 营业推广　　　　C. 广告宣传　　　　D. 新品发布会
2. 下列属于公共关系促销常用的手段是( )。
A. 跨界合作　　　　B. 定向广告　　　　C. 联合推广　　　　D. 新闻宣传
3. 电视广告的主要特征是( )。
A. 随机选择性　　　B. 覆盖面广　　　　C. 易读性　　　　　D. 制作成本低
4. 会展公关促销主要职能包括信息采集、传播沟通、咨询建议、( )。
A. 提高销量　　　　B. 打开市场　　　　C. 协调引导　　　　D. 维护客户
5. 会展促销的作用主要有传递信息、( )、突出特色、反馈信息。
A. 创造需求　　　　B. 现场推广　　　　C. 形象传播　　　　D. 联系客户

多选题

1. 使用互联网做广告形式有( )、自建网站、( )、( )、搜索引擎排名、( )、新媒体推广。
A. 专业网站　　　　B. 微博营销　　　　C. 电邮宣传
D. 博客营销　　　　E. 网络广告　　　　F. 链接交换

2.面向消费者的会展营业推广方式主要有（　　）、折价券、（　　）、抽奖促销、（　　）、联合推广、参与促销、（　　）。

A.推广津贴　　　　　　B.赠送促销　　　　　　C.会议促销
D.包装促销　　　　　　E.现场演示　　　　　　F.销售竞赛

3.面向中间商的会展营业推广方式主要有（　　）、（　　）、销售竞赛、（　　）、货位津贴、（　　）、陈列津贴、回购津贴等。

A.批发回扣　　　　　　B.推广津贴　　　　　　C.联合推广
D.扶持零售商　　　　　E.贸易折扣　　　　　　F.参与促销

4.营业推广实施方案包含（　　）、（　　）、告示顾客、（　　）、（　　）。

A.拟定计划　　　　　　B.额外利益　　　　　　C.促销范围
D.持续时间　　　　　　E.效果评价　　　　　　F.制定预算

5.会展广告信息主要包括（　　）、技术指标、（　　）、销售价格、（　　）、（　　）等。

A.必须说明　　　　　　B.产品名称　　　　　　C.销售地点
D.销售方式　　　　　　E.发展历史　　　　　　F.社会声誉

第三篇

会展市场营销实务与创新篇

第十章　会议营销

学习要点

1. 理解会议的概念，能够根据不同的标准，对会议进行分类；
2. 掌握会议市场定位的基本程序和方法；
3. 理解会议营销的主要内容，能够将其运用在会议营销的实践中去；
4. 从营销策略和促销策略两个维度，掌握会议营销的主要策略；
5. 明确会议市场营销的主要过程，掌握会议绩效评估的目标、方法与内容。

开篇案例

会议目的地不同发展阶段与竞争力要素变化

1. 会议目的地的市场竞争

会议市场竞争，主要表现为会议目的地之间的竞争。会议目的地是会议市场的供应方，其发展变化实际上是需求市场发展变化的某种投影。这就很好理解，为什么社会经济不同发展阶段人们对于会议诉求的变化，会反过来刺激会议目的地竞争力要素发生变化。目前，会议需求市场还不成熟，主要表现为：会议的数量虽然很多，但平均规模小，结构简单，人均消费也很低。与之相适应，会议目的地的发展也处于初级阶段，硬件设施比较初级，也很零散，这个时候谁要是先有一个像样的国际会议中心，就可以炫耀上好一阵子。这一阶段会议目的地之间的竞争自然不会太激烈。

2. 会议目的地的不同发展阶段

与需求市场情况相同，会议目的地的发展也分为两个阶段——自发阶段和自觉阶段。所谓自发阶段，就是在会议市场发展初期，会议规模小，会议组织者对于设施及服务的要求没有太高，政府角色介入的必要性还不是很大。这一阶段的会议市场自发性特点很明显，基本上是长啥样算啥样。随着会议市场规模的持续增大，以及会议的专业性、复杂性的不断提高，会议市场中政府角色就开始变得不可或缺了。发达国家各个城市的"会议局"（CVB）也都是在这一阶段陆续成立的。政府的积极参与，使得会议市场变成了一个"有管理的"（managed）市场。会议目的地的运营管理开始进入自觉发展阶段。

3. 不同发展阶段的竞争力要素变化

在自发阶段，下列三个要素起的作用更大：第一，旅游景点。在会议市场发展早期，观光性的旅游景点对于会议流动的影响是不可低估的——在条件允许的情况下，几乎所有的会议组织者、参与者都愿意选择知名旅游景区及其所在城市举办自己的会议。最早一批会议中心、会议酒店、会议度假综合体的出现，都跟这一需求有很大关系。与此相适应，首批会议服务工作也都是由旅行社承担的。第二，硬件设施。在会议市场发展初期，会议市场以中小型会议为主，但大型会议及活动也很常见。在这种情况下，哪个城市先有一个像样的会议中心、会议酒店，就会特别引人注目。当然，这些设施最好坐落在旅游景区或者旅游城市。第三，资金支持。在自发阶段后期与自觉阶段的前期，目的地政府的财政资金支持，对于一些会议的吸引力是很大的。资金支持的效果很多时候是立竿见影的。社团会议的经费一般而言都不很充裕，政府给钱肯定是好事。

到了自觉发展阶段，需求市场的变化开始引发会议目的地竞争力要素的变革。有三个特点值得关注：第一，会议目的地服务体系。从会议市场角度看，自觉发展阶段的会议目的地与上一个阶段的最大区别，就是体系化。也就是说，到了自觉发展阶段，大多数会议目的地的设施和服务已经比较齐全，相互间的主要差异在于是否成体系。比如会议设施——会议中心、会展中心、会议酒店、度假村、特色场地等都要具备。服务也要齐全，包括政府服务、专业服务、配套服务、基础服务等。体系化将成为会议目的地竞争力发挥效用的基本条件。第二，目的地体验。会议的体验时代与会议目的地的自觉发展阶段应该是重叠的。会议设施及基本服务不再成为目的地竞争力的核心，会议策划人及参与者在目的地的细节体验成了关注的焦点。谁能给会议参与者留下最美好、最深刻的印记，谁就会成为最大的赢家。第三，品牌化、差异化。虽然这两个词强调的角度不同，但基本指向是一致的。如果你想吸引更多会议采购人、策划人和参会人，你就要把目的地做成品牌，让大家都知道，而且记得住。那么怎样才能让人都知道而且记得住呢？差异化——你得具备一些别的城市不具备的优势，而这些优势又是会议策划人和参与者所需要的。记住，过去的那些曾经是"优势"的东西，如设施、政策、景区、交通等的价值正在降低。

资料来源：王青道.会议目的地不同发展阶段与竞争力要素的变化[EB/OL].(2018-03-06). http://www.meetingschina.com/news13336.html.

第一节　会议营销概述

一、会议的概念

会议是人们为了解决某个共同问题或出于不同的目的聚集在一起进行讨论、交流的活动，往往伴随着一定规模的人员流动和消费。会议是会展业的重要组成部分，因其具有广泛的社会影响、高额的经济效益和巨大的品牌作用，引起越来越多的国家地区和组织机构的注意。

二、会议的类型

(一)按举办单位划分

按照举办单位性质的不同，可将会议分为公司类会议、协会类会议和其他组织会议。①公司类会议。规模大小不一，数量庞大，很多公司并不愿意对外宣传内部会议，难以统计。②协会类会议。规模不一，从地区性、省市性、全国性乃至国际性协会，可分为行业协会、科学协会、教育协会和技术协会等。③其他组织会议。典型代表是政府会议。

(二)按会议规模划分

根据会议规模即参加会议人数分类,可将会议分为:①小型会议,出席人数不超过100人;②中型会议,出席人数在100~1000人;③大型会议,出席人数1000~10000人;④特大型会议,人数在10000人以上。

(三)按会议内容划分

①年会(convention),就某一特定主题展开讨论的聚会,议题涉及政治、经贸、科学、教育或者技术等领域,通常包括一次全体会议和几个小组会议,可单独召开,也可附带展示会。多数年会是周期性的,最常见是一年一次。②专业会议(conference),就具体问题展开讨论,可以召开分组小会,也可以只开大会,专业会议规模可大可小。③代表会议(congress),最常在欧洲和国际活动中使用,出席人数差别很大。④论坛(forum)。反复深入的讨论,一般由小组组长或演讲者主持,可以有许多听众参与,并由专门小组成员与听众就问题发表意见看法。主持人主持会议并总结双方观点,允许听众提问。⑤座谈会(symposium)。形式较论坛会议更加正式,进行陈述讲演,有预定好的听众参加,缺少论坛会议平等交换意见的气氛。⑥讲座(lecture)。更正式、更有组织,一位专家进行专题演讲,完成后由观众提问,规模大小都有。⑦研讨会(seminar)。讨论在主持人的主持下进行,出席者有许多平等交换意见的机会,规模较小。⑧专题讨论会(workshop)。它是处理专门问题或特殊任务的一般性小组会议,常被用来进行技术培训,参加者互相学习,分享看法。⑨小组讨论会(panel)。需要两位或者更多的提供专门知识的讲演者,和专门小组成员公开讨论,由主持人掌握,可以是大型会议的一部分。⑩培训会议(training sessions)。少则一天,多则几周,需要特定场所,培训内容高度集中,由某领域专业培训人员讲授。⑪奖励会议(incentive meetings)。公司对员工、分销商或客户的出色工作表现进行表彰奖励。

(四)按会议特征划分

①商务会议。公司因业务和管理工作需要在酒店召开商务会议。出席者一般是企业管理人员和专业技术人员,会议召开常与宴会结合,会议效率高,会期短。②度假会议。公司利用周末假期组织员工一边度假休闲,一边参加会议,既能增强员工之间的了解,又能解决问题,通常安排足够时间让员工观光、休闲和娱乐。③展销会议。参加商品交易会、展销会、展览会的参会者在展会期间举办招待会、报告会、谈判会和签字仪式等活动。④文化交流会议。文化交流会议是民间和政府部门组织的跨区域文化学习交流活动,常以考察、交流等形式出现。⑤学术会议。学术会议是学术会议是具有专业技术的专家学者参加的会议,如专题研究会、学术报告会、专家评审会等。⑥政治会议。政治会议是国际政治组织、国家和地方政府为某一政治议题召开的各种会议,可根据内容采用大会和分组讨论等形式。⑦培训会议。用一个会期进行技能训练或理论培训,可采用讲座、讨论、演示等形式。

三、会议营销的内涵

会议营销是会议举办者以参会者需求为出发点,有计划地组织各项经营活动,为参会者提供满意的项目安排和配套服务,从而实现会议目标的过程。会议营销关注如何把会议推向市场,把会议本身作为产品进行营销。相较展览营销,会议营销相对简单。会议营销主要面对参会者,而展览营销要面向组展商、参展商、专业观众、普通观众、政府和行业协会等;会议对举办地的经济发展水平要求不高,一些经济欠发达的旅游胜地可以成为良好的会议举办地,展览会往往要依托当地的产业特别是制造业。

章节案例

会议目的地的构成及特点

"会议产业"主要包括会议、展览及奖励旅游三个方面。这里所说的"展览"主要是指大型会议(convention)所附带的展览。一个理想的会议目的地需要将各种相关资源整合成为一个有机的"会议目的地接待服务体系",并以此为基础为会议成功举办提供系统的专业服务。会议目的地接待服务体系主要包括两大方面。

1. 必要的硬件设施

会议设施主要包括四种类型。第一,会展中心。会展中心是接待大型会议的场所,此类设施的基本功能有会议、展览、餐饮、住宿等。会展中心的地理位置最好在市区边缘,这样的地理位置既能保证会议展览活动参与者有效借助城市公共交通设施,也能让会议展览的车流等不破坏城市的正常交通秩序。我们国家早期建设的一些会展中心只有展览设施,没有专业会议设施,不能举办宴会,也没有配套住宿设施,叫"会展中心"有些名不副实。在我国会议规模不断增大、会议与展览融合发展的背景下,会展中心成了城市会议产业发展必不可少的硬件设施。第二,会议中心。会议中心主要是接待中小型会议的专业设施,该设施的地理位置可以在城区,也可以在郊区;可以是一个独立的建筑,也可以与酒店、度假村、展览中心等设施相连接,并成为其主要功能组合的一个部分。第三,酒店。由于酒店设施在住宿、餐饮、会议、休闲娱乐等方面所具有的综合性优势,酒店始终是中小型会议的主要举办场所,即便是在会议产业很发达的美国,酒店举办的会议也占会议市场85%以上的份额。酒店会议在我国所占比例更高,初步估计应该在95%以上。第四,度假村。度假村的主要客源是会议和奖励旅游客人。其他的会议设施还包括"度假会议中心"、特色会议及活动场所、邮轮等。

2. 相关服务

第一,政府相关协调与服务机构。从总体上说,市场因素是推动会议产业发展的核心因素,但会议产业发展又离不开政府的积极参与。这是由会议产业的特点所决定的。目的地会议服务链的组成部分——会议中心、酒店、会议公司等单个的力量比较弱小,只有政府出面进行资源整合,并整体对外推广,会议目的地才有可能树立自身的良好形象,吸引更多会议前来举办。政府在会议产业发展中的另外一个重要作用是,与目的地相关企业一起申办一些重要的国际会议、全国性会议,并在申办成功后,负责协调各种优势资源,保证会议成功举行。正是由于以上方面的原因,发达国家几乎每个城市都设立了"会议与旅游局(CVB)"类似的机构,来完成这方面的工作。我国目前已经开展会议产业相关工作的政府机构主要有旅游局、会展办,还有博览局、会展局、商务局等,各地差别比较大。第二,专业会议策划与服务机构。随着会议产业的深入发展,会议的规模进一步增大,会议参与者的构成更加复杂,对于会议目的地相关服务的要求也会更高。目的地会议与奖励旅游公司的专业能力将是影响其会议市场竞争力水平的重要因素之一。第三,其他服务。会议所需要的服务还包括搭建、技术与设备、旅游、广告、设计制作等很多方面。

资料来源:王青道. 中国会议目的地建设及其路径与对策分析[EB/OL]. (2014-03-13). http://www.meetingschina.com/news8083.html.

第二节 会议市场定位

一、识别市场因素

成功的会议依靠多种因素吸引参会者,除会议主题和演讲人水平外,会议的议程、策划、安排、会场设施、现场布置、人员,以及会议外的娱乐安排等,都是导致会议成功的重要因素。美国《成功的会议》杂志(*Successful Meeting*)(2003)对661名业务经理/主管进行调查,了解吸引其参加会议的因素,将会议成功举办的影响因素进行总结,见表10-1。

表10-1 会议成功举办的影响因素

最佳吸引因素	比例	成功的因素	比例	失败的因素	比例
高质量的教育	93%	精心策划的议程	97%	不相关的会议内容	96%
完善的配套服务	78%	有用的信息	96%	较差的音响效果	93%
理想的目的地	73%	先进技术/视听设备	79%	听众不适应的信息	89%
著名的演讲人	68%	听众高度的参与	79%	与会议不配套的信息	88%
充足的休闲时间	35%	优秀的餐饮服务	55%	会议不按时开始结束	73%
		丰富的娱乐安排	37%	演讲人没有围绕主题	72%
				缺乏听众参与	68%
				没有自由时间	53%

第一,最吸引参会者的因素主要有五个。拥有这些因素的会议将更有可能吸引到参会者,提高会议的报名率、到会率等。①高质量的教育。意味着参会者能够通过参加会议获得较多的知识、体验与培训,提高自身的专业和技术水平。②完善的配套服务。包括会议举办地的交通、住宿、通信、公共服务、餐饮、休闲娱乐、文化、安全、医疗、环境保护等方面的基础设施和服务等。③理想的目的地。对于不同性质和目的的参会者,理想的会议目的地各有不同。一般而言,理想的会议目的地包括知名大都市、著名学府和研究机构所在地、著名的旅游风景区和度假区、文化艺术胜地、产业经济繁荣地区等。④著名的演讲人。政治家、学者、企业家、在某个领域拥有专长者、意见领袖和文体明星等都属于这个范畴。⑤充足的休闲时间。要求会议举办者在策划会议日程安排时,充分考虑参会者的体力精力分配,合理配置会议研讨活动和休闲观光度假活动的时间比例。

第二,导致会议成功的因素主要有六个。①精心策划的议程。会议议程是为了使会议顺利召开所设计的内容和程序,是会议需要遵循的,主要指会议的议事程序。议事程序的紧凑严密、节约时间、充分讨论、张弛有度都是让会议成功的条件。②有用的信息。主要是列入会议的各项议题。会议的核心功能是信息的交流与传播。会议议题的新颖创新、信息量大、满足参会者需求等特征都能带来会议的成功。③先进技术/视听设备。先进的会议技术将身处世界各地的人连接在一起进行开会,持续优化会议举办质量和参会者体验,消除会议举办的时间、空间和语言限制。目前在会议领域运用较多的技术包括但不限于以下一些,如多媒体、移动互联网、视频分层编码、数据传输、视频云、语音追踪、自动传译、语音文字转换、图像识别、虚拟现实、人工智能等技术。④听众高度的参与。在越来越追求个性与体验的时代,参会者不仅仅局限于聆听到优质的会议内容,更期待实时地与演讲者和主持人互动,提出问题,分享自己的意见观点。会议策划者和举办者要充分考虑听众的这一诉求,通过议程设置和技术手段增加参与者的参与程度。⑤优秀的餐饮服务和丰富的娱乐安排虽然比重不大,但也是会议举办成功的重要条件。餐饮、娱乐等配套服务有助于参会者度过舒适的会议时光,获得更完整的参会体验。

第三,导致会议失败的因素有八个。失败的因素主要是与最佳吸引因素和成功因素相反的因素。例如:与"有用的信息"相对的"不相关的会议内容""听众不适应的信息""与会议不配套的信息",体现了会议的内容性;与"先进技术/视听设备"相对的"较差的音响效果",体现了会议的信息传播属性;与"精心策划的议程"相对的"会议不按时开始结束",体现了参会者对议程紧凑性和对自身时间的珍视;与"著名的演讲人"相对的"演讲人没有围绕主题",也体现了参会者对会议内容的要求;与"听众高度的参与"相对的"缺乏听众参与"体现了参会者对参与体验性的要求;与"充足的休闲时间"相对的"没有自由时间"体现了参会者在参会紧张之余,对舒适性的需求。

二、分析市场特征

把握各种会议的特征,不仅有利于会议公司寻找目标市场,提供有针对性的产品和服务,而且还能了解会议市场的发展方向。对公司会议、工商企业会议、协会会议、奖励旅游会议四种主要会议形式的市场特征进行分析,如表 10-2 所示。①从举办者主体来看,公司会议、奖励旅游会议的主体都以企业为主,奖励旅游有一部分举办主体为政府和学校、医院等事业单位。协会会议举办主体主要是科学教育等专业行业协会。工商企业会议举办者比较复杂,包括政府、商务部门、贸促会、商会等官方和民间组织。②从会议性质来看,公司会议、工商企业会议、奖励旅游会议都是营利性组织举办和参与的会议,或是具有营利性质的会议。这些会议由于经济基础雄厚,因此规格和档次较高。协会会议主要是学术机构、行业协会等非营利机构举办的会议。③从内容性质来看,协会会议主要以专业信息、学术信息的传播交流为主,会期最长。公司会议和奖励旅游会议都以企业信息传递为主,奖励旅游会议一般信息量较少。工商企业会议以某一行业和商业金融等信息传播为主。④从功能属性来看,公司会议追求的功能主要是服务企业日常运作和战略部署,实效性较强,会期较短,开会具有周期性且开会次数频繁。工商企业会议和协会会议都是服务于行业协会或政府制定的目标,时效性较弱,一般以年为单位,会期较长,开会频次较少。奖励旅游会议作为企业和政府、事业单位的人力资源管理工具,服务于对优秀员工和有突出贡献的专家、劳动模范等群体的奖励和表彰,周期性较强,会期固定可长可短,开会次数不频繁。⑤从需求属性来看,公司会议一般在公司内部或公司指定会场举办,对交通便利性、保密性等要求较高。工商企业会议、行业协会会议对会议举办地的基础设施、配套设施、知名度要求较高,同时由于会议规模较大,对会场的服务和硬件设备都有一定的要求。奖励旅游会议的象征价值、表彰价值大于信息传播价值,对举办地的自然环境、酒店住宿、休闲娱乐、餐饮服务、旅游服务等有较多的要求。

表 10-2 常见会议类型主要特征比较

会议类型	代表	主要特征
公司会议	销售会议、战略研讨会、新产品发布会、培训会议、股东会议	周期性明显,计划时间短,参会者人数可以预计,会期一般较短,常伴有小型展览活动,需要安排大小不同的会议室
工商企业会议	营利性会议,如财富论坛、企业家论坛、工商界人士高峰会	与时代和社会热点联系紧密,与会嘉宾层次较高,参加会议的费用较高,与会期较短
协会会议	年会、地区性协会会议、研讨会、专业会议、理事会会议	周期性明显(平均每年一次),要求举办地交通便利,会议计划的时间长,会议地点经常变化而且要求较高,会员自愿参加会议,持续时间一般为 2~4 天
奖励旅游会议	奖励分销商、优秀员工奖励旅游	对会议设施的要求不如正式会议高,一般不超过 1 周,往往设有专门的旅游经理,必须认真安排食宿、会议及各种游乐活动

三、选择目标市场

会议公司选择目标市场,主要有三种情况:①针对会议公司已经获得市场进行进一步挖掘和精耕细作;②通过对现有市场进行详细的营销调研和科学的市场细分,进而选择会议企业具有优势的市场;③为选定市场提供有竞争力的产品和服务。一旦选定目标市场,会议企业就必须考虑如何针对各个细分市场的特定需求来确定自身定位。恰当的市场定位可以使会议企业将有限资源使用在最有竞争优势的领域,并进一步扩大优势。

四、确定营销对象

不同类型会议所涉及的营销对象和营销重点各不相同。会议主要的买家是参会者(包括会议贡献者和会议影响者),另外还有政府、社会公众和新闻媒体。如果是营利性会议,赞助商营销也非常重要。对赞助商来说,赞助商要购买的会议产品其实是会议活动这一事件附带的新闻价值或有助于提升企业形象、宣传企业产品的各种利益价值。这和普通参会者的利益大不相同。因此会议营销者要协调好相关利益关系。另外,会议组织方邀请演讲人或嘉宾的行为,也是一种会议营销工作,要吸引重量级人物出席会议,必须充分展示该会议能够给他们带来何种利益和价值。

会议市场中的二八定律

1. 20% 的社团和企业举办了中国 80% 的重要会议及活动

在民政部注册的国家一级社团组织超过两千个,但真正举办重要国际会议和全国性会议的社团机构也就 400 个左右,它们主要来自中国科协和国资委两大系统。

别看社团所举办会议的种类有很多,但从参会总人数、花费总额等指标看,每年定期举办的会议——"年会"占了其中80%以上的份额;活跃在中国市场的世界500强和中国500强企业(有部分重叠)中,对中国会议市场贡献最大的企业数量只占到了20%左右,它们主要来自汽车、医药、IT、直销与快消等行业。如果按企业性质划分,占GDP 20%的外资企业对于中国高端会奖市场的贡献率达到80%,国有企业和民营企业只占了其中的20%。

2.20%的参会者支撑了会议市场花费总额的80%

根据推测,我国每年参加一次以上市场性会议的人数应该在2亿人左右,但只有4000万~5000万人的年度参会频率达到两次或以上。

从人均年度会议总花费角度分析,在这部分人群当中,约有20%的人属于"高频度参会群体"和"高费用支付群体"——包括企业、社团、事业单位、政府等机构中的中高层管理人员、专业人士、市场及销售人员等,他们贡献了中国会议市场总花费的80%。

3.20%的PCO——会奖公司承接了80%的会奖业务

在北京和上海作为PCO直接从客户那里承接会奖业务的公司大约有四五百家,但成规模的也就100家左右——他们拿走了中国会奖市场80%的业务份额。不仅PCO——专业会奖公司是这样,遍及中华大地的DMC——会议目的地管理公司也一样:为数不多但影响力更大的公司承接了市场上绝大部分的会奖业务。

4.20%城市的会议接待量占中国会奖市场总额的80%

中国境内三四线以上城市好几百个,但真正算得上会奖目的地的最多也就百十来个,而在这100个会奖城市当中,最有影响力的20个占有了市场总额的80%。中国出境会奖目的地说起来也不少,但真正经常使用的也就其中的20%。

5.20%的会议中心拿走了全国会议中心总收入的80%

中国境内自称会议中心的设施至少也有1000家,但真正能在会议市场上占据一定份额并良性运转的会议中心大约200家左右,而其中的40家——位于主要会奖城市且具有一定影响力的会议中心,拿走了中国会议中心业务收入总额的80%。

6.20%的国际品牌酒店占有中国高端会议及活动市场80%的收入

中国境内每年举办的会议数量虽然很大,但能够达到金字塔顶端的高端消费却占比不大。虽然大家都想获得这部分高端业务,但最大的赢家是国际品牌酒店——它们在数量上所占份额虽然不大,但获得的收入却很高。

资料来源:王青道.会奖业思考:只为美好会奖世界[M].北京:中国旅游出版社,2017.

第三节 会议营销内容

一、捕捉会议信息

会议信息的捕捉非常重要。除非是会议指定单位,其他情况都需要会议销售人员积极捕捉会议信息——什么时候有会议,什么性质的会议。一个好的会议市场营销人员应该具备"狗仔队"的信息敏锐度、执着和专业精神,在经常开会的单位和公司布置信息员,及时获得会议信息情报。只有保证会议信息渠道的畅通,才能让会议企业在第一时间获得及时可靠的会议信息。

二、追踪相关人员

会议信息落实后要及时多次接触会议具体负责人。只要会议举办场所条件符合会议要求,就要采取多种方法和技巧拿下会议落地权。这个阶段要有耐心,并表现出足够的诚意和接待会议的能力,不能被会议负责人三言两语给打发走了,要有锲而不舍、不达目的不罢休的精神。

三、洽谈合同细节

一旦会议达成意向,就要详谈会议细节,为签署会议召开的合同做准备。市场营销人员要对会议的名称、性质、时间、参与人、人数、各类房间数量、条幅、POP指示牌、会议室摆设、水果、鲜花、就餐形式、就餐标准、餐饮禁忌、收费标准、结账方式、回款日期等要做好记录,不能放松每一个细节。

四、签署会议合同

各类会议接待细节洽谈完毕后,要尽快整理出书面合同,审核无误后报批签署;立即准备合同给客人确认签署;把会议日期记录在"会议预订登记表"中,锁定会议室数量;跟办会议团队的责任销售员在和客人确认所有相关细节后,即时将所有信息制作一份"会议活动通知单",经销售经理签署后发到相关部门;会议签单负责人的签名样式应及时复印给业务和财务部门,会议企业各服务营业点须持有此签名样式附件以便客人签单核对。

五、会前准备工作

会前准备包括四个方面。①硬件设施运行。会前对设备设施进行排查试运转,发现问题及时修复和整改。电梯、锅炉、空调、电器、灯光、音响设施等要逐一排查。②团队配合协作。会议接待时,员工之间、岗位之间、部门之间通力协作,无论客人提出怎样的要求,员工们都能临阵不乱,胸有成竹,顶得住一时超负荷的工作量,经得住随机应变的考验,甚至废寝忘食,在忘我工作中,不忘急企业之所急,急客人之所急,发挥会议企业整体战斗力。③工作时间安排。会议企业和接待单位与其他类型接待单位相比,在客流均衡度上有明显差异。在业务繁忙时,所有员工都要夜以继日、加班加点;没有业务时,各部门按部就班,处于候客状态。为了合理使用人员,会议接待单位在人员配置上不必安排满员编制,可适当利用学生和社会人员等临时工,按天计薪,以降低会议接待单位人力成本。④采取首接负责制。会议接待采取"谁洽谈谁负责到底"的首接负责制原则,会议一般决策权归属会议负责人。会议负责人会前主动与客户沟通联系,尽早确切了解会议总体规格和要求。对缺乏办会经验的客户,会议负责人要酌情设计几套方案,包括会场、议程编排、交通、用餐等,供客户参考选用。各部门要积极配合会议负责人。

六、会中服务落实

各部门在会中服务时,应确立"零差错"目标,在细节上狠下功夫,琐碎的事不能怕麻烦,要从事事为客人着想,把工作做细做透。部门内各级管理人员对下属工作督查要得力、层层把关、精益求精,时刻关注客人的合理需求。

七、会中意见征询

会议期间,各部门要积极征求客人对会议接待提出意见和建议。客人的变更需求和意见要及时反馈到有关部门。任何部门在获取信息后都必须密切配合,设法在第一时间内解决问题或改进不足,直至客人满意为止。

八、突发事件处理

为了提高客人满意度,会议负责人员必须24小时手机开通,保持与客人热线联系,遇到突发事件要第一时间积极处理,并且能调动各部门积极配合、整体作战,并上报总经理知晓。

九、会后总结备案

每个会议结束后,及时处理会议团队结账问题。负责此次会议的营销人员有责任协助前厅和财务核对账项。会议结束前一天核对账目,有必要时,应每天核对,并注意追收账款;会议负责人并要主动征求客人意见,并把会中意见进行梳理,汇总后分析存在不足的原因,以便日后纠正预防。如有典型的案例,一定要整理成书面文字,作为备案参考。每一次会议的成功接待,都是会议企业的宝贵财富。

十、定期交流回访

会议结束后,负责此次会议的销售人员应给会议组织单位或负责人发一封感谢信;平时定期利用电话、微信、短信、QQ等工具发出问候,尤其在逢年过节时更要记得,必要时赠送礼物。争取把每一次的"头回客"都变成"回头客"。

第四节 会议营销策略

一、会议营销的具体策略

(一)消费者策略

消费者的欲望和需要是会议企业营销活动的出发点和归宿。在竞争激烈的市场中创造顾客、理解顾客,远比开发先进的产品更重要,消费者需要的是能够满足其需求的产品和服务。为了更好地理解消费者的需求、习惯及偏好等,企业应更加注重市场调研和消费者行为研究,以更加准确地对市场细分,并作为企业个性化产品开发的根据。会议营销销售的更多的是一种个性化服务,企业要根据顾客需求,提供给顾客各种专业信息以及附加服务等,满足其多元化需求。

(二)价格策略

产品定价要考虑顾客需求。传统定价方法是按照成本进行定价,不考虑顾客需求,往往使企业定价与消费者需求相分离。会议价格营销要求企业定价思路不能再一味地按企业自身的成本和盈利进行定价。会议营销销售的不仅仅是产品,更多的是一种服务,因此顾客会对这种服务有一个心理预期价格,企业要根据自己服务产品的特点使价格设置符合消费者需求。目前,会议营销的前期市场投入也逐渐增高,因此要保证产品价格有一定利润空间,才能确保企业会议营销获得收益。

(三)渠道策略

会议企业营销时要根据会议的不同主题和客户特点,选择相应的销售渠道。如针对政府会议,要注意符合党纪国法规定,配合举办者通过政府行政系统进行营销;针对企业会议,要保证会议的便利性、舒适性和保密性,通过行业协会、商会和广告商等进行营销;针对高校和学术机构会议,一般通过高校、期刊编辑部、研究会、学术共同体等进行营销。

(四)组合策略

市场营销组合是综合考虑营销的各方面特征以及不同媒介的互动功能等,对营销媒介进行整合利用。对会议营销来说就是通过营销媒体整合,企业提供具有自身特色的核心服务,以区别于竞争对手。在营销过程中,会议市场营销者考虑运用何种主题,将人以怎样的方式宣传,现场如何发布信息以吸引消费者注意,提高消费者获取信息的便利性,更有效地获取消费者反馈信息实现互动等。

二、会议促销的策略

(一)直接邮寄

直接邮寄促销在树立会议形象、提升会议认知、激发目标群体对会议的关注等方面最有效。如果客户名录准确无误,直接邮寄也是成本最低的方法。因此,会议企业的一项重要工作就是建立和维护客户名录数据库。客户名录维护既可由企业自己完成,也可外包给从事名录维护的专业机构。

(二)电话促销

由于具有成本较低、反馈快等优点,电话营销一直是会议公司的主要营销手段。运用电话开展营销具有诸多优势。首先,电话营销成本比人员登门拜访低很多,且每次联系花费时间也较少;其次,通信技术的普及使与客户联系越来越容易,营销人员通过电话筛选潜在客户或与客户进行预约,能有效降低会议企业成本。

(三)广告促销

会议企业进行广告设计时,最贴近本公司且成本最低的莫过于自己主办的出版物。会议营销人员还应精心挑选其他媒体,把它们整合到整体营销计划中,以优化广告效果和节省成本。媒介类型上,除印刷广告外,还可选择电视、电话、互联网等媒体,还有路牌、街头横幅等户外广告。还有一些常被忽视的广告媒介,如:协会杂志和各类函件,被称为"入户广告",能在任何时间投向任何地方;成员宣传册和会议计划手册为会议所做的封底广告;有关会议公司的新闻发布;非相关活动宣传,如对某位演讲人或筹款人的系列报道;分会和会员通信与杂志;信笺和信封,事先印刷好或不干胶贴纸;联盟团体成员名录;协会网址、微信公众号;会议闭路电视节目;打进的电话记录信息等。这些都是可以利用的广告媒介。

(四)网络促销

会议企业和接待单位可通过网络建立高品质形象。尤其是对于提供会议场地的酒店,将不再单纯依赖宣传册等传统方式,利用互联网,可进行图解式介绍,展示声像结合的彩色形象,甚至还可以提供酒店"虚拟入住游",提供登记、签到、入住、向导、传输会议资料等服务。随着微博、微信等媒体的普及,网络新媒体营销成为网络促销的主流方式。

(五)公关促销

对于会议营销者而言,公共关系的目的在于向受众传递信息,影响受众观点并激发其参加会议的兴趣。虽然公共关系和宣传资料、广告都是为了达到营销促销的目的,但三者之间存在很大差别。例如,广告或直接邮寄效果测算比较简单,公共关系效果难以量化;广告是会议举办者向受众宣传自己,公共关系是要激起大众对会议的良好态度;广告的设计、投放时间、投放地点和相关信息,受目标对象影响很大,但在公关活动中,营销人员的主动性更强。公共关系的作用既包括强化自身优势,也涉及扭转失败局面。可以被设计成强调过去会议的成功,进而在竞争中胜出;也可用来转变过去失败对组织的负面影响,集中全力重新争取观众。这种努力可以是内部公关,也可以是面向目标市场的外部公关。

(六)媒体促销

媒体促销主要针对营利性会议。一般来讲,政府、社团协会和其他非营利性组织会议不需要花费很多精力处理媒体事务,媒体也对非营利性会议比较支持。对于企业举办的会议来说,营销人员面临的最大挑战是如何使媒体认识到会议的新闻价值,这种价值可以是社会效益,也可以是本次会议对特定群体的重要性。媒体促销包括选择合适媒体、吸引媒体注意、与媒体建立联系和媒体成功宣传报道四个步骤。

第五节 会议营销过程

一、市场分析

市场分析是市场定位的基础,科学的市场定位是有效市场营销的前提。市场分析的意义在于通过对客源市场定期的抽样调查,摸清本地区现实客源和潜在客源,指导会议企业有针对性地开发客源市场。同时通过了解市场需求变化和客户意见反馈,及时调整,适应客源市场需求。通过市场分析找到会议产品的需求市场。

二、市场开发

会议举办前的信息收集、整理工作是成功营销的关键。营销人员通过对各种信息的分析、挖掘,判断出客户是否有购买意愿、购买能力,充分了解客户需求,才能更好地满足客户需求。这里主要运用会议营销信息系统进行数据处理。首先将顾客资料输入数据库,销售人员要同潜在顾客进行前期沟通,充分掌握潜在顾客资料,进而对潜在顾客资料库通过数据挖掘进行分析。在对数据进行整理的基础上,销售人员利用合适时机与消费者深度沟通,确定参加会议客户名单,对参会者发放请柬,邀请参会者及家庭成员共同前往。会议客户开发包括四个步骤:①寻找消费者信息,整理分析消费者档案,经过信息系统分析形成数据库;②选择条件成熟的潜在消费者上门拜访;③对客户进行电话预约或发放请柬;④对收到请柬、有参会意愿的客户进行确认。

三、市场选择

选择目标市场有三种策略：①无差异性营销。会议企业将整个市场当作目标市场，这种情况在会议营销中较少。②差异性营销。会议企业为同一层次的不同目标市场提供产品服务。③集中营销。会议企业集中所有力量，集中为政府、企业、协会、奖励旅游等某一类型市场提供服务，较为普遍。

四、品牌定位

市场分析明确了目标市场，同时也明确了适应特定市场需求的资源产品，从而为确立针对特定市场的会议品牌定位打下基础。世界上一些著名的会议城市，通过自身的地理位置、自然条件、文化传统、基础设施等，现成了独具特色的会议之都，如欧洲的日内瓦、维也纳，北美的纽约，亚洲的新加坡、香港、北京和杭州等。

五、资源整合

这里主要针对的是会议举办城市。城市的会议营销部门要根据市场反馈信息，对城市资源进行整合，形成整体、具有吸引力的会议产品适应市场的需求，包括对会议场馆设施、酒店、交通条件、商业设施、公共服务、地区形象的整合，形成统一的会议城市形象，举办适合本地一定层次、规模的会议。

六、专业分工

由于会议市场需求的多样性和会议营销传播手段的多样性、复杂性，会议市场营销需要建立严密科学的专业分工，提升会议营销的专业水平。会议市场营销体系的专业分工，既包括营销人员中市场调研分析、营销策划、市场推广等分工，也指特定目标市场的分工，还包括媒体策划、会展、节事、专项产品策划等分工，目的是建立一支专业化的会议目的地营销队伍。

七、过程管理

①会前组织。提前做好会议准备是会议成功进行的重要条件，首先准备好会议所需的礼品、宣传品等。会场布置体现会议的主题，条幅、展板、海报等整齐一致，突出会议特点，从而达到宣传或促销目的。②入场管理。主要针对一些商业会议，根据会议策划和服务标准，严格控制会议规模，确定参会人数。如果客户人数过多，可能会出现失控；人数过少会出现人员浪费。③会中控制。按照会议计划严格执行，建立一套完整的危机应对机制，对会议进行中出现的危机状况进行处理，结合对人员控制、会议进程控制进行。

八、绩效评估

会议绩效评估主要从会议评估的目的、方法和内容三个方面叙述。第一，会议评估的目的主要有：检查会议目标是否实现，落实参会者的满意度，评估会议的成功与不足，准备会议的总结报告资料，形成会议评估的指标体系。第二，常用的会议评估方法有四种。①面谈。面谈即会后邀请部分调查对象有针对性地进行面对面谈话，这种方法只能对会议进行定性评估。②现场观察。在会议现场和活动过程中派人观察会议和活动进行情况，观察与会代表反应，从而做出评估。③问卷调查。这是最常用且最有效的方法。问卷设计者把要评估的各方面问题列举出来,给出选项由被调查者选择,最后再由被调者提出意见、建议。④总结会议。会议结束后,要求会议工作人员对自己在会议过程中所做的工作及观察到的问题做述职报告,进行总结,从侧面了解会议情况。第三,会议评估内容主要有八个方面。①会议议程和内容。评估会议主题与议题是否得当,会议议程安排是否合理,会议发言人选择是否合适,会议的论文水平,会议讨论是否充分。②会议的各项活动。评估会议附设展览活动的服务和参展效果,表演活动对渲染气氛起到的效果,宴会酒会是否得当,参观游览和访问活动安排是否合适。③会议场所设施、服务和环境。评估会议场所音响效果是否良好;会议环境质量,包括温度、湿度、照明度是否适宜;同声翻译设备质量是否达到会议条件和翻译内容的准确程度;指引系统是否到位;饮水、茶歇服务质量如何。④会议住宿、餐饮。评估会议指定酒店的服务,会议餐饮、鸡尾酒、茶点服务的质量。⑤会议举办地。评估会议举办地环境水平,居民是否好客,旅游景点的吸引力如何,举办地形象如何。⑥会议宣传促销和接待工作。评估会议宣传促销工作成效,会议接待工作质量。⑦与会人员评估。评估对会议的总体印象,参会者参会价值是否实现,参会者是否愿意参加下一次会议。⑧会议主办方的总体评估。评估会议的总体印象如何,会议是否达到预期成效。会议营销管理者可以根据会议的类型和性质,选择相应的会议评估重点内容。

 本章小结

本章介绍了会议的概念,较完整地从多个维度介绍了会议的分类方法,帮助学生更好地理解会议产品和会议市场;分析了会议市场定位的程序和方法,重点分析了会议产品的吸引因素、成功因素和失败因素,介绍了会议产品的市场特征;介绍了会议营销的主要内容;介绍了会议市场营销的管理层面的营销策略和方法层面的促销策略;提出了会议市场营销的主要步骤。

1. 会议是人们为了解决某个共同问题或出于不同的目的聚集在一起进行讨论、交流的活动,是会展业的重要组成部分。

2. 通过识别市场因素、分析市场特征、选择目标市场、确定营销对象等步骤可以对会议产品进行市场定位。

3. 会议市场营销工作主要包括捕捉会议信息、跟踪相关人员、洽谈合同细节、签署会议合同、会前准备工作、会中服务落实、会中意见征询、突发事件处理、会后总结备案、定期交流回访等内容。

4. 会议市场营销从营销策略上看,主要有消费者策略、价格策略、渠道策略、组合策略四种;从促销策略来看,主要有直接邮寄、电话促销、广告促销、网络促销、公关促销、媒体促销等促销策略。

5. 在明确了内容和策略后,会议市场营销可通过市场分析、市场开发、市场选择、品牌定位、资源整合、专业分工、过程管理、绩效评估等步骤加以实现。

 复习思考题

1. 根据不同标准,对会议进行分类,列举每种会议类型的市场特征和市场需求。
2. 对不同会议产品的市场吸引因素、成功因素、失败因素等进行识别和分析。
3. 对公司会议、工商企业会议、协会会议、奖励旅游会议等会议产品的市场特征进行分析。

4. 对某一类型会议产品的营销内容进行阐述。

5. 从营销策略和促销策略两个维度,对会议营销策略进行叙述,比较会议营销策略与展览营销策略的异同,为会议产品设计促销活动方案。

6. 基于会议营销绩效评估的目标、方法与内容,构建会议营销绩效评估的指标体系。

单选题

1. 按照会议内容分类,会议主要包括年会、专业会议、( )、论坛、座谈会等形式。
   A. 工作会议　　　B. 代表会议　　　C. 鸡尾酒会　　　D. 展览会

2. ( )形式较论坛会议更加正式,进行陈述讲演,有预定好的听众参加,缺少论坛会议平等交换意见的气氛。
   A. 座谈会　　　B. 研讨会　　　C. 小组讨论会　　　D. 圆桌会议

3. ( )就具体问题展开讨论,可以召开分组小会,也可以只开大会,会议规模可大可小。
   A. 年会　　　B. 论坛　　　C. 专业会议　　　D. 代表会议

4. ( )的出席者一般是企业管理人员和专业技术人员,会议召开常与宴会结合,会议效率高,会期短。
   A. 奖励会议　　　B. 商务会议　　　C. 协会会议　　　D. 政府会议

5. 媒体促销包括( )、吸引媒体注意、与媒体建立联系和媒体成功宣传报道四个步骤。
   A. 选择媒体　　　B. 媒体公关　　　C. 制定价格　　　D. 公开招标

多选题

1. 会议市场营销策略主要由( )策略构成。
   A. 消费者策略　　　B. 促销策略　　　C. 广告策略
   D. 价格策略　　　E. 渠道策略　　　F. 组合策略

2. 会议过程管理主要由( )等过程组成。
   A. 签到管理　　　B. 会前组织　　　C. 入场管理
   D. 市场分析　　　E. 会中控制　　　F. 绩效评估

3. 按照会议特征对会议进行分类的类型不包括( )。
   A. 商务会议　　　B. 展销会议　　　C. 协会会议
   D. 度假会议　　　E. 工作会议　　　F. 代表会议

4. 会议营销的内容主要涵盖捕捉会议信息、( )、洽谈合同细节、( )、会前准备工作、会中服务落实、( )、突发事件处理、会后总结备案、( )等方面。
   A. 寻求赞助　　　B. 追踪人员　　　C. 签署合同　　　D. 签署协议
   E. 旅游接待　　　F. 意见征询　　　G. 客户管理　　　H. 交流回访

5. 会议评估内容主要有( )、( )、会议场所设施服务和环境、( )、会议举办地、( )、与会人员评估、会议主办方的总体评估。
   A. 会议议程　　　B. 会议信息　　　C. 会议活动　　　D. 餐饮住宿
   E. 清洁卫生　　　F. 宣传促销　　　G. 现场秩序　　　H. 成交金额

第十一章　展览营销

学习要点

1. 理解展览的概念,根据展览的类型和展览营销的特征,理解展览营销特殊性;
2. 能够识别展览营销的主要对象,明确这些营销对象的特征和不同对象的营销目标,重点掌握参展商这一营销主体的参展动机、参展影响因素和参展决策过程;
3. 掌握展览营销的主要策略,区分展览营销策略与一般营销策略的差异;
4. 明确展览市场营销的主要过程,掌握展览营销各阶段的主要内容与方法。

开篇案例

展会营销媒介属性的提升:作为企业开拓市场的捷径

1. 企业如何选择展会

现代展览业发展到今天,每个行业的展会都有了自己的"展会老大",通常展会的知名度越高,吸引的参展商和买家就越多,生意成交的可能性也越大。如果是新出现的展览会,那么企业会视具体情况再决定是否参加。参加展览会的最终目的是为了拓展市场,要研究展览会的主办地及周边辐射地区是否有自己的目标市场和潜在购买力,最好先进行一番市场调查再参展。

2. 企业如何参加展会

展会是一种特殊的宣传平台,相对于电视、报纸、广播等众多媒体而言,它有自己独特的功能:可以将产品功能直接演示给参观者,让其对产品有全方位的认知。同时,展会是个不属于买卖双方的中立场所。从心理学角度看,这种环境易使人产生安全感,以积极、平等的态度进行谈判。这种高度竞争而又充分自由的气氛,正是企业在开拓市场时最需要的。

3. "线上+线下"是大趋势

随着互联网、移动互联网的信息化发展,会展行业进行线上线下的整合营销推广在当今已成为大势所趋,"线上+线下"策略组合拳应执行在整个管穿线。受互联网、新媒体的冲击,如今人们更习惯于主动通过互联网终端手段获取展会信息,网络新媒体渠道已然超越传统传播媒介。中国展览业信息化水平得到长足推进。展览会官方网站、官方微博、官方微信数量均显著增长,公众号、App等新技术手段得到普遍应用。而展览信息平台化建设成为展览信息化发展的新方向,全国性展览信息平台、地方性展览信息平台和企业自主研发的展览信息交易平台成为推动展览信息平台化发展的三驾马车,为未来举办网络虚拟展览会以及推动云计算、大数据、物联网、移动互联等新技术在展览业的应用打下坚实基础。展览业与互联网新技术的相互促进、协同发展正成为中国展会市场发展的新特点。互联网重构了商业价值,变革了服务边界,提高了服务效率和质量,成为变革展览形式的重要手段。

资料来源:袁帅.线上＋线下,充分挖掘展会的营销媒介属性[EB/OL].(2016-08-02).http://www.sohu.com/a/108620623_243993.

第一节 展览营销概述

一、展览会的概念

展览会发源于古代的庙会、集市、墟、场,又有展览、展销会、展览交流会、展示会、展评会、博览会、交易会、贸易洽谈会、看样订货会、样品陈列会等别称,与英文中的 exhibition、exposition、show、air 等相对应。展览会是一种综合运用各种媒介、手段,推广产品、宣传企业形象和建立良好公共关系的大型活动。对组织者来说,展览会是政府或企业举办的一次性非常规活动;对于参与者来说,展览会能为人们提供的非日常经历的娱乐、社交或文化经历的机会。

展览会有营利和非营利两种不同的类型,这里主要讨论以营利为主的商业展览会。展览会是联系买家和卖家的纽带,能在举办期短时间集中一个行业主要的生产厂家(参展商)和买主(中间商和专业观众),进行交流、开展交易活动,创造可观的经济效益和社会效益。因此,展览会一方面要靠"展"来吸引专业观众,另一方面要靠"览"和服务来吸引参展商,这就是展览会营销推广的基本原则。展览会的成功在于如何成功、有效地把买卖双方组织到一起,增加他们参加和参观展览会的兴趣和价值,促进和提高买卖双方的信息交换率和交易成功率。

二、展览的类型

(一)按展览性质划分

按性质不同,展览可分为贸易性展览、消费性展览和文化宣传性展览。贸易性展览是通过陈列实物,展示产品,面向工商界举办的展览。消费性展览是为公众举办,面向普通消费者的展览。消费性展览基本都展出消费品,目的是直接销售。文化宣传性展览是主要以宣传、教育为目的的展览,如文物展、科普展、禁毒宣传等。

(二)按展览内容划分

按内容划分,展览可分为综合展览和专业展览。综合展览是指包括全行业或数个行业的展览,也被称作横向型展览,如工业展、轻工业展、农产品展等。专业展览是展示某一行业甚至某一项产品的展览会,如钟表展、服装展、机械展。专业展览的突出特征之一是常常同时举办讨论会、报告会,用以介绍新产品、新技术。

(三)按参与者来源划分

按参与者来源划分,展览分为国际展览、国家展览、地区展览、地方展览及单个企业的独家展。关于国际展览认定,国际展览局规定,有两个以上国家的企业参加的展览会即可称为国际展览。业界普遍说法是符合以下条件之一即可称为国际展览:①10%以上参展商来自国外;②4%以上观众来自国外;③国外直接或间接参展净面积不少于总面积的20%;④20%以上广告宣传费使用在国外。UFI规定,符合下列条件之一的展会即可称为国际展览:①20%以上参展商来自国外;②20%以上观众来自国外;③20%以上广告宣传费使用在国外。

(四)按展览时间划分

按展览时间划分,展览可分为定期展览、不定期展览。定期展览是指定期展览是指举办时间、地点固定的展览,一般有一年四次、一年两次、一年一次、两年一次等。不定期展览,视需要和条件举办,分长期和短期。长期展览,可以是三个月、半年,甚至常设。短期展览一般不超过一个月。

(五)按展览场地划分

按场地划分,展览可分为室内展览、室外展览、巡回展览、网上展览。①室内展览,是多用于展示常规展品的展览,如纺织展、电子展、服装展、食品展等。②室外展览,多用于展示超大超重展品,比如航空展、矿山设备展。③巡回展览,是在几个地方轮流举办的展览会。④网上展览,是通过网络将产品进行展示。

三、展览营销的概念

展览营销是展览会举办者运用市场营销的思维和方法,将展览会作为整体产品,将展览产品向组展商、参展商、专业观众、普通观众、政府和行业协会等主体进行宣传推广和销售的过程。展览营销的过程不仅在展前的组展、招商,更在于展览会举办的全程,向各营销对象提供服务,帮助客户形成展览会满意的体验。

四、展览营销的特征

(一)综合性

综合性体现在两个方面:①营销内容丰富,一般包括展览会的规模、特色和配套服务等;②营销推广方式多样,为了使展览会效果达到预期,需要把几种营销手段组合使用,使参展商和观众从不同途径获得展览会信息。

(二)平台性

展览会是行业生产商、经销商和贸易商等进行交流、沟通和商业促进的平台。专业性展览会是所代表行业的缩影,企业可以在展览会中建立并维持与利益相关者的关系,融洽客户关系,建立企业整体形象。通过展览会,企业可以展示品牌。通过训练有素的展台职员、积极的展前和展中促销、引人入胜的展台设计、严谨的展台跟进服务,帮助参展公司大幅度提升竞争力。

(三)品牌性

没有品牌的展览会犹如没有名称的产品,无法向市场推广,也很难生存和发展。对于展览会而言,品牌由展览会标志和英文缩写名称组成,并要在展览会举办地或国际相关机构注册,以获得商标保护。如法国爱博展览集团主办的国际食品展由会标和SIAL组成品牌。通过多种手段宣传展览品牌,才能给参展商、专业观众和媒体留下深刻印象。

(四)经济性

通过展览会提供的信息渠道和网络,企业可以在很短时间内与目标顾客直接沟通,可将产品信息发送给特定客户,可获得来自客户的即时反应。据英联邦展览业联合会调查,参展商通过展览会进行营销的成本大大低于推销、公关、广告等手段。

(五)人本性

在竞争异常激烈的今天,追求"以人为本"已成为企业经营管理的重要哲学。从展览会举办者角度看,以人为本就是为参展商和专业观众创造理想的交流平台,并提供各项专业化的配套服务;为媒体记者营造良好的新闻采访和信息发布环境;为一般观众提供舒适的参观环境和完善的餐饮、交通等服务。只有这样,展览会才能得到各类公众的心理认同。

(六)信息性

展览会为参展商提供了市场调查的好机会。①企业可以收集到有关竞争者、经销商和新老顾客的产品、价格以及营销战略等方面信息,能够迅速、准确了解国内外行业发展现状趋势及新产品发明等,为企业制定下一步发展战略提供依据。②如果企业正在考虑推出一款新产品或新服务,可以在展览会上向参观者进行调查,以了解是否与目标市场需求特征一致。

章节案例

国际最知名的展览业组织 UFI

1. 基本介绍

UFI 于 1925 年 4 月 15 日在意大利米兰,由欧洲最有领导力的 20 家国际展览公司发起并成立。UFI 作为一个非政府国际性组织,依据的是 1901 年 7 月 1 日法国颁布的有关协会方面的法律。UFI 是其英文 The Global Association of the Exhibition Industry 的简写,在中国被译为"全球展览业协会"。

2. 组织目标

UFI 的主要目标是代表、促进和支持成员的商业利益和全世界展览业的发展。通过赋予展览会的独特品质,UFI 为展览业从业者提供一个可以交流观点和经验的有效的网络平台;在全球范围内促进展览会作为一种独特的营销和传播工具的应用;为成员提供涉及展览业所有方面的有价值的研究;提供教育机会和不同的专业研讨会;通过其地区分舵的定期会议和主题工作组处理成员们共同关心的议题。

3. 机构组成

第一,组织结构。包括:全体大会(The General Assembly);理事会(The Board of Directors);执行委员会(The Executive Committee);主席(The UFI President),三人组(The Trio),由主席和两个副主席组成。第二,专业委员会。包括:营销委员会(Marketing Committee),运营和服务委员会(Operations & Services Committee),数字创新委员会(Digital Innovation Committee),行业合作委员会(Industry Partners Committee),可持续发展委员会(Sustainable Development Committee),协会会员委员会(Associations' Committee),人力资源管理委员会(HR Management Committee)。

4. 会员成员

UFI 的成员可以分为两类:一类是正式会员(Full Members),一类是联系会员(Associate Members)。UFI 的正式会员包括:①国际展览会的组织者。每个展览会组织者至少有一个展览会被 UFI 所认可。想成为 UFI 的会员,先要拿出一个展览会来被 UFI 认可才行。②展览中心的所有者或运营者。③聚集展览会组织者、展览中心、行业合作伙伴的国际协会。那些拥有组织展览会或运营展览中心的子公司的公司,可以让这些子公司加入到 UFI 中。UFI 的成员可以使用 UFI 的成员 logo 作为公司营销材料中的质量标志。UFI 认可的活动 logo 也可以用于相应的活动的营销宣传中。UFI 的联系会员包括:旅游局和会议局,与展览业相关的服务和产品提供商,咨询公司,展览统计的审计企业,专业展览媒体,大学和教育机构。UFI 现在有 64 个联系会员。

5. 认可活动

如果一个展览会被贴上"UFI 认可的活动"这样的标签,就意味着这个展览会具有较高的质量,值得参展商和观众为之进行商业上的投入。获得和保有"UFI 认可的活动"地位,其程序包括对展览会净展出面积、国内外参展商和观众的统计。主要活动包括四类。第一,年会(UFI Annual Congress)。UFI 每年于 10 月底或 11 月初在世界主要展览城市举行年会。年会是协会每年规模最大、由全体会员参加的大会。第二,全球 CEO 峰会(Global CEO Summit,GCS)。每年的 1 月底或 2 月初,UFI 都会举办一个全球 CEO 峰会,只有全球展览组织公司(不管是不是会员)或展览场地的 CEO 们才可以参加这个峰会。第三,研讨会(Regional Seminar)。从 1969 年开始,由合作委员会筹备,UFI 举办了多场研讨会,专注于区域性特别是欧洲以外的区域性展览业的发展。第四,焦点会议(Focus Meetings)。每个焦点会议都是要解决展览业中的现实议题,面向所有的业内从业者开放。

6. 教育调研

第一,教育培训。UFI 宗旨是展现和服务世界的展览业,UFI 致力于促进展览业的独特价值并教育行业从业人员。UFI 提供的教育培训有展览管理学位(Exhibition Management Degree)、国际夏季大学(International Summer University)和 UFI 的在线课堂(UFI Online Course)。第二,调查研究。UFI 以及其成员持续地对展览业进行调查和研究,其成员可以独得这些调查和研究的成员。

7. 全球展览日

2016 年 1 月,UFI 与国际展览与活动协会(IAEE)宣布,展览业内的主办方、场馆、协会与服务商共同推动设立 2016 年 6 月 8 日为全球首个"展览日",以突显展览业在经济发展中扮演的重要角色。全球展览日推动的是一个全球展览人的节日。每个展览人、展览组织、展览协会都可以以不同的形式来庆祝这一节日,创造自己与众不同的庆祝方式。而不管每个人做了什么,都将会对促进展览业发展贡献力量。

资料来源:刘春章.活动策划家.2016.

第二节 展览市场定位

一、展览的营销对象

明确展览会的营销对象是展览会市场定位的第一步。展览会的营销对象见表 11-1。①政府部门。在我国多数地区的展览会发展仍然没有脱离政府主导和政府驱动型的发展模式。展览会举办者为了得到更多资源,展览公司为了得到更多举办和承办机会,必须和政府相关部门保持良好的合作关系。②参展商。参展商是展览会所举办展览相关领域的专业企业和机构。参展商的多少和质量,也是维持展览会吸引力和持续发展的基础条件。③赞助商。赞助商和参展商不同,他们可以是与展览会主题相关的企业,也可以是与展览会无关的企业。这些企业以现金以及产品、服务、技术和人力资源等现金等价物的方式资助展览会,获得展览会的广告权、冠名权、媒体权和特许经营权等。④专业观众。专业观众是与展览会主题相关领域的专业人士,也包括没有参展需求,希望到展览会现场参观的企业代表,通过参与展览会,获得市场调查、沟通洽谈、要约合作等需求,未来也可能成为参展商和赞助者。⑤供应商。供应商是为展览会提供场馆、设施设备等有形支持,以及策划、信息咨询、广告、装饰、物流、仓储、财务、安保、交通、餐饮、旅游等服务的产品服务供应商。⑥竞争者。即对该展览会产生直接或间接排挤替代效应的竞争者。一是与展览会主题相似或类似的其他展览会,有直接替代效应。二是电视广告、网络媒体广告、网络展览会、产品发布会、体育比赛等营销手段,容易对参展商产生吸引力,放弃参加展览会。展览会需要与竞争对手保持良好关系,跨界合作,共同为参展商创造价值。⑦社会公众。社会公众是指潜在的对展览会感兴趣的组织和个人,他们对展览会保持关注,可能转化为展览会的参展商、赞助商、投资者、举办者、专业观众。要争取将其转化为现实客户。⑧内部公众。内部公众包括展览会的组织者、策划者、管理者、普通员工、招募的志愿者等。展览会成功举办的基础,必须首先处理和内部公众的关系,才能实现外部营销成功。⑨新闻媒体。新闻媒体的关注和正面报道将提升展览会的影响力和传播力,提高展览会的营销效果。要主动联系主流新闻媒体和网络自媒体进行报道,为新闻媒体报道提供帮助和便利。

表 11-1 展览会的营销对象分析

营销对象	对象特征	营销目标
政府部门	政府商务、贸促、文化、旅游等部门,掌握公权力、有效组织社会力量,有举办展览会的需求	获得政策、资金等支持,获得政府展览会的承办权
参展商	各领域专业企业,对展览会有选择权	吸引优质参展商持续参展,促进其商务洽谈、签订合同、推广形象
赞助商	希望通过赞助展览会实现特定的商业目的	招揽赞助商为展览会提供持续和高额的赞助资金
专业观众	对展览会产品服务有特定需求的个人	吸引对方参展、购买产品
供应商	为展览会举办提供场馆、信息咨询、广告、装饰、物流、仓储、财务、安保、交通、餐饮、旅游等服务	获得稳定的供应关系,降低价格,保持服务质量
竞争者	与展览会主体相同、类似,甚至是其他类型的营销方式	保持良好关系,在一定程度上进行合作,共同创造产业繁荣
社会公众	社会上潜在的对展览会有参展、赞助、投资、参加等需求的企业和个人	展示良好形象,推广品牌,将潜在客户变为现实客户

续表 11-1

营销对象	对象特征	营销目标
内部公众	展览会内部策划者、管理者、普通员工、志愿者等	通过合理沟通、激励、绩效管理等,满足需要,激发主动性和创造性
新闻媒体	通过宣传报道,推广展览会的影响力,影响公众对展览会的认知和看法	吸引更多新闻媒体,为报道提供便利,鼓励更多、更深入全面报道

二、参展的动机目标

(一)市场动机

参展商选择在展览会上发布新产品信息和展示新产品,以激发目标消费者和潜在消费者的消费欲望,达到产品促销目的,为今后的市场营销铺平道路。消费者通过展览会直接体验到不同厂家不同产品性能,了解产品价格,选择适合自己的商品购买。通过参加展览会,参展商很容易了解其他企业的发展、产品状况,甚至是科技秘密,还可以在与观众的交流中了解市场需要和潜力。这样获取的数据通常比一般的市场调研更直观和准确。

(二)宣传动机

展览会是一种非常直接、有效的公关宣传活动,宣传效果不同于广播、报纸、电视、杂志等传统媒体,且收益高于传统媒体。参展企业在展览会上可直接面对消费者和竞争对手,通过即时宣传交流,获得市场信息和动态,迅速统计相关市场资料,为企业制定以后的宣传目标及方案提供重要依据,这都是传统媒体不能达到的。

(三)营销动机

作为参展企业市场营销重要手段,展览会是企业不可忽视的营销环节。展览时间虽然短,企业若加以充分利用,可以在展览会上吸引个人和机构用户购买,签订订单和购买意向,寻求代理合作,建立品牌知名度,在同行业间建立横向联系,更好地实现企业营销目标。

(四)形象动机

树立或维护参展商的形象。参展可以帮助企业树立形象。对于新企业来说,参展可以帮助企业在短时间内建立客户关系,进入市场,被同行所接受。对老企业说,更应注重固定参加一些有影响、有规模的专业展,以便定时与客户交流联络,维护其已有的市场地位和业界形象。

三、参展的影响因素

(一)展会性质

每个展览会都有不同的性质。根据展览目的,可分为形象展和商业展;根据行业类型,可分为行业展和综合展;根据观众构成,可分为公众展与专业展;根据贸易方式,可分为零售展与订货展;根据展出者类型,又有综合展、贸易展、消费展等。在发达国家,不同性质展览会界限分明,但是在我国,由于受到经济环境和展览业水平限制,展览会往往难有准确划分。参展商应结合自身需要,谨慎选择。

(二)展会知名度

现代展览业发展到今天,每个行业的展览会都形成了自己的"龙头品牌",如芝加哥工具机展、米兰时装展、汉诺威工业博览会、广州中国进出口商品交易会等。通常来讲,展览会的知名度越高,吸引的参展商和买家就越多,成交的可能性也越大。如果参加全新展览会,要看主办者是谁,在行业中号召力如何。名气大的展览会往往收费较高,为节省费用,可与人合租展位,即便如此,效果也会好于参加那些不知名的小展览会。

(三)展览内容

现代展览业日趋专业化,同一主题展览会可细分为许多小的专业展。例如,同样是有关啤酒的展览会,具体的展出内容可能是麦芽和啤酒花,可能是酿造工艺,可能是生产设备,可能是包装材料和加工技术,也可能是品牌啤酒展。参展商一定要事先了解清楚,避免参加不需要的展览会。

(四)办展时间

展出效率与产品周期之间有一定联系。在产品的新生和发育阶段参加展览会,有事半功倍的超值效果;在产品的成熟和饱和阶段参加展览会,展出效果可能事倍功半,很难达到预期效果;在产品的衰退阶段参加展览会,展出往往劳而无功。此外,参加展览会时间还要考虑企业的经营运作、生产情况、供货情况以及宏观经济周期、市场繁荣情况和消费者习惯等因素。如果展览时期恰好是该行业的繁荣时期和产品销售旺季,展览效果自然会好。在年初或年底的展览比较受欢迎,这个时候是企业制订计划的时点,企业参展或参观有可能获得重要的市场信息。

(五)办展地点

参加展览会的最终目的是为了向该地区推销产品,所以参展企业一定要研究展览会的举办地及周边辐射地区是否是自己的目标市场,是否有潜在购买力,必要时可先进行一番市场调查。另外,展览会举办地的区位交通、基础设施、经济发展水平、政策扶持力度、生态环境、社会治安状况等也对企业决策产生影响。

四、参展的决策过程

(一)展会甄选

对各类展览会进行筛选,以做出明智选择。①研究行业动向。与各展览会营销经理洽谈,了解前几届展览会观众数量、职业分布、地理分布和交易类别;了解往届参展商数量,有哪些知名企业参展及其参展力度。尽可能要求展览会营销经理寄上详细的招展说明和往届展览会的分析报告,从中判断展览会的质量和特色。②比较各展览会举办时间、地点和展位费用。参加在业务待开拓地区的展览会,重点应放在产品宣传推广、市场调研等方面;参加业务成熟地区的展览会,重点放在企业形象宣传、品牌提升、融洽客户关系等方面。③通过上门或电话拜访参展企业、行业协会和杂志社,了解展览会主办机构组织能力、观众特征等;从以往展览会目录中了解哪些公司参加过展览会,是否每届参展及参展力度。

(二)展品选择

展品是能给参观者留下印象的最重要因素。选择展品有三个原则:①针对性是指展品要符合展览会的目的、方针、性质和内容;②代表性是指展品要能体现参展企业的技术水平、生产能力及行业特点;③独特性是指展品要有自身的独特之处,以便和其他同类产品区分开来。

(三)展示方式

展品本身在一般情况下并不能说明全部问题、显示全部特征,需要运用图表、资料、照片、模型、道具、模特或讲解员等,借助装饰、布景、照明、视听设备等手段,加以说明、强调和渲染。展品如果是机械或仪器,要考虑安排现场示范,甚至让参观者亲自动手操作;如果是食品饮料,要考虑让参观者现场品尝,并准备小包装免费派发;如果是服装或背包,要使用模特展示,或安排专场表演。

(四)展台设计

展台要能反映参展企业形象,能吸引参观者注意力,能提供真实的功能环境。展台设计在注重视觉冲击力的同时,还要注意四点:①展览会不是设计大赛,展台设计要与整体的展览会格调相协调;②展台设计是为了衬托展品,不可喧宾夺主,让"绿叶"淹没"红花";③展台设计要考虑参展企业的公众形象,不可过于标新立异;④展台设计时不要忽略展示、会谈、咨询、休息等展台基本功能。

(五)人员配置

人是展览工作第一要素,也是展览成功与否的关键所在。展台人员配备可从四个方面考虑:①参展企业根据展览会的性质选派专业相关或类型合适的人员。②根据工作量大小决定人员数量。③注重人员基本素质,如相貌、声音、性格、自觉性、能动性等。④加强现场培训,如专业知识、产品性能、演示方法等。参展商品如果是大众消费品,应着力树立品牌形象,在消费者中形成亲和力;如新产品,应大力宣传其与众不同之处;产品如具独创性,应强调在技术或设计上的突破性。

章节案例

展览会对参展商的功能与作用

1. 信息传播

展览会从本质上说,是为信息交流而进行的传播活动;展览经济被认为是一种蕴涵无限商机的新型经济,但其作为传播活动的本质就是展览经济成功的原动力。全球最著名的展览集团就是始建于专业媒体,展览组织者同时就是信息与媒介传播专家。如世界最大的展览集团励展集团就是脱胎于出版媒体 Reed and Elsevier。展览会是信息交流传播的媒介和载体,对参展商来说,有限的展台可以展示企业无限文化,向公众展示企业的文化理念和思想,不同参展单位之间彼此互相学习和借鉴。

2. 联系贸易

展览会有利于参展企业与供应者、购买者、同行企业等有关各方建立联系,促成贸易。第一,联系量大,联系面广。在为期几天的展出期间,参展商通常可以接触整体行业或市场的大部分客户,可以联系到包括现有客户、潜在客户、供应者、代理商、消费者以及行业主管部门领导、本领域专家等各层次和类型的人物。第二,联系效果好。很多参观者是具有订货决定权或订货影响力的关键人物和决策人物;参观者处于心理开放状态下,易于与客户交流。第三,建立产品流通渠道。展览在批发、工业产品、金融产品等方面发挥重要作用。第四,促进实现贸易。买卖双方可以完成推销洽谈、介绍产品、回答咨询、建立联系、签约成交、当场回款等买卖流通过程,产生高效低耗的贸易方式。

3. 整合营销

展览会作为企业之间有效的营销平台,具备了其他营销工具的相关属性。作为广告工具,展览会媒介将信息针对性地传递给目标客户及特定用户观众;作为促销工具,展览会刺激公众的消费和购买欲望;作为直销形式,可以直接将产品销售给观众;作为公共关系方式,展览会具有提升企业形象、美誉度的功能。展览会作为企业展示产品、收集信息、洽谈贸易、交流技术、拓展市场提供了桥梁和纽带作用,在发达国家,展览营销已经成为很多企业整合营销的重要手段。

4. 促销手段

第一,告知说服。展览把企业的产品、服务、价值、信誉、交易方式和交易条件等有关信息告诉广大公众;通过现场与观众互动,如提供证明、产品演示、解释疑虑和表示承诺等方法来说服目标客户。第二,刺激需求。通过展览会的新产品示范平台,将参展产品或科技成果展示给大众,通过大众从众心理,对目标市场的客户产生舆论导向,建立对企业的印象和好感。第三,促销平台。通过展览会平台展示产品性能,比较其他参展商的同类产品性能、价格等差异,测算市场供给的竞争态势。第四,新技术扩散与推进。展览会作为科研成果、技术革新、新发现与新创造等在国际生产领域的应用和传播起到不可低估的作用。

5. 市场调研

第一,范围广泛。调研性质可以是技术的,也可以是贸易的;调研对象可以是某家企业、全部企业、某项产品现在技术和发展趋势;调研目的可以是寻找客户,也可以是了解对手。第二,内容翔实。展览会对产品观察和客户接触都是直接、第一手的,相对比间接获得信息真实、可靠性高。第三,方式多样。展览会以产品展示、专业研讨会、讲座等多种信息展示形式,为参展商及相关市场调查者提供了良好调研机会。

资料来源:莫志明,唐玉.展览项目管理实务[M].武汉:华中科技大学出版社,2017.

第三节 展览营销策略

一、产品策略

产品营销是展览会市场营销的关键。展览会产品本质上属于服务产品,是在对参展商这一目标客户需求分析的基础上提供的一系列服务。需要首先实施展览产品策略。①展览会定位。建立在展览市场细分和目标市场选择基础上,直接表现为产品和服务的差别化,前提条件是进行深入的客户分析、竞争对手分析、企业优劣势分析和环境分析。展览会定位步骤包括确定定位层次、分析目标客户、描绘价格-质量二维定位图界定目标客户主要特征、定位选择评价、实施定位策略。②展览会竞争力分析。展览会竞争力影响因素主要包括品牌知名度、观众组织、展览会主题、市场化程度、展览会规模和配套服务水平等。③组合分析。研究影响展览企业产品格局的因素,主要包括展览企业的综合实力、定位和发展趋势。④品牌化。品牌展览应至少符合七项标准:权威协会和代表企业的坚强支持,努力寻求规模效应,代表行业发展方向,提供专业展览服务,获得 UFI 资格认可,媒体合作和品牌宣传,长期规划不急功近利。

⑤产品实体化。展览企业将产品的定位和形象,通过标志、品牌设计、宣传资料、展览会现场布置和工作人员制服等有形要素体现出来。⑥新产品开发。展览会创新包括新主题、展览会内涵的拓展、产品和服务改善、服务项目增加、展览风格改变。

二、价格策略

展览产品价格是竞争的关键要素,对产品销售与市场占有率产生直接影响。价格变化影响消费者购买决策,从而影响企业的生产与销售。制定科学的价格策略并实施,才能吸引和保持顾客,增加销售,获得经济效益。展览价格策略内容包括价格制定程序、明确定价目标、主要的定价方法。其中价格制定程序与一般工业产品的定价原理和程序相似。展览企业定价目标有获得预期的投资收益率、追求利润最大化、提高市场占有率、适应价格竞争、维持生存和保护环境六种。定价方法有成本导向定价法、需求导向定价法和竞争导向定价法。

三、促销策略

促销活动可以有效促进消费者购买欲望产生,并激发购买决策,也能帮助企业树立形象。企业要根据自身业务及产品特点和生命周期选择促销形式。展览促销方法很多,常用的有直接邮寄、广告宣传、网络营销、召开新闻发布会、与协会合作、参加相关展览会或用展位与媒体进行置换等。展览企业也应结合自身特点,适当引入互联网渠道开展多样化的促销活动。

四、渠道策略

营销渠道是营销主体将展览产品传递给营销客体采用的手段和媒介。邀请潜在参展商参加展览会是营销工作的目标,实现这一目标就需要建立高效的营销渠道。营销渠道有展览公司的项目小组、展览会所属行业的行业协会、专业媒体代销、专业代理机构四类。随着展览会和会议越来越紧密的融合,各种形式的论坛已成为展览会的重要补充,有的甚至处于主导地位。论坛的分销渠道有专业媒体、行业协会或组织以及代理机构等。利用新媒体网络渠道进行营销,已成为展览行业共识。各会展公司可以借助网络营销,更好地开发潜在客户。

五、人员策略

人员要素在营销组合中占有重要地位。参展商对一线员工在服务意识、服务态度、专业素养等方面的印象,将影响其对公司的印象。展览企业员工要具有顾客导向的服务意识和专业服务能力,通过提供专业服务获得参展商认可。根据营销组合与顾客接触的关系,将展览企业人员分为四类,如图11-1所示。①接触者。与参展商或专业观众保持定期接触,是展览企业的项目经理、项目组成员、公司业务代表等。②影响者。很少或基本不与客户接触,主要包括展览项目开发者、市场研究者等。③改变者。一般不直接参与营销活动,但也需要了解营销战略,如电话总机接线员、接待人员、志愿者等。④支持者。支持性部门员工,很少接触客户,但行为能极大影响展览营销行为,如人力资源、财务、采购、工程等人员。

	涉及营销组合	不涉及营销组合
经常或定期接触客户	接触者	改变者
不经常或不接触客户	影响者	支持者

图 11-1　展览公司人员类别及对客户的影响

六、过程策略

过程是展览举办方向参展商提服务所采用的规范、程序以及活动等。展览服务提供过程就是生产和消费过程,重点考虑六个问题:①如何明确外包原则,将可以外包的服务和需要由自己直接与客户接触的服务区别开;②展前、展中、展后不同阶段服务发生的具体时间节点以及地点;③定义差异化服务和标准化服务;④如何设计更灵活、更完善的参展商日程表;⑤如何更加全面收集参展商的评价和反馈信息;⑥如何预防、应对意外事件。

七、客户服务策略

展览公司对客服务应贯穿于参展前、参展中和参展后的全过程。①展前服务:制定对客服务政策,了解参展商对展览会的感知,设计展览会对客服务流程,争取对客服务的人力和技术支持,与参展商保持密切沟通。②展中服务:遵守事前制定的时间安排,保持参展手续办理的便利性,满足不同参展商和专业观众不同的要求,维持现场服务的水平,营造良好的服务环境,展览配套服务顺畅。③展后服务:履行对客户的各项保证,对客户投诉和抱怨进行处理,对展览会质量进行评估,改进展览会各项服务工作,更新客户数据库,与新客户建立长期合作关系。

第四节　展览营销过程

一、环境分析

展览会营销环境分析是展览举办方根据展览会所具备的内部条件,对展览会外部环境进行分析,发现会展营销面临的机会、威胁,找出优势和劣势,为营销提供决策依据。会展营销环境分析方法有很多,包括内部环境分析法、外部环境分析法、产品评价法等,具体方法有 PEST 分析、SWOT 分析、外部因素评价矩阵(EFE 矩阵)等。

二、组合设计

展览会营销要针对展览会场,系统、有针对性地创造、传播和交换,对客户、顾客、消费者、合作伙伴以及整个社会有价值的产品、信息和服务。其主要实现途径是营销组合设计,即展览举办方在综合考虑内外部环境条件基础上,结合自身情况,寻找最佳营销要素,并将这些营销要素有机整合,达到最理想的营销效果。在展览营销领域,4P 战术组合是展览会营销组合基础,同时由于政府在展览会中的特殊作用,权力(power)和公共关系(public relations)作用的发挥也十分重要。同时,战略定位(positioning)决定了展览会营销的目标和方向,人(people)是展览会营销实施的主体,两者作用也不容忽视。综上,展览会营销组合是在营销战略定位前提下,以 4P 为基础的营销组合,人是展览会营销实施的保障。

三、营销策划

营销方案是营销策略的具体落实。展览会营销组合因素和组合模式多样,相应的营销方案内容也比较多样。展览会营销方案要有总体的营销思路和具体的实施方案,包括展览的市场定位方案、营销战略方案、宣传推广方案、品牌策划方案等内容。这些具体的营销实施方案要在科学决策基础上,明确展览营销方案的实施目的、内容、时间长度、完成时限、实现进度、责任分配、经费预算等要素。

四、客户邀请

为取得展览会成功,展览举办者要组织专业观众和采购商,对展览的客户群发出参观和联络邀请。举办方可使用展览会邀请函等多种方式向意向参展商发出邀约,将一部分礼品随邀请函寄给客户,并告知可以到展位上获取完整礼品的另一部分;对客户邀请情况进行记录交展览会汇总,最后完成客户定位、收集、整理、核实信息、建立数据库等基础工作。

五、参展准备

展览举办者向参展企业提供参展商手册,对其在该阶段应该完成的准备工作和时间期限提出要求。展览经理保持与参展商联系,协助参展商做好展位选择与确认,展位设计与搭建,展品运输,宣传资料、赠品或礼品准备,工作人员和展位人员培训等工作。

六、展前营销

展前推广能增加展览会关注度。展前推广计划有四种:①直接邮寄。通过微信公众号、移动端网页页面、电子邮件邀请、邮寄宣传材料,参展商可以了解展会信息。要注意把握好直接邮寄的时间与方式。②媒体宣传。制订媒体联系计划,选择恰当时间通过报纸、行业刊物传递企业参展信息和参展动态,内容力求新颖明了。③展览赠品与优惠。为提前购买的参展商提供折扣、优惠、赠品和附加服务等。④赞助活动。与参展企业合作设计个性化赞助活动。

七、展时安排

在展会举办期间,协助参展商做好各项接待工作。第一,统一口径。避免出现招商招展政策不一致的情况。第二,人员分配。参展商接待、商务谈判、对外联络、后勤保障、信息搜集等都具体到人,分工合作,相辅相成。第三,形象礼仪。接待服务人员、志愿者等注意形象、落落大方、不卑不亢。第四,展场管理。提醒参展商遵守展览场馆活动与展位设计搭建的规定限制,维护展览会整体效果、公共安全和公共秩序。第五,展台规定。①高度限制。对展台展品高度限制,尤其对双层展台、楼梯、展台顶部向外延伸的结构限制更严。②开面限制。规定参展商一定比例的面积朝外敞开,比例一般是70%,允许30%以下的面积封闭。第六,展览用具规定。①展架展具材料限制。使用经防火处理的材料,限制使用塑料和危险化学品等。②电器规定。电器技术指标必须符合当地规定和要求。第七,人流规定。①走道限制。对走道宽度的规定和限制,保证人流畅通,禁止展台、道具、展品等占用走道。②电视、柜台限制。如电视不得面向走道,柜台必须离走道一定距离等。第八,消防规定。①消防环境。大面积棚台必须按展馆面积和预计观众人数,按比例设紧急通道或出口并设标志。②消防器材。必须配备消防器材。③人员。要求参展商指定消防负责人,参展人员明确消防规定和紧急出口等。第九,展品规定。对参展商的异常展品包括超高、超重展品进行规定。超重展品使用地托分散单位负荷。超高、超重展品需要先于其他展品进馆。第十,音量色彩规定。①音乐限制。举办方统筹背景音乐,提醒参展商声像设备音量必须控制在不影响周围参展商的范围内。②色彩限制。要求参展商使用某种基本色调或标题色调,还可能提出标题字形、大小要求。第十一,劳工规定。协助参展商了解展会举办地的劳工使用规定。第十二,手续规定。要求参展商在施工前办理手续。

八、保障措施

协助参展商做好内外部环境和条件、制度和人等方面的保障工作。①媒体维护。媒体包括自媒体和外媒体两个方面的媒介链接与信息传播。自媒体包括展览会的官方网站、微博、微信公众号、电邮简报等电子媒体以及邀请函、会刊、会报等纸质媒体。外媒体是与展览会主题关联的外部专业媒体、综合媒体。②市场调研与分析。根据展览会需要或针对展览存在的问题,进行调查研究,如展览会主题扩展增加新板块、异地创办子展、合作方拓展等;对同类展会、参展商、观众、赞助商以及财务成本等方面进行分析。③广告与赞助销售。这是展览会市场收入的主要来源。④美工设计。美工设计包括展览所需形象设计、平面设计等。

九、展后工作

在展后阶段需要完成四个方面工作。第一,信息分析。举办方获得的参展客户资料、新产品反馈、竞争对手参展状况、行业技术动态等信息,应及时进行分析、整理。第二,预算分析。对展览举办的预算分析进行考评,对因不可抗力和经营失误等因素发生变化,不得不调整、追加预算情形,遵循审批程序进行调整。第三,绩效评估。对本届展览会进行绩效评估。①销售量评估,包括展位销售量,参展商、专业观众、普通观众到会情况,周边餐饮、住宿、旅游接待产品的销售情况。②签约率评估,包括统计参展商的客户签约率,评价展会的效果。③知名度评估,包括参展商知名度、展览会知名度和举办城市知名度,通过本次展会举办的提升情况。④信息评估,主要是对展会新闻报道、客户网络口碑、社交媒体信息、展会期间网络舆情等信息进行评估。第四,展后跟进。持续对参展商进行跟踪和后续服务,确保参展商忠诚度和再次购买率。

章节案例

展览营销的四大准备工作

1. 展厅：展会营销的基石

订购宽敞的展厅对营销显得很有必要，加上别出心裁的设计、独具特色的展品摆放将会为你吸引来客户无数。展厅的设计一定要符合大众的审美要求，方便参观，明亮简约，不要太复杂，更不能暗淡无光，千万别太另类以至于观者望而止步。展厅要为企业服务，为营销服务，不要只是为了好看而强调外观花哨。考虑参展企业多人数多，在展厅设置引人注目的招牌也不可忽视。

2. 讲解：人际传播高于一切

展会营销是人与人之间的营销，是口头传播与实体展示相结合的多渠道销售模式，让客户了解的你的产品是首要的问题。以现场操作和讲解的方式让客户了解比什么宣传力度都高。负责讲解和操作的人一定要熟练，并对各产品了如指掌，能回答客户提出的一切问题，应加强锻炼，反复演示，将所有信息数据牢记于心。

3. 画册：给客户一个读的空间

利用画册印刷品独有的宣传功能和信息传递作用，将产品名称、尺寸规格、使用领域等表于纸上，给客户一个阅读的机会。好的画册是营销的利器，也是企业的窗口，它是为营销服务的。用于展会的画册应该区别其他画册，太厚将不利携带，而太薄又显得没有实力，让人不踏实。整本画册不能单单是产品介绍，也要传播有精神有灵性的企业文化。

4. 名片：不可忽略的细节

名片，是人际关系网络里最活跃的因子，也是营销过程中最简明的展台。想要做好市场营销，千万别小看一张名片的作用，一张小小的名片可以知晓呈递者的企业、产品、联系方式等基本信息，还可以看到呈递者的职位、特长、身份地位等。印名片时不能只是印上电话地址这些基本信息，也不能花哨。名片应简约、画面干净、字迹清晰，更不要使用繁体字或艺术字等。

资料来源：展会营销五大准备工作要做好［EB/OL］.（2016 - 08 - 30）.http://www.sohu.com/a/112809865_482561.

本章小结

本章介绍了展览和展览营销的概念，分析了展览的类型和展览营销的特征，有助于理解展览营销的独特性；识别并分析了展览营销的主要营销对象，明确了营销对象的特征和营销目标，重点对参展商的参展动机、参展影响因素、决策过程等进行介绍；介绍了展览营销的营销策略；分析了展览营销举办过程中各阶段的主要内容和方法。

1. 在以营利为主的商业展览会中，展览会是联系买家和卖家的纽带。展览会一方面靠"展"来吸引专业观众，另一方面要靠"览"和服务来吸引参展商。

2. 展览会主要有政府部门、参展商、赞助商、专业观众、供应商、竞争者、社会公众、内部公众、新闻媒体等营销对象。

3. 展览营销的策略有产品策略、价格策略、促销策略、渠道策略、人员策略、过程策略、客户服务策略等类型。

4. 展览营销各环节包括环境分析、组合设计、营销策划、客户邀请、参展准备、展前营销、展时安排、保障措施、展后工作等内容。

复习思考题

1. 根据展览和展览营销的特征,分析展览营销与会议营销的异同。
2. 分析展览营销不同营销对象的特征和营销目标。
3. 分析参展商的参展动机、参展影响因素和参展决策过程。
4. 论述展览营销的主要策略,区分展览营销策略与一般营销策略的差异。
5. 介绍展览营销的主要过程,分析展览营销各阶段的主要内容与方法。
6. 构建展览营销的评估指标体系。

单选题

1. 参展商参加展览会的动机包括市场动机、宣传动机、营销动机和(   )。
   A. 交流动机   B. 营利动机   C. 形象动机   D. 信息动机
2. 影响参展商参加展览会主要因素不包括(   )。
   A. 办展地点   B. 展览内容   C. 展览会知名度   D. 展品质量
3. 参展的决策过程主要有展会甄选、(   )、展示方式、展台设计、人员配置。
   A. 客户接洽   B. 展品选择   C. 展场管理   D. 展前营销
4. 会展营销环境分析方法主要包括内部环境分析法、外部环境分析法、(   )等。
   A. IPA 分析法   B. 波士顿矩阵法   C. 综合评价法   D. 产品评价法
5. 会展营销环境分析的具体方法有 PEST 分析、(   )、外部因素评价矩阵等。
   A. SWOT 分析   B. 生命周期分析   C. 生态位分析   D. 竞争对手分析

多选题

1. 展览营销的市场营销策略包括产品策略、价格策略、促销策略、渠道策略、(   )、(   )、(   )。
   A. 人员策略   B. 过程策略   C. 广告策略
   D. 公关策略   E. 客服策略   F. 组合策略
2. 展会举办者实施的展览产品策略主要包括(   )、(   )、组合分析、(   )、(   )、(   )等。
   A. 展览会定位   B. 展览会竞争力分析   C. 产品传播推广
   D. 品牌化   E. 产品实体化   F. 新产品开发
3. 在展览会的举办阶段,展会举办者应做好(   )、人员分配、(   )、(   )、展台规定、展览用具规定、(   )等工作。
   A. 构建团队   B. 统一口径   C. 形象礼仪   D. 展场管理   E. 人流规定   F. 食宿安排
4. 展会举办者在展后阶段的主要任务有(   )、预算分析、(   )、(   )。
   A. 展台管理   B. 信息分析   C. 展台环境   D. 签署合同
   E. 组合营销   F. 安全保障   G. 展后跟进   H. 绩效评估
5. 展览营销绩效评估可采用销售量评估、(   )、(   )、(   )等评估方法。
   A. 360 评估   B. 签约率评估   C. KPI 评估
   D. 美誉度评估   E. 知名度评估   F. 信息评估

第十二章 奖励旅游营销

学习要点

1. 理解奖励旅游的概念和内涵,对奖励旅游进行分类,分析奖励旅游的功能,理解奖励旅游营销的特殊性;
2. 对奖励旅游市场特征进行分析;
3. 理解奖励旅游的主要营销策略;
4. 理解奖励旅游市场营销的主要过程,掌握各阶段的主要内容、方法。

开篇案例

3.0时代奖励旅游到底该怎么游?

奖励旅游最早在出现时主要集中在保险、金融、直销、汽车等高速发展的行业,其历史可以追溯到20世纪二三十年代的美国,如今一半以上的美国企业都在以奖励旅游来激励员工,欧洲发达国家企业也普遍存在奖励旅游。一般在奖励旅游中,企业的首脑人物会出面作陪,和受奖者共商公司发展大计,这对于参加者来说无疑是一种殊荣,同时具有增强员工荣誉感,加强企业团队建设的作用。更重要的是,常年进行的奖励旅游会使员工产生强烈的期待感,对于刺激业绩成长能够形成良性循环。

在奖励旅游出现的初期,企业往往用海外游来实现业务人员的出国梦,激励他们创造更好的业绩,一般组团规模庞大,人数动辄几千上万人,声势浩大。九方马传播机构董事长王万军将这一阶段形象地将其归纳为奖励旅游的1.0时代。而2.0时代则是在形式和内容上大大升级,更多地体现出参与者"尊享"的优越感。王万军分析,奖励旅游的目的其实不是奖励而是激励,目的是激励人们再创佳绩。这往往要求组织者采取非常规的手段,让参与者能享受到个人无法享受到的旅游尊荣感,才能获得激励的效果,这也是以往奖励旅游1.0、2.0时代出现的原因。

中国社科院旅游研究中心特约研究员刘思敏认为,如果把奖励旅游当成单纯的奖励,那么跟现金和物质奖励有何不同?关键在于除了旅游的物质享受之外,可以给员工带来精神层面和文化层面的附加值。一旦附加值真正体现,员工旅游回来工作的战斗力增加,公司凝聚力提高,便形成一个奖励旅游的良性循环。所以说,奖励旅游最终目的是企业文化的培养形成。从意义和目的上倒推,精神和文化的附加值是奖励旅游发展的条件和最佳土壤。

奖励旅游本身也存在升级的诉求,尤其在今天这个崇尚精神价值的时代,单纯依赖物质的激励和奢华体验已经无法满足员工的需求。而如新本次"海上学府"不同于以往的"土豪游",

是一种追求精神、信念层面,具有社会价值的奖励旅游。这种模式把学习和旅游相结合,侧重文化内涵,传播价值观和企业文化,提升参与者自身修养和技能,在过程中让员工有所感悟,对企业更加有归属感。比起以往,这种旅游明显层次更高。未来这种增值型的奖励旅游将会被越来越多的企业所采用。

资料来源:奖励旅游到底该怎么游?[EB/OL].(2015-07-20). http://news.zhixiaoren.com/2015/0720/1/44987.html.

第一节 奖励旅游营销概述

一、奖励旅游的内涵

奖励旅游一般包含会议、旅游、颁奖典礼、主题晚宴或晚会等部分。企业主要领导出面参与,和受奖者共商企业发展大计,对于受奖者来说是一种殊荣。活动安排也由旅游企业精心策划,别出心裁的主题宴会往往是行程的重头戏,从宴会场地选择布置,到晚会节目设计,以及餐饮安排,每一个细节都要令员工难忘。由于奖励旅游参与者范围不断扩大,活动内容和形式不断更新,活动目的和社会功能也不断演化,奖励旅游概念的内涵和外延也有新的发展。

奖励旅游是会展旅游的重要组成部分,是一种高品位、高消费、富有文化内涵的享受型特殊旅游活动。奖励旅游是一种现代化管理工具,目的在于协助企业达到特定目标,并对达到该目标的人员给予一个非同寻常的旅游假期作为奖励;同时也是各大企业安排以旅游为诱因、以开发市场为目的的客户旅游团。因此,奖励旅游既是企业激励员工的现代管理工具,也是企业以开发市场为目的的手段。

二、奖励旅游的类型

(一)按目的划分

按目的划分,奖励旅游可分为四种类型:①慰劳型。作为一种纯粹奖励,奖励旅游目的是慰劳和感谢对企业业绩成长有功的人员,疏解紧张的工作压力。活动安排以高档的休闲、娱乐等消遣性活动项目为主。②团队建设型。奖励旅游目的主要是为了促进员工之间,企业与供应商、经销商、客户等感情交流,增强团队氛围和协作能力,提高员工和利益相关人员对企业的认同度和忠诚度,旅游中注重安排参与性强的集体活动。③商务型。奖励旅游目的与实现企业特定业务或管理目标联系,如推介新产品、增加产品销售量、支持经销商促销、改善服务质量、增强士气、提高工作效率等。这类奖励旅游活动与企业业务融为一体,公司会议、展销会、业务考察等在旅游过程占主导。④培训型。奖励旅游目的是为了对员工、经销商、客户等进行培训,最常见的为销售培训。旅游活动与培训结合,寓教于乐,更好实现培训功效。

(二)按内容划分

按内容划分,奖励旅游可分为五种:①观光型。这类奖励旅游有一整套程式化和有组织的活动,如在旅游中安排颁奖典礼、主题晚宴或晚会,赠送赋予象征意义的礼物,企业首脑出面作陪,请名人参加奖励旅游团某项活动等。②会议型。在奖励旅游中加入会议、展览、培训等一系列企业为实现商业目标进行的活动。③参与型。越来越多的奖励旅游者要求在旅游日程中加入参与性活动,安排参与性强和富于竞争性、趣味性的体育、娱乐项目,甚至加入一些冒险性活动。④体验型。深度体验旅游,旅游者既要身游又要心游,游前要了解旅游地的历史与环境,游中要善于交流,游后要"反刍"和"复习"。⑤家属随同型。由于受奖励对象取得成绩与家庭支持分不开,受奖励对象也愿意与家人一起作为被奖励对象,受奖励对象得到更多家庭支持,使他们更加热爱企业,对工作投入更多热情。

三、奖励旅游的功能

(一)打造团队精神

企业员工平常有各自岗位,上班时间各干各工作,下班后有各自的业余生活,很少有在一起谈心与交流的机会。组织奖励旅游的目的之一就是为员工提供在一起交流的机会和场所,让员工在旅游中住在一起、吃在一起、玩在一起,有困难大家帮、有欢乐大家享,增进彼此间了解,加深相互间友谊,从而增强企业凝聚力,促进团队精神培育。

(二)增强企业亲和

日常工作中,员工与管理者接触比员工之间的接触更少。奖励旅游给员工和管理者创造了特殊的接触机会,大家可以在旅游这种较为随意、放松的情境中做朋友式交流,让员工在交流中感受管理者情谊、管理者心愿、管理者期盼,增强管理者和企业亲和力。

(三)延长奖励时效

奖励方式多种多样,既有物质奖励,也有精神奖励。发奖金、送奖品是最普遍的奖励形式,但激励时效较为短暂。心理学家研究发现,把旅游作为奖品奖励员工、客户,产生的积极作用远超金钱和物质奖品。原因是在旅游活动中营造的"荣誉感、成就感"氛围,使受奖者记忆更持久,旅游活动中受奖者之间、受奖者与管理者之间通过交流增强了亲切感。

(四)产品多元发展

随着社会经济发展,人们旅游需求日益提升,传统旅游产品已满足不了人们需求,这就要求旅游业界积极拓展旅游产品,改善旅游产品结构,逐渐从由单一观光旅游向多元化发展。奖励旅游在诸多旅游产品中,效益高、前景好,已成为国际旅游市场热点。推进我国奖励旅游产品开发,有利于我国旅游产品结构调整,亦有利于旅游产品升级换代和多元化发展。

四、奖励旅游营销的概念

奖励旅游营销有两层含义:一是奖励旅游是一种很好的管理工具和企业营销载体,二是奖励旅游本身需要推广营销。奖励旅游营销是指根据奖励旅游目标市场需求,设计使顾客满意的产品,制定顾客认可的价格,通过广告、人员推销、严格控制产品质量等手段以树立良好形象和扩大市场占有率的一系列对外经营活动。奖励旅游营销是通过分析、计划、执行、反馈和控制的过程,以旅游消费需求为导向,协调各种旅游活动,实现提供有效产品和服务,使游客满意,使企业获利的经济和社会目标。奖励旅游营销的最终目标是增加奖励旅游市场销售额,拓展新的市场,发展新的游客,培养和强化游客的忠诚度,增加及扩大奖励旅游产品的价值,提高企业和公众兴趣,争取旅行社及其他中间商支持,创建良好形象。

五、奖励旅游营销的特征

(一)企业文化

企业组织奖励旅游的目的是弘扬企业文化,树立企业形象,宣扬企业理念,提高企业经营业绩,因此奖励旅游安排要与企业文化相适应,将企业文化有机地融于旅游活动中。奖励旅游要为企业提供"量身定做"的专业化产品,将企业文化与理念尽可能地融合到奖励旅游活动的计划与内容中,并随着奖励旅游开展,逐渐体现出来。奖励旅游活动安排是与企业文化相适应的,奖励旅游充满富有浓厚人情味和深蕴文化气息的活动项目,具有鲜明的企业文化特征。

(二)约束力强

参加奖励旅游者不同于一般旅游者,是企业中创造业绩、对企业有贡献的人,包括企业产品重要消费者,并通过特定资格审核,整体素质较高。奖励旅游参与者对企业目标、行业规范以及价值观念认同感强,自觉遵守组织价值观和行为准则,受到领导和群众的认同和赞扬,在心理上有备受尊崇的满足感。他们在参与奖励旅游的整个过程中,事事处处表现出行动的一致性,随意性小。

(三)受众特殊

与普通员工旅游不同,奖励旅游是针对已达成甚至超越企业预定业绩目标的特定对象,如员工、经销商、代理商等,所给予的犒赏之旅。奖励旅游对象是企业有功人员,都是从企业中千挑万选出来的,必须通过特定审核尚可获得资格。此外,奖励旅游资金来源是在实现特定目标后,用创造出来的超额利润的一部分进行的,企业不赔反赚。研究发现,奖励旅游费用约为企业超额利润的30%。

(四)内容特殊

奖励旅游行程活动安排要求特殊,需根据企业意图量身定做。①在日程上,根据企业组织活动的意图与宗旨,安排诸如企业会议、培训、颁奖典礼、主题晚宴、舞会、拓展训练、先进事迹报告、企业发展战略研讨、工作计划讨论、个性化奖品赠送等会议活动,做到会奖结合。这些特殊内容让参加者备受尊崇,并留下难忘记忆。②在形式上,奖励旅游是创造性旅游活动,必须创造与众不同的体验。奖励旅游并非简单提高接待标准的豪华旅游,而是融入企业管理目标的具有创意的旅游形式,必须为整个活动设计创意的主题,通过各种主题活动巧妙策划和精心安排,并在主题下,把各旅游要素有机组合,满足奖励旅游者需求和实现企业奖励目的。③在档次上,价格不是重要考虑因素,交通、住宿、餐饮、接待、游览、娱乐等方面需求均体现一定的高档次特点。每一个环节都要求提供最优质服务,在活动内容、组织安排、接待服务上尽善尽美。

(五)效果特殊

企业采用奖励旅游目的除了奖励和慰劳外,还在于奖励旅游包含许多附加价值。一个精心设计的假期,将会给企业带来许多无形功效,包括凝聚员工的向心力、塑造企业文化和持续鼓励员工提升工作绩效。这也是许多企业不直接发奖金或实物奖励的原因。奖励旅游预期效果是让参加者参加后想再试一次,并增加未受奖励员工的渴望,使二者更加热爱企业并更努力工作。奖励旅游需求的高档次,加之奖励旅游团队规模大、回头客多,使奖励旅游接待地可以获得很高的经济效益。

章节案例

中山大学保继刚教授为《奖励旅游组织市场探究》一书所做的序言（有删减）

　　晓莉研究的奖励旅游在国内是一个新的且敏感的研究领域。西方背景下对企业ROI的关注、对奖励旅游社会意义的关注等都无法在国内奖励旅游实践中找到研究的基础，这增加了研究的难度，也注定了如果做出来就是一项在某种意义上填补国内空白的工作。

　　晓莉以她的博士论文为基础整理成书，该书以广州为例，描述并解释了我国奖励旅游组织市场的特征、问题并提出了思考。主要的学术贡献有：

　　一、划分出了我国奖励旅游需求市场三种类型：基于业绩型的奖励旅游、基于奖励性质的商务旅游、基于福利性质的奖励旅游，并分析了差异，发现奖励旅游已不再是一种简单的组织管理工具，而是一种附加了社会价值观与企业文化的复合体。

　　二、解释了奖励旅游供应方市场　　旅行社创新动力不足的原因：一方面受自身结构变革阻力、销售资源内部化、技术落后的制约；另一方面，作为中间商与各供应主体的交易环境动态变化，"关系契约"特征明显，既有长期合作关系的倾向，又面临着许多机会主义问题的诱惑，指出基于战略层面的结构变革、资源整合与技术改造是供应方经营商务会奖产品、提升专业化经营水平的关键。

　　三、验证了奖励旅游消费者市场的三种类型：工作交流、旅游观光与体验尊贵在使用奖励旅游效果方面的差异性，发现具有工作交流与体验尊贵动机的奖励旅游者，对工作积极性的影响表现出强相关性，因此归属感与被提高了的社会关注度成为行程中重要的影响因素，对需求方如何科学使用这种管理方法具有重要启示意义。

　　我在给另一名博士陈钢华的书序中写过一段话："中国正在从旅游大国向旅游强国转变，旅游学术研究也要从旅游发表论文（数量）大国向旅游发表论文强国（质量）转变。我们不仅要对世界旅游学术界提供有知识贡献的研究成果，也要对其他学科有知识溢出。"博士论文是知识创新的重要力量！希望有越来越多的对研究有深刻领悟、对学术有敬畏、对知识有贡献的博士进入高校，教好下一代。

　　附：《奖励旅游组织市场探究》著作基本介绍

　　奖励旅游起源并兴盛于西方发达国家，中国尚处于导入期。作为一种激励方式，奖励旅游实施效果得到了普遍认可，成为一种重要的组织管理工具。本书以广州为例，细致描述、解释并分析了组织市场中需求、供应与消费各主体的行为特征与影响因素。本研究以广州为例，运用深度访谈、问卷调查、参与式观察、无结构访谈的方法，细致描述、解释并分析了组织市场中需求、供应与消费各主体的行为特征与影响因素。研究结果发现：①需求市场呈现三种类型：基于业绩型的奖励旅游、基于奖励性质的商务旅游、基于福利性质的奖励旅游。本土化情境下奖励旅游已不仅是组织管理工具，而是一种附加了企业价值观与文化的复合体。②供应方市场创新动力不足，降低了需求层次，加之需求主体长期形成的对供给市场的感知印象差，使奖励旅游产品呈现"庸俗"化倾向。③消费市场可分为三类：工作交流、旅游观光与体验尊贵。三种不同类型的奖励旅游者旅游后对工作积极性的影响不同，工作交流与体验尊贵类与工作积极性之间表现出较强的相关性，归属感与被提高了的社会关注度成为行程中重要的影响因素。④消费主体期望的演进性决定了奖励旅游产品效应衰减的必然性与创新的必要性。在上述分析基础上,提出了基于政府、行业管理、市场主体三方联动的培育机制的思考。

资料来源:李晓莉.奖励旅游组织市场探究:以广州为例[M].北京:社会科学文献出版社,2016.

第二节 奖励旅游市场定位

一、市场功能

奖励旅游是一种管理手段,行为不仅仅是对参与者的奖励,更是对企业自身的宣传。这种双重作用不仅直接决定奖励旅游消费特征不同于一般旅游形式,也暗示着真正开展奖励旅游的企业有成熟的管理理念。

二、市场运作

奖励旅游市场运作受奖励旅游购买者、消费者和奖励旅游公司三方面制约;奖励旅游产品是上述三方共同协商的结果,也是企业文化、管理、技能、服务等因素综合作用的结果。奖励旅游有别于常规旅游的特性,决定了奖励旅游市场开发不同于一般旅游市场开发。

三、市场主体

奖励旅游市场消费主体即奖励旅游消费者,如企业员工、经销商、特定消费者(如信用卡消费者)等,与市场主体即奖励旅游购买者企业相对应。这一特征使旅游者出游决定性因素包括旅游动机、余暇时间和可自由支配收入发生改变。奖励旅游费用来源企业,出游时间也主要由企业安排,使得个人余暇时间和可自由支配收入不再是奖励旅游者出游的决定性因素。同时,企业作为经济组织,赢利是最终目的,无论奖励旅游功能多强,成本永远都是企业关注对象。

四、购买者

从奖励旅游购买者即购买奖励旅游的企业的现状和问题进行探讨,有三个方面:①消费习惯不成熟。奖励旅游这种带有炫耀性的奖励方式,在我国消费习惯还不成熟,目前市场需求以外资背景企业为主。在国企极易与"公费旅游"混淆,受先天性制约,买方对此保持低调,这也导致旅行社刻意为企业保守"商业机密",效果与价值难以广泛宣传。多数民企和事业单位存在预算不连贯问题,难以制度化。现阶段外企成为奖励旅游市场最重要的利基市场,在消费水平、个性服务及需求规模上都独树一帜。②目的不明确。多数买方使用奖励旅游目的性不明确,只当作福利形式,忽视奖励旅游在企业文化与团队建设的重要作用,也有轮着来或全体参与倾向。旅游后的奖励效果没有衡量和反馈,外企也很少详细跟踪与调查,活动执行有盲目性。③买家过度介入。买方过于强势的地位导致了其在签证办理、旅游风险防范、目的地接待设施选择、行程管理等本是旅行社强项领域的过度参与,影响合作效率。同时在终端消费者提出不合理要求时,买方在不了解旅游业运作特征情况下,一味地要求旅行社满足要求,平等沟通意识不够,影响双方合作。

五、中间商

从奖励旅游中间商即组织策划奖励旅游产品的旅行社的现状和问题进行探讨,有四个方面：①产品创意不强。旅行社长期形成以资源为主导的习惯性思维,使其在产品策划上局限于简单的资源整合与包装,产品创意性不强,资源禀赋成为价格差异的首要原因,难以形成具有垄断性的产品。②组织结构不适应。传统旅行社按职能或地区进行部门设置,如出境部、采购部、计调等,奖励旅游面向买方"一站式服务",需要部门间及时准确的信息沟通与交流,设立专人或独立设置部门是有效的组织结构。同时,奖励旅游由于团队的规模大、规格高、要求细,对于习惯以销售为目标的人员来说分工较难,团队合作精神需要磨炼。③管理科技含量低。旅行社在信息搜集、项目管理、客户沟通方面科技含量低,过分依赖人力的简单操作,降低服务效率,导致信息没有及时传递给终端消费者,为消费者提供超越时间与空间的增值服务能力有限。④与买方合作未建立。在买卖双方营销中,多数还停留在价格营销阶段,依靠价格折扣吸引买方。旅行社应在方案系统化、在线服务提供、管家特色服务等方面给买方提供垄断性产品,达到长期稳定合作。

六、供应商

从奖励旅游供应商现状和问题探讨,有三个方面:①与中间商多重竞争。酒店和航空公司是奖励旅游供应商的重要板块,是实现奖励旅游终端消费者体验的主要承担者。由于销售渠道多元化和信息技术应用,供应商与旅行社存在着既委托代理关系又独立竞争的关系。如酒店抛开旅行社直接与购买方协议或给予旅行社协议价等于甚至高于网络价,航空公司根据经营周期改变事先已承诺的旅行社机票预订价,增加了旅行社成本及与买方沟通难度,甚至导致计划失败。②服务灵活性不够。我国奖励旅游出境规模常在100人以上,旅行者名单经常变化,需要航空公司短时间变更名单,并在飞机上策划意外惊喜服务,交通工具已不是简单到达目的地的工具,而应成为奖励旅游经历的一部分。③对目的地依赖性强。与常规旅游团不同的是奖励旅游不仅在目的地景区游览,还需要超常规创意服务。一方面依赖成熟的目的地管理公司整合景区、娱乐、商业等服务设施,另一方面目的地官方支持也起着关键作用。签证便利程度直接影响购买方能否在既定时间成行,中间商作为具体经办方在签证成功率保证上有很大的不确定性。

章节案例

奖励旅游营造一种怎样的体验

体验(experience)就是一种经历,然而并不是所有的"经历"都可以成为现代意义上"体验"。为了说明"经历"与"体验"的不同,我们不妨把体验分为三个层级:初级、中级和高级。初级,即最为普通的"经历"。如果用一个词来表达人们对于这种"经历"的感受,那就是"平淡"。人的一生是由无数个体验组成的,研究表明,其中99%以上的体验都可以归类为"平淡";正因为"平淡"如此没有趣味,如此难以忍受,人们内心深处追求快乐的天性就会在摆脱温饱束缚后的第一瞬间,驱使我们向体验的中级阶段进发。第二阶段的代名词是"开心",而旅游则是获取"开心"体验的最为重要的方式。有了"开心"之后,"经历"就开始上升为"体验"。因此说"体验"是一种愉悦的"经历";然而再好的体验只要跟"多"字挂上钩,很快就会再度回归于"平淡"。欲望的烈马一定会持续向前奔跑,并将我们带向体验的最高层级——"难忘"的体验。奖励旅游就是旅游体验升华到第三阶段之后的一种重要表现方式。

快乐体验每跨上一个台阶,脚底下的经济基础都需要更加坚实。显然,"第二大经济体"的称号绝非徒有虚名,它赋予了中国中产以上阶层强大的购买能力,而这种能力必将推动中国高端旅游体验市场快步向前发展。

"平淡"的经历不召即来,而快乐的体验则需要去积极追求。得到"开心"旅游体验相对简单,它既可以是滨海的一次度假或者山涧的一段休闲,也可以是游乐场里一个探险,甚至只是好友聚会时的一顿美餐。可要想获得"难忘"的旅游体验,就不那么容易了。获取最美好的东西,往往需要大费周章。就像要拿到光芒四射的顶级钻石需要钻到地底下几百米去寻找一样,要创造顶级的、令人难以忘怀的旅游体验,缺少会奖与旅游精英们的智慧和汗水,肯定是办不到的。所以知名体验专家 B. 约瑟夫·派恩(B. Joseph Pine Ⅱ)说,愉悦体验是包括体验者与体验提供者在内的多方积极营造的结果。与常规旅游服务提供商不同的是,体验服务供应商是"体验营造者"(experience creator)。

"难忘"的旅游体验,至少应该具备以下几个特点:①"快乐"。"快乐"元素积累到一定程度,就会形成"难忘"的记忆。当然,可以形成美好回忆的体验,除了"快乐"之外,还有感动、兴奋等。②"出乎意料"。"难忘"体验的营造需要"出乎意料",因而特别的设计和创意不可缺少。③"超越预期"。不同消费阶层对于"难忘"体验的预期是不同的,消费层次越高,预期也就越高。④"场景"。"难忘"的体验是体验者与体验营造者在恰当的"场景"中相遇而产生的,所以恰到好处的"场景"是"难忘"体验产生的必要条件。

从大众旅游到奖励旅游,从一般性的愉悦体验到形成美好记忆的难忘体验,必然会引发产品生产方式和服务方式的变革。大众旅游是工业化时代批量制造的产物,而以奖励旅游为代表的高端体验旅游则是定制化或者大众化定制的"作品",属于创意经济、体验经济的有机组成部分。虽然从目前情况看,高端体验旅游所占份额并不大,但我们有充分的理由对其发展前景充满信心:①中国消费升级在旅游业内就表现为高端体验旅游市场份额的持续增大;②高端体验旅游是旅游业发展的风向标;③体验经济是服务经济升级换代的方向。

资料来源:王青道. 奖励旅游是在营造一种怎样的体验[EB/OL]. (2016-12-20). http://www.meetingschina.com/news/2227.html.

第三节 奖励旅游营销策略

一、定制营销

定制营销强调企业与顾客互动交流,根据互动中获得的顾客反馈提供量身定制的产品或服务。定制营销是增加顾客份额的重要方法。占据顾客份额的企业真正得到了顾客芳心,拥有了顾客忠诚度,由此市场如何变化,企业都会立于不败。定制营销让客户参与制造符合自己需要的产品,形成客户和旅行社之间的新型关系。定制营销要求旅行社在和客户充分沟通基础上,按照客户给定的初始条件,如旅游目的地、停留天数、预期花费、食宿标准等,生成多种建议和解决方案供客户选择。

二、满足需求

奖励旅游营销以满足客户个性化需求为前提和存在条件。作为一种管理工具,奖励旅游要求活动中的计划与内容尽可能与企业经营理念和管理目标融合,将企业文化建设有机融于奖励旅游活动中,并随着奖励旅游开展,逐渐体现。随着社会发展和收入水平提高,奖励旅游客户之间需求差异性不断扩大,个性化成为奖励旅游需求的主流趋势。

三、共创价值

与传统休闲旅游产品不同,奖励旅游是一种管理工具。在奖励旅游中,旅游是手段或诱因,激励是根本目的,这一特性决定奖励旅游有自身特征。许多经常组织奖励旅游的企业客户在人力资源部或销售部增设与旅行社共同开发为员工或经销商定制奖励旅游产品的职能。在奖励旅游开发与实施中,产品不再是传统商品导向逻辑下由旅行社独立生产然后卖给企业客户,而是由企业客户人力资源部或销售部客服专员、主管及部门总监与旅行社奖励旅游部客户代表、项目经理及项目总监共同组成项目小组,进行奖励旅游产品共同创造。客户成为奖励旅游产品定制的合作伙伴,客户与旅行社共同创造奖励旅游产品价值。

四、客户选择

奖励旅游企业不可能也没有实力不加选择地面向所有客户开展营销。因此开展奖励旅游业务的旅行社应根据顾客金字塔理论,在目标顾客群体中,按照他们对旅行社的贡献度和忠诚度将其划分为几个等级进行区隔,选择高端客户开展营销。派专人定期与这些顾客沟通,根据他们需要设计、开发新旅游线路,增加新旅游项目,使实力强劲又有奖励旅游意识的客户成为忠诚客户,这样可更合理地调整分配旅行社有限资源,进一步提升为高端客户服务的水平。

五、客户参与

奖励旅游客户亲自参与旅游产品设计,奖励旅游客户可以将旅游产品模块任意拆拼、组合,甚至完全根据自身意愿提出全新设计。奖励旅游营销是奖励旅游产品消费者和供应者共同推进完成的营销活动,完全实现营销互动。

六、客户管理

奖励旅游营销必须建立在对奖励旅游客户充分了解、实现一对一沟通的基础上。旅游企业要运用现代信息技术与目标客户进行互动式信息交流,通过数据库方式建立奖励旅游客户档案,进行客户关系管理,以便在客户生涯全过程中,持续追踪需求发展变化,为其提供终身化定制服务。

七、促销策略

旅行社奖励旅游促销策略由印刷品、广告、公共关系、人员销售、销售推广以及邀请实地考察等促销工具组成。由于奖励旅游产品购买对象不是旅游者,而是组织奖励旅游的企业,这与通常的休闲旅游产品销售对象明显不同,因此奖励旅游促销中邀请实地考察、广告与人员销售三种促销工具应用方式与传统休闲旅游产品促销有所区别。①实地考察。奖励旅游产品决策可能涉及数百万高额支出,购买者很少仅仅通过看宣传手册、录像资料和广告宣传就做出购买决定。邀请购买决策者前往旅游地亲身体验旅游产品能有效推动购买者做出最后决定。在考察行程中,旅行社可以与企业就产品策划、奖励旅游主题表现形式、住宿餐饮设施等进行细致考察磋商。②广告促销。奖励旅游促销对象是企业,更易被企业决策者接触到的是行业期刊,

选择行业期刊刊登广告是奖励旅游重要的促销武器。行业期刊包括奖励旅游行业期刊和客户所在行业主流期刊。奖励旅游行业期刊比较著名的如《亚太会展与奖励旅游》，锁定亚太地区，刊登奖励旅游行业最新动态、评论以及来自企业购买者的观点。③人员销售。人员销售是企业推销人员直接帮助或劝说消费者或买方购买旅游产品的过程，以买者和卖者直接接触为特点，推销针对性强。这与奖励旅游以一对一营销观念为指导，以定制化为手段的营销原则有很强的切合性，起着决定性作用。

八、溢价策略

按顾客要求定制的个性化产品或服务，蕴含更多"可变成本"，固定成本变得微不足道，具有很大价格优势。奖励旅游营销使顾客获得完全符合自己要求、没有雷同、功能独特的产品，他们对价格不再那么敏感。产品或服务带来的心理满足将占据越来越重要的位置。只要服务合适，顾客认为多花点钱也值得。因此，奖励旅游产品可以实行价格溢价策略。开展奖励旅游有实力的企业为更好激励参与对象，常常"不惜血本"。

第四节　奖励旅游营销过程

一、前期调查

前期调查分析是设计奖励旅游产品的基础和依据，调查内容包括：收集委托企业相关材料如企业背景、文化、财力，举办奖励旅游的目的，以往奖励旅游状况，包括举办次数、规模、后期效果等，还有受奖励人员的具体情况，以确定什么奖励最适合也最能激励他们。在对委托企业进行了准确细致的评估与分析后，才能确立奖励旅游的主题、活动项目等。

二、主题策划

主题是一次成功的奖励旅游的灵魂，决定了奖励旅游策划的创意、方案等要素，使整个项目各要素有机统一，成为完整产品。主题策划是奖励旅游开发的关键，应根据本次奖励旅游的目的和其他收集素材提炼与确定出创新性主题，主题应内涵丰富、概念独特、切合企业需求且易于操作，具有挑战性和刺激性主题，容易受到企业欢迎，如探险旅游、极限旅游等。

三、市场选择

奖励旅游理念和作用在国内还没有得到充分认知，许多企业仅仅将其归于企业福利，为奖励旅游市场开发造成一定困难。这种情况下，选择相对成熟的奖励旅游目标市场开发，是奖励旅游的必然选择。作为激励手段，奖励旅游需求主要来自金融、保险、汽车、电器、机器制造业。作为奖励旅游发源地的美国，汽车业和保险业这两个竞争最为激烈的行业是美国主要的奖励旅游市场。结合奖励旅游国外发展实践，相对我国而言，外资企业奖励旅游机制较成熟；我国大型国有企业、民营企业，尤其是信息技术、金融、保险、汽车、电器、机器制造业等行业均有开展奖励旅游的良好基础、潜力和需求，是我国奖励旅游市场亟须培育的市场。

四、目的地选择

旅游目的地选择主要考虑如下因素：目的地是否具备一流商务环境，是否有独具魅力的游览胜地，是否有高水准娱乐休闲项目，当地政府及旅游局态度及协调能力是否良好，企业受奖员工曾到过什么地方、期待去什么地方。按国际流行趋势，奖励旅游目的地多选在国外，这样可借此感受异国文化、开拓员工眼界，如夏威夷就一直是世界奖励旅游最佳目的地首选。在综合以上因素基础上列出可供选择的候选目的地，收集相关材料并进行实地考察，最后征求企业意见，确定目的地。

五、人数设定

目前很多企业一次奖励旅游活动参加人数比较庞大，少则数百人，多则数千人，如美国健康营养品公司康宝莱在新加坡举办的奖励旅游活动，参团人数达到一万两千多名。从实际操作来看，奖励旅游团人数越多，涉及交通、安全、卫生、住宿等问题也越多。另外，很多活动安排，都必须要求小规模团体，才能让参与者获得特别的体验。

六、预算编制

奖励旅游与其他旅游项目的重要不同表现在预算上，相对普通包价旅游向旅行社购买现成产品，奖励旅游要求旅行社依据企业承受能力和特殊需求，设计出满意的奖励旅游产品，这些企业用于该次奖励旅游的经费，一般不会有较大变动。旅行社要发挥主观能动性，依企业经费，在奖励旅游活动次数、主题活动、出游时间上做相应调整，并据此进行适当财务分配及有效掌控，特别注意处理好增加利润与将经费更多地利用在活动上的关系。

七、行程设计

在奖励旅游产品设计中，别具一格、具有创意与竞争力的行程及活动是奖励旅游成功的关键。线路设计包括设计具体路线、计划活动日程、选择交通方式、安排住宿餐饮、留出购物时间、策划娱乐活动。主要考虑五个方面的因素：①目的地有哪些旅游资源，可提供哪些服务及项目；②企业经费预算；③根据受奖人员职业、爱好、年龄、性别等，设计受奖人员能积极参与的团体性较强的活动，如探险旅游等；④根据企业特别要求及本次主题，安排相应的特殊活动，包括会议、培训、颁奖典礼和主题宴会等；⑤住宿餐饮和交通工具选择，一般以高规格、豪华型为标准。

八、接待设计

在设计好奖励旅游的主要活动内容后，还要对会议、酒店、餐饮、购物、娱乐、培训、宴会、竞赛、派对等活动进行设计，选择交通方式、安排住宿餐饮、留出购物时间、策划娱乐活动，还应注意国际奖励旅游新趋势，如参与性奖励旅游崛起、奖励旅游会议倾向、带家属参与等。与公司领导层座谈会，紧扣企业文化主题的晚会，别具一格的颁奖典礼、主题晚宴等策划是也奖励旅游开发的重要内容。通过别出心裁的活动宣传了企业文化，增强了企业凝聚力，又使参与者获得普通团队无法获得的充满惊喜的旅游体验。在奖励旅游接待设计中，还有许多服务细节需要考虑，如为奖励旅游团印制标有企业名称的标贴、帽子、文化衫、矿泉水、餐具、寝具等，根据参加人员具体情况安排飞机、晚宴和颁奖大会座位表等,让参加者随处体验到"量身定做"的尊贵感觉。

九、沟通对接

奖励旅游产品开发预案制定好后,旅行社需与企业客户进行第二次一对一营销沟通,就行程与接待预案的各个环节进行详细讨论。旅行社根据讨论结果,对产品方案进行修改和完善。在奖励旅游产品开发中,旅行社与企业的沟通不是一两次就能完成的,旅行社需要不断根据企业反馈意见进行产品方案调整,直至企业满意与确认,一次奖励旅游的产品策划设计过程才真正结束。

十、方案执行

奖励旅游进行过程中,出现一些无法预知、打乱行程的意外是在所难免的,如意外天气、交通事故、时间路线变更、旅游者意外等,这就要求临时对行程做修改,以保证本次任务圆满完成。因此,旅行社组织人员应具有高度的随机应变能力、良好的专业素质、丰富的运作经验,不动声色地解决问题,达到或超过预期效果。

十一、事后评估

奖励旅游对企业而言,是一种有目的的旅游,效果评估对旅行社和企业都是非常重要的,评估结果直接影响二者合作关系的持续,旅行社在奖励旅游活动结束后,征询企业意见是必要举措。旅行社在充分征询企业意见基础上,结合旅行社内部看法,对本次任务进行总结,找出成功之处、失败教训,提出改进方案。

章节案例

奖励旅游 3.0 时代,如何组织好奖励旅游活动

奖励旅游一直是直销公司重要的激励模式之一。同时也是直销公司品牌传播、形象塑造、经销商荣誉及动能体现的重要驱动力。目前直销行业的奖励旅游已经进入 3.0 时代。

奖励旅游 1.0 时代——20 世纪 90 年代末至 2000 年左右

此时为直销企业奖励旅游出现的初期,此年代直销企业的目的较为简单,往往是用海外游来实现业务人员的出国梦,以激励他们创造更好的业绩。

奖励旅游 2.0 时代——2000 年至 2008 年左右

此时的奖励旅游在原先基础上已经将形式和内容上大大升级,更多地在活动策划及细节方面着手,着重体现出经销商"尊享、尊崇"的优越感。

奖励旅游 3.0 时代——2008 年至今

此时直销企业已经能够把奖励旅游与会议学习相结合,侧重文化内涵,传播价值观和企业文化,提升参与者自身修养和技能,在过程中让经销商有所感悟,对企业更加有归属感。

当然要想搞好奖励旅游,重要的是要开好奖励旅游的"三会"。

1. 会前会

(1)旅游公司的选择很重要,价格不应作为衡量的唯一标准,服务经验及资质应放在首位。(懂你才是硬道理)

(2) 了解直销企业与传统企业的差异性,所以要与旅游公司对接分层级、分团队、家庭不拆分,有利于信息流及沟通渠道绝对顺畅。尤其是分组、分房、分团要充分利用好团队领导人的作用,充分尊重他们的意见。(别做拆迁工作)

(3) 事先的策划很重要,整个旅游活动中主题要突出,要有画龙点睛之作,关键是要与企业文化相结合,每一次旅游要做到让经销商一辈子难忘。(慧眼必须有)

(4) 不管是海外游还是国内游,游前宣传教育十分重要,一定要经销商注意举止行为——自助餐剩大盘食物、高声喧哗、随地吐痰、抽烟、破坏文物、强抢景点拍照等不文明行为要事先教育。(别让别人瞧不起咱直销人)

2. 会中会

(1) 旅游活动要有严密的布置,小组分工明确,形成通畅的决策机制与沟通机制。(沟通不可少)

(2) 执行过程中,充分发挥经销商自身的主观能动性。(参与才有价值)

(3) 旅行途中安全是首要任务,在做任何活动时一定要把好安全关。一个安全事故会毁掉所有的心情。(安全常挂心)

(4) 旅途各种活动和观光要劳逸结合,不宜太过奔忙,重在开心、放松。某个景区的深度游将是现代直销公司高端团的趋势。(别太累)

(5) 为了宣传公司形象,统一服装、统一标语等很有必要。(统一才能形成力量)

3. 会后会

(1) 开好旅游分享会,及时把录像、照片剪辑好,旅游一结束,马上把相关资料发给经销商(时效很重要)

(2) 后续制作相关的宣传工具、报道、VCR、画册并保留 DIY 的空间,做好后续的发酵工作,以利于经销商拿去展示。(个人价值不可少)

(3) 分享会的目的是让参加的经销商享受荣耀并产生动能,让没有参与的经销商产生动能以努力达到下次参与的资格,并吸引新人加入。(吸纳新人才是目的)

奖励旅游已成为直销公司的一道必上菜,作为直销公司老板与经理人,一定要明白一个道理——花钱搞有文化、有体验感、高规格的旅游比搞促销、打广告、发奖金对市场的推动力更大。

资料来源:易园翔. 从绿之韵健康科技看奖励旅游的 3.0 时代[EB/OL]. (2016-07-06). http://www.cndsc.com/news.asp? classid=5&id=7939&act=content.

本章小结

本章介绍了奖励旅游和奖励旅游营销的概念,分析了奖励旅游的类型和特征、奖励旅游营销的概念和特征;从多个角度分析了奖励旅游的市场特征;讲解了奖励旅游营销的主要策略;分析了奖励旅游营销不同阶段的主要任务、内容和方法。

1. 奖励旅游是一种高品位、高消费、富有文化内涵的享受型特殊旅游活动,是一种现代化管理工具,也是企业以开发市场为目的的手段。

2. 可从市场功能、市场运作、市场主体、购买者、中间商、供应商等角度对奖励旅游市场特征进行分析。

3. 奖励旅游营销策略包括定制营销、满足需求、共创价值、客户选择、客户参与、客户管理、促销策略、溢价策略等内容。

4.奖励旅游营销过程分为前期调查、主题策划、市场选择、目的地选择、人数设定、预算编制、行程设计、接待设计、沟通对接、方案执行、事后评估等。

复习思考题

1.根据奖励旅游和奖励旅游营销的特征,分析奖励旅游营销与普通旅游营销的异同。
2.对一项具体奖励旅游案例的市场特征进行分析说明。
3.论述奖励旅游营销的主要策略。
4.介绍奖励旅游营销的主要过程,分析奖励旅游营销各阶段的主要内容与方法。

单选题

1.奖励旅游的组成部分一般不包括(　　)。
A.展览展示　　　　B.会议　　　　C.观光旅游　　　　D.主题晚宴
2.奖励旅游市场运作受(　　)、消费者和奖励旅游公司三方面制约。
A.目的地政府　　　B.中间商　　　C.购买者　　　　　D.零售商
3.奖励旅游产品是(　　)、管理、技能、服务等因素综合。
A.企业愿景　　　　B.战略目标　　C.项目预算　　　　D.企业文化
4.奖励旅游市场消费主体包括企业员工、(　　)、特定消费者等。
A.广告商　　　　　B.赞助商　　　C.经销商　　　　　D.生产商
5.奖励旅游按目的可分为慰劳型、(　　)、商务型、培训型四种类型。
A.团队建设型　　　B.探亲访友型　C.休闲体验型　　　D.团队拓展型

多选题

1.奖励旅游按内容可分为(　　)、会议型、(　　)、(　　)、(　　)五种类型。
A.观光型　　　　　B.参与型　　　　　C.培训型
D.年会型　　　　　E.体验型　　　　　F.家属随同型
2.奖励旅游具有(　　)、(　　)、(　　)、(　　)等功能。
A.传播品牌　　　　B.凝聚共识　　　　C.打造团队
D.增强亲和　　　　E.延长时效　　　　F.产品多元发展
3.奖励旅游营销具有企业文化、(　　)、(　　)、(　　)、(　　)等特征。
A.效果特殊　　　　B.约束力强　　　　C.受众特殊
D.内容特殊　　　　E.文化特色　　　　F.主体多元
4.奖励旅游营销策略包括(　　)、满足需求、(　　)、(　　)、客户参与、(　　)、(　　)、(　　)等内容。
A.广告策略　　　　B.定制营销　　　　C.共创价值　　　　D.客户选择
E.整合营销　　　　F.客户管理　　　　G.促销策略　　　　H.溢价策略
5.奖励旅游营销分为前期调查、(　　)、市场选择、(　　)、(　　)、预算编制、(　　)、接待设计、沟通对接、(　　)、事后评估等内容。
A.主题策划　　　　B.目的地选择　　　C.客户管理　　　　D.人数设定
E.投诉处理　　　　F.行程设计　　　　G.网络营销　　　　H.方案执行

第十三章 节事活动营销

学习要点

1. 理解节事活动的概念,对节事活动进行分类,明确节事活动营销的概念和特征;
2. 掌握节事活动营销的产品策略、促销策略、传播策略等主要策略;
3. 掌握节事活动营销策划的主题策划、定位策划、选址策划和市场策划等主要内容。

开篇案例

如何通过艺术节来营销城市

1. 艺术节的缘起

从古希腊、古罗马时代的狂欢节、酒神节起,经过近20个世纪的大浪淘沙,艺术节从林林总总的节庆中脱颖而出,成为独树一帜的节庆新兴体。它与传统节日的区别在于,传统节日已渗透到市民的生活形态之中,成为一种弥散的、寻常的状况;新兴节日往往显现于市民的生活形态之上,成为一种高调的、特殊的状况。自1715年正式有独立名称以来,"艺术节"经历300多年发展,如今,艺术节在新兴经济体的城市里,在亚非拉地区仍呈现快速增长的趋势。

2. 世界主流艺术节

爱丁堡艺术节的宗旨是"打造世界上最激动人心,具有创新性及易于参与的表演节日",其目标是"促进并鼓励最高水准的艺术,向苏格兰观众展示世界文化,向世界观众展示苏格兰文化"。

阿德莱德是澳大利亚南部一个城市,自从创办艺术节并取得成功之后,这个原先文化上并无特色与建树的城市,一跃成为澳大利亚的文化艺术之都。在城区的一条大街上,两旁布满博物馆、图书馆、画廊、剧场、大学和公共花园,成为一道靓丽的文化风景线。2003年诺贝尔文学奖获得者约翰·克特希在参加阿德莱德艺术节时惊叹:"这是什么地方啊?天堂吗?"后来,这一赞叹被引用为阿德莱德宣传城市的广告用语。在城市的宣传品里,第一段话还如此进行自我介绍:"两年一届的阿德莱德文化艺术节与英国爱丁堡及法国的阿维尼翁艺术节并驾齐驱,是全球最大的艺术节之一。在艺术节期间,整个城市摇身一变,成为全澳洲乃至全世界艺术家、演员、视觉艺术家、作家及电影制作者的流动舞台。"这不正是通过树立艺术节品牌来营销城市的成功个案么?

3. 城市名片、形象大使和营销员

在欧美发达国家,文化产业早已成为国民经济的支柱产业。艺术节在国外大多由社会非营利机构来经营,但非营利并不代表不赢利。按照惯例,艺术节的赢利部分需投入再发展与再生产,而这部分功能必然具备一定的产业功能,如艺术节的票房经营、场地经营、剧目经营、版权经营及品牌经营、服务经营和衍生产品等。艺术节的大人流量以及诸多艺术门类活动,使城市的旅游业、服务业、交通业、通信业、金融业等相关产业应声而起,创造了大量就业岗位。据统计,光是旅游业,2010年艺术节就为爱丁堡带来2.45亿英镑的收入。

一个艺术节从创办到成熟,最核心的体现是什么?是品牌的塑造和确立。一个艺术节只有成功地塑造品牌,为大众所熟识并愿意自觉追随,才真正站稳了脚跟。由于艺术节通常会与城市捆绑在一起,故有影响力的艺术节就会在无形中成为城市的名片、城市的形象大使和城市的营销员。

至今活跃在公众视线并为大家所青睐的艺术节,无一不是相关城市的代表性名片,无一不是世人瞩目的标志性品牌。提起爱丁堡,你就会马上联想到爱丁堡艺术节;提起戛纳,你就会马上联想到戛纳电影节。它们与城市已联为一体,互为印证,相得益彰。品牌成功塑造的背后,也与当地政府的支持、扶植和推动有关。这种支持与推动主要体现在资金以及城市资源上的扶持,如剧场、广场空间、电力、警力、交通等。这种介入,使文化嵌入于更广阔的社会、经济和政治关系中,能够带来一系列潜在而广阔的正面效用:除了娱乐和审美,还有创造和保持身份、构筑社会凝聚力、培育社区发展和公民参与、增进社会福祉并产生经济价值。

资料来源:陈圣来."高龄"艺术节为何依然能够独树一帜[N].解放日报,2017-10-17(15).

第一节 节事活动营销概述

一、节事活动的概念

"节事"一词来自英文"event",含有"事件、节庆、活动"等多方面的含义。国外常常把节日(festival)和特殊事件(special event)、盛事(mega-event)等合在一起作为整体,英文简称FSE(festival & special event),中文译为"节日和特殊事件",简称"节事"。节事活动又称节庆活动,是不同国家、民族、区域在长期生产和生活实践中产生的特定社会现象,是在特定时期举办、具有鲜明地方特色和群众基础的大型文化活动。节事活动是该地区或民族历史、经济以及文化现象的综合体现。节事活动包含内容广泛,除了通常所说的节庆活动外,还包括文化庆典、文艺娱乐、商贸会展、体育赛事、教育科学事件、休闲事件、政府事件、私人事件、社交事件等一些特殊事件。

二、节事活动的类型

(一)基于主题划分

依据节事主题性质和所命名物产的形象载体不同,节事活动可分为自然景观型、历史文化型、民俗风情型、物产餐饮型、博览会展型、运动休闲型、娱乐游憩型和综合型节事活动,见表13-1。总体来讲,以物产餐饮型、历史文化型、民俗风情型和自然景观型所占比例较大,反映了我国节事活动举办主要是依托当地最具比较优势的资源和物产,对应我国自然资源多样、历史文化悠久、民俗风情浓厚、物产特产富饶、饮食文化源远流长等特点。而博览会展型、运动休闲型、娱乐游憩型节事较少,说明我国在会展业、体育产业和娱乐业发展,还处在上升阶段。

表 13-1 基于主题的节事活动分类

节事类型	主要特征	典型案例
自然景观型	以当地自然地理景观(独特气象、地质地貌、植被、特殊地理风貌、典型地理标志地、地理位置)为依托,展示旅游资源、风土人情、社会风貌等	哈尔滨国际冰雪节、张家界国际森林节、吉林雾凇冰雪节
历史文化型	依托当地文脉和历史传承景观、独特地域文化和宗教活动等	杭州运河文化节、天水伏羲文化节、曲阜孔子文化节
民俗风情型	以各民族独特民俗风情和生活方式为主题(民族艺术、风情习俗、康体运动等)	南宁国际民歌艺术节、潍坊国际风筝节、傣族泼水节
物产餐饮型	以地方特产和特色商品及本地餐饮文化为主题,辅以其他相关参观、表演等	大连国际服装节、菏泽国际牡丹节、青岛国际啤酒节
博览会展型	依托经济地理条件,以博(展)览会、交易会为形式,辅以其他相关参观、研讨和表演等开展的节事活动	昆明世界园艺博览会、杭州西湖博览会、中国国内旅游交易会
运动休闲型	以各种大型体育赛事、竞技活动为形式,辅以其他相关参观、表演等	奥运会、亚运会、全运会、中国银川国际摩托旅游节
娱乐游憩型	以现代娱乐文化和休闲游憩活动为形式,辅以其他相关参观、表演等	上海环球嘉年华、上海欢乐节、广东欢乐节
综合型	多种主题组合,节期较长、内容综合、规模较大,投入较多,效益较好	上海旅游节、北京国际旅游文化节、昆明国际旅游节

(二)基于资源划分

根据节事活动开展的资源类型不同,节事活动分为依托物质文化资源、非物质文化资源和名人文化资源的三类节事。①物质文化节事。根据节事资源对大众作用领域是生活还是生产,物质文化节事分为生活性物质文化节事和生产性物质文化节事两类。②非物质文化节事。参考非物质文化分类体系,非物质文化节事分为语言、游艺、习俗礼仪、历史事件、信仰文化五类。③名人文化节事。根据文化遗存状态,名人文化节事分为名人物质和名人文化两类。除有重大影响的现实人物,还包括虚拟存在的但对现实有重大影响的虚拟人物。基于资源的节事活动分类具体见表 13-2。

表 13－2 基于资源的节事活动分类

大类	亚类	内容	举例	开发导向
物质文化节事	生活文化	衣:服饰及妆容习俗	新年服饰	以核心理念为主题（如春节"团圆"或"吉祥"等），开发各种系列（如团圆系列或吉祥系列）服饰、饮食、居室、车驾、炮仗等
		食:名茶、名酒、名菜、名小吃等风味美食特产	除夕团圆饭、元宵汤圆等	
		住:特色建筑风格	贴春联、挂灯笼装饰	
		用:特色日常生活用品	年货等	
		行:特色交通工具方式	年节用车	
	生产文化	劳:与工、农、商等生产劳动相关的物质器具	农历新年初次营业时在营业场所燃放鞭炮	
非物质文化节事	语言文化	名说:民间故事与传说、成语典故等	熬年守岁等关于过年的典故、传说等	以相关事件及人物为线索,整合并开发相关的游戏动漫、影视戏剧、网络文学、歌舞及口头表演等文化休闲产品
		名著:小说、戏剧、史书、方志、家谱等	有关过年的记载	
		名言:诗歌、谚语、名人名句等资源	春联及拜年的祝福语、吉祥话等	
	游艺文化	民间艺术:歌谣、绘画、书法、舞蹈等作品技艺	写春联、贴春联、挂灯笼等	
		民间娱乐:民间游艺游戏娱乐	闹元宵、看春晚等	
		名技艺:手工艺、医药、杂技	过年饺子、汤圆制作技艺	
	历史事件	事件时间、地点、人物	当地著名事件及人物	
	习俗仪礼	特色习俗活动及其特定仪式、礼仪、仪表等	岁末除尘、祭祖、贴春联、挂灯笼;除夕团圆饭与守岁;新年拜年、压岁钱等	
	信仰文化	宗教信仰、其他信仰	岁首烧头香、拜财神,祭祖拜神,祈福纳祥	宗教朝觐、祖神祭祀等

续表 13-2

大类	亚类	内容	举例	开发导向
名人文化节事	现实名人	名人的经历与传奇故事、精神思想、成果贡献、名言名篇名章、社会关系、故居、生活史话、纪念遗迹物件等	当地历史名人及相关事物资源；某种特殊技艺非遗传承人及所承载的非物质文化技术技能等方面的资源	名人遗迹展览与交流、名人传记及影视作品、专题研讨会、名人故居纪念馆、博物馆及故乡旅游开发；名人事迹图书、音像、纪念币和像章、邮票、明信片、图画、雕塑、标牌
	虚拟名人	神话传说、小说戏剧、影视动画等文艺作品人物及相关资源。虚拟人物又分为完全虚构的象征性人物、以现实人物为蓝本的艺术化人物	神话人物及所承载的相关事物方面的文化资源；世博会的标志性人物海宝等承载的相关事物等方面信息的文化资源	

(三) 基于融合划分

在产业融合效应下，节事和旅游发展彼此促进、相互融合。根据节事与旅游融合程度，旅游节事分为四类，见表 13-3。①纯旅游型节事，与旅游融合最密切，对旅游促进作用最明显，如旅游节庆活动、旅游演艺等。②强旅游型节事，与旅游业融合很密切，对旅游业促进作用大，有休闲性博览会、会议类节事活动等。③半旅游型节事，与旅游业融合较紧密，能发挥较大促进作用，如体育赛事、文化娱乐活动等。④弱旅游型节事，与旅游业有一定融合，促进作用不明显，如展览展示活动。

表 13-3 基于节事与游游融合程度的节事活动分类

类型	举例	融合特征	开发策略
纯旅游型	节庆、演艺	客源融合强、资源融合强、生产与服务融合强、营销及品牌融合强	将节事纳入旅游吸引物体系，加强节事中的娱乐体验项目开发
强旅游型	会议	客源融合强、资源融合中、生产与服务融合中、营销及品牌融合强	以会议吸引更多旅游者，让当地食、宿、行、游、购、娱等与会务服务融合
	休闲型博览会	客源融合强、资源融合中、生产与服务融合中、营销及品牌融合强	让博览会成为游客在当地的重要体验内容，也要成为旅游目的地营销平台

续表 13-3

类型	举例	融合特征	开发策略
半旅游型	赛事	客源融合中、资源融合中、生产与服务融合弱、营销及品牌融合强	加强赛事文娱活动与当地旅游休闲结合，尽量在著名旅游地举办活动，既增加当地旅游吸引力，也可保障节事活动的客源
	文娱活动	客源融合强、资源融合中、生产与服务融合中、营销及品牌融合中	
弱旅游型	展览会	客源融合弱、资源融合中、生产与服务融合中、营销及品牌融合中	加强展览会服务与旅游对接，延长参加者逗留时间，让展览会观众成为旅游者

(四)基于空间划分

根据举办地与节事主题的资源与文化环境的空间关系，节事活动分为两类，见表 13-4。①属地举办型节事。这里指在尽量维持节事原生地文化生态环境的基础上，在节事资源原生属地就地举行的节事活动。它不脱离原生属地，通过示范基地、生态博物馆等方式，在代表性空间区域就地建成节事文化原生态体验地。②飞地举办型节事。这里指在脱离节事资源原生属地环境基础上，对节事资源在异地进行飞地式开发与生产的节事活动。其适用于传统与现代节事资源，特点是脱离节事资源原生属地，通过嵌入剧院舞台、主题园街区、传统博物馆、会展场馆、教育学习场地等方式，在异地复活与表达。

表 13-4 基于空间分布的开发模式

模式	释义	适用范围	列举	开发策略
属地开发	属地空间是节事赖以生存的原生态空间，在原生地空间直接、完整地保留节事文化生态。该空间并非越多越好，关键是选取代表性空间，是节事文化的直接体验场	传统节事文化遗产的创意开发及保护传承	示范基地、生态博物馆等代表性属地空间的节事相关产品，如西双版纳泼水节、蒙古族那达慕大会等	通过示范基地、生态博物馆等空间组织形式，利用原生地的各类文化资源，开发与生产出具有鲜明的当地特色的节事相关产品
飞地开发	飞地空间是节事文化资源的间接再现与展演空间，脱离节事资源的原生空间，在其他空间范围间接表现节事文化内涵。该空间越多越好，要注重选取代表性的空间，是节事文化的间接体验场及营销传播途径	传统节事遗产与现代节事文化的创意开发	各种剧院、主题园(街)区、传统博物馆、会展场所等代表性飞地空间的节事产品，如上海马戏城"时空之旅"剧目、广州天河七夕文化广场七夕主题活动等	通过剧院舞台、主题园(街)区、会展场所、教育学习场地等空间组织形式，利用任何其他地方(非原生地)的各类文化资源开发生产各类节事产品

三、节事活动营销的概念

节事活动营销是节事活动组织者从参与者或参观者的需求和动机出发,开发主题鲜明、特色突出的节事产品,制订相应的沟通计划,有计划地组织各项经营活动,实现节事活动目标的过程。节事活动营销者关注的是如何把节事活动推向市场,把节事本身作为产品销售出去。具体来讲,节事营销有两层含义:一是节事是一种很好的营销载体,二是节事本身需要推广营销。节事本身就是有效的营销方式,具有很强的营销城市、营销国家的功能。节事也可以用于营销特色产业或产品、营销企业。同时,节事又是文化创意产业的服务产品,本身也需要选择合适的营销手段,争取获得最大效益。

四、节事活动营销的特征

(一)高效性

节事活动本身是一种高效营销手段,在宣传城市、促进地域经济发展方面有着不可替代的作用。其功能主要有:①提升城市形象。城市举办节事活动,全方位地展示自身形象,提高公众关注度。②宣扬地域文化。通过举办节事活动宣扬本地特有文化、风俗,向世界展示自己。③推介优势产业。这是许多物产类节事举办的主要目的。④直接带动旅游业发展。节事举办带来大量旅游者,提高旅游业收入。⑤促进经济进步。通过配套开展的一系列经贸活动,进行经济和技术交流,带动经济发展。

(二)沟通性

节事活动具备了其他营销沟通工具的共同属性。作为广告工具,节事利用特定媒体(节事)将消息发送给有针对性的观众;作为促销工具,节事具有多方面功能并提供给观众独特新奇的体验;作为直销形式,节事可了解观众即时反应;作为公共关系,节事活动可以提升举办地城市形象,增强社会凝聚力,增强城市居民的认同感、归属感、自豪感和幸福感。

(三)聚焦性

节事活动具有强大注意力。对活动组织者来说,节事活动是赞助商或组织机构举办的非常规的一次性活动;对活动参与者来说,节事活动是为人们提供的非正常选择范围内的或非日常经历的娱乐、社交或文化经历的机会。节事活动举办,无论是对其参与者,还是相关商业机构、媒体机构都具有潜在利用价值,会引起各方利益群体关注,从而具有强大的注意力引爆性,也为节事注意力集聚提供基础,进而为实现旅游节事产业的集聚、互动及融合效应奠定基础。

(四)整体性

节事活动在举办期间聚集大量人流、物流、资金流和信息流,运作流程复杂,涉及主体众多,节事活动营销具有主体综合性、内容系统性、手段复合性等特点。节事整体性也是节事资源,是物质和非物质的整合,对于节事开发利用具有指导意义。

(五)象征性

作为一种符号资源,节事活动融合了象征意义。一般而言,传承下来的节事活动都是基于某一区域环境条件,历经长期发展演化逐步沉淀下来,稳定成型。知名节事往往是一地的符号标识,使人一提到某节事就想到某地。如德国慕尼黑啤酒节、西班牙潘普洛拉奔牛节、巴西里约热内卢狂欢节、苏格兰爱丁堡文化节、美国 NBA 联赛,以及我国春节、傣族泼水节、青岛啤酒节、大连服装节、新疆吐鲁番葡萄节、江苏盱眙龙虾节等。

(六)主体性

节事活动的核心营销主体分为节事举办地、节事组织者、参节商、节事场地和旅游企业等,见表13-5。其中,节事举办地是节事活动举办的空间载体,所在地政府积极支持活动的举办,并提供公共产品和营销推广服务。节事活动组织者是节事活动的发起者,是整个活动执行者及事后事务处理者,在节事活动中处于主导地位。参节商是直接参与节事活动的赞助、协助节事活动举办的企业或个人,参与的主要目的是借助节事活动平台,宣传企业或组织品牌,扩大产品销售,挖掘潜在客户。节事场地包括旅游景区、度假区、综合体、会展中心、商业中心、大型酒店等,节事活动的举办对场地拥有者来说是千载难逢的发展机遇,将与节事举办地、组织者、厂商等一道做好营销工作。以旅游企业为代表的相关企业是节事活动服务的提供商,为节事活动提供各类商业服务,保证节事活动的成功举办。

表13-5 节事活动营销的主体

营销主体	营销对象	营销内容	营销目的
节事举办地	节事组织者、市民	宣传优越的活动举办环境以及丰厚的综合收益	吸引更多、更高档次活动举办,争取市民广泛支持和参与
节事组织者	参节商、观众、政府	参节商达到推广产品、增进销售目的,提升观众体验和价值	吸引更多参节商、观众观看和参与,获得政府支持
参节商	观众、其他参节商、媒体	宣传组织形象,推广自身产品、服务和技术等	吸引新客户和新的合作单位以及树立本组织形象
节事场地	节事组织者、媒体	功能完善的设施和良好的配套服务	吸引更多高档次节事在本场所举行,提高场地的知名度
旅游企业	节事组织者、参节商、观众	良好的住宿条件、旅游资源、线路、服务	吸引组织者与企业合作,吸引参节商和观众购买产品

章节案例

让传统节日节事旅游大放光彩

中华民族历史悠久,源远流长。传统节日,凝结着中华民族的优秀文化和民族情感,承载着大众百姓的精神世界和日常生活。因时而聚,因节而游,因节而庆,因节而兴,传统节日已然是人们一年中最为渴望和期待、最乐于参与和体验的美好时光。旅游即生活。当传统节日旅游成为一种新的旅游业态、一种时尚的生活方式,不仅能让旅游业担当起传承中华优秀传统文化的使命,还定可以创造更加美好的旅游生活空间。传统节日旅游无论在文化内涵的挖掘上,还是在活动内容和形式的创新上,尤其在传统节日旅游的产品和服务供给上,都还不能满足大众的需求,有着很大拓展空间。

深度挖掘传统节日的文化内涵,把传统节日蕴含的意义、故事和生活,与当下人们精神和物质文化需求和生活方式契合,使其成为可多样选择、可广泛参与、可深度体验、可拉动消费的旅游生活新载体和新空间。在我国的传统节日中,春节、清明节、端午节、中秋节和重阳节等最具广泛性和代表性,节日旅游当愈加丰富多彩。如春节的核心文化是万家团圆、欢乐祥和的"家文化""团圆文化",除了逛庙会、观社火、赏花灯、闹元宵等传统习俗,举家出游、旅游过年已成时尚,"到××过大年"的旅游活动受到追捧,"迎春纳福""旅游过节"的家庭休闲度假产品应该跟上。

张扬各地的地域文化和民族风情的个性和特色,演绎"不一样的节日,不一样的精彩"。我国有五十六个民族,幅员辽阔,少数民族大都拥有自己独有的节日;即使同一个节日,祖国南北各地,也有着不同的传统习俗和表达方式。如壮族的歌圩节、彝族的火把节、云南的泼水节、西藏的雪顿节、内蒙古的那达慕、贵州的苗年节;又如福建的妈祖节、南京的秦淮庙会、潍坊的风筝节、曲阜的孔子节、象山的开渔节、溱潼的会船节等。这些更具民族风情、地方个性和文化魅力。让特色节日节事成为旅游目的地的"IP",不仅能塑造和提升当地的旅游目的地形象,也必定会让更多的人"因为一个节,恋上一个地方"。

节庆节事"+",是让传统节日和节事旅游大放光彩的重要途径。传统节日节事旅游活动,应当是一个地方的大众百姓和外地游客共乐共享共参与的盛会盛宴盛事,只要我们围绕主题围绕生活,完善元素要素,丰富体验方式,特别是丰富节日节气美食、特色农副产品、节日节事纪念品和主题旅游商品、文创产品,就可拉动旅游的综合消费。同样,实现"节日节事旅游+",创新业态,和亲子旅游、家庭旅游、老年旅游,与文化旅游、研学旅游、体育旅游、养生旅游和自驾、房车、露营等有机结合,不仅可以丰富人们的传统节日节事旅游生活,还可以拓展节日节事旅游的产业链和价值链;延长游客逗留时间,促进拉动综合消费,进而传统节日节事旅游成为大众旅游的新平台、旅游产业的新时空。关键要做好"整合"的文章。

让传统节日节事旅游大放光彩,并不是说不要现代节庆。多年来,各地创造打造和培育了许多现代节庆,不少非常成功,已经成为城市和地方的"名片"、旅游的形象和产业的平台。如果说要转型升级,那就应该不是一味追求"轰动效应",而要注重更接"地气",更聚人气,让百姓和旅游者多参与、更欢喜,使现代节庆成为大众旅游生活的新空间;不要一味追求节庆活动的数量,而要更加注重打造精品,培育品牌,提升综合效应。更可以和传统节日节事旅游融合举行,继承创新,交相辉映。

让传统节日节事旅游大放光彩,也不是简单地抵制"洋节"。像西方情人节,受到年轻人的追捧,自有它的情感内涵和表达方式所在,许多值得我们借鉴。比如七月初七,中国的情人节,更具东方文化内涵、民族优秀传统和中国生活方式,我们可以让她更具魅力。

资料来源:王洁平.让传统节日节事旅游大放光彩[EB/OL].(2017-02-28).http://www.sohu.com/a/127453605_425901.

第二节 节事活动营销策略

一、产品策略

根据产品层次分类,将节事活动产品分为三个层次:①必须服务。这些服务是举办任何节事活动必需的,缺少它们,将导致游客不满,包括安全与健康、舒适、食物和饮料、信息、通信、可进入性。②一般利益。这些组成使节事区别于其他服务产品,尤其是那些永久性吸引物,如场面(spectacle)、附属共享物(belonging and sharing)、仪式(ritual)、游戏(games)、真实性(authenticity)。③目标利益。即节事产品带给游客的独特性(uniqueness)、专门性(specialties)。

根据节事产品的内容层次,节事产品营销与策划应注意五个方面。

(一)品牌运作

节事品牌主要反映消费者对节事活动的感知和体验,不仅包括物质体验,更包括精神体验,向活动参与者提供一种生活方式。节事品牌最持久的是它的价值、文化和个性。慕尼黑啤酒节和青岛啤酒节都是啤酒节,但是对于消费者的感知是截然不同的。节事活动要打响品牌,应注意四个方面问题:①明确品牌定位,着重挖掘节事文化内涵,在特色上下功夫。特色就是节事的文化魅力。②强调个性,做到"人无我有,人有我优",对节事进行精心包装设计,突出个性。③重视宣传推介,大步走出国门。节事营销要从地方走向全国,由国内走向世界,使举办地城市通过举办节事而扬名世界。④创新节事主题和活动形式,不断创新,变中出新,永葆活力。

(二)系列运作

从形式上看,可以是常年固定节事,如每年一届的大连国际服装节、广州迎春花市等;也可以举办临时节事,如广州花博会。从层次上看,既要举办一些大规模、高品位、高档次节事活动,取得显著效应,如大连国际服装节、昆明花博会等;又要根据实际情况,举办小型、分散节事活动。大小并举,办出特色和效果。从专题上看,既要充分发掘和提高传统节事,更要努力开发、创造全新节事,形成各种专题节事系统。

(三)科学安排

①从时间安排来看,体现节事活动的动态特点,不断创新,推出特色主题和活动项目。节事活动控制在10~15天左右,太短无法产生规模效益,无法收回投资;太长又会使工作人员疲惫不堪,公众产生厌倦,给居民带来不便。节事活动期间应有铺垫,节目之间应有衔接,避免平直、呆板,要有高潮,切忌日渐冷落,草草收场。②从季节分配来看,一年四季节事不断,营造出浓厚文化氛围,使目的地魅力长在。③从空间布局来看,应注意如何划分活动点,如何呼应。可以使节事活动分布于目的地着力推荐的旅游目的地和景点内,把节事活动与旅游促销活动融为一体。

(四)价值符号

节事产品策略就是要创造突出节事意义和文化内涵并能反映节事参与者需求的文化特性符号,如基于传统节事的时间符号、空间符号、仪式符号、乐舞符号、造型物符号、语言文学符号、数量符号、服饰符号、饮食祭品符号、游乐符号等十种符号进行设计。在节事品牌创立、节事活动策划等产品研发活动中,设计渗透各种符号,让游客在参与节事活动中不断接触节事符号,感知节事的符号价值。节事品牌符号设计不仅体现地方文化特色和目标游客需求特点,还要植入更多时尚性元素,有助于节事品牌符号与游客沟通。通过多种形式和方法传递节事品牌符号,强化节事品牌符号形象,扩大节事符号价值影响范围。

(五)特色创新

节事应反映主办地传统的独特魅力和文化意境,揭示深层文化内涵和历史渊源,突出弘扬文化的主题,体现鲜明地方特色,展示时代风尚,这样的节事才有生命力。抓住文化主题,在节事活动组织、编排、宣传上打文化牌,将民俗文化、商业文化和艺术文化相结合。在节事产品开发中,充分吸引居民参与,使居民直接受益。这是可持续节事活动的必要条件,也是培育名牌节事活动的客观要求。

二、促销策略

(一)更新促销观念

在信息经济时代,应充分认识到依靠高科技信息手段开拓市场、占领市场的极端重要性和必要性。科技、数据、内容成为广告的主要组成部分。同时科技为创意提供更多的选择和更优质的体验。当用户感受到别样的科技体验时,互动程度自然更高,节事品牌也能在社交媒体上得到更广泛的分享和传播。在节事营销中可使用视觉营销、跨界营销、娱乐营销、广告精准投放、人工智能、虚拟现实等理念和技术。

(二)丰富促销内容

改变以往宣传促销内容仅拘泥于以旅游资源和旅游线路招徕游客的状况,重视节事活动整体形象的宣传促销。因为整体形象在旅游者心中地位的高低,决定着客源市场的形成与发展,应成为宣传促销的重要内容。高度注重品牌效应,重点促销名牌节事产品和精品。

(三)全面宣传促销

明确促销对象,不能只对当地居民宣传,更要重视针对客源市场大众和旅行社的促销,发挥公共关系和新闻媒介作用。国外节事活动中的经营方式值得学习,如:主办者除向新闻媒介发布信息外,还主动与各地乃至海外旅行批发商联系,将节事活动主要节目、时间印成多种文字,在表述方式上也尽可能考虑异地人的接受能力,提前半年进行宣传;在交通枢纽处如火车站、飞机场出口设置节事活动导游图,吸引更多参与者。

(四)广泛吸引赞助商

吸引赞助应考虑六个问题:①节事主题与形象必须适合赞助商;②节事活动主办者寻求与节事活动主要目标市场相一致的赞助商;③赞助商希望获得销售产品,使产品名称与节事紧密联系,确保免费或付费广告,给员工精神鼓舞等,赞助商利益应当通过节事活动得到实现;④使赞助商相信可能获得的潜在利益与其所付出的赞助费取得平衡,甚至得到更多利益;⑤节事活动质量能使赞助商满意;⑥建立良好媒体关系,使赞助商能得到展示自己的足够机会,以此吸引新的赞助商。

三、传播策略

(一)传播媒介的内涵

节事活动传播媒介是传递节事活动宣传信息的媒介物体。节事活动传播是运用多种方法向社会提供节事活动信息,贯穿节事活动全过程,其主要宣传方式见表13-6。通过各种媒介宣传介绍节事活动名称、性质、目的、内容、举办时间、地点、主办与承办单位、参与方法、活动内容等,吸引更多观众和游客参与。

表13-6 节事活动的主要传播媒介

方式名称	基本介绍
广告推广	包括报纸、杂志、网站、电视等形式;户外广告在机场、码头、车站、商业街和广场等人员密集场所,采用海报、灯箱、路牌、横幅和彩旗等形式
软文推广	在电视、电台、报纸、杂志、网站等媒体上刊登各种有关会展项目的评论、报道、特写、侧记和图片等,软文采取有偿新闻形式
新闻报道	通过新闻发布会、网站链接、网络直播等方式;在节事开始前通报节事亮点、范围、筹备情况、主题活动和嘉宾邀请情况,节事进行中播报节事动态和新闻,结束后,介绍效果、收获、成交金额、参观人次、未来发展等
直接邮寄	直接向企业、游客邮寄宣传手册、邀请函等,目的性最强,最容易计量
公关活动	利用论坛、会议、评奖、比赛、文艺演出、公益活动等非营利性服务活动,与参展商、观众和公众沟通情感
人员推广	主办方人员直接与目标群体联系来宣传推广,包括直接拜访、电话、传真、电子邮件、即时通讯、微博和微信等媒介方法
机构推广	项目主办单位通过著名办展机构、政府主管部门、商会、外国驻华机构、新闻媒体等联合推广会展项目
展会推广	举办或参加乡村旅游相关的展会和推介会,这些展会目标客户集中、费用低、效果好
网络推广	通过新闻网站、论坛、博客、微博、微信等媒体突破时空限制与客户交流

(二)传播媒介的类型

常用节事传播媒介有四种:①大众媒介。以报纸、杂志、广播、电视等为主。传播面广,速度快,视听效果良好,在节事活动宣传媒介中作用明显,使用最广泛,被最经常采用。②户外媒介。在道路、车站、码头、建筑物、店铺、橱窗等场所设置节事活动宣传牌、霓虹灯、节事活动宣传招贴,也可达到宣传效果。这类宣传图文并茂,色彩悦目,能吸引观众,且传播面广,也经常被采用。③邮寄。通过快递网络传递各类节事活动宣传印刷品,直接送入客户手中。④网络媒介。以电脑、智能手机为终端,以文字、声音、图像等形式传播新闻信息的数字化、多媒体的传播媒介。网络媒介已取代传统媒介,成为信息传播主力军,并成为节事活动宣传推广最重要的手段。其他辅助宣传形式还包括特殊广告媒介如印有广告信息的小礼品、包装广告、样品说明书等。

(三)传播媒介的选择

节事活动传播媒介是企业与受众之间信息沟通的桥梁,企业选择什么样的媒介做节事活动传播,决定了与顾客沟通的效果。选择传播媒介,需要考察四个方面的因素。①消费者习惯。特别是消费者对媒介的接触习惯。不同消费者有不同生活习惯,消费者接触不同媒介的机会与条件也因人而异。因此要考虑不同人口统计特征、不同消费习惯的目标顾客对于不同媒介接受情况,增加消费者接触节事活动信息机会。②节事特性。不同节事活动,应选择不同媒介。例如专业性强、受众较小的节事活动就不宜在电视、广播中宣传,而应选择专业杂志。

而面向大众的节事活动可以在电视、广播、报纸上传播。③传播成本。不同媒介传播费用有所不同,企业选择时,要考虑支付能力与节事活动传播效果。主办者不仅要在传播上大力投入,更要在提高服务和产品质量、丰富活动内容等方面作为。④覆盖范围。媒介影响范围要与节事活动所需范围一致。

 章节案例

新媒体环境下的节日营销

一、是否每个企业或产品都适合逢热点必追

这个问题我们要回归到追节日热点的最初动机:为企业或产品引流,树立品牌印象,直接达到付费转化。回归到这个本源我们就会发现,追不追热点并不是很重要,重要的是能否为企业带来有效的流量,让营销到达目标用户,使之产生购买或分享等行为。

二、如何判断这个热点要不要追

判断热点是否要追需要先了解目标用户群的核心需求,再判断目标用户群和这个节日热点有没有关系。如果没有关系则可以不追,太多的无效流量也不是好事。例如春节、端午节、中秋节等受众广泛的节日,基本上与企业的目标用户都有共同的场景联系,这样的节日可以追。

三、一次成功的节日热点营销需要做哪些

1. 调查用户,确定目标

通过用户调查,确定这次营销推广的目标。同时企业在建设中都会给目标用户建立起品牌调性,如新锐、严肃、科技、专业等,营销的风格方式和主题需要根据品牌调性进行策划。

2. 内容执行,善用互动方式营销

凯文·凯利曾说过"在未来,无法互动的东西,都是坏掉了",在营销中更是如此,好的互动会让目标用户与品牌产生良性的关系,也可以引爆二次传播,达到传播的目的。能提高转化的互动方式有趣味场景模拟、红包、抽奖、游戏、问答、赛事,这些都可以借助人人秀工具迅速制作完成,同时人人秀还支持将这些活动绑定自己的公众号授权、自定义域名。

3. 选择推广渠道,提前预热

节日热点营销的预热提前10~25天效果最佳,推广渠道来说线上渠道是中小企业、短平快必备,推广效果较好的分别有品牌官方号、KOL转发、搜索引擎,实物产品需要注重电商平台。营销中的每一步都需要紧跟市场定位,选择推广渠道时要注重。

4. 数据反馈

所有不管数据反馈的营销活动都是徒劳的,在营销过程中要时刻关注流量转化情况,转化高要及时加大推广力度,提高活动效果。如果不好要找出原因调整内容或作为下次营销的经验。

资料来源:节日营销怎样做[EB/OL].(2017-05-24).http://www.sohu.com/a/143120374_246868.

第三节 节事活动营销策划

一、主题策划

(一)节事活动的主题

主题是节事活动的核心思想,节事活动开展必须围绕主题进行,这样才能使节事活动组织工作有条不紊地展开,节事活动才会有鲜明形象、生动内容、高度凝聚力和巨大号召力。鲜明的主题是申办和举办节事活动的关键。

(二)主题的确定

①体现特色。节事主题选择,要和主办地特点有机结合,以新观念和创新勇气,因地制宜,抓住举办地地理、政治、经济、自然、文化、发展等方面的特点,确定体现举办地特色的主题,策划"独一无二"的节事活动。②展示共性。节事活动主题应展示人们普遍关注的共性,使人们尽管有不同立场和利益,仍然因为能从节事活动中获取共同利益及有益信息,接受并乐于参加。③以人为本。节事活动主题应体现对人类利益的关注和维护。人是世界上最宝贵的财富,强调关注和维护人类利益,是为了人类更好地生存发展。以人为本的主题是各国共同关注的主题。④传播信息。节事活动主题应向全国或全世界发布最明确信息,表明节事活动的核心内容和举办地要关注和努力的问题。

(三)主题的影响因素

主题确定中,必须关注与节事活动主题相关的因素。①主题物品。节事活动一般应有与活动主题吻合的实物,如潍坊风筝节的"风筝"、大连国际服装文化节的"服装"、青岛啤酒节的"啤酒"等。主题物品是活动的灵魂和载体,承载着节事活动主题内容。②主题吉祥物。吉祥物或象征图案是表达某种文化主题内容的物品或图案,是理想化设计的活动饰物。根据公众审美情趣,创作有文化韵味和形象特色的图案,将其定为节事吉祥物。③主题典故趣闻。公众对于历史典故或趣闻,一般比较感兴趣。根据节事主题,挖掘典故趣闻,有利于烘托节事主题,提升活动品位,增强吸引力。④主题仪式。在活动开幕式及闭幕式上,编排民族性、地方性仪式;在活动中安排民族文化娱乐项目。设计相对稳定、寓意深刻、有整套规范、在活动中演示并通过演示影响公众文化心态的主题仪式。⑤主题氛围。基于文化理念营造场面特色,包括活动场地基调、音乐音响和装饰色调等。音乐音响和装饰色调对烘托节事活动现场气氛、影响公众心态,有重要作用。

二、定位策划

定位是确定节事产品在市场中的位置,是节事活动主办机构根据内部的资源条件、外部的环境条件及市场行情,通过建立和发展节事活动差异化优势,使节事活动在参与的企业和观众心目中形成鲜明独特形象的过程。节事活动营销策划都是在良好定位基础上进行的。

(一)定位的步骤

定位通过四个步骤实现:①活动识别。通过对节事活动市场细分,明确节事活动要向参与企业、赞助商、观众和游客提供哪些与众不同的价值。②目标企业、观众和游客选择。通过市场细分,选择适合节事活动的潜在参与企业、赞助商和观众范围。细分市场要注意细分市场特征能够衡量和推算;企业选择的目标市场是能通过适当营销组合占领的;所选择细分市场有足够需求量及发展潜力,使企业赢得稳定利润。③形象宣传。确定节事活动定位后,通过各种方式,将节事活动鲜明形象传递到企业、观众和游客那里。④差异化优势创造。差异化是在类似节事活动间造成区别的战略,即区别于竞争者的优势,也是节事活动定位最重要的内容和实现手段。

(二)定位的注意事项

节事活动定位时,要避免五个问题:①定位不够。对节事活动具有的特征、优势及节事活动带给企业、参与者和游客的利益表达不充分,或是不能全面概括节事活动特征、优势及利益,导致受众对节事活动印象有限。②定位过度。夸大节事活动具有的特征、优势及节事活动所能带给企业、参与者和游客的利益,或节事活动定位宣传带给企业、个人的利益。③定位模糊。节事活动定位不能清楚准确表达节事活动具有的特征、优势及节事活动能带给企业、参与者和游客利益,使节事活动丧失品牌号召力,不利于节事活动竞争优势培养。④定位疑惑。由于节事活动举办现场操作等问题,企业、参与者和游客在节事活动的现场和实际操作过程中,难以理解节事活动的定位宣传,对定位产生疑惑,对节事活动产生不信任。⑤定位僵化。节事活动定位不能紧跟市场形势变化,落后于形势。

三、选址策划

节事活动选址应择优选择,既要做定性分析,又要做定量分析。选择最佳地址的方法很多,如成本比较法、图上作业法。选址时要解决三个问题:①工程地质、水文等自然条件是否可靠;②建设时"三通"即交通、供电、供水等施工条件是否落实;③参加节事活动人数是否有保障。节事活动选址和发展规模必须同举办地经济的发展规模相适应。因此,应在市场调研和预测基础上,从实际出发,合理规划。节事活动选址应考虑四方面因素:①举办地的人力资源丰富、服务水平高。节事活动属于劳动密集型服务行业,对人才及服务质量要求较高。②交通运输设施齐全、便利、先进。节事活动要吸引的不仅仅是本地民众,还有其他地区的游客。便利的交通条件能使参与者和游客容易进得来、散得开、出得去,顺利完成活动。③经济发达、社会秩序良好,是开展节事活动应具备的宏观环境条件。④风景优美,有较好的度假、休闲、观光条件。

四、市场策划

节事活动成功与否在某种程度上取决于观众和游客质量。节事活动需要引起共鸣的专业观众、进行消费的游客,而不是走马观花者。提高节事活动参与者数量和质量是增强节事活动竞争优势的重要策略。为保证企业、观众和游客数量质量,主办机构应加强客户关系管理,建立客户资料信息库,及时了解客户实际要求,随时掌握动态。加强同专业机构联系,专业技术和经济咨询机构是为主办机构提供服务的社会系统,如节事活动服务公司、行业协会等,为节事活动主办机构提供市场调研、赞助商联络、节事形象设计、节事活动策划、广告促销法律咨询等专业服务。

章节案例

如何用活动营销产生"蝴蝶效应"

活动营销就像一只蝴蝶,只要足够有创意,便能扇起龙卷风,产生巨大的传播能量。

一、活动的四大类型

(1)关系型活动。谁参与是最重要的,如生日派对、客户答谢、经销商大会。关系非常重要,它强调的是感情的融合。关系型活动中最重要的是谁来,私人生日派对可能请的是朋友。

(2)内容型活动。通过活动创造可观看的内容,内容的产出带动主动传播和观看。如罗振宇跨年演讲、TED、综艺节目、各类技术论坛等。内容型活动不太在乎形式,没有那么多环节,大家相聚的目的就是分享内容。

(3)事件性活动。事件的要素包括目标受众高度相关、意外感和悬念、积极的自发传播,如AlphaGo。事件性活动爆发性更强,结果更不可控,对内外部条件要求更高。内部要求有料,各部门都准备好且时机成熟;外部要求话题有热度,具有新鲜感且监管允许。只有内外部具备这些条件才能做出好的活动。

(4)体验性活动。现场体验是核心。实体体验是线下与线上的根本区别,并且一直会存在下去。如音乐会、各种嘉年华、造物节等。实地体验,是线上和线下的根本区别。可能去的人不一定多,但是只要去的就会对该活动有深刻的印象,甚至愿意去主动分享、传播。

二、活动营销的七大规划环节

(1)活动目标。是做关系维护、做新闻发布会,还是做媒体发布会,或者是做事件,还是说就是为了维护某一群人。

(2)活动形式。活动是什么样的形式。活动形式有很多,如年会、展览、演唱会、庆典等。

(3)活动时间。即活动多长,可能一天、几天或者只有两小时。

(4)活动周期。奥运会这种大型活动的周期从开始到结束可能有几年时间。创业企业可能几星期就把某个活动举行完毕。

(5)活动预算。活动预算越来越高,上千万的活动都已经稀松平常。

(6)活动体验。线下活动就是面对面。企业核心负责人要反复问自己,怎样营造面对面体验,营造怎样的面对面体验。这涉及钱花得值不值得。

(7)活动传播。即做了这个活动,怎样能让更多人知道。

三、活动的四大体验

1.四种体验类型

(1)学习型体验。特点是集中精力、自我努力以及有主观意愿吸收内容。

(2)游戏型体验。沉浸式,不需要付出很大的主观努力。

(3)娱乐型体验。看综艺节目是被动的,是吸收型的,但非完全沉浸型。

(4)审美型体验。听一个好的音乐,过程是被动的,听音乐的同时还能做其他事,但也是沉浸式的。

2.活动现场的四种体验

(1)空间体验。如咖啡厅能让大家放松下来,人民大会堂给人肃穆的感觉。

(2)视听体验。即你看到的、听到的,特别是视频、灯光、音响,这是活动中很重要的体验元素。

(3)流程体验。活动的流程是什么,先讲什么,后讲什么,这也是非常重要的。比如先来一个开场表演还是先看视频,或是先搞展览,以及最后以何收尾。

(4)情感体验。做规模、级别比较高的活动,领导和市场总监最怕的便是 VIP 出纰漏。对于好不容易请到的大客户和领导,要尤为关注有没有接待好,这是典型的情感体验。说得再多,吃得再好,大家感受不好还是不行。情感体验微妙却重要。

四、活动营销的九条策划干货

1. 选对一个特别的场地

如今很多软件均可为选场地提供便利。如 Fendi 2007 长城史诗巨秀。大家都觉得秀的场地应该是在酒店,Fendi 把 T 台搬到长城,这完全换了一种思维,在当时引起了轰动。

2. 讲一个难忘的故事

产品发布会并不是"我们发一个产品你们来看看",而是要从用户的角度考虑怎么讲这个故事。如 LV 旅行展。LV 把蒸汽火车从欧洲开到俄罗斯,最后开到上海。一个老的蒸汽火车本身就是一个故事,也是 LV 旅行的主题。

3. 找到一群有话题的人

请什么人有说道,请一线明星、有话题的企业家、社会名流尤为重要。做不同活动,人群、嘉宾非常鲜明,大家拥有共同兴趣,这样的人聚集在现场才会有氛围。

4. 造一场奇幻之旅:体验

如英特尔产品发布。国内较早用水上飞人的创意,给英特尔这个偏技术型的产品制造不同的体验。

5. 尝试新事物红利

新事物红利即尝试一些新鲜的、没有玩的手法。如空中飞人,为电影宣传造势。利用无人机进行操作给电影造势。围观人可以看到人型的东西在天上飞,这样就会产生很多话题和关注点。

6. 让事件生长出来

事件很难做,最好的事件都是从 0 到 1,即不是别人做了几次我们再去学,而是国内没有人玩特别新鲜的创意。另外企业还得让自己的产品在中间很好地结合起来,所以企业做事件相对来说非常难。看得见的都是冰山的一角,企业内外各个方面因素具备的时候才可以做这个事情,事件必须和品牌及产品相匹配。如:ET 写春联,内部偏事件性活动。人工智能 AI 是关注点,可以做人脸识别、语音识别。设定 ET 写春联的创意,过程中找到机械臂的团队,写程序对接 AI 接口,找字体。

7. 肥尾效应

很多小概率的事情,现在发生的更多。在某一个领域拥有特别优势体量很小的营销活动,也可能造成巨大的影响,如葛宇路事件。中央美院学生葛宇用自己名字做了一个牌子,挂在一条无名路上。百度地图、谷歌地图均将此路识别为"葛宇路"。经过媒体报道,监管部门将牌子摘掉,引发网友热议。

8. 用"钉子+锤子"想创意

要把所有的资源,聚焦到一个点上,聚焦到一个点上还不够,还需要用锤子砸它,创意就是锤子,如淘票票——彩蛋。把 logo 提炼出元素,给淘票票做"彩蛋"的概念。做得非常聚焦,看了之后对形象记忆深刻,而且有电影感觉,娱乐化、生动、有趣。

9. 整合创意

无论大活动,还是小活动,一定要用整合的思维去思考。如分享平安福,平安发的产品平安福。有一些运动奖励计划,跑步、运动不断给奖励。针对产品,在深圳地铁站做了两个展示橱窗,主题是"不运动的借口",体现不运动的状态,同时在微博制造话题,并有许多视频。

资料来源:如何用活动营销带起"蝴蝶效应"[EB/OL].(2017-08-25). http://www.sohu.com/a/167293243_712818.

本章小结

本章介绍了节事活动和节事活动营销的概念,分析了节事活动的类型和特征、节事活动营销的特征,以理解节事活动营销的独特性;介绍了节事活动营销的主要营销策略;从主题策划、定位策划、选址策划和市场策划等方面介绍了节事活动策划的主要内容。

1. 节事活动又称节庆活动,是不同国家、民族、区域在长期生产和生活实践中产生的特定社会现象。

2. 节事活动营销是节事活动组织者从参与者或参观者的需求和动机出发,开发主题鲜明、特色突出的节事产品,有计划地组织各项经营活动,实现节事活动目标的过程。

3. 节事活动营销策略可从产品策略、促销策略、传播策略等方面展开,运用不同营销策略开展营销活动。

4. 节事活动营销策划主要包括主题策划、定位策划、选址策划和市场策划等主要内容。

复习思考题

1. 根据节事活动和节事活动营销的特征,分析节事活动营销与展览营销、会议营销和体育赛事营销的异同。

2. 论述节事活动营销的主要策略,对某一具体节事活动的营销策略进行设计。

3. 针对具体的一项节事活动进行完整的营销策划。

单选题

1. 根据活动开展的资源类型不同,节事分为依托物质文化资源、非物质文化资源和(　　)的三类节事。

　　A. 经济资源　　　　B. 名人资源　　　　C. 历史资源　　　　D. 旅游资源

2. 非物质文化节事可分为语言、游艺、习俗礼仪、(　　)、信仰文化五类。

　　A. 历史事件　　　　B. 重大事件　　　　C. 新闻事件　　　　D. 历史文化

3. 根据节事与旅游融合程度,旅游节事的分类不包括(　　)。

　　A. 纯旅游型　　　　B. 强旅游型　　　　C. 旅游型　　　　　D. 半旅游型

4. 飞地举办型节事通过嵌入剧院舞台、(　　)、传统博物馆、会展场馆、教育学习场地等方式,在异地复活与表达。

　　A. 会议中心　　　　B. 歌舞剧院　　　　C. 会展场馆　　　　D. 主题园街区

5. 从产业关联角度,节事活动的核心营销主体不包括(　　)。

A. 节事举办地 B. 社区居民 C. 组织者 D. 参节商

多选题

1. 节事活动包含内容广泛,包括( )、文艺娱乐、( )、体育赛事、( )、休闲事件、( )、私人事件、( )等事件。
   A. 文化庆典 B. 商贸会展 C. 企业活动
   D. 政府事件 E. 社交事件 F. 教育科学事件

2. 依据节事主题性质和所命名物产的形象载体,对节事活动进行分类包括自然景观、( )、民俗风情、( )、( )、运动休闲、( )和( )。
   A. 历史文化 B. 物产餐饮 C. 博览会展
   D. 娱乐游憩 E. 社交事件 F. 综合节事

3. 从节事产品的层次性来看,节事产品的一般利益包括( )、( )、仪式、游戏、( )。
   A. 场面 B. 目标利益 C. 附属共享物
   D. 独特性 E. 专门性 F. 真实性

4. 主题确定中,必须关注与节事活动主题相关的因素如( )、( )、( )、主题仪式、( )。
   A. 主题歌曲 B. 主题物品 C. 吉祥物
   D. 形象大使 E. 主题氛围 F. 主题典故

5. 选择传播媒介,需要考察( )、( )、( )、覆盖范围等因素。
   A. 消费者习惯 B. 宣传成本 C. 节事特性
   D. 传播成本 E. 风险成本 F. 违约成本

第十四章 体育赛事营销

学习要点

1. 理解体育赛事的概念,根据体育赛事的分类、体育赛事营销的概念和特征,理解体育赛事营销的特殊性;
2. 能够分析体育赛事的市场特征,开发目标市场;
3. 掌握体育赛事营销的主要内容;
4. 掌握体育赛事营销的主要策略;
5. 理解体育赛事市场营销的主要过程,掌握各阶段的主要内容、方法和流程。

开篇案例

赛事营销再布局,牵手旅游为品牌增值

1. 赛事联袂,让旅游理念与赛事精神高度契合

继2016年酒泉戈壁央视首次在全球直播超级马拉松赛事后,抚仙湖国际高原超马赛事再度获得了CCTV5的直播。2017年央视直播技术的升级使全球观众通过电视了解到"超马"运动的极限魅力之外,还领略到了高原湖泊的无限风光,这无疑助力了玉溪城市形象的宣传以及赛事影响力的提升。各大商家可通过赞助,举办越来越多不同细分领域的体育赛事,不断向消费者传递运动、健康、纯粹的精神,让旅游理念与体育精神高度契合,引发年轻消费者强烈的精神共鸣。

2. 全媒参与,发挥完美叠加的品牌效应

恒大2017世界斯诺克中国锦标赛完美收官,经过连续7天精彩鏖战,黑马布雷切尔在决赛中以10比5战胜世界排名第八的墨菲获得冠军,独享15万英镑冠军奖金。此次赛事呈现几何级传播效应,中央电视台体育频道全程直播比赛。通过全天候、全媒体、立体式传播平台,独家承办赛事的恒大集团通过全场无死角的广告牌展示、球员胸标、赛事资讯的高密度轰炸又一次在体育营销战中独占鳌头。观赏性和商业价值完美叠加的品牌效应使持续跃升的恒大中锦赛成为广州城市新名片。

3. 体育营销,实现品牌与产品的销售转化

"独家版权"成了腾讯体育在竞争市场的王牌之一。从用户角度,腾讯体育将用户人群细分,对不同用户的喜好进行深挖,联合怡宝推出NBA扣篮集锦《扣篮时刻》,品牌巧妙植入,惊人的点击量,为怡宝品牌获得持续曝光。康师傅找准了品牌与年轻人的切合点,结合了"标签

照片""沪语水印"等时下趣味玩法,把传统品牌"变"年轻。同时融入健康时尚的价值观,通过体味新的视野和态度,与热爱体育、张扬个性、追新求异的年轻人玩在一起。以年轻化的品牌态度,让他们感受到康师傅冰红茶的活力与能量,也做到了从明星粉丝到购买的转化。通过NBA赛事和明星效应,品牌和产品高度契合,推动产品实质性的销售转化。

资料来源:赛事营销再布局·牵手旅游为品牌增值[EB/OL].(2017-11-28). http://www.sohu.com/a/207142134_565932.

第一节 体育赛事营销概述

一、体育赛事的概念

体育赛事概念有体育、比赛、事件三个关键点。体育的核心是运动;比赛是竞技运动的集中展示,竞技运动包括训练和竞赛;事件是过去已发生或将要发生的一次性活动,有完整的起始过程。从经济学视角看,体育赛事是存在或可能以交易进行资源配置的体育赛事。从营销学看,体育赛事是体育竞赛表演业的简称,体育赛事不同于一般比赛,是以优质体育竞赛活动作为体育产品,以营销策略为主要手段,以追求最大经济效益为目的的体育比赛。现如今,体育竞赛已发展成为涉及社会、政治、经济、文化、环境、科技等诸多因素的复杂社会活动,包含组织机构、赛事规划、赛事营销、人力管理、后勤服务、竞赛管理等复杂内容,远超传统的体育竞赛含义。

二、体育赛事的类型

第一,根据竞技水平,体育赛事可分为两类。①职业水平竞赛。职业水平竞赛的选手以职业运动员为主,参赛水平较高,观赏性强。②业余水平竞赛。业余水平竞赛参赛者以业余爱好者和居民为主,举办比赛的目的在于全民健身、体育普及和商业推广等。

第二,根据规模影响,体育赛事可以分为三类。①超大型赛事。如奥运会、世界杯足球赛。赛事规模大、水平高,参与和出席人数众多,媒体覆盖面大,公共财政参与度高,市场目标广大,对举办城市和社区产生显著的社会、经济和综合效益,对社会、文化、政治、经济、旅游和城市设施建设等多方面产生深远影响。②大型赛事。如职业联赛、国际单项锦标赛、全运会、城市运动会。赛事规模较大、水平较高,受重视程度高,组织工作复杂,媒体关注度高,市场吸引力大,对举办城市的社会、经济、文化等多方面产生较大影响。③一般赛事。规模和水平递减,能够吸引较多观众、新闻报道,产生一定的经济效益,如热身赛、邀请赛等。

第三,根据内容性质,体育赛事可以分为三类。①规模型赛事。规模型赛事是具有国际影响力的体育赛事,辐射面广、经济影响巨大,能以体育文化为独有吸引力,将受众从居住地吸引到赛事举办地,属于此类的有奥运会、世界杯、各类单项体育组织世界锦标赛以及个别影响甚广的洲际单项体育赛事。②标志型赛事。标志赛事是在一地重复举办的体育赛事。主要有各国单项体育项目的职业联赛,以及常年于某地举办的国际国内体育赛事。③社区型赛事。社区型赛事有地域限制,影响和规模与上述两种类型有较大差距,多为省级以下赛事,以观众驱动为主,如社区的体育节、登山节、市民保龄球大赛等。举办社区型体育赛事是社区获取凝聚力和号召力的重要手段。

三、体育赛事营销的概念

体育赛事营销是体育赛事组织者和经营者通过一系列经济活动和商业行为,将体育赛事作为产品和服务进行相应的商业包装、设计和策划,为观众提供高质量的竞赛表演服务,为新闻媒体、厂商、学校和其他体育组织等提供满意的竞赛表演衍生产品,以提升赛事观赏价值和市场价值,进而将其推向市场进行市场化运作,目的是获取相应的社会影响和经济回报。综上,体育赛事营销是一个综合的体育管理过程,贯穿体育赛事活动的全过程;体育赛事营销以满足消费者需要为中心,促进赞助企业发展,通过满足需要达到企业获利、消费者受益,扩大体育赛事影响力的目的;体育赛事营销以整体营销手段适应和影响需求。

四、体育赛事营销的特征

(一)综合性强

综合性主要有三个方面:①推广体育赛事。体育赛事组织者和经营者通过一系列商业活动,将体育赛事作为商品和服务进行多方位营销,通过商业包装、设计和策划,提升赛事的观赏价值和市场价值,使赛事的组织者、经营者和赞助商共同获取利润。②推广赞助企业产品服务。企业通过赞助、冠名体育赛事,借助赛事树立企业及产品的品牌形象,这是一种极具亲和力的营销策略,将功利性潜藏在公益性下,容易获得社会和市场认同,达到品牌推广和市场营销目的。③促进城市发展。一座城市得到体育比赛的举办权,在筹办过程中有可能获得更多的投资机会和基础设施改善机会,在赛事举办过程中带来巨大的商业机会,从而实现社会和经济效益的最大化。

(二)接受度高

体育赛事以观赏性、竞技性和游戏性等特点,成为全人类的盛典和被广泛认同的人类活动。由此产生的注意力经济,深深影响企业发展。体育是人类共同的事业,赞助体育或进行其他形式的体育营销,其观众注意力、品牌渗透力和影响力,是其他类型广告不能达到的。体育赛事传播易被接受,受众排斥相对较弱,商业性及功利性不明显。同时可激发个人情感依恋及晕轮效应,容易达成良好的品牌推广效果。

(三)覆盖面广

体育是一种世界性语言,打破了信仰、文化、语言和种族等障碍,联结了社会、企业与消费者的关系,有利于企业与目标对象进行有效沟通,快速提升品牌价值,推进品牌国际化增值。体育营销沟通面广、针对性强,在重大比赛现场,观众数量之多是其他事件营销所不能企及的,赛事直播的媒体受众更是广泛。新闻传媒的高度发展,也利于体育赛事、举办国家、企业与受众有效沟通,达到满意的营销效果。

(四)健康向上

体育活动是一种挖掘潜能和改善身心的活动,富有激情、活力充满竞争,带给人们积极向上、朝气蓬勃的精神状态。随着生活水平的提高,人们对健康投入了越来越多的关注。企业借助体育赛事开展营销会使人们对与体育相关的品牌、产品、服务产生积极、活力、健康的形象,达到营销目的。

(五)具有风险

体育赛事营销的资源消耗有可能比其他营销活动大。赛事一旦开始,赛事质量便处于不可控状态,增加了投资体育运动的风险。如查出体育明星服用违禁产品,该体育明星代言的品牌会受极大影响;又如球队失利或降级,赞助球队的企业也会有很大损失。

章节案例

举办什么样的体育赛事对城市发展最有利

一、我国现阶段的主要体育赛事产品

目前从全球赛事市场分析来看,可以引进的主要有以下几类:第一类是进行积分赛的分站类比赛,适合于一些经济实力相对较强、基础设施比较完善的城市,如F1、田径钻石联赛、国际泳联跳水系列赛等。第二类是单项赛事的锦标赛等,如篮球、排球、游泳、体操等。第三类是引进一个或多个俱乐部队或国家队进行比赛,这样的比赛可以引进国际上两个队比赛,也可以是分别与国内某一个或某几个俱乐部比赛,如NBA季前赛、意大利超级杯等。一般不了解体育赛事市场的人会把第三类称为商业性比赛。上述三种都是有偿性比赛,也就是诞生于市场经济体制下的,属于完全的商业行为。当一个城市没有机会或不具备举办上述第一类顶级赛事的情况下,各级城市仍然有机会举办第二类或第三类的体育赛事。当一个城市具有较强的体育传媒优势,同时又能够举办第二类、三类或拥有参加国内联赛的俱乐部时,这个城市也同样会在细分市场需求中呈现竞争优势,强大的体育传媒市场与体育赛事市场共同构筑起这个城市强大的需求结构,而这个需求条件又是其他城市所欠缺的,这个城市的竞争力便随之加强。城市便可以借助体育赛事这一城市文化的传播载体,在体育传媒的作用下,最终达到提升城市影响力的目的。上述三类赛事产品的引进、生产与消费,都充分体现了城市的竞争优势,也会考验一个城市发展战略的价值所在。

二、体育赛事产业对城市发展的影响

1.城市品牌及文化的效用

超越百年历史的伦敦的温网、纽约的美网、巴黎的法网、墨尔本的澳网四大网球公开赛的举办城市,以及巴塞罗那、赫尔辛基、曼彻斯特、鹿特丹、都灵、达拉斯、休斯敦、亚特兰大、米兰等城市对中国人而言跟赛事相连,提到这些城市的名字首先进入我们视线的是电视屏幕上一场场经典的赛事、报纸杂志上一幅幅经典照片、互联网上球星的逸闻趣事,让我们的观众狂热的也是那里的赛事与球星。

2.城市企业群的集聚

赛事产业首先是一个项目集群,拥有众多的运动项目组合,每一个项目都独立形成一个企业群,项目与项目生产企业之间都具有共同的相关产业与支持性产业,例如一个马术障碍赛所形成的相关产业包括马业、赛事管理企业、传媒产业、广告业、场馆业、政府等。同时还涉及舞美灯光、设计、策划、表演等多个领域,并与之共同构成相关产业和支持性产业,形成纵横交织的产业集群。而城市产业布局是城市发展战略的重头戏,产业规划的好坏直接决定着这个城市未来竞争力的强弱,体育赛事产业作为城市文化产业的"重工业",将其纳入城市发展战略是明智之举。

3. 城市商业区的形成

每一个城市承办一次综合性运动会，便可以留下一个场馆群，每举办一次大型单项赛事便可以留下一个场馆中心。城市为赛事产业提供了一个建筑群，而这些建筑群可以成为城市的地标性建筑。历届全运会为每一个曾经举办过的城市留下了一个巨大的场馆群，每一个场馆群都可以成为一个城市新的商业集聚区——这就是现代城市发展过程中新的商业集聚区形成的硬件基础。比如北京的工人体育场已经成为北京的一个不夜城、青年人夜生活的乐园，而不仅仅是一个体育场。

4. 城市产业结构的转型

欧美包括日韩等的发达城市的GDP的60%是第三产业服务业带来的。服务业的发展水平代表一个国家和城市的生产社会化程度，也是一个发达城市的经济发展水平的重要标志。从某种程度上来讲，一个城市的服务业壮大了，这个城市的竞争优势也就会更加强大。体育赛事产业作为城市文化产业的"重工业"首先需要被列入城市产业转型的战略之中，因为，以赛事产业为主线，以赛事产品生产为核心，便可形成体育中介企业群、体育传媒企业群、赛事管理企业群、体育广告企业群等一系列相关产业和支持企业群，而这些产业群又能带动延伸产业群的发展，直至最后带动整个文化产业的大发展。

5. 城市人居环境的改善

农业无法造就一个适合人居的环境，工业也无法造就一个适合人居的城市，只有第三产业才能让城市的人居环境得以更好改善。人之所以是人，就是在满足生存需要之后，更多地需要精神生活，观赏、运动是一个城市居民最为基本的生活方式。一个城市必须为居民提供最为适宜人居的基本人文环境。体育赛事产品生产、赛事报道权买卖及赛事场馆和基础设施建设需要大量的城市资本投入，而体育传媒业、体育中介业、体育场馆业、体育用品业、体育旅游业、体育博彩业的城市中相关产业完善会给体育赛事业带来足够支撑，并利用企业的战略、结构和同业竞争，彼此相互促进，共同提升城市的发展。

资料来源：阮伟，钟秉枢. 体育蓝皮书：中国体育产业发展报告(2015)[M]. 北京：社会科学文献出版社，2015.

第二节 体育赛事市场定位

一、分析市场特征

(一)整体性

体育赛事需求的整体性是体育赛事消费者对体育赛事产品和服务需求的整体性。体育赛事需求的整体性根植于人们在体育赛事参与过程中需要的多面性，既有社交、享受、发展、自我实现需要，又有安全和生理需要。为体育赛事观众提供的是复合产品，以满足观众在观看和参与比赛中的多方面需要。既包括在体育场馆内的观看比赛、在训练场观摩运动员训练、参加运动明星见面会和各种活动，也包括在异地看比赛过程中的自主体育旅游线路，将旅游六要素与体育赛事结合起来，在空间和时间上加以协调，保证体育赛事观众的整体需要。

(二)高弹性

体育赛事需求的高弹性包括两个方面：①体育赛事需求是一种较高层次的需求，即人们在满足基本生活基础上的需求。随着文化水平和收入水平的提高,体育赛事需求有较大比例上升。②体育赛事需求受各种因素影响表现出较大幅度变化。主要有交通价格、门票价格、旅游价格以及客源地和目的地国家社会经济发展状况、人均收入、物价指数与通货膨胀、货币汇率、海关手续、出入境制度等。需求高弹性特点要求体育赛事产品供应者必须注重市场调查,洞悉市场情况变化,预测变化趋势,不断开发和优化适应市场需求的体育赛事产品。

(三)动态性

大型体育赛事,往往随着举办城市和地区的不同引起观众客源流向的改变。如奥运会、世界杯每四年一届,其举办城市和地区每四年就要发生变更。体育盛会必然吸引大量的观众和游客前往,形成巨大的体育赛事客源流向,使举办地接待量猛增。一旦体育赛事结束,庞大的观众和旅游团返回,只有举办体育赛事的建筑设施还可吸引少量的游客参观。下一届赛事又更换另一个举办城市和地区,巨大的客源又流向新的城市和地区。因此,随着体育赛事举办地发生变化导致的市场客流变动性,给不同的城市和地区带来了发展机会,要求体育赛事举办者和政府决策者具有一定的前瞻性,能够未雨绸缪,做好体育赛事结束后的营销活动。

(四)聚焦性

大型体育赛事举办时,来自全球各地的运动员、体育官员、媒体记者、各国观众等将齐聚一堂。这就为举办城市展示自身特色提供了重要契机。大型体育赛事的开幕式、比赛间歇、闭幕式等通常有大量文艺演出和宣传活动以促进举办地的知名度提升。大型体育赛事赛前声势浩大的推广活动以及媒体大规模报道,都会极大提升赛事举办城市的知名度,城市知名度提高会显著提高举办城市成为旅游目的地的概率,不仅在赛事举办期间给举办地带来大量客源,而且对该地未来发展产生重大积极影响。

(五)文化性

文化性主要表现在三个方面:①重大体育赛事总是凸显举办地人文特性。没有文化主题和吸引力的体育赛事是缺乏内涵的。②一些大型体育赛事开幕式是举办地文化精粹的集中展示,通过各种艺术形式生动诠释了举办地的人文特色和文化底蕴。如2008年北京奥运会开幕式对中国文化元素的展现,以恢宏的气势和独特的民族文化精神深深吸引了世界来宾。③由于赛事举办,举办城市文化底蕴被诠释出来的同时,当地一些文化遗产也得到了很好保护,举办城市文化品位提升,吸收了更多现代元素,并不断同世界先进文化交流融合,创造出体育赛事与本地文化结合的有形或无形混合体,并长久散发魅力。

(六)效益性

大型体育赛事包括奥运会、世界杯一般都有巨额赢利。纵观历史,每一次大型体育赛事都给举办国在建筑、交通、市容环境等方面带来巨大效益。赛事举办国因赛事和观战获得高额利润。这其中,体育赛事营销发挥了重要作用。营销者需要根据体育赛事的性质、规模、影响、日程安排、市场特征等,策划活动内容、接待安排、目标市场接待计划,从而为体育赛事创造更大效益。

二、开发目标市场

(一)政府监管

政府主管部门把经营性体育赛事市场开发作为发展体育产业的战略重点,制定扶持政策,吸引国内外资金参与体育赛事的市场开发,促进体育赛事市场发展。明确体育赛事管理部门,依法加强宏观管理,通过规范体育赛事市场竞争秩序,规范体育赛事企业和经营者经营行为,提高服务质量。对体育赛事基础设施进行安全检查,制定标准,保证安全,完善相应的法律法规,保证体育赛事安全的监督控制。

(二)市场主导

尊重市场规律,充分发挥经济杠杆作用,在体育赛事经营活动中遵循价值规律。根据供求关系制定合理的价格标准,防止乱收费、乱涨价现象出现。充分吸引民营资本、国外资本投资国内体育赛事产业,打造在世界范围内具有一定影响力的体育赛事品牌,如中国足球超级联赛、中国网球公开赛等,通过体育经纪交易、体育赛事转播权交易等,创造可观的市场收益。

(三)产业融合

将体育赛事产业与旅游产业发展紧密结合,以现有重点赛事品牌、重点城市和重点场馆为基础,制定体育赛事产业发展规划,充分发挥体育赛事周边的旅游资源、文化资源优势,推进体育赛事与旅游产业和文化产业的融合发展。

(四)建立平台

体育赛事市场开发和营销的成功,离不开相关机构和平台的搭建。①建立体育赛事市场开发和营销的政府机构。目前负责体育赛事开发和市场营销的主要是政府体育、文化、旅游和会展等主管部门的人员,政出多门、职责分散,为了吸引更多体育赛事的承办权,一些重点城市政府可建立专门的组织机构负责体育赛事的市场开发和营销推广,注意与政府相关部门的衔接与合作。②体育赛事的企业机构。负责体育赛事营销的企业主要有体育投资集团、体育经纪公司、体育赛事转播机构、公关公司和广告公司等,目前在我国已有一定的发展,亟待培植龙头企业,规范市场行为,提高行为的可持续性。③建立特定体育赛事的信息传播平台,主要针对具体赛事在筹备和举办过程中的信息传播与宣传推广等工作,急需对各类传统媒体和新媒体营销工具进行整合,打造平台化的信息传播平台。

(五)识别市场

从我国体育赛事客源市场来看,主要有:①内地客源市场。随着我国经济发展,人民生活水平提高,将有越来越多的人参与体育赛事消费,加大宣传力度,培育体育赛事需求,扩大消费。②港澳台客源市场。港澳台同胞到祖国内地旅行、经商人员较多,要增强促销力度,扩大港澳台市场份额。③国外客源市场。要针对不同体育赛事的性质和爱好群体特征,有针对地对不同国家和地区采取不同开发、营销和促销策略。

(六)注重效益

①重视经济效益,讲求投入和产出,投资和经营者的目标是追求利润最大化。如果开发体育赛事不能带来经济效益或经济效益低下,违背了投资经营者初衷,体育赛事经营也难以为继。②注重社会效益。游客参加体育赛事活动可以增长知识、释放压力、强健身体、锻炼意志,加深对自身和人类能力的认识,实现人与自然、社会的和谐统一,对社会进步产生积极影响。③注意生态效益。良好的生态环境是体育赛事赖以发展的基础,科学合理地开发体育赛事资源,建设体育赛事设施,对实现体育赛事产业可持续发展具有重要意义。

第三节 体育赛事营销内容

一、赞助营销

(一)基本介绍

体育赞助是一种软广告,由于并不单独出现,因而商业性及功利性不像硬广告那么明显,但体育赞助沟通面广、数量大、有针对性,在重大比赛现场,观众动辄成千上万,受众更不计其数,即使一些地方性赛事,只要组织得当,观众也十分踊跃,因此非常有利于企业与目标对象进行有效沟通,达到事半功倍的效果。体育赛事赞助的对象有奥委会、单项体育协会、体育比赛、世界冠军和著名球星等。实力雄厚,志在全球扩张的企业,可成为奥运会和国际奥委会赞助商。

(二)具体举措

1. 评估赞助对象

赞助双方必须具有一定匹配性,主要从四个方面评估:①赛事是否适合企业的目标消费群体。如果赞助的体育赛事不是目标市场的消费对象,也不被目标市场喜爱,就不能作为赞助对象。②赛事与企业品牌定位、产品特性是否相符。体育赞助的终极目标是为建立、巩固强有力的品牌定位,从而影响促进品牌推广和销售。因此需要判断体育赛事与企业产品的功能、特点、销售范围、品牌定位、品牌内涵等是否一致。③赛事是否被普遍认同,且处于上升趋势,将决定品牌的传播广度和公众认同度。④竞争对手赞助情况。竞争对手赞助了同样或类似的体育赛事,且赛事级别更高,企业最好放弃赞助计划。

2. 规范赞助行为

体育赛事市场营销部门要建立完善的诚信体系,制定和执行严格的赞助排他原则,以维护赞助企业权利、提高赛事赞助总体水平,使赞助关系更长期更稳定,借此增强赞助企业和产品排他性和形象的行业垄断性。同时,企业在赞助过程中不能急功近利,要有长远眼光,减少赞助中出现追求赞助的即显效应和过度商业化。要始终如一地赞助体育赛事,才能促成品牌持久深入人心。我国企业应将体育赛事赞助列入企业战略,以此统领企业相关的资金周转、产品开发、营销促销、形象塑造等一系列活动,同时注意开展和被赞助方、传媒机构、目标受众等方面的关系营销,减少过于注重短期效益的情况。

3. 保持赞助连续

对赞助赛事缺乏长期规划和经营,短视行为严重,是中国企业的通病。反观国外企业,都有一整套长期的赞助计划,甚至将体育赞助作为企业营销战略的一部分,成立专门部门,专司赞助公关策划工作,或由总裁挂帅,瞄准体育赞助这一巨大市场,从研发到市场、从资金到人才,全面调动。真正把体育赞助、打造自身品牌作为公司战略实施的一部分,并贯彻执行到位。企业必须做到计划实施中的连贯性和节奏性,受众只会对连续而有节奏的刺激产生印象,这是体育赞助的生命。由于体育赞助以心理效应为主,各种收益只有经过长期不懈的努力方能实现,很难一蹴而就,因此体育赞助贵在坚持,无论是赞助目标,还是赞助赛事都要保持稳定,使之形成系统、完整的赞助品牌形象。

二、门票营销

(一)基本介绍

门票通常是由体育赛事主办方或管理方负责发行制作、销售并监管使用的有价票证,一般是一次性,也有职业联赛和大型赛事为吸引观众参与观看,发行套票、季票或年票。门票一般需要花钱购买,也被称为入场券,当然也可能为促销或答谢观众等发行免费门票或赠送门票。门票包括开闭幕式门票和各项体育比赛门票两种,除赛事注册人员外,所有人均须购票入场。随着科技的进步,门票从原有的纸质门票、塑料门票、金属门票,发展为磁卡门票、电子门票、二维码门票甚至有通过指纹和人脸识别的虚拟购票和入场方式,极大提高了体育赛事的门票防伪、组织水平和入场效率。

门票销售是比赛收入的重要来源。门票既可以做成套票、一卡通形式方便观众;也可设计成富有创意、图案精美、具有收藏价值的纪念票,以便收藏爱好者收藏;还可作为一种有效的广告载体负载信息。因此,作为经营中较为稳定的门票带来的收入也较为丰厚。

(二)具体举措

1.设计门票类型

体育赛事门票种类大致相同,只是门票样式不同,制作工艺不同,门票票面设计各有千秋。体育赛事门票根据用途不同可分为仪式用票、赛事用票、注册人员用票、赠送票。赛事用票根据各级赛事比赛项目不同而不同。注册人员用票是根据历届体育赛事票务运营惯例,组委会为国际奥运会和单项体育联合会成员、各国家和地区代表团官员、新闻媒体等注册人员预留的门票。根据制作方式方法和时间不同,体育赛事门票分为热敏票和纪念票。仪式用票分为开幕式票、闭幕式票。纪念门票事先做出,用事先印刷好的票,包括开闭幕式门票,也包括提前预订的体育比赛纪念门票。热敏票是现场打印出来的门票。纪念票和热敏票的最大区别是:热敏票在5年内会褪色;由于印刷技术不同,纪念票有保存和收藏的价值,不会褪色,可永久保存。

2.制订门票价格

门票价格确定的主要依据有历届赛事门票的价格水平、通货膨胀率、销售税、运行费用、市场价格。体育赛事门票价格制订有五个步骤。①调查研究。广泛开展民意调查和体育系统内部专家调研,掌握公众对赛事门票价格的期望值。②定价原则。确定门票定价核心原则,即参照赛事惯例并充分考虑所在国和地区实际情况,通过适中的门票价格吸引更多观众到现场观赛,努力提高上座率。③门票测算。开展测算工作,制订多种价格方案,与往届赛事、重要国际单项体育赛事及近年来国内、区内举办的大型文体活动门票定价进行对比,充分考虑民众实际收入和消费水平以及对各竞赛项目的偏好。④最终确定。最终选定的方案由体育赛事举办者、政府和赞助商等审核批准。⑤价格调节。利用价格杠杆来调节门票过冷、过热,对热门门票采取高票价,对冷门门票采取低票价。

3.形成营销方案

①宣传推广。建立票务信息沟通平台,扩大赛事门票的影响力和认知程度,可采取广告、发布会、网上宣传、散发手册等多种方法推广,让公众随时了解最新购票信息、门票销售时间、比赛时间、交通情况、门票是否卖完及剩票情况,建立门票转售平台,同时避免非法倒票,提高

上座率,让公众享受贴心服务。②销售政策。常见的销售方法是第一轮"公开认购、抽签确认",第二轮和第三轮"先到先得"或直接采用"先到先得"策略。③优惠政策。为增加门票销售率和上座率,可组织政府机关、事业单位、国企、军队、学生等群体观看比赛,票价可以是免费、折扣价或最低价。④支付政策。积极开拓全新支付渠道,满足国内外观众的支付需要,通过现金、万事达卡和Visa卡等银行卡、微信、支付宝支付等多种方式都进行支付。⑤配送政策。与银行、邮政、通信、电子商务平台等合作,通过多种渠道为客户配送门票。⑥销售方式。包括实时售票、分等级销售、团体票销售、通票销售、低票价和打折票销售。

三、转播营销

(一)基本介绍

体育赛事转播是赛事组委会举办体育比赛时,允许报纸和杂志、广播、电视、网络等媒体,对赛事进行现场直播、录播、报道等,从中获取一定报酬的过程。其中最重要的是体育赛事的电视转播。电视转播是与现场比赛等活动同步的首次播出,以被公众接收为目的。出售体育赛事电视转播权是体育赛事组织者的一项支柱性收入,其收入所得在很大程度上是衡量一项赛事经营好坏的参考指标,甚至有专家认为,如果电视媒体停止对赛事的转播,许多赛事将难以为继。

(二)具体举措

1. 构建商业模式

①创新内容。在竞争日益激烈的体育赛事转播权市场上,各种媒体投入到购买大型体育赛事转播权的资金越来越大,单纯依靠体育赛事转播难以收回投资成本,这就要求媒体在大型体育赛事转播过程中要创新内容,构建以体育赛事直播为核心的商业模式,依托新媒体所获得的优质体育赛事转播权来吸引受众,通过衍生节目、自制节目等加强内容体系的搭建,进而将视频媒体的游客模式转化为体育公司的用户模式。②创设栏目。除了丰富体育赛事转播内容外,革新体育赛事转播商业模式也至关重要。要求媒体转变理念,树立全产业链意识,在强化体育赛事版权营销外,利用体育赛事节目进行衍生品开发与销售。在立足体育赛事资源基础上,加强自制节目开发。

2. 开拓细分市场

媒体在进行大型体育赛事转播市场的开发中,要转变经营理念,加大对小众项目体育赛事转播权开发,在新兴体育赛事转播权开发中提升自身利益。媒体参与小众项目转播,不需要投入很大资金就能获得转播权,且媒体可通过对这些项目内容的进一步开发,提升赛事质量,并将转播权出售给其他媒体,借助初级收入模式获得相应收入,在此基础上再进行深层次开发。

3. 加强版权保护

①将"体育赛事转播权"纳入"体育法"范畴,逐步建立完善的法律体系。对体育赛事转播权归属进行界定,建议体育赛事转播权由运动员组织与体育赛事组织者共同拥有。②正确处理体育赛事转播权和由赛事所形成的传媒内容产品传播邻接权之间的关系,维护运动员组织和体育赛事组织者利益。③提升转播权交易谈判力度,制定合适的电视转播权收入分配方案,确保各方合法权益。④提高媒体自身的保护意识。提升对赛事转播权侵权的追究力度,加强对侵权事件取证,运用法律武器保护自身合法权益。⑤媒体运用新技术手段进行版权保护。

采用覆盖娱乐、消费电子、游戏、软件、信息发布、教育、政府部门等行业的数字版权管理平台加密技术进行媒体版权保护,遏制盗版和盗播发生。

四、特许产品营销

(一)基本介绍

体育特许产品是带有体育运动队、体育赛事组委会、体育联盟、体育协会等体育组织的标识、徽记、口号、吉祥物形象等标志的产品,如各种有收藏意义的纪念品、礼品、服装、装饰品等。体育特许产品经营是由体育组织和生产商签订合同,授权生产商在其生产和销售的产品上使用体育组织标志,同时收取一定费用的合作经营行为。这种经营方式实质上是体育组织无形资产的一种交易方式,体育组织把体育标识、设计或商标使用权转让给生产商,允许其用于生产和销售产品。其中,体育标志权所有者——体育组织称为许可人,获得体育标志使用权一方——标志产品生产者称为被许可人。这种经营方式通常称为许可经营、特许经营或授权经营。

(二)具体举措

1. 打造优质产品

①吸引知名企业加入。体育赛事管理者要不断吸引不同行业和领域的知名品牌企业进入特许产品经营领域。通过与国内外知名品牌合作,扩大体育赛事品牌影响力。②扩大经营范围和产品种类。如美国橄榄球职业联盟在服装、运动产品、球卡、收藏品、学校供应品、家庭陈设品、玩具、家电、出版物、礼物等方面有150多种许可经营合作者,与之形成长期稳定合作关系。③重视产品质量。体育组织要重视体育特许产品质量,加强对体育特许产品生产企业的监督。④加强标志权保护。主动参与打击盗版活动,保证体育标志权价值和作用真正发挥。

2. 开发多元市场

分析与把握赛事特许产品市场规律,开发赛事特许市场。①购买目标人群以直接参赛人员为主,如运动员、教练员、官员、来访嘉宾和观摩团体,他们直接参与赛事。②市场销售品种多为一般金属类、毛绒类产品。以会徽为原型的普通金属类徽章和以吉祥物为原型的毛绒类产品是历届赛事特许产品销售的主要品种。③目标人群层次越高,购买力区间越大。高级别官员购买能力强,一般选择高价格高档礼品,需求量小;一般参赛人员挑选价格低廉、精巧易于携带的纪念品。

3. 完善市场监控

①流程监控。明确各环节由谁负责、哪些操作环节可被分解、各环节由谁执行、各环节的输入和输出,包括在经营前期对特许产品营销进行一系列市场假设推理,一旦产品推出,经营者以什么顺序执行。②品质监控。在特许产品设计开发前期,实行特许产品报备制度,向赛事特许产品开发机构报审设计方案;在产品制造与供货阶段,引入质量检验制度,特许产品需经过质检部门品质检验与认证合格后准予发行;进入市场流通环节后,制定市场巡检制度,指派专人进行定期或不定期现场产品抽检。③网络监控。实施产品营销网络的动态监控,做到销售数据及时连通与反馈。建立特许产品市场终端销售点网上数据连接平台,向特许产品经营机构汇总每日销售情况,保证资金动态、产品流通信息的及时反馈。④契约履行监控。对特许产品开发中包含的各项法律关系做出详细、完善约定,在发生争议时,做到有章可循、有法可

依。⑤风险监控。赛事开发机构使用公开招标、公开拍卖、竞争性谈判等市场操作方式与投标商合作交易,引入专业评估机构合理评估资源,提高特许运营商竞争标准。

章节案例

奥运年的体育赛事营销

1. 央视五套收视均衡,重点赛事推高收视

纵观2015年体育频道在全国核心城市网中的收视表现,不难看出各类赛事对频道收视率的显著贡献。在不同城市中,央视五套在南京、西安和武汉的收视率最高,北京、成都、杭州和广州四个城市的每观众平均收视时长均在30分钟以上。除央视五套外,北京、广州省级体育频道凭借CBA、亚冠等赛事也有突出成绩。从央视五套的每日收视率走势可以清楚看到,亚洲杯、世乒赛、田径等赛事都是观众当下关注的重点比赛。而与其相对应的,排名前十五位的体育赛事中,亚冠、俱乐部世界杯和世乒赛夺得收视排名的前三甲。

2. 北京、广州省级体育频道表现突出,CBA、亚冠呈热点

目前包括北京电视台、广东电视台、湖北电视台、江苏电视台等在内的多家电视台都有相应的专业化体育频道,尽管在赛事直播资源上与央视五套存在较大差异,北京体育和广东体育由于频道自身的地域优势,在收视表现上与央视五套并驾齐驱,甚至在部分赛事的推动下收视表现高于央视五套。BTV体育频道整体收视表现与央视五套不相上下。CBA中国男子篮球职业联赛的总决赛直接推高了BTV体育收视表现,频道总决赛当天收视率达到2015年全年收视最高峰。作为我国华南地区最大的体育专业频道,广东体育拥有丰富的赛事资源版权以及节目制作经验,而且广东体育频道的收视率表现要高于央视五套。从日收视率走势来看,广东体育频道在中超和亚冠两个赛事的推动下,一直保持着较高的收视表现,亚冠决赛广州恒大战胜迪拜阿赫利也带来了该频道全年的收视最高点。

3. 奥运期间跳水、体操备受关注,收视时段随赛事变化

2016年和2012年同是奥运年,根据重点城市的收视表现,2012年伦敦奥运会期间收视前十五的体育赛事主要集中在跳水、竞技体操和游泳等项目的决赛。其中,成都收视排名前三的体育赛事为男子双人3米板跳水决赛、女子双人10米台跳台决赛和女子平衡木决赛。杭州收视前三的赛事为男子110米栏预赛、男子双人3米板跳水决赛和女子双人10米跳台决赛。通观奥运期间央视五套在成都和杭州的全天收视表现,全天出现两个收视高峰,主要集中在18:00—20:00和22:00—23:00。同时由于时差的原因,部分赛事在凌晨直播直接推高2:00—6:00时段的收视率表现。

4. 体育类节目成为新契机,收视潜力有待开发

众所周知,各大卫视综艺节目的竞争一直非常激烈。2015年湖南卫视、浙江卫视、江苏卫视、东方卫视等一线卫视阵营瓜分市场,然而综艺节目的类型却相对固定,季播节目"综二代"最开始也被视作收视保底。但由于节目题材的单调、环节的同质化、明星班底的重复,观众也逐渐产生了审美疲劳,寻求新的节目内容和形式成为当务之急。在这种情况下,体育类节目成为新的机会点。根据目前披露的部分综艺节目计划来看,体育类综艺节目相比往年呈现井喷势头。浙江卫视、江苏卫视、天津卫视等卫视频道纷纷在2016年第一季度推出了体育类或包含体育元素的真人秀节目,逐步利用两类节目的优势组合来进行内容试水,逐步摸索观众的兴趣,构建节目内容上的新契机。由此亦不难发现,一片新的"收视沃野"正在逐步展现,其开发潜力值得期待。

资料来源:奥运年体育赛事营销的"投放选择大战"[EB/OL].(2016-05-22).http://www.tiyusaishi.com/p/zuqiu/705464.html.

第四节　体育赛事营销策略

一、产品策略

(一)产品形态

有形产品和无形产品营销方式不同。体育赛事产品本质上是创造竞赛活动有形产品的同时,提供服务这种无形产品。有形产品可以直接在网上销售,且可以试用,而无形产品只能通过网络展示。由于体育赛事核心产品竞赛活动是无形不可控的,因此赛事产品营销需要充分考虑产品的有形性和无形性。

(二)产品层次

体育赛事举办者在进行产品营销时要注意创造和实现产品不同层次的利益。①核心产品利益。主要是精彩的观看体验和部分参与体验。②有形产品利益。体现为体育赛事的组织管理、形象系统、门票销售等。③期望产品利益。体育赛事可以体现为体育赛事的级别、参赛运动员的水平、赛事组织水平、服务水平、安全保障水平等。④延伸产品利益。如体育赛事转播权,让更多观众观看到体育比赛,体育赛事举办期间的运动员与观众见面会、训练开放日,体育赛事衍生的其他节庆活动、参与体验活动等。⑤潜在产品利益。如体育赛事举办者开发的特许商品、纪念品,纪念版门票、套票、赠票,以及出版的体育赛事文化手册,体育赛事纪念馆和运动员纪念馆等。

(三)产品周期

①产品介绍期。产品介绍期为体育赛事产品的策划、初创和首次举办。对赛事的可行性、运动员参与意愿、市场接受程度、经营风险等进行评估。密集对外宣传,力求打响赛事品牌。②产品成长期。体育赛事举办初期,为赛事广泛招募赞助商、广告商、出售转播权,开始开发特许产品等。③产品成熟期。体育赛事运作和商业开发都具有相当水平,拥有稳定收入和良好的社会经济文化效益,成为知名赛事品牌。④产品衰退期。品牌形象和赛事影响力不断下降,举办者需要果断对赛事进行改革,引入新鲜元素,对赛事进行转型,引导赛事焕发新的生命力。

二、价格策略

(一)定价思路

商业性体育赛事需要追求高上座率,较高的上座率可以带来更好的服务氛围,使现场气氛高涨,同时也最大限度满足赞助商,为赛事推广带来最大推广效应。但商业性体育赛事最重要的是盈利创收,盲目追求上座率会影响赛事盈利能力,更不利于赛事市场后续发展,影响企业赞助的积极性,盲目追求利益也会影响上座率、消费积极性。

(二)定价方法

以消费能力、消费热度、赛事进程、服务质量等作为依据划分消费群体,进行差别定价。①服务差别定价。基于消费者享受赛事资源、服务质量进行定价,具体影响因素有赛事性质、举办地点时间、精彩程度、明星运动员等。②消费差别定价。不同的票务形式,如团票、套票、预定订票等,根据消费数量的差异进行定价。③忠诚度差异定价。热爱体育且热衷于现场观看的消费者,愿意付出更高价格。随着观众的赛事忠诚度降低,其消费积极性必然降低。

(三)定价策略

①整体价格策略。以赛事整体为对象制定价格。在新赛事进行市场推广时,整体价格策略只能作为标注价格,必须从其他方面说明价格形成内容。②核心价格策略。对赛事包含的组合服务进行拆分定价。将赛事主要服务门票定出高价,把赛事项目次要服务如专用班车、泊车、场内饮食、儿童托管、纪念品销售、签名物品销售、明星合影、同场体验等次要服务定价较低。③低价格策略。基于赛事组成要素之间互补关系,选择一种要素制定低价,对互补服务制定高价,在整体上均衡。

三、组合策略

(一)延伸策略

①向下延伸。将原有赛事定位于高档,随后不断增加低档赛事品种,以扩大市场覆盖面和渗透率。②向上延伸策略。该策略将原有赛事定位于低档,随后增加高档赛事。③双向延伸策略。定位于中间,在占据市场优势后,采取朝上、朝下两个方向同时延伸,增加高档赛事和低档赛事。

(二)补充策略

在现有赛事大类范围内增加新项目,增加项目组合的深度。如篮球赛事项目从原有的运动员类,拓展至小学类、初中类、高中类、大学类、业余类、企业类、元老类、明星类等。采取这种策略的主要动机是增加经营额,获得更多利润,充分利用过剩经营能力,追求成为同一赛事的全面领导者。

四、渠道策略

①直接销售。在赛事场地及其他固定地点设置销售点,将赛事票务产品和其他产品,与消费者直接交易。但此种营销渠道与消费者接触面有限,一定程度限制了票务销售量。②代理销售。赛事举办方与票务代理商进行合作,主办方付出一定佣金,委托票务代理商通过其企业品牌、销售渠道、客户群体和销售经验,对赛事票务等进行销售。③电话销售。赛事举办方建立票务热线,通过电话销售方式进行票务营销。④人员销售。一对一让顾客产生偏好并最终购买。一是人际接触,直接了解对方需求及特点,迅速做出调整;二是培养关系,培养赛事与顾客深厚友谊。⑤网络销售。24小时不间断售票,全球范围内进行售票,包括网站推广、网页宣传、网络广告等。注意售后服务、票务真伪鉴别、网络支付安全等问题。⑥广告销售。几乎可以出现在任何地方,在多样化市场和目标市场快速触及众多受众。常用广告媒体有报纸、杂志、公告牌、电视、电台和互联网等。⑦公关销售。树立形象、沟通信息,建立有效的媒体沟通渠道,提升赛事品牌知名度、美誉度。

章节案例

新媒体环境下的大型体育赛事营销策略

1. 体育赛事营销与新媒体结合的必要性

体育赛事营销与新媒体结合的必要性体现在三个方面：①新媒体和大型赛事活动之间可以实现资源的共享。大型体育赛事本身蕴含着观众、商业信息、广告等丰富的资源，而新媒体具有覆盖面广、信息量大、传播及时等独特优势，将新媒体与大型体育赛事活动结合起来能够实现资源共享、优势互补的共生共赢局面。②我国新媒体与大型体育赛事之间的中介媒体机构蓬勃发展，将新媒体与大型体育赛事活动联系起来，并努力创造良好的环境和基础条件，促进新媒体与大型体育赛事之间的共同发展，以实现体育组织单位和媒体机构的共赢。③大型体育赛事营销促进了新型电视媒体的出现。在大型体育赛事活动期间，涌现出一大批新型电视媒体对体育赛事活动信息进行有效的传播，并充分利用大型体育赛事的注意力经济，让用户全面了解大型体育赛事的进程及相关信息。

2. 新媒体环境下的大型体育赛事营销面临的问题

新媒体具有传播速度快、信息量大、覆盖面广等无法比拟的优势，但是传统媒体在当前的市场中仍然占据主导地位，在商业营销推广中具有十分重要的作用。大型体育赛事为新媒体发展带来了生机与动力，但是新媒体具有娱乐性、阶段性、轰动性等特征，无法在重大事件中自觉地承担社会责任，不符合影响社会舆论的主流媒体必须具有公信力这一基本要求，这是当前新媒体环境下的大型体育赛事营销面临的主要问题。

3. 新媒体环境下的大型体育赛事营销策略

①实现多元化赛事营销策略。深化大型体育赛事营销方式，整合内部资源，增加企业的竞价能力和市场影响力，并通过与其他产业的合作来深度开发产品，加强媒体产业与金融产业、商业、信息产业高度融合，以达到经济效益的最大化。同时，充分利用新媒体的优势，提高大型体育赛事活动的关注度，打造良好的品牌效应。②创新灵活集中策略。大型体育赛事营销采取一种更集中的策略，适时应对各种需求从而扩大市场份额。同时，快速发展的媒体营销市场背后呈现媒体市场的细分趋势，这就要求赛事组织者能够采用灵活、创新的策略，敏感地发现新需求，并迅速地通过满足这种需求扩大市场份额。③强化服务营销策略。赛事组织者需要建立科学、系统的多媒体数据库平台，随时提取为受众定制的内容，提供个人定制服务。同时还需要通过强化营销策略来全面把握市场需求的变化，及时跟踪了解当前赛事信息使用情况，从而掌握市场需求，找准营销定位。

资料来源：迟以恒. 新媒体环境下的大型体育赛事营销策略[J]. 体育时空, 2017(3).

第五节　体育赛事营销过程

一、建立机构

体育赛事营销机构按活动的规模大小和复杂程度建立，确定由专人或组织收集相关资料，并做全方位市场调查，再拟订体育营销的资金目标、实物目标、服务目标、媒体参与目标等，设计营销思路(如何准确运作),策划营销方案(运用哪些营销手段或方法),最后双方面谈签订营销合同。

二、市场调研

体育赛事市场调研有以下一些内容:同类赛事市场评估预测,赛事社会知名度及市场知名度调查,赛事媒体转播状况,转播权调查,赛事现场观众和媒体观众调查,赛事宣传广告方式,媒体对赛事报道方式,赛事赞助商类型,赞助方式及赞助绩效评估,赛事市场营销方案,策略手段调查,赛事派生经济文化活动对赛事影响调查,赛事与举办城市政府企业民众关系分析,赛事意外事件调查及可能采取的规避措施和保障方案等。市场调研方式包括通过在线调查问卷,电子邮件调查问卷,以及与大型门户网站或专业市场研究机构合作开展专项调查等。

三、市场分析

市场分析是市场定位的基础,科学的市场定位是精准营销的前提。市场分析的意义在于通过对客源市场定期的抽样调查,摸清现实客源结构和潜在客源所在,指导体育赛事举办者有针对性地开发客源市场。同时通过了解市场需求变化信息和顾客意见反馈,及时调整产品和服务内涵,适应客源市场需求。

四、市场细分

市场细分包括判断每个细分部分消费者大致数量和占整个市场比例,描述赛事组织想进行营销的区域状况、区域人口状况,估计整个市场规模,以人口状况、地理位置和行为特征来描述消费者状况。目标市场分析需要描述每个市场试图满足的需要和利益,需要以潜在增长、特殊需要等指标分析目标市场,需要考虑现有消费者不再使用服务和潜在消费者不使用服务的原因。赛事目标市场分析范围甚至可以扩大到对其他赛事参与体,如赞助商、供应商、投资方、媒体、政府、职员、志愿者、社区群体、当地居民和其他相关赛事参与体的分析描述。

五、品牌定位

市场分析明确了目标市场所在,同时也明确了适应特定市场需求的体育赛事服务、资源与产品,从而为确立针对特定目标市场的产品服务定位打下基础。品牌定位,就是在市场分析基础上,针对特定目标市场需求和特点,确立对该市场具有较高好感度和吸引力的体育赛事产品和服务。

六、品牌建设

体育赛事品牌是营销意义上以差别化为代表的体育赛事个性和独特卖点的标志,是赛事消费者心目中的消费情结,是一系列竞赛产品或服务特有的名称、术语、象征、记号和设计及其组合,在一定程度上是体育消费者根据不同需求而选择不同体育赛事产品或服务的凭证和依据,具有方便识别的功能。赛事品牌不是空洞的概念,而是承载着一定精神内涵,并通过其载体即某项赛事产品或服务体现出来。

七、绩效评估

体育赛事市场营销的最终环节是绩效评估。绩效评估既是对前期实施的体育赛事营销工作效果的评估,也是对前期体育赛事营销工作存在问题的调查,更是对下一阶段营销工作所需市场分析的开始。体育赛事营销的绩效评估,需要一套科学可操作的评估方法与手段,建立起反映体育赛事营销绩效的指标体系,得到综合评价结果后,撰写评估报告,对本次赛事营销的社会效益进行分析评价,判断是否达成预期目标,是否可以与赞助商和供应商等建立长期合作关系。

本章小结

本章介绍了体育赛事和体育赛事营销的概念,分析了体育赛事的类型、体育赛事营销的特征;分析了体育赛事的市场特征,明确了对目标市场进行开发的主要对策;分别介绍了最具有体育赛事营销特征的几大营销内容板块;讲解了体育赛事营销的主要营销策略;分析了体育赛事营销不同阶段的主要任务、内容和方法。

1. 体育赛事营销以满足消费者需要为中心,促进赞助企业发展,通过满足需要达到企业获利、消费者受益、扩大体育赛事影响力的目的。
2. 体育赛事营销包括赞助营销、门票营销、转播营销、特许产品营销等主要营销内容板块。
3. 体育赛事营销的策略有产品策略、价格策略、组合策略、渠道策略等类型。
4. 体育赛事营销过程分为建立机构、市场调研、市场分析、市场细分、品牌定位、品牌建设、绩效评估等具体内容。

复习思考题

1. 分析体育赛事营销与展览营销的异同。
2. 对一项具体体育赛事的市场细分的依据、市场特征进行分析说明。
3. 介绍体育赛事市场的开发过程。
4. 任选赞助营销、门票营销、转播营销、特许产品营销中的一种,设计营销策划方案。
5. 论述体育赛事营销的主要策略。
6. 介绍体育赛事营销的主要过程,分析体育赛事营销各阶段的主要内容与方法。
7. 构建体育赛事营销的评估指标体系。

单选题

1. 对体育赛事市场定位产生影响的因素不包括(　　)。
   A. 赞助金额　　　B. 体育赛事　　　C. 配套设施　　　D. 旅游资源
2. 体育赛事市场细分的依据不包括(　　)。
   A. 民族种族　　　B. 文凭学历　　　C. 赛事美誉度　　D. 家庭收入
3. 体育赛事市场具有整体性、(　　)、聚焦性、效益性、文化性等特征。
   A. 主体性　　　　B. 高弹性　　　　C. 事业性　　　　D. 公益性
4. 体育赛事特许产品营销的主要对象是(　　)。
   A. 广告商　　　　B. 赞助商　　　　C. 媒体运营商　　D. 生产商

5.体育赛事市场营销的策略不包括(　　)。
A.产品策略　　　　B.成本策略　　　　C.价格策略　　　　D.组合策略

多选题

1.体育赛事营销过程分为建立机构、市场调研、市场分析、(　　)、(　　)、(　　)、绩效评估等具体内容。
A.市场细分　　　　B.品牌定位　　　C.品牌建设
D.公关调查　　　　E.信息发布　　　F.门票销售

2.体育赛事门票销售方式主要有(　　)、分等级销售、(　　)、(　　)、低票价销售、打折票销售。
A.差异售票　　　　B.实时售票　　　C.网上售票
D.通票销售　　　　E.团体票销售　　F.赠票售票

3.体育赛事特许产品市场监控包含(　　)、(　　)、网络监控、(　　)、(　　)五个方面。
A.流程监控　　　　B.环境监控　　　C.安全监控
D.品质监控　　　　E.风险监控　　　F.契约监控

4.体育赛事举办者在进行产品营销时要注意创造和实现产品不同层次的利益,主要包括(　　)利益、(　　)利益、(　　)利益、延伸产品利益、(　　)利益。
A.无形产品　　　　B.差异产品　　　C.核心产品　　　D.有形产品
E.期望产品　　　　F.创新产品　　　G.潜在产品　　　H.网络产品

5.商业性体育赛事分销渠道是体育赛事产品由主办方流向消费者经过的组织或个人,包括七种渠道:(　　)、代理销售、(　　)、人员销售、(　　)、广告销售、(　　)。
A.差异销售　　　　B.委托销售　　　C.间接销售　　　D.直接销售
E.折扣销售　　　　F.电话销售　　　G.网络销售　　　H.公关销售

第十五章 婚庆营销

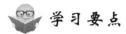 学习要点

1. 理解婚庆活动的概念,理解婚庆营销的特殊性,辨析婚庆营销与展会、会议、体育赛事等会展业态营销的异同;
2. 分析婚庆活动市场的特征;
3. 掌握婚庆营销的主要策略,运用不同营销策略开展婚庆营销活动;
4. 理解婚庆市场营销的主要过程,掌握各阶段的主要内容、方法和流程。

 开篇案例

婚庆市场预测:一线婚企进入"大航海时代"

1. 困境重重的历史变革时期

第一,持续10年的人口红利带来的行业爆发式增长已经到了尽头,紧接着便是连续10年的结婚人口逐年递减,这好比股市10个涨停后立刻10个跌停,处于高位的整个婚嫁市场面临产能过剩,大量婚企倒闭如潮,2016年第二季度伊始首次出现商户数持续数月的负增长,同期开店数量低于关店数量。

第二,全球经济衰退,中国实体经济大环境的恶化、制造业倒闭潮、楼市低迷、股灾等因素,致使中国高净值人群锐减。从2015年第四季度开始便陆续有婚庆公司反映大客户锐减,2016年更是几乎爆发全国性的客单价下降和净利润萎缩,再大的企业也不能幸免,大家都感到大单"蒸发"了。

第三,竞争愈演愈烈,行业形态发生变化。小微经济在这样独特的历史时期开始抬头。然而这些自由职业者大多来自破产的创业者和离职的婚企雇员,不但具有成熟的作业水平,熟悉行业里的一切运作规则,还带走了大量企业潜在客户资源。他们具有更加灵活的搅乱市场能力,这种现象也带来了婚企进一步的人才流失和团队稳定性危机,经营成本压力骤增。许多婚企已经放弃了完整的自有团队,主动将企业变轻,牺牲利润与小微创业者进行外包合作,婚企存在的市场价值和核心竞争力将进一步降低。

第四,"通路"的变化,也就是市场渠道和供应链格局的转变。这两年许多婚庆公司老板反映最集中的问题不再是酒店绑架,而是酒店自己投资做婚庆、酒店都被对手捆绑、婚礼堂的崛起、互联网平台和一些更上游商户贴现拦截客户等现象,生意越来越难做。

2. 资本化与转型热潮的驱使

第一,从经营C端转向经营B端,也就是从赚客户的钱变成赚行业内中小商户的钱。有

的公司将品牌授权给数百个加盟商;有的开始销售企业的培训课程甚至作品资料;有的开始孵化各种组织、活动和平台,转向活动营销和顾问式服务;有的则通过协会等形式开始整合行业内的资源,以图"羊毛出在猪身上让狗来买单"。

第二,改变自身的经营定位。原本"专注高端市场和定制服务"的,开始推出分品牌卖套餐进军中低端市场。总之市场不景气,以往的定位遇到瓶颈,就利用自身的品牌口碑开始尝试抢占其他细分市场的份额。

第三,随着2015年新三板的火爆和资本创投风口,婚庆企业到底能不能资本化又被一些走在前面的企业提出来,但很快遭遇的资本寒冬又给它们泼了一盆冷水。不过合并数据上市、融资并购区域品牌或上下游企业、投资婚礼堂和摄影基地、投资互联网创业和婚嫁金融,一时间也成了雷声大雨点小的万众焦点。

3. **不是人人都能赶上时代,洗牌已然在即**

能够赶上每一个历史的变革时期,是需要具备一定的历史条件的,否则就只能被最热闹的时代洪流所淹没,这就是"洗牌"。如今同样可以看到所有进入"转型热"的企业,无论它们是否能成功,但它们具备了主导洗牌的关键因素:集聚资本能力、资源整合能力、品牌沉淀、市场基础。成为自由职业者不会参加这场洗牌,因为他们是在往旧时代的小微化发展,失去了新时代的入场券;新晋创业团队难有机会参与这场洗牌,因为它们没能够完成参与洗牌所需要的积淀过程;仍然小富即安的中小商户不会成为洗牌的主导者,因为他们不在行业的顶部,所有的资本和资源聚集不到他们身上,反而恰是被洗牌的对象。

4. **我国婚庆市场未来发展预测**

由于经济大环境、消费主力年龄层变化、旅游市场大爆发等多层次因素,2017年中国婚庆市场将持续低迷,传统份额将进一步萎缩,但会逐步进入"海外热"的市场风潮。最早开始从事海外旅拍业务的,是一些竞争不过影楼的个人摄影师和工作室;而最早开展目的地婚礼业务的,却是少数服务窄众人群的北上广高端婚庆机构。那时候"海外"对于这些服务者来说仍是可遇不可求,有一单做一单的机会型项目,无法进行大规模的市场推广,无法当作核心业务来扩大比例。近几年来,包括金夫人、铂爵、唯一视觉等一些影楼集团首先完成第一轮资本积聚,开始大力进军海外旅拍市场,投资在国外圈地,推出全球旅拍业务。一旦有多股大资本的介入,就代表着需要量级的增加,市场的服务资源逐步由独占变为开放,各地的政策因素也将开始重视和扶持,居高不下的贵族式消费价格也会逐步趋于大众化。

资料来源:林葳.林氏商业预言.2016.

第一节 婚庆营销概述

一、婚庆活动

婚庆活动是婚礼庆典活动的简称,婚庆包括婚礼庆典活动以及围绕婚礼产生的一系列活动,根据新人的爱好、需求和经济能力,可以覆盖婚礼策划、婚纱摄影、婚车出租、婚礼跟拍、婚礼摄像、婚宴酒席、主持司仪、现场表演、蜜月旅游、婚礼纪念等围绕婚礼庆典相关环节产生的各种活动。

婚庆活动通常有广义和狭义之分。狭义的婚庆活动就是在新人结婚前后的各种需求和活动。随着时代发展,和婚庆相关的产品和服务越来越多,很多其他衍生活动和行业纷纷进入婚庆领域,如婚纱设计、喜糖包装等。因此,广义的婚庆活动是围绕婚庆典礼所涉及的相关行业集合。

二、婚庆营销

婚庆营销是婚庆企业等婚庆产品服务提供者,创造、提供、出售,同有婚庆服务需求的消费者,交换婚庆产品服务和价值,实现经济效益,帮助消费者实现人生梦想、留下完美回忆、创造幸福体验的双赢过程。

婚庆营销的对象不局限于单个产品或服务,更包括与婚礼庆典、蜜月旅行、婚礼纪念等活动相关的产品、服务、事件、体验、回忆、人物、地点、财产权、组织、信息甚至观念。作为服务产业,婚庆营销工作不仅限于营销人员,更需要婚庆产品服务策划、组织、采购、创作、服务、传播、销售、交付等环节和部门的紧密配合。营销者需要随时精确把握市场需求加以分析,制订出对应计划并把潜在需求转为更多的现实需求。

章节案例

多维度解读海南婚庆旅游的发展现状

1. 从产品供给角度

目前,海南婚庆旅游产品的竞争力相对较低,竞争优势不足,同质化产品较多,早已成为婚庆旅游的制约因素之一。要充分发挥婚庆旅游资源比较优势,加快婚庆旅游产业转型升级,重点打造一系列差异化、特色化的旅游产品,经过精心包装,打造成海南婚庆旅游"新名片",最终形成品牌。

2. 从服务对象角度

目前,游客对婚庆旅游的需求越来越多元化。但是,海南婚庆旅游的服务对象主要针对高端消费群体,且产业服务能力不强,远远不能满足市场需要,尤其是不能满足日益增长的中低端消费游客的消费需求。建议针对高中低端游客的产品需求开展调研,准确把握各层次游客消费心理,根据各类游客结构比例和产品需求,有针对性地开发婚庆旅游产品,保持市场供需平衡,实现资源利用最优化和企业利润最大化,从而整体提高海南婚庆旅游的竞争力。

3. 从市场秩序的角度

目前,海南婚庆旅游行业各自为战,产品服务参差不齐,市场秩序相对不稳定,且区域行业内竞争比较激烈,导致旅游企业成本过高、利润较小,生存环境较为恶劣。建议进一步发挥海南省婚庆服务行业协会等行业协会的引领作用,协调推动行业发展,尤其是指导帮助企业降低运营成本,提高运行效率,推动企业不断开发满足市场需要的婚庆旅游产品。同时,建议大力促进婚庆旅游行业标准化、规范化建设,依法打击各类不正当竞争行为,推动实现全省婚庆旅游市场稳定、有序运行。

4. 从资源整合的角度

资源整合是提高资源利用率和产业效率的关键。三亚是目前海南婚庆旅游行业发展较为成熟的城市,但相对国内外竞争对手,三亚市婚庆旅游发展仍较滞后。建议进一步整合三亚市交通、酒店、景区、餐饮、摄影摄像、彩妆礼装等婚庆旅游资源,提高资源利用效率和开发水平,同时在全省范围内进行资源统筹，推动各市县充分利用现有旅游资源，规划开发具有地方特色的婚庆旅游产品，实现优势互补和全域联动，最终形成全省范围内的"无界婚庆游"。

5.从模式创新的角度

模式创新驱动行业发展，要全面了解省内外婚庆旅游产业发展现状，把握婚庆旅游市场规律，创新产品开发模式和行业管理体制机制，提高产业竞争力。如在发展初期，有意识避开内地婚庆旅游市场的旺季，抓住销售空隙进行重点谋划，推出差异化、具有比较优势的旅游产品。此外，建议建立婚庆旅游人才培养长效机制，定期组织开展婚庆旅游专业知识学习培训活动，支持婚庆旅游从业人员参加知名度较高的专业展会、推介会、宣讲会等各类活动，紧跟行业前沿，为海南婚庆旅游行业持续健康发展注入活力。

6.从营销推广的角度

营销推广是提升旅游产品竞争力和知名度的重要途径。目前，海南婚庆旅游的宣传方式仍然比较单一，也缺少完整统一的宣传片。建议针对中高端游客客源地开展婚庆旅游专项营销，逐步提升婚庆旅游在主要客源地的知名度，同时，研究制定统一的宣传片，充分运用专业型展会等，打造固定营销渠道，切实加大婚庆旅游产品宣传推广的力度。

资料来源：孙颖.发展婚庆旅游 海南大有可为[N].海南日报，2017－06－21(A11).

第二节 婚庆市场特征

一、讲求体面

结婚是人生中最重要的事情之一，不管是对新人而言还是对双方家族而言，都具有重要意义。因此男女双方当事人都舍得投入。再加上当今年轻人追求个性、争强好胜心理，因此在筹备婚礼过程中，新人会以同龄人婚礼和社会时尚元素作为消费参考，在此基础上再求新、求奇。因此攀比之风甚至是铺张浪费愈演愈烈。如果婚庆中各环节不选择高档和品牌产品，容易产生低人一等感觉。因此，不惜重金操办婚礼的新人对婚庆价格不是十分敏感，从而使婚庆产品价格空间逐渐被放大。

二、追求个性

个性化婚礼的升温，反映了婚姻在现代人心目中仍占有庄重与神圣地位，人们希望通过个性化婚礼来承载一生最幸福的时刻。传统婚礼在酒店或家里大摆宴席，邀请亲朋好友分享快乐，所有过程都是程式化的。如今个性化婚礼正越来越受欢迎，如音乐婚礼、烛光婚礼、草地婚礼、花园酒店婚礼、游艇婚礼、热气球婚礼、水下婚礼、义务劳动婚礼等。与此同时，婚礼的传统与时尚不断交融。越来越多年轻人选择在婚礼中加入西式元素，如进场、互赠戒指、倒香槟、切蛋糕等，许多中式传统仍然保留，如证婚、拜父母、敬酒等，部分年轻人的猎奇心理，让已被抛弃的跨火盆、戴花冠、坐花轿等传统环节被重新添加进婚礼。随着韩剧热播，鲜花音乐、轻纱幔帐成为婚礼的重要组成，多样化的婚礼方式正在形成。竞争日趋激烈的背景下，特色化、个性化婚礼是婚庆行业新的增长点。

三、注重品质

①注重浪漫、温馨、时尚,新人对婚庆活动举办地的人文气氛、环境气候、私人空间、生活设施等方面有较高要求。②整合要求高。随着消费需求升级,婚礼越来越复杂,牵涉到的产品、服务和活动越来越广泛,仅以婚礼当天举例就有新房布置、婚车、鲜花、流程策划、会场布置、婚宴、司仪、音乐、服装、摄影、摄像、道具、喜糖等不下十余项内容,有些还需细分。③追求高性价比。生活水平提高和消费者需求提升并不意味着价格因素不重要。追求高性价比是主流,个性与价格之间的平衡,是一个重要的消费特点。④举办婚礼之余,选择浪漫色彩浓、基础设施好的蜜月旅游地。在国内有举办"天涯海角国际婚庆节"的浪漫之都三亚;在国外有"情侣蜜月天堂"的美国夏威夷,"百塔之城"爱情古城捷克布拉格,承载神仙神话故事的韩国济州岛,浪漫之都印度尼西亚巴厘岛等。

四、季节性强

婚礼由于是人生大事,在举办过程中受到各种因素影响,举办时间具有很强的季节周期性。①年份方面。为了让未来出生的孩子有好的属相或在竞争中处于有利位置,也或许为了符合新人双方的属相和生辰八字等因素,婚庆举办在年份选择上有偏好。②季节方面。人们举办婚礼时间呈现出季节性规律,有些季节举办婚礼很多,有些季节举办婚礼很少。一般来说,夏季气候炎热,不适合举办婚礼;春季温度适中、百花盛开,秋季凉爽、晴空万里,都比较适合举办;冬季虽然温度低,从气候条件看,不太适合举办,但由于适逢元旦、春节等好日子,举办婚礼较多。③日期方面。在确定了季节后,具体的日期选择也有很多约束。一些新人往往根据父母和家族的安排,按照中国传统习俗,选择"良辰吉日"举办婚礼婚庆。这些对婚庆举办年份、季节和日期等方面的偏好,造成了婚庆营销和经营运作方面的季节性和淡旺季,淡季生意冷清,旺季不堪重负。

五、不可重复

婚礼对消费者意义特殊,有着不同于其他产品或服务的显著特点不可复制性。几乎所有婚礼环节都不允许出现差错,差错一旦出现,由于时间紧迫、替代产品复杂等原因,基本无法即时弥补。因此在婚礼过程中,一个小细节就可能导致整个婚礼失败,使消费者蒙受物质和精神损失。而且婚礼涉及面广,环节众多,对整合性要求高,这一特点往往容易导致突发事件产生。防范突发事件发生,一旦发生如何应对,是婚庆企业市场营销和经营运作需要面对的重要课题。

六、市场广阔

婚庆行业作为高速增长的市场,涌入的市场主体众多。喜庆铺、婚庆企业等开遍城区,酒店、婚纱影楼等排满档期,就连电视厂家也没有放弃良机,如康佳电视就曾联合国美电器将"有喜事,就选康佳新婚电视"作为宣传口号。广阔的婚庆市场也吸引了不少外资参与。近几年,处于行业领先地位的日本和东南亚地区婚庆服务业巨头纷纷入驻北京、上海等地,以高品质服务抢夺高端市场。与此同时,国家大力发展服务业,建立公平、规范、透明的市场准入标准,建立统一、开放、竞争、有序的服务业市场,为现代服务业发展建立良好市场环境等利好政策,有利于推动婚庆行业向市场化、正规化、健康化方向发展。对于日益壮大的婚庆市场,相关部门将加强管理,对婚庆公司从审批注册到管理,从等级到价位,都会有相应的规定和措施,并严格把关,规范运作。

章节案例

海南婚庆旅游产业的市场情况

全域旅游概念赋予了传统旅游业务与其他 IP 跨界合作的无限可能,随着全域旅游概念上升到国家战略,"旅游+"的可能性不断丰富。通过与体育、教育、康养、农业、演义等领域的融合,旅游打破了以往的诸多限制,也为消费者带来了更多的体验。在诸多跨 IP 合作模式中,"旅游+婚庆"发展迅速,并且已形成了一定的影响力。从字面上看,"旅游+婚庆"就是将旅游和婚礼策划、婚纱摄影、蜜月旅行等结合起来。目前,"旅游+婚庆"模式逐渐在一、二线城市用户中普及,既有80后、90后新婚人群,也不乏重温蜜月的金婚、银婚一族。或许在一些人看来,这与传统的蜜月旅行并无区别。其实不然,在旅游模式的带动下,"旅游+婚庆"构筑了一个全景平台,在这一平台上,诸多新奇的元素自然融合,实现了"1+1>2"的可能。

"旅游+婚庆"已然成为一块极具诱惑力的蛋糕。在我国,每年约有1200万对新人结婚,平均有31%的个人积蓄用于婚庆消费,67.66%的新人安排蜜月旅游,婚庆主题已经成为各旅游目的地招揽游客的重要卖点。

近年来,随着旅游业的迅猛发展,婚庆旅游逐渐进入大众视野并越来越受青睐,"旅游+婚纱摄影"等形式多样的婚庆旅游产品不断涌现,极大激发了旅游市场活力。作为中国旅游业改革试验区的海南,更是引领婚庆旅游发展的排头兵,早已被岛外青年消费人群冠以"蜜月岛""婚庆胜地"称号,婚庆旅游的品牌效应正逐渐发挥作用。

2011年,海南提出了"蜜月岛"的宣传口号,正式推出海南婚庆蜜月旅游的概念,此后在全省社会各界的共同支持和努力下,婚庆旅游产品和婚庆旅游产业迅速发展起来,并逐渐形成影响力。在婚庆旅游产品方面,"海南蜜月岛""去海南拍婚纱""穿着婚纱去三亚""此夏,两个人的三亚""爱 TA 就带 TA 去三亚"等口号不断涌现,婚庆旅游的主题愈加广泛,涵盖交友、恋爱、求婚、婚纱、婚礼、蜜月、亲子、纪念婚等多方面;在节事活动方面,先后举办了2012年首届婚礼时尚周,2013年三亚目的地婚礼博览会,2014年三亚婚庆旅游产品发布会、全国婚礼主持人大赛海南赛区选拔赛、三亚高端目的地婚礼论坛,2015年三亚婚礼产业大会,2016年海南婚庆旅游产业大会等各类婚庆旅游主题节事活动,有效整合了婚庆与旅游两大板块的行业资源、市场渠道和平台建设,使婚庆旅游的市场吸引力、品牌知名度、产业贡献度大幅提升。

资料来源:孙颖.发展婚庆旅游 海南大有可为[N].海南日报,2017-06-21(A11).
"旅游+婚庆":全域旅游市场的下一个爆点? [EB/OL]. http://www.sohu.com/a/153693237_781668.

第三节 婚庆营销策略

一、品牌策略

在品牌推广方面可进行四个方面工作。①与媒体合作。婚庆企业与杂志及婚庆专业网站建立合作关系,定期在"新人课堂""婚嫁资讯"等板块上传资料和等待咨询,供新人学习和问

询。选择打入都市婚庆生活和时尚消费领域的时尚杂志,为追求时尚、准备完婚的女性及配偶提供咨询服务,强化编读互动与分享,让杂志成为"我的结婚杂志",让每对新娘新郎拥有一场体现自我、彰显品位、铭记一生的完美婚典。选择婚庆行业门户网站,提供从婚庆公司到婚纱摄影、婚礼策划、婚宴酒店、婚庆用品等系列婚庆服务企业资料,为新人提供相关咨询和指导。②与知名婚庆企业、影楼和酒店合作。婚庆企业定期将印有企业和二维码的红包派送到本地区和国内知名婚庆企业、影楼和酒店,与这些行业领先企业建立合作关系,与其共享信息、分工合作,推广企业品牌。③与民政局合作。每逢节假日结婚高峰期,企业可派人到民政局门口给办理登记手续的新人发放印有企业信息、产品服务介绍的宣传资料,以扩大企业知名度,增加特定人群购买比例。④与网络新媒体互动。企业负责网络营销的人员运营维护本企业的微博、微信公众号,定期到各大知名论坛、点评网站、电商网站等发帖、跟帖、回复客户投诉和疑问,提高婚庆企业在网络时代的品牌推广能力。

二、产品策略

①婚庆企业人员。婚庆服务人员行为是婚庆企业理念识别系统的表现,通过自身活动、行为等反映婚庆企业理念。贴心又独特的服务方式、独特统一的服装配饰、有格调的礼仪表现、由工作人员创造的服务品牌等员工形象将深入人心,从而使无形服务具体化、品牌形象生动化。②婚庆产品包装。当今婚庆市场品牌同质化现象严重,不利于品牌识别,独特的婚庆品牌标志,有利于消费者迅速识别企业品牌;优美品牌包装能吸引消费者眼球;包装上产品使用、产品特征、保存方法等说明,为消费者提供方便。③婚庆产品组合。保证婚庆产品服务外在形象和内在文化一致性,采取一定激励支持员工进行图形设计、色彩搭配等专业化学习;在布置婚礼现场、展示婚庆产品时,使顾客感到颜色搭配合理美观,提高婚庆企业感染力,激发购买欲望。④婚庆产品质量。整个婚庆活动过程录制影像、拍摄相片、制作光碟等音像制品都应确保质量,在与客户承诺的时间之内移交给客户,相片底片、电子档等原始资料一并提交;婚纱礼服照应将所有相片全部交给客户;婚庆主持人应具备婚庆司仪行业的职业证书,录制婚庆司仪影视资料供客户观看和挑选;与客户在婚庆开始前约定活动环节、摄像拍照内容,在合同中明确,如有遗漏按约支付违约赔偿金;规范租用婚车标准,确保婚车稳定性、洁净度与安全驾驶;确保婚庆活动中婚宴、酒水、蛋糕等安全性和婚纱、道具、喷雾产品质量;制定安全应急预案,确保婚庆活动安全性,安排专人负责现场安全、消防等工作;注重供应商信誉,建立供应商评价标准,根据最终得分排序作为采购评判依据;开展市场调查获取客户真实需求,提高顾客参与设计程度;增加配套服务,除婚纱礼服照,还可为客户提供孕妇照、宝宝照、结婚纪念日照等;个性化请柬与喜糖礼盒制作;婚庆典礼微电影制作播放。

三、价格策略

①套餐由多项产品与服务共同组合而成,只要确定整个套餐利润目标即可,不必细分到单个产品或服务利润。套餐主要是面向有合作关系的酒店以及在预算方面较低的消费者,以数量为销售目标的。在套餐定制过程中,也要考虑客户需求和跟其他竞争对手产品比较的竞争优势。因此,要确立几项使用率较高、适用性较强、反响较好、价格或成本有优势的单项产品或服务作为套餐的核心,同时部分单项要预备几款供客户选择,如气球拱门与鲜花拱门、幕布投影与 LED 显示屏替换等。②自主定制定价方法,综合考虑时间、地点、人、数量四个方面的因

素。一是时间因素。在不同季节、不同时间甚至一天内不同时间段,单项产品或服务价格都会变化。如鲜花,其价格、种类、数量、质量都会受到季节影响,就属于经营成本中的变动成本。二是地点因素。在不同地点、不同位置举行婚礼庆典都会使价格有变化。如在教堂、园林、温泉、高尔夫球场举行婚庆活动,现场布置的材料、运输安装费用、所需器材、各类损耗、场地租赁费用都与在酒店举行婚礼不同。三是因人而异。同样的服务与产品会因为客户身份背景如年龄、职业、收入水平、消费理念不同会有大小不同的需求。因此根据客户身份背景提高价格或给予优惠。四是因数量不同制定不同价格。同样的产品与服务根据客户需求量大小来定制价格。如在同一地点连续或间隔不长时间举办婚礼的客户,可在现场布置、装饰、固定摆放件上享受折扣。

四、渠道策略

婚庆企业服务和产品渠道概括起来有四种:①直接销售。生产者直接将产品或服务销售给消费者,中间不经过任何环节。婚庆直接销售有三种形式。第一,上门推销。这是最常见的销售形式,一般由婚庆企业销售人员携带资料,对特定顾客进行走访和推销。第二,通过通信、网络销售等手段。消费者通过电视购物、电话购买、网络购买,省去中间环节,直接达成销售目的。第三,婚庆企业直接提供服务。针对直接上门咨询客户,与最终消费者形成一对一沟通形式,容易被消费者认可和接受。②间接销售。一些婚庆企业为扩大业务规模,走上连锁经营模式。第一,寻找有潜力经销商,通过当地经销商运作。第二,在某区域设立销售分公司。③价值链联合。重视与婚庆价值链上的企业合作,整合消费者和生产企业,大幅降低采购成本。婚庆公司作为消费者与生产企业联系的纽带,将消费者组合成一团体以团购的形式获取婚庆用品价格优惠。④前后向一体化。加强婚庆有关行业合作。不仅局限于婚纱摄影、鲜花、婚车、化妆等,还涵盖新房装修、婚庆用品代购、蜜月旅行、结婚财产公证咨询、婚前心理咨询等内容,实现一站式服务。

五、促销策略

①消费者促销。针对消费者群体的促销,是最常见的促销活动。消费者促销与广告和其他活动相互协调,从简单购买上升到品牌认可和改善品牌形象。常见消费者促销有五种方法:一是优惠券。优惠券发放形式多样,包括店内发放、产品包装内或包装外、电子邮件发放、直接邮寄、通过印刷媒体发送。优惠券的作用是给予消费者价格优惠。婚庆企业大多选择婚庆高峰期发送优惠券,吸引顾客,促进婚庆消费。二是赠品。向消费者赠送样品或实验品,是企业推广新产品最有效果的手段之一。婚庆企业样品以糖果、鲜花等实物为主,可以选择在婚庆企业门市发送、邮寄发送或上门发送。三是竞赛和抽奖。竞赛要求客户参加某类活动,如竞答婚庆礼仪知识、评选最美新娘,不仅吸引现有顾客,还吸引更多潜在顾客。抽奖促销是消费者购买产品服务后,参加抽奖活动。要保证竞赛和抽奖活动成效,必须与其他营销手段协调,传达一致信息。四是现场演示。在活动现场演示企业服务项目,如上演浪漫的世纪婚礼,让消费者直接接触婚庆实质。五是展览会。通过参加婚博会推销品牌,面对面交流让更多消费者或中间商参与进来。②中间商促销。中间商包括批发商、代理商、经销商。中间商作为生产商和消费者之间的桥梁,是分销渠道必不可少的重要环节。中间商促销方式有四种:一是交易折扣。企业为鼓励或激发中间商多购买自己产品,在某一时期内向中间商提供折扣或其他优惠。二

是广告宣传。婚庆企业发布统一的广告信息,为了强化零售网络,主要以POP广告形式,促使销售额增加和提高品牌形象。三是销售竞赛。为实现销售目标,婚庆企业根据中间商业绩,分别给予他们不同奖励,起到激励作用。四是贸易展销。在贸易展销会上,建立起客户群,促销产品,树立品牌形象。③推销人员促销。主要针对内部销售人员,鼓励他们与老客户保持密切关系,并积极开拓市场。一般采用两种方法:一是人员培训。婚庆企业给销售人员进行婚庆知识培训。二是销售竞赛。针对婚庆企业内部人员,同样可以采用销售竞赛激励他们。

六、整合营销

①印刷媒介传播。相较其他大众媒介,报纸杂志有固定的受众群体,一般报纸杂志都有具体的订购人员或单位情况分析,婚庆企业可以根据这些资料进行分析,选择合适的传播媒介进行品牌传播。婚庆杂志具有代表性的有《新娘》《琳琅新娘》《时尚新娘》《大众皆喜》等杂志。②电波媒介传播。电波媒介是电视、广播媒介的总称。如不考虑电视广告制作和播放成本,想在本地打出知名度的婚庆企业,可选择电视作为传播媒介,须注意传播内容和媒介选择要同目标受众联系。③户外媒介传播。户外媒介广告有路牌、交通工具、灯箱、霓虹灯、候车亭、条幅、三面翻、电子屏幕、热气球、飞艇等广告形式。户外广告优势在于位置灵活、千人成本低、覆盖面广和接触频度高。户外广告画面鲜艳、大尺寸,再加上三维效果,效果明显。缺点是受众接触时间短,导致传递信息有限,到达率、到达频度、效果评估难以掌控,并且展露时间长,信息不及时更新,容易引起受众视觉疲劳。婚庆企业可根据需求选择合适的广告形式。④网络媒介传播。婚庆企业借助网络媒介与客户交流,让客户获得参与感;客户通过网络咨询婚礼消费问题、筹备问题,婚庆公司进行答复;婚庆公司借助网络开展客户调查。除了信息传播、客户交流功能,网络媒介传播还具有网络推广这一重要功能。婚庆企业可通过网络媒介推广企业品牌、服务和产品,常用的推广方式有企业网站、搜索引擎、电子邮件、微博、微信公众号等。⑤公共关系传播。婚庆企业通过公共关系树立良好的品牌形象,也会带动婚庆产品服务的销售。婚庆企业通过公共关系手段进行有针对性的品牌信息传播,注重与消费者的情感沟通,与消费者建立和谐稳定关系,树立婚庆企业良好形象。

 章节案例

海南婚庆旅游的发展策略

第一,以产品为纽带,扩大上下产业链的整合,形成产业联盟。紧紧围绕创新升级婚庆旅游产品,打造品牌产品的核心目标,积极推动摄影、住宿、交通、景区等婚庆旅游产品上下产业链各环节整合,实现整体优化升级。同时,要充分发挥产业联盟的协调引领作用,指导帮助企业降低运营成本,创新开发新产品,同时大力完善海南婚庆旅游基础设施建设,为婚庆旅游行业营造良好发展环境。

第二,以示范点城市为引领,拉动周边市县婚庆旅游产业发展,发挥政府职能,推进行业标准化建设,维持市场稳定。一方面,推动婚庆旅游示范点城市建设,以示范点城市为依托,充分整合周边市县特色旅游资源,加快产品升级和线路创新步伐,打造婚庆旅游城市集群,形成整体优势。另一方面,充分发挥政府引导职能,加快推进婚庆行业标准化建设,强化行业运营与监管并重,促进行业可持续发展。

第三,把"走出去"和"请进来"结合起来,创新宣传推广方式,强化国际化营销,打造知名品

牌。在现有客源结构基础上,继续巩固京津冀、长三角、珠三角等一线客源地市场,同时不断开发二线客源地市场,吸引更多游客到海南体验婚庆旅游产品。同时,统筹整合全省宣传推广资源,创新宣传方式,减少宣传成本,推动实现联合营销,特别是不断提高国际化营销水平,合理运用明星效应放大营销效果,推动树立国际知名的婚庆旅游品牌形象。

婚庆旅游是一个朝阳产业,整个行业处于初级起步阶段,正进入发展增长期,市场消费潜力巨大。海南应以国际旅游岛建设和全域旅游示范省创建为契机,大力推进婚庆旅游供给侧改革,不断丰富和延伸婚庆旅游产业链,创新和完善婚庆旅游产品体系,同时加大宣传促销力度,力争将婚庆旅游打造成旅游产业的一张靓丽名片,助力提升海南的知名度和美誉度。

资料来源:孙颖.发展婚庆旅游 海南大有可为[N].海南日报,2017-06-21(A11).

第四节 婚庆营销过程

一、团队建设

团队建设需要完成四个方面工作:①营销团队建设。一是建立婚庆营销团队共同的愿景目标,激发组织成员的创造激情,将个人愿景与团队愿景结合,在团队形成积极向上、努力晋升的团队文化。二是分工协作,发挥每个人的作用,每个成员对团队贡献都能得到承认,让每个成员融入团队,提高团队成员参与性。三是多种激励。采用物质奖励、精神激励和文化激励等各种形式,提高团队的战斗力和向心力。四是员工参与。让成员参与决策,倡导信任、开放和包容的文化氛围。五是沟通交流。学习掌握沟通交流技巧,领导者多聆听、多关怀。六是业务培训。对营销团队员工开展婚礼文化知识、规划策划、创意设计、客户服务等方面的培训。②设计团队建设。为了有效及时将消费者反馈信息汇总并做出迅速反应,营销部门配备专职设计人员,将一些设计初稿通过电子邮件方式发给分销商和零售商等新老客户,以获得最前沿的需求、反馈,及时与设计人员沟通,紧跟行业发展潮流。③营销专业分工。既包括营销人员中市场调研分析、营销策划、市场推广等分工,也指特定目标市场的分工,还包括媒体策划、节事、会展、专项产品策划等分工,目的是建立一支专业化的婚庆营销团队。④部门流程及管理建设。提炼部门价值观、责任、经营理念、工作态度,形成书面规章制度,并不断强化认识,确定部门各岗位工作指标,并根据目前业务需要明确每一个成员的工作内容和重心,梳理并确定企业信息提交流程、财务流程、网络促销活动审批流程、订单管理流程等。

二、资源整合

婚庆企业资源整合有五种方式:①供应商整合。率先整合提供服务的供应商。婚庆企业为掌握婚庆领域先进技术和潮流,对摄像摄影、美容美发和婚纱礼服方面的供应商进行整合。②服务外包。婚庆企业只负责核心的策划和资源整合等工作,将鲜花、图文制作、化妆、摄影、摄像等工作进行外包,利用全社会资源,为客户创造最优质的市场服务。③小企业联盟。从事非关键产品或服务的婚庆企业自动靠拢寻求集群效应,从最接近的上下游开始寻求松散性质的联盟合作,最终达成大联盟合作形式。如苏州婚纱一条街、上海老城隍庙喜庆用品集市等即为自发或者组织形成的婚庆产品集中地,利用集群效应和品牌效应提高市场份额。④平台搭建。在婚庆行业龙头企业、行业协会等组织下,形成互补经营、统一管理的婚庆服务平台。

品牌塑造和推广由平台出面,平台本身不参与经营而是在制定游戏规则后提供监督管理,为供应商提高市场份额和拓展上下游,为消费者提供便利、信赖感和品质保障。将不遵守规则的企业排除在外,推动整个行业发展。⑤婚庆展览会举办。目前北京、上海、成都等地均有不定期婚庆展。

三、市场分析

市场分析的意义在于通过对婚庆客源市场定期抽样调查,摸清本地区现实客源结构和潜在客源所在,有针对性地开发本地客源市场。同时通过了解市场需求变化信息和客户对婚庆产品及服务意见反馈,及时调整产品和服务内涵,适应客源市场需求。

四、市场细分

主要的市场细分如下:①客户年龄细分。将婚庆消费者划分为20～30岁、30～40岁、40岁以上三个区间。通过调查,婚庆主要消费群集中在20～30岁区间,80%的婚庆消费者集中在这个区间。②客户经济水平细分。婚庆市场细分为高档型、中档型和低档型三类。③客户个性细分。将婚庆市场细分为个性时尚式、简单明了式、豪华隆重式、传统习俗式、传统时尚结合式五种类型。④客户购买行为细分,将客户分为经销商、团购客户、直接消费者三类。⑤客户活动内容细分。一是新婚蜜月游,青年人最多,我国每年结婚登记数量和新人消费偏好决定了新婚蜜月旅游有巨大开发潜力。二是婚龄纪念游。随着中老年消费需求向高品质、多元化发展,中老年人把闲暇时间和部分积蓄用来享受晚年幸福、追求快乐、重温青春温馨。越来越多子女选择安排父母婚龄纪念游来表达对父母的爱。

五、市场定位

婚庆产品服务市场定位包括三个方面:①产品定位。婚庆品牌核心是婚庆产品的内涵,婚庆企业要想赢得良好声誉,就要重视产品和服务,保证其差异化特征、现实和潜在优势能给新人独特和完善的利益承诺。②价值定位。明确产品的核心价值,了解消费者体验时期望获得的功能性利益和情感性利益要求,有助于婚庆企业找到切合的品牌利益点,使新人坚信该品牌提供的利益是该独特和最佳的,以激发新人消费。③文化定位。有深厚文化的企业更吸引消费者。婚庆企业要深入挖掘文化价值再结合当地婚俗,用文化现象作为载体全方位展示和诠释婚庆文化独特内涵,为新人提供丰富和深刻的精神文化享受。

六、产品开发

婚庆产品服务可以分为婚礼举办前、举办中和举办后的产品服务。其具体包括婚礼策划、婚纱摄影、婚车出租、婚礼跟拍、婚礼摄像、婚宴酒席、主持司仪、现场表演、蜜月旅游、婚礼纪念等产品和活动。以婚礼举办为例,婚庆产品就包括服饰产品服务(新郎礼服、新娘婚纱、敬酒服,伴郎伴娘服饰),化妆服务(新娘、新郎、伴娘、伴郎、父母化妆、跟妆、补妆等),床上用品(床单、被罩、睡衣等),婚房布置(拉花、大红喜字、闪光铝丝、大红灯笼、气球、婚房灯具、婚纱相册等),婚车布置(鲜花、不干胶车贴、气球、网纱、卡通娃娃、红绸缎、喜帖),酒店婚礼现场布置(气球拱门、礼宾炮、红色地毯、电子礼炮、礼花、鲜花拱门、彩桶、喜帖、请柬、红线、红包、路引、舞台背景、签到台、签到本、签到笔、留言本、香槟塔、烛台、追光灯、泡泡机、冷焰火、烟油机、手捧花、干冰机、罗马门、罗马柱、喜字、喜联、议程、红布条、手提袋、喜糖袋等)，婚宴餐饮(酒席、烟、酒、糖、瓜子、饮料、点心等)，摄影摄像(摄像、胶卷、内存卡、闪光灯电池、录像带、录像灯等)，鲜花服务(胸花、手捧花、头花、腕花、鲜花瓣)等。

七、宣传推广

婚庆企业加强与婚庆产业链企业合作,提供一体化服务,加大宣传力度。婚庆企业可以与旅行社、景区景点、婚纱影楼、宾馆酒店、度假村、鲜花店、广告公司、会展公司等相关企业,以互动营销的方式结成婚庆产业链。通过多方资源整合,提升产品知名度和项目含金量,打造婚庆"一条龙"服务,提高婚庆服务质量,达到双赢效果。充分利用博览会、网站、微博、微信等现代传播手段,多形式、多渠道、多途径宣传婚庆产品服务,使高端化、专业化婚庆产品服务被更广泛的人群所接收。

八、品牌管理

将品牌管理纳入婚庆企业日常管理中建立并维护忠诚客户,不仅在于可为企业带来可观的短期利润,更重要的是促进企业长期经营发展,从战略上全面提升企业竞争优势。总之,婚庆市场前景广阔,婚庆企业应及时把握商机,紧跟消费者心理需求,整合各种资源、整合产品服务、整合营销传播,不断提升企业核心竞争力。

九、数据库建立

数据库内容包括三个方面：①人口特征数据,包括消费者姓名、性别、年龄、职业、收入等；②心理特征数据,包括消费者期望价值、心理特征、生活态度和生活方式等；③购买数据,如购买能力、购买偏好、购买历史、购买经验等。接下来探讨客户数据库的维护和使用。营销人员必须对客户数据库进行及时更新,才能发挥更大效用。收集客户资料后,进行以下步骤：第一步,对客户资料进行分类；第二步,找出不同客户差别,对婚庆企业认同度；第三步,以评分方式将不同利益关系者进行归类,了解其与企业的亲密关系程度；第四步,找到行为目标,为营销活动提供决策依据。

十、客户服务

常用的婚庆客户服务手段包括四种。①常见问题解答(FAQ)。FAQ一般包括两个部分：一部分是网站从客户角度模拟提出问题进行内部测试,另一部分是在运营过程中对提出问题进行解答。FAQ如同产品说明书,婚庆企业应提供一个能解答80%以上用户常见问题的FAQ手册或系统,既方便用户使用,又节省大量客服成本。②电子邮件。FAQ解决的往往是一些简单、没有变化的问题,更深层次交流就要通过电子邮件和在线表单等工具实现。电子邮件不仅用于一对一咨询,更多情况下是长期维护客户关系的工具,扮演着客户服务最主要角色。随着客户对服务要求的不断提高,回复时间已经成为衡量客户服务水平的重要标准。③即时沟通工具。除了正式投诉外,客户更愿意通过即时沟通工具来咨询不太复杂却比较紧迫的问题,工具包括QQ、MSN、微信等。即时沟通服务对服务人员要求较高,占用时间较多。即时沟通工具能传递语音、视频等多媒体信息,给客户更大满足。④网络论坛。婚庆公司开设论坛账号,引导客户将意见和反馈信息发布到论坛,由营销人员或其他客户回答问题。交互性交流在吸引客户、创建良好氛围、提升客户忠诚等方面很有帮助。

十一、绩效评估

婚庆营销必须对绩效进行评估。绩效评估既是对前期实施的营销工作结果的评估，也是对前期营销工作中存在问题的调查，更是对下一步婚庆营销工作市场分析的开始。婚庆营销绩效评估，需要一套科学可操作的评估方法与手段，构建一套反映婚庆营销绩效的指标体系，可参考政府和行业协会等制定的相关标准，如《婚姻庆典服务国家标准》，以及海南三亚市颁布的《婚礼服务规范》和《婚纱摄影机构质量等级的划分与评定》等。

章节案例

标准化促进海南婚庆服务市场健康发展

海南省质量技术监督局批准发布《婚礼服务规范》《婚纱摄影机构质量等级的划分与评定》两项地方标准，以上两项标准的颁布实施将为提升三亚乃至海南婚庆旅游产业竞争力，促进三亚婚庆旅游市场及其婚庆行业的健康发展和管理起到积极的推动作用。

三亚市旅游发展委员会于2014年5月开始对《婚礼服务规范》《婚纱摄影机构质量等级的划分与评定》两项标准进行编制，该项目由三亚市旅游协会服务质量与标准化专业委员会联合海南大学旅游学院组成的地方标准编制小组，承担该标准的调研、标准文本的编制和业内人士意见征求等工作，并形成送审稿报送海南省质量技术监督局。2015年12月4日，海南省质量技术监督局在海口市组织旅游管理、科研、教学、业界等方面的专家召开了海南省地方标准《婚礼服务规范》《婚纱摄影机构质量等级的划分与评定》评审会，两项标准最终通过了评审会。

两项地方标准的出台使得"三亚婚庆旅游"的管理实现标准化、规范化和流程化，将提高全旅游行业的整体水平和专业化程度，提高其市场吸引力和竞争力，对规范行业经营行为，提高从业人员整体素质，为旅游者提供物有所值的优质婚庆服务和产品，推动婚庆与旅游产业的融合，逐步建立三亚乃至海南服务品牌和市场口碑，使之成为海南婚庆旅游新业态的新亮点。日前成立的三亚市婚庆行业协会将会发挥其行业协会作用深入的贯彻落实这两项标准，为三亚市婚庆行业创造新起点。

资料来源：胡拥军.海南婚庆旅游产业两个地方标准发布[N].三亚日报，2016-03-13.

本章小结

本章介绍了婚庆活动和婚庆营销的概念和内涵，详细分析了婚庆活动的市场特征，讲解了婚庆营销的主要营销策略，分析了婚庆营销不同阶段的主要任务、内容和方法。

1. 婚庆活动包括婚礼庆典活动以及围绕婚礼产生的一系列活动，覆盖婚礼策划、婚纱摄影、婚车出租、婚礼跟拍、婚礼摄像、婚宴酒席、主持司仪、现场表演、蜜月旅游、婚礼纪念等各种活动。
2. 婚庆市场具有讲求体面、追求个性、注重品质、季节性强、不可重复、市场广阔等特征。
3. 婚庆营销策略包括品牌策略、产品策略、价格策略、渠道策略、促销策略、整合营销等。
4. 婚庆营销过程由团队建设、资源整合、市场分析、市场细分、市场定位、产品开发、宣传推广、品牌管理、数据库建立、客户服务、绩效评估等环节构成。

第十五章 婚庆营销

复习思考题

1. 根据婚庆活动和婚庆营销的特征,辨析婚庆营销与展会、会议、体育赛事等会展业态营销的异同。
2. 举例对婚庆市场特征进行具体的分析说明。
3. 论述婚庆营销的主要策略。
4. 介绍婚庆活动营销的主要过程,分析婚庆营销的主要内容与方法。
5. 简述如何构建婚庆营销的评估指标体系。

单选题

1. 婚庆营销对中间商的促销方式不包括(　　)。
   A. 交易折扣　　B. 销售竞赛　　C. 网络促销　　D. 贸易展销
2. 根据心理需求,将婚庆市场的细分类型不包括(　　)。
   A. 豪华隆重式　B. 文艺复兴式　C. 传统习俗式　D. 简单明了式
3. 婚庆企业服务和产品渠道包括直接销售、(　　)、价值链联合、前后向一体化等类型。
   A. 一体化销售　B. 撇脂销售　　C. 低成本销售　D. 间接销售
4. 按(　　)细分,婚庆市场细分为个性时尚式、简单明了式、豪华隆重式、传统习俗式、传统时尚结合式等类型。
   A. 市场定位　　B. 客户个性　　C. 个人偏好　　D. 经济水平
5. 打造优质婚庆产品主要从(　　)、婚庆产品包装、婚庆产品组合、婚庆产品质量四个方面着手。
   A. 文化建设　　B. 产品创意　　C. 品质控制　　D. 企业人员

多选题

1. 婚庆市场具有讲求体面、(　　)、注重品质、(　　)、(　　)、市场广阔等特征。
   A. 追求个性　　　　B. 季节性强　　　　C. 经济实惠
   D. 不可重复　　　　E. 评价困难　　　　F. 主体多元
2. 婚庆消费者促销有(　　)、赠品、(　　)、(　　)、(　　)五种手段。
   A. 赠票　　　　　　B. 优惠券　　　　　C. 竞赛抽奖
   D. 现场演示　　　　E. 团体票　　　　　F. 展览会
3. 婚庆整合营销可采用(　　)传播、(　　)传播、(　　)传播、网络媒介传播、(　　)传播五种传播方式。
   A. 户外广告　　　　B. 病毒营销　　　　C. 印刷媒介
   D. 电波媒介　　　　E. 户外媒介　　　　F. 公共关系
4. 户外媒介广告有路牌、(　　)、灯箱、(　　)、候车亭、条幅、三面翻、(　　)、(　　)、飞艇等广告形式。
   A. 地铁广告　　B. 交通工具　　C. 霓虹灯　　　D. 电子屏幕
   E. 电梯广告　　F. 车厢广告　　G. 楼宇广告　　H. 热气球
5. 婚庆活动包括(　　)、婚纱摄影、(　　)、(　　)、婚礼摄像、婚宴酒席、(　　)、现场表演、（　　）、婚礼纪念。

　　A. 照片处理　　B. 动漫制作　　C. 婚礼策划　　D. 旅行结婚
　　E. 婚车出租　　F. 婚礼跟拍　　G. 主持司仪　　H. 蜜月旅游

第十六章　会展目的地营销

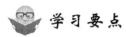

1. 理解会展目的地的概念,分析会展目的地的构成要素,理解会展目的地营销的概念;
2. 明确会展目的地营销的主要对象;
3. 了解会展目的地营销的主要内容;
4. 掌握会展目的地营销的主要策略,运用不同营销策略开展营销活动;
5. 理解会展目的地营销的主要过程。

江苏无锡全力打造大会展目的地

1. 打造大会展发展格局

第一,依据产业优势,倾力打造品牌展会。无锡发挥产业基础雄厚的优势,着力举办了物联网、新能源、国际设计、装备制造、电动车等专业展会。经过几年的精心培育,展会的规模、影响力、办展水平都有了显著提升。

第二,打造大会展发展格局。无锡市通江达海,地面、空中、地下立体交通便利,凭借便利的交通条件、较强的经济实力、雄厚的产业基础、优美的自然环境、较强的消费能力等优势,除精心培育专业展会外,无锡还多次成功举办了车博会、建材展、农博会等消费类展会,世界佛教论坛、世界邮展、中外旅游会奖(无锡)峰会暨交易会等行业顶级会议活动,无锡国际瑜伽节、吴文化节、徐霞客旅游节、国际马拉松赛等节庆赛事,已基本形成大会展的发展格局。

第三,推动政府类会展市场化。市场化是会展持续发展的动力,政府类会展应通过建立专业团队,或交由会展企业、行业协会具体操作展会等方式,将政府类会展活动逐步推向市场化。

第四,出台各类优惠政策。为推动无锡市产业转型升级,促进无锡会展业又好又快发展,设立无锡市服务业(节会)资金。对在无锡专业展馆举办,展览面积在6000平方米以上的专业类展览,前三年和后两年分别按照举办单位实际支付场租费的50%和40%给予补贴;对由全国性、国际性机构举办、展览面积在20000平方米以上的专业类展览,在前述补贴基础上上浮30%,最高80万元。

2. 做好会展协调服务

第一,为会展企业和会展项目提供咨询、协调、保障等服务,帮助企业宣传推广,协助解决困难和问题,确保活动成功举办。带领会展企业与印度、泰国等国家开展交流与合作,推动无

锡市会展活动向专业化和国际化发展。

第二,成功举办多场会展推介会。无锡国际樱花节召开时,无锡市邀请国内外会展行业领导、专家、企业家、媒体代表和主要合作伙伴等相聚无锡,为无锡会展业发展出谋划策,同时考察无锡会展会奖环境设施,加快促进无锡会展业发展。

第三,多途径开展会展宣传。通过派发无锡会展宣传资料,与各种媒体开展宣传合作,利用会展办网站、微信、会展QQ群等新媒体手段,及时发布无锡市会展信息。会展办单独或组织市会展行业协会会员企业一起,组团参加行业高端论坛和展示会,借助会展行业活动举办推介会,以大会发言、主题对话、论坛主持等形式大力宣传无锡,展示无锡会展城市的名片和形象。赴北京、上海、海南等地,拜访中国贸促会、上海市贸促会、海口会展局、上海国际展览中心有限公司等机构和企业,大力推介无锡市会展业,洽谈有关项目合作。

3. 积极培育市场主体

第一,积极培育会展主体。会展企业是会展业发展的主体。无锡市会展工作举措大大调动了会展主体的热情,以前无锡缺乏专业展馆,由无锡市会展企业举办的一些展会流落到外地。后经市会展办积极争取,电动车展、东西部小动物博览会等诸多知名大型展会都从外地转回无锡。无锡市一些以前仅从事广告、印刷业务的企业也纷纷拓展和升级服务内容,开始尝试举办会展。

第二,加深与会展企业的互动交流。为着力推动"强富美高"新无锡建设取得新进展新成果,根据无锡市贸促会在全会党员干部中组织开展"连心富民、联企强市"大走访活动要求,无锡市会展办先后走访了无锡太湖国际博览中心有限公司、无锡先锋会展有限公司、江苏中域玖壹科技有限公司等会展企业。通过实地走访,了解企业的经营状况和发展需求,切实帮助会展企业出谋划策。

资料来源:无锡:打造大会展发展格局[EB/OL]. http://www.jpceia.com/Web/CommContentPage.aspx? cateid=74&nid=3825.

第一节 会展目的地营销概述

一、会展目的地的概念

会展目的地即举办会展的地方。会展目的地是拥有大型会展设施与较强会展接待服务能力,会展经济在当地经济中扮演重要角色、发挥重要作用的经贸或旅游城市;是会展业在城市职能和城市经济中地位重要,并得到政府重视,成为重点发展产业和战略扶持产业的城市。在这些城市,会展相关产业发展程度高,会展业基础设施和专业设施相对完善。在会展产业实际发展中,会展目的地一般以城市为单位,即便一个会展活动申办者为国家,但会展活动具体的举办区域也集中在城市的地理空间范围内。因此,除非特别说明,以下所介绍的会展目的地即为会展城市。

作为会展目的地的城市应具备五个方面特征:①城市在某区域是中心城市,其政治、经济、交通、文化等地位显著;②城市拥有吸引参展商、专业观众前来参展的自然或人文因素,如优美的自然风光、宜人的环境等,或会展项目涉及产业在当地乃至全国同行当中占突出的地位;③会展经济在当地国民经济中发挥重要作用,产业辐射显著,会展业带来的经济、社会和文化效应巨大;④城市会展及相关接待服务设施完善,接待服务能力较强,城市形象佳,开放程度高,经济富有活力,具有良好的城市职能和基础环境,居民热情好客;⑤当地政府对会展经济发展在政策、法规等方面给予一定扶持。

二、会展目的地的构成要素

(一)区位条件

地区的地理位置、区位条件、可进入性、产业地位会影响到会展目的地的竞争地位。从本质上来说会展是一种经贸活动,其核心任务是推介产品、拓展市场。选择一个恰当的目的地城市举办会展,是公司拓展市场的重要环节。可进入性是会展目的地的对外交通状况。一般来说,民航、铁路、高速公路贯通的目的地对会展参展商、观众有较强的吸引力。此外,会展活动主题项目在当地乃至全国的地位也决定了在该目的地城市举办会展能否具有很大的影响力和声誉度。

(二)场馆设施

对会展目的地来说,其所拥有会展场馆的面积、设备性能与现代化程度是影响参展商、观众选择该城市的重要因素。会展场馆设施先进、维护保养良好,不仅有利于会展高效、安全举办,也会对国内外知名参展商、观众产生相当吸引力;反之,如果会展场馆设施简陋、规模偏小,硬件条件无法支撑大型展会,也就无法对参展商、观众等产生吸引力。

(三)基础条件

会展目的地基础设施、公共服务、内部交通、安全保障、环境质量、政府扶持、营商环境、以往举办会展的经营成效以及会展组织管理经验等,都是会展活动得以顺利开展的经营基础。具体而言,如果会展城市公共服务、内部交通、安全保障等基础设施没有一定规模和便捷程度,政府对会展经济扶持力度不够,会展业发展历史较短,组织管理经验不足,会使参展商、观众望而却步;反之,若城市基础设施完善、环境质量好、政府扶持力度大、会展业历史悠久、组织管理经验丰富,会增强参展商、观众信心,吸引其参加在这些目的地举办的展会,从而使展会举办成功。

(四)区域形象

明确清晰的会展目的地形象会大大促进这些城市会展业的发展。例如:德国汉诺威计算机博览会、法兰克福消费品博览会、慕尼黑国际建筑机械博览会、纽伦堡国际玩具博览会等国际知名展会彰显德国是世界会展强国地位;美国底特律是世界汽车展览之都,夏威夷是全球最佳会议暨奖励旅游地;北京是中国首都和政治文化会议中心。这些会展目的地都是国际化、品牌化、高端化的大型会议展览常见的举办地。能否准确进行目的地会展形象定位,关系到城市会展业能否在激烈竞争中占据一席之地。

(五)接待能力

会展目的地接待服务能力主要由邻近会议展览场馆设施酒店的接待服务能力、市内交通状况以及市政基础设施状况等方面共同决定。参展商、观众的"食住行游购娱"消费以及必不可少的商贸洽谈,经常是在会展场馆邻近的酒店、餐厅、酒楼开展的。因此,良好的旅游休闲接待服务设施以及服务管理水平,也是会展成功举办必不可少的辅助条件。

三、会展目的地营销的概念

会展目的地营销是以国家会展和旅游管理部门为主体,区分、确定会展目的地产品的不同市场,建立会展目的地产品与这些市场的关联系统,保持并增加目的地的市场份额。会展目的地营销的核心内容是宣传城市优良的会展举办环境。会展目的地营销包括三个方面:①确定目的地能向市场提供的产品及总体形象;②确定对该目的地具有参展、参与和出游意向的目标市场;③确定能使目标市场信任并促使目标市场前往该目的地参与会展活动的最佳途径。

与旅游目的地营销类似,会展目的地营销也属于一种准公共产品,主要由政府或行业协会组织完成,在此过程中也可以寻求企业参与。可以采用政府主导模式,基本内涵是由政府主管部门/行业协会牵头,组织本市主要会议公司、展览企业或会展场馆等,大力推广城市会展发展条件,吸引更多展会品牌和参展商。参加整体促销活动的企业需要缴纳适当费用,政府部门出台公平合理的行动实施办法。世界上会展发达城市都很注重开展会展整体营销,如法国巴黎的专业展览会促进委员会、美国商务部品牌展览会促进计划、日本神户国际会议优惠计划等。这些城市有一个共同点就是都很重视城市会展官方网站建设,即会展目的地营销系统(convention & exposition destination marketing system,CEDMS)。

四、会展目的地营销的要素

(一)为何营销

会展目的地需要有强大的竞争力,这种竞争力主要取决于城市的资源赋存状况和利用水平,也取决于外在的包装和宣传。因此,会展城市必须将优良的办会/办展环境和各项优惠措施传达给公众尤其是会展活动组织者,以吸引更多数量、更大规模、更高档次的会议或展览会。

(二)谁来营销

每个城市应根据自身实际情况,选择合适的会展目的地营销主体,如政府部门、会展企业等。但一般来说,在市场经济条件下,政府主要资源应该投入企业无法或不愿投入的公共产品领域。也就是说,会展目的地整体营销可由政府或行业协会牵头,但采取市场化运作方式,以提高营销工作有效性。

(三)营销给谁

在某一特定时期内,城市营销的重点对象依不同的营销目的而变化。

(四)营销什么

现阶段,中国城市整体营销需要把城市规划与环境保护放在中心位置,没有科学的规划和良好的环境(这其中包括政策环境和投资环境等),不会有良好的城市形象。从会展目的地整体营销的角度分析,会展目的地营销应根据特定目标和对象确定内容,如面向会展活动主办者,应大力宣传良好的办会办展环境和各项优惠政策;面向广大市民,宣传和介绍会展业对城市发展的巨大作用,以争取市民支持。

(五)如何营销

在确定了会展目的地营销的主体、对象和内容后,便是如何组织营销活动。首先需要城市建立合理的整体营销机制。此外,与旅游目的地整体促销类似,会展目的地营销策略有网络促销、推介会、大型活动、实地考察、公共关系、新闻报道等。

章节案例

目的地管理公司变革与会奖产业链重构

1. 目的地管理公司与专业会议组织者

PCO 是英文 professional conference organizer 的缩写，汉译为"专业会议组织者"。以 PCO 为例，它是指通过为客户组织、运作会议而获取收入的专业会议组织机构。其能为会议主办者提供全方面的服务，其好处是会议主办者可将会议只委托给 PCO 一家来完成，由 PCO 帮助会议主办者组织各个会议供应商共同为会议服务并协调它们之间的关系。PCO 可以作为会议主办者的顾问为其提供会议咨询服务。

DMC 是英文 destination management company 的缩写，汉译为"目的地管理公司"。DMC 则是一种提供地方性会展活动服务的专业机构，主要负责会议和展览活动在举办地（特别是海外举办地）的各项活动安排和协调等工作。当会议或展览活动主办者或策划人想到外地特别是海外举办会展活动时，他们对举办地非常陌生，需要花费大量时间和精力才能做出恰当的安排与决定，而目的地管理公司对自己所在城市一清二楚，如：哪条街道是单行线，哪些地方停车方便，哪些节日可能打乱策划者的部署，哪家餐馆和场地是最佳选择，哪些事情是应该避免的以及当地许多其他的注意事项等，甚至对医院、药店（以备夜晚突发事件）、警察局都了如指掌，对紧急事件的联络方式也非常熟悉。

2. 目的地管理公司向专业会议组织者的转变

近期，很多 DMC 正逐步在变成一个以 PCO 工作内容为主的综合性会奖活动公司。很多二三线城市里领头的 DMC，都有明显的"PCO 化"倾向。面对 DMC 领头羊的变革，PCO 与 DMC 的反应有所不同：PCO 大多心存疑惑，而 DMC 同行们的反应则比较积极，就两个字——羡慕！仔细想想，DMC 们的这种反应是可以理解的，因为长期在产业链中当"小三"（从客户到 PCO 再到 DMC，排第三），地位不高，难以出头，突然发现同类中有人"上了位"，心生羡慕之情，甚至跃跃欲试，实在情理之中。那么，究竟是什么因素让 DMC 变革的愿望变成了现实呢？当然是市场需求，即来自直接客户的市场需求——是直接客户帮他们增加了收入，增加了利润，提高了综合运营能力。不过有一点需要说明的是，这里说的"直接客户"并不是 DMC 从 PCO 现有客户群体中"抢"来的"一线品牌"企业，而是新成长起来的"二线品牌"群体。

3. 目的地管理公司变革的影响

DMC 群体目前正在发生的变革，有可能在六个方面对中国会奖产业链产生影响。第一，随着 DMC 直客业务的不断增加，其人才结构、运营管理模式也将进行必要的调整。从 DMC，到 DMC＋PCO，再到 PCO 型的综合性会奖活动公司，然后与京沪第二梯队的 PCO 展开竞争。第二，更多企业加入到中国会奖活动需求市场中来，而且随着市场重构进程的加速，客户选择的空间将越来越大。与此同时，部分社团会议、政府会议、展览、演出、赛事等，也会逐渐进入各类会奖活动公司的业务范畴之中。第三，目的地的 DMC 业务，会因为领头 DMC 角色的变化而进行重新分配，新的 DMC 领头企业又会产生。这可能只是目的地会奖活动运行模式调整的开始。第四，来自下游 DMC 市场的变化势必导致中游 PCO 市场的连锁反应：这一方面会逼迫一些 PCO 退出市场，另一方面还可能倒逼有实力的 PCO 进行变革——包括增强战略会议及活动管理、创意及策划、技术等领域的核心竞争力。第五,随着市场结构的调整及力量对比的变化,"一线品牌"客户方将会认识到,现有的"低价微利"模式对合作双方都没有益处,因而需要进行变革。第六,随着市场结构的调整,人们对于市场运行质量和效率的提高将会有更加迫切的需求。这时候,新的更加强大的行业平台就会应运而生。

资料来源:王青道.DMC 的变革与会奖产生链的重构[EB/OL].(2017-10-24). http://www.meetings-china.com/news13264.html.

第二节 会展目的地营销对象

一、当地政府

举办国际性会议或展览会,如奥运会、世博会等,不仅能给城市带来巨大的直接经济效益,在提升城市形象、促进城市建设、促进相关产业发展等方面也有着极大的作用。每个展会主办者都希望得到政府大力支持。政府对展览会的重视程度与展会的性质和规模有关,例如中国进出口商品交易会、中国国际工业博览会、中国国际高新技术成果交易会等,就拥有政府支持带来的独特优势。因此,当地政府是会展目的地营销的首要主体,展会主办者在面向政府开展宣传、争取支持时,应突出展会对当地经济的推动作用,展会除了创造直接的经济效益外,还能吸引外部投资、促进产业结构升级等。

二、会展企业

会展企业包括会展场地(会议中心/展览场馆)和会议策划服务公司或展览公司,后者是狭义的会展企业。每种企业营销活动表现出来的功能也有所不同,因为会展活动是整合资源的过程,从主题的确定、时间、场地选择到日后宣传推广,无不影响着会议或展览会的成功。例如:对于会展场地,根据自身设施条件及服务水平,寻找合适的会议或展览会,并与会展主办者建立良好关系,才能保证场馆物以致用、避免空置;对于会议服务公司或展览公司,营销目的不外乎设计、销售和改进会展产品,使自己举办的会议或展览会更具吸引力,更加适销对路。

三、参展商

参展商是展览会的主角,其数量、级别、展位面积及参展效果是判断展会成功与否的重要标准。企业参展的实质是选择展会作为一种宣传、公关和销售手段,来实现其树立企业形象、展示新产品、销售产品的目的。面对不同类型、数量繁多的展览会,所有参展商都面临着如何选择合适展会及运用何种方式展示才能达到预期目的的问题。精心策划的参展安排,夺人眼球的展示内容,与专业观众的亲密接触将使参展商受益良多,这一切都要依靠参展商制定合理的营销策略。从盈利模式的角度看,招徕参展商无疑是会展目的地营销的核心工作。

四、专业观众

没有专业观众的展览会只能成为"展"而不是"展览"。观众促进与招展工作是相辅相成的。贸易展会的观众质量能影响企业参展积极性,参展商档次及参展商自身的营销努力又会直接影响专业观众的数量质量。展会主办者应及时将有关信息传递给目标观众,让专业观众了解展览会内容、参展商情况以及可能给观众带来的利益,从而激发观众做出参加展览会决定。可考虑采取直接邮寄、刊登广告、新闻报道及公关活动等方式进行宣传。

五、新闻媒体

现代会展活动举办越来越重视宣传的投入力度和传播质量,广告宣传效果是会展能否获得成功的关键因素之一,也是会展目的地城市塑造整体形象、会展企业打造品牌的有效工具。实施有效的媒体策略对会展至关重要。与此同时,媒体尤其是专业媒体也希望借助大型会展活动来推动自身成长。展会主办者针对新闻媒体的营销工作有很多内容,如设置会展活动新闻中心、召开新闻发布会、提供有新闻价值的材料、举办欢迎宴会等,目的是积极争取新闻机构的正面宣传报道,为扩展展会和会展目的地的影响贡献力量。

六、其他主体

①旅游者。对于奥运会、世界杯、世博会和一些具有参与性质的体育赛事、文艺演出、节庆活动来说,国内外的旅游者是重要的参与力量,更多的旅游者在会展活动举办期间前来,有助于扩大会展活动影响,增加会展活动收益。②投资者。在奥运会、世界杯、世博会和一些商业会展活动的申办、筹备过程中,吸引社会资本和国外资本投入基础设施建设,或对展会进行赞助合作等,也是会展目的地营销的重要诉求,有助于减少会展活动举办开支,实现收支平衡甚至盈利。③本地居民。本地居民是各类大型会展活动的参与者、会展环境的创造者和构成要素,会展目的地营销要注意向本地居民告知举办会展活动的好处,给居民带来切实的获得感,激发居民参与到环境塑造、外来客人接待和会展活动中去,使居民成为会展活动坚定的支持者和参与者。④周边城市。对于一些影响力较小的中心城市来说,在发展会展过程中,要积极对接和融入周边中心城市的会展分工和规划过程中去,积极利用周边大城市的辐射带动作用;对于大型会展城市而言,在发展会展产业和举办大型会展活动中,也需要周边城市在资源、市场、空间、场地和设施等方面的支持配合。

第三节 会展目的地营销内容

一、会展城市营销

由于营销对象多样、营销目的不一,会展城市营销内容十分庞杂。其主要任务有四个方面:①塑造和宣传鲜明的城市形象,吸引大众特别是国际投资者眼球,汇聚各类资源尤其是资金和人才;②推进城市基础设施和专业场馆建设,为会展业发展提供良好的硬件条件;③增强市民自豪感,促进居民素质提高;④增强城市对周边地区责任感,在社会经济方面起到模范作用,进而形成强大的经济辐射力和区域发展合力。会展城市营销需要注意三个方面的问题:①政府主导。会展目的地营销的核心内容是宣传城市优良的办会办展环境。广义的会展发展环境包括当地的产业基础、场馆设施、安全状况、市场潜力、接待条件、土地税收政策等,内容十分复杂。这些问题是单个企业解决不了的,也超越了企业的权利义务范围。因此,会展目的地营销必须由政府统一组织,但政府主导不等于政府主办。就会展目的地营销而言,政府主导是由政府主管部门牵头,组织本地主要会议服务公司、展览企业或会展场馆,在全国、全世界范围内,宣传本地会展产业发展条件及办展办会水平,吸引更多的会展品牌进驻、参展商和专业观众参加。②协同效应。会展城市各项要素有机整合发挥协同作用,任何一环出现问题,都会影响整体营销效果。举办会展活动需要良好的外部环境作支撑,城市会展产业发展需要各种相关因素自由流动,这要求外界充分了解城市,并与该城市各类企业进行业务交流。无论从政府主导的操作模式来看,还是从城市营销的内在规律分析,城市会展营销都能带来显著的协同效应。③整合旅游。城市进行目的地整体营销时,会展部门可以和旅游部门协作,即使是会展企业单独开展营销推广活动时,也可将会议、展览会与城市及周边旅游景点和接待设施结合起来。有条件的城市在建设目的地营销系统时,也可以把城市环境、会展资源和旅游资源整合在一起推广。在会展城市的旅游目的地营销系统中,会展业发展环境、场馆设施、会展企业等也应有所突出,这样不仅能节约城市整体营销费用,还能极大丰富目的地营销系统内容。

二、会展场地营销

(一)展览场馆营销

展览场馆营销有五个要点。①参与城市整体促销。展会主办者选择场馆时,首先选择的是在哪个城市举办,城市确定后,才涉及场馆问题。城市整体形象提升能给展览场馆带来更多展览会。②加入专业协会。能增强展览会主办单位、会展企业和参展商对展览场馆的信任;提高展览场馆的国际知名度和美誉度,为场馆赢得举办国际展览会的机会;能借助专业协会庞大关系网络,扩充展览场馆营销资源和途径。③运用现代技术增强综合办展能力。展览场馆必须积极引入现代技术,提高经营管理的智能化水平,实现流程管理和资源管理的程序化、电子化和规范化,建立经济有效、自由方便、快速准确的服务保障体系,增强场馆综合办展能力和服务水平。④开展网络营销。展览场馆在完善实物展会功能基础上,建立服务周到、便捷、安全的电子交易平台,使参展商与专业观众能进行视讯沟通和面对面交流。⑤组建战略联盟,与旅游企业合作,积极加入所在城市的目的地营销系统等。

(二)会议场地营销

①市场调研。会议场地营销时,仅知道本企业产品和服务是不够的,营销人员还必须了解竞争对手以及可能影响营销效果和未来销售的市场趋势。酒店和会议中心营销人员主要通过本企业会议设施和服务分析、竞争对手分析和市场分析三种调研获取相关信息。②目标市场定位。通过科学的市场调研,会议场地企业明确了自身的竞争优劣势和市场供求状况,在此基础上便可进行准确的目标市场定位。③市场营销方案制订与实施。对于酒店和会议中心来说,会议业务的诱人之处在于能同时出租很多房间,并为企业带来餐饮、娱乐等附加收益。每年年初,酒店和会议中心应根据调研结果,就各细分市场考虑如下问题:会议举办的旺季在哪几个月,哪些方面需要更强有力的销售举措,开辟哪些新的细分市场可以提高营销收入,对每个细分市场应当给予什么特别关注等。在此基础上,酒店和会议中心必须制订相应的行动方案,可分别从产品、价格、渠道和促销四个方面入手。尤其要重视促销策略中的广告、营业推广和公共关系。

三、会展媒体营销

①会展城市媒体营销。在会展举办前,政府需要媒体对展览会前期准备工作、展会特点及

创新性等做宣传报道,如:举行记者招待会或者组织专家学者讨论,由专门媒体报道,吸引市民和潜在专业观众注意;在会展活动期间,继续组织本地报纸和电视台对活动进一步宣传;会展结束后,政府应鼓励媒体对活动的效应和成果等做总结性报道,加深公众印象,达到提升城市形象目的。②会展主办者媒体营销。在会展举办前,除了采用直接邮寄等手段招商外,会展主办者还借助各种媒体为活动宣传造势,吸引潜在参展商和专业观众,为达到目的,会展主办者指定新闻发言人和成立新闻中心;在会展举办期间,借助新闻中心为媒体提供便捷服务,同时选择适当新闻媒体,与之建立良好互动关系;会展结束后,会展主办者要收集和分析媒体报道情况,向有关媒体寄送感谢信,随函附上本次会展总结工作报告,以便媒体记者做进一步报道,突出展览会长期效应。③会展场地媒体营销。在会展举办前,会展场地一般会设立专职新闻发言人,专门负责处理与媒体间各种事宜,吸引媒体对会展特色或场馆的设施、服务等具体细节进行宣传;在会展举办期间,与会展主办者合作,为媒体提供细致周到服务,进一步加强和媒体良好关系;在会展结束后,主动收集此次活动有关信息,并寄送参展商、主办者和媒体三方并致以谢意,邀请三方对场馆存在的问题和不足提出意见和建议,为将来活动打下基础。④参展商媒体营销。参展商可从四个方面行动,如:选择合适媒体刊登广告;精心策划和制造新闻事件,吸引媒体兴趣;主动接受媒体采访,并与其建立合作关系;与会展新闻中心保持密切联系,通过召开新闻发布会,为记者提供相关资料等途径,创造被媒体报道的机会。⑤专业观众媒体营销。专业观众比普通观众更倾向于了解参展商及产品方面的介绍、有关各种交流活动的详细说明,如高峰论坛、新产品发布会或公司推介等。

章节案例

国际会议与旅游目的地官方网站的内容与设计

1. 会议与旅游目的地官方网站

随着信息科技在国际旅游业中日益广泛和深入的运用,国内各城市旅游局越来越重视官方网站和旅游信息网的建设。可以预见,CVB官方网站在我国目的地销售和促进会议/活动计划进程等方面有巨大的潜力。作为CVB最有利的商务工具之一,其官方网站必须设计精良并能得到妥善的维护,这样才能真正有助于旅游目的地的整体销售以及从头至尾高效地推进一次会议或商务活动的进程。一个网站的质量主要取决于内容和设计两大方面,其中,"内容"是指网站所能提供的信息或服务,"设计"是指网站浏览者可以获得上述内容的方式。

2. 会议与旅游目的地官方网站的三个典型案例

选择美国哥伦比亚、新加坡和荷兰阿姆斯特丹的CVB官方网站进行介绍。根据对所选三个优秀CVB网站的内容分析可以发现,即使面向同一个对象,不同城市所提供的信息和服务项目也明显不同。例如,从一级栏目设置及其具体内容来看,面向旅游者,哥伦比亚CVB网站提供了"欢迎"(Welcome)、"住宿"(Where To Stay)、"旅游活动"(Things To Do)、"计划行程"(Plan Your Trip)、"团队旅游"(Group Tours)等信息,阿姆斯特丹CVB网站提供了"阿姆斯特丹介绍"(About Amsterdam)、"计划行程"(Plan Your Trip)、"旅游活动"(What To Do)、"优惠"(Deals)、"特别定制"(For You)、"住宿"(Hotels)、"阿姆斯特丹城市卡"(Amsterdam City Card)等内容,新加坡CVB则提供了"新加坡简介"(About Singapore)、"节事活动"(What's On)、"观光与活动"(See & Do)、"餐饮"(Dinning)、"购物"(Shopping)、"住宿"(Accommodation)、"特别计划"(Specials)以及"计划行程"(Plan Your Trip)等信息。

同时可以发现,面向旅游者,关于城市介绍及食、住、行、游、购、娱等旅游的基本要素,上述三个网站都有相应的内容。同样,面向会议与活动组织者,虽然三个案例网站的内容要素也有一定差异,但都提供了需求建议、活动场馆、会议服务与支持、资源及活动安排等方面的信息。而且,不同一级栏目甚至二级栏目下的很多内容是交叉的,其基本出发点是所面向的利益相关者是否需要这类信息和服务。例如,哥伦比亚CVB官方网站在"哥伦比亚体育"(Columbia Sports)一级栏目下也有"住宿信息"(Where To Stay)、"旅游活动"(Things To Do)等内容,因为参加体育赛事的观众、运动员和工作人员等都需要了解此类信息。面向旅游者,新加坡CVB在"探索"(Browse)和"计划行程"(Plan Your Trip)中都有"住宿"(Accommodation)信息。另外,国际上大多数CVB都属于独立的非营利性组织,其组织结构随着目的地的特点而有所差异。例如,阿姆斯特丹CVB网站不仅是阿姆斯特丹旅游与会议局(ATCB)的官方网站,同时也是整个城市营销有合作伙伴的共有平台,因而其承载的功能更加强大,除了服务于旅游者、旅行社、会议组织者、媒体和合作伙伴等群体,还面向居民(移民)和投资者。

资料来源:王春雷,吴佩,蔡萌.利益相关者视角下城市会议与旅游局官方网站的内容策划研究[J].北京第二外国语学院学报,2015,37(1).

第四节 会展目的地营销策略

一、整合营销

整合会展目的地的多种要素,形成营销合力。①组织整合。由当地政府会展部门牵头,形成目的地会展营销中心,负责和参展商、赞助商、专业观众、国际组织等联系,邀请会展中间商参观及媒体记者宣传报道,合理支配促销经费,全程规划、组织促销活动,会展企业自愿参与。②资源整合。将会展目的地的区位交通、经济产业、商业服务、文化体育、旅游休闲、会场展馆等一切有利于会展发展的资源进行整合,为会展营销和会展活动开展提供物质基础。③环境整合。以会展活动举办为契机,对会展目的地的生态环境、可进入性、公共服务、体制机制、营商环境、政策法规、文明素质等环境要素进行全方位、系统化的优化提升。④媒体整合。在新媒体环境下,善用各类传统和新兴的媒体营销工具和手段,实现会展目的地宣传推广的多平台、多媒体、多渠道,实现线下+线上会展的"双线融合",为会展举办地、展馆方、参展商、展装方和观众提供线上会展整体解决方案和服务。⑤形象整合。挖掘当地地脉、文脉、史脉、商脉等,打造特色鲜明、形式统一、长期贯之的地区形象,由宣传部门牵头,形成和推广地区整体形象,打造地区会展品牌和形象。

二、事件营销

对于会展目的地城市而言,可从三方面开展事件营销。①举办节庆活动。精心策划和组织文化、旅游等方面的节庆活动,并在媒体上宣传报道,以期在短期内提高城市知名度。例如,上海每年要举办十几个大型旅游节庆活动,如上海国际艺术节、上海旅游节等,这些活动的成功举行有效提升了城市知名度。②利用重要事件。抓住每一次大型活动尤其是国际性活动机会,促进城市基础设施建设,提高市民素质,并大力宣传城市整体形象。③制造公关事件。城市应精心策划各类公关活动,制造正面新闻,引起媒体和公众高度关注,不断提高城市知名度和美誉度,如向贫困地区提供精准扶贫支持、承担重大科研项目等。

三、集群营销

　　成熟的会展产业群通常由产业链核心企业、相关产业部门和支持机构三方面构成。产业链核心企业包括会展业的直接生产和销售部门。在会展业发达的国家和地区,会展核心企业主要由会展组织机构和目的地组织机构组成。发展会展产业的城市,要充分挖掘和组织利用本地资源要素,培育会展产业集群,通过释放会展业在产业结构中的作用,带动本地经济、文化和城市品牌全面发展。一个城市会展产业群培育,是企业、政府及中介通过市场运作和政府支持共同实现的。企业和中介机构作为以利益为导向的理性"经济人",其行为带有很强的自主性和可预见性。只要城市表现出具备发展会展业的比较优势和宽松政策环境,会展企业和中介企业的集聚就会形成,培育会展产业群的关键就落在了政府身上,政府要通过颁布产业政策、提供公共服务、创造良好环境等做法,引导市场形成会展产业集群,发挥整体优势,促进会展目的地的整体营销。

四、形象营销

　　会展目的地塑造和提升形象是期望会展目的地在公众中树立稳固的心理地位,使其对会展目的地有较好评价,产生认同感和归属感,便于本地会展企业进行招商、招展、申办活动和培养忠诚顾客,为会展目的地市场目标的实现和长远发展营造良好的社会环境。会展目的地实施形象营销战略应做到三个必须:①形象定位必须明确;②形象塑造必须有系统性、统一性和发展性,因为城市形象涉及经济、文化、市政建设、教育等因素,而且在一段时期后要重新得到提升;③形象营销必须寻找突破口,以期在公众心中形成独特的销售点。

五、环境营销

　　市场营销环境是存在于企业营销系统外部的不可控制的因素和力量,这些因素和力量是影响企业营销活动及目标实现的外部条件。从营销对象的角度来分析,环境分为硬环境和软环境,前者包括地理区位、自然资源和城市基础设施,后者内容更为丰富,包括城市管理水平、投资环境、社会安全、市民素质等。这些要素共同构成城市的环境吸引力。从城市自身的角度来分析,会展目的地营销要想成功,必须在营销过程中,掌握内在和外在环境的变化以及环境中存在的机会,不断优化内外环境,实现会展目的地的整体提升。

六、品牌营销

　　与传统的城市管理理念相比,会展城市营销的最大创新之处在于把城市当作产品来经营。产品开发与销售必须讲品牌效应,城市同样如此。公众评价一座城市,大多是从城市的一个或几个代表性事物出发,这些事物往往对城市声誉形成深远的影响。必须强调的是,这里的品牌是指城市的核心价值和品牌定位,即城市必须提炼出与众不同的价值观念,能够给大众带来独特感受。

章节案例

会议目的地的时间与空间思考

一、目的地的空间维度思考

会议目的地是会议业发展的最大受益者。所以,越来越多的城市,尤其是传统旅游城市,开始把发展重点转移到会议业上来,努力创建新一代目的地——旅游+会议。这是中国旅游业发展的一个重要方向。对于会奖旅游组织者和参与者而言,他们需要的是能够满足其体验需求的新型会议目的地,绝不是把传统的旅游目的地搬过来就行了。这就给新时期的会议目的地的运营者和服务提供者提出了挑战:从旅游目的地到会议目的地,该做哪些工作。

1. 只考虑会议的功能性需求是不够的

满足功能性需求是体验时代会议目的地必备的条件,否则就没有被采购的可能性。体验时代,目的地要有满足各种类型会议活动所需的设施,好让这些设施具备良好的体验性。所谓体验性,就是好用,加上方便、快捷、舒适。

2. 只从空间维度考虑问题是不够的

过去我们看会议目的地,主要是从空间角度:东城、西城有什么,中心城区、近郊和远郊有什么,以及这些点之间用什么样的线串起来,等等。这没错,但不够。见过很多旅游目的地、会议目的地的规划图,各种功能性设施,就像棋子一样,散落在棋盘上,而且规划者还以此为傲。想过旅游者、参会者的体验了吗?他们会感觉舒服吗?只从空间布点的角度思考问题,容易产生片面的满足感:该有的东西都有了,你还想要什么?这就引出了下面一个话题:时间。

3. 只有时间与空间的巧妙结合,才是新型会议目的地的最高境界

对于会议组织者和参会者来说,"时间"意味着什么呢?"时间"实际上意味着成本,而且这种成本有时候甚至无法用金钱来衡量。从某种意义上说,会议就是一种"时间"的消费方式——时间越长,成本就越高。如何为时间宝贵的高端会奖客人节省时间,是考验会议目的地竞争力水平的一个重要标尺。

二、目的地的时间维度思考

一是工作角度。会议是工作的延续,只不过是换了个场景。会议的"工作场景"不仅包括会议、展览、餐饮活动、社交活动、考察等,甚至还应该包括娱乐活动、旅游体验活动等。目的地相关方需要关心的是会议组织者、参会者在会议过程中花费了多高的"时间"成本,以及他们对此的感觉。二是个人角度。会议是工作和旅游——吃、住、行、游、购、娱六要素相结合的最好手段。不用调查就知道,几乎所有参会者都有着与目的地"亲密接触"的期望,只不过程度强弱不同而已。与会者的这种期望,部分地可以在会议的正式安排中得到满足,比如美食、娱乐等,然而另外的一部分则需要在会议的"个人"时间里完成。会前、会展、会后的"个人"时间如何打发,就成了一个重要问题。也就是说,你得为参会者策划丰富多彩的会外生活,让他们有充分的机会与目的地接触。很多目的地,看起来很漂亮,但过于单薄,经受不住"时间"的考验。

资料来源:王青道. 会奖业思考:只为美好的会奖世界[M]. 北京:中国旅游出版社,2017.

第五节　会展目的地营销过程

一、规划制定

会展目的地营销规划包含四个方面：①明确会展目的地营销战略的阶段性目标。近期目标主要是筹集资金、整合会展资源、挖掘城市潜力、提高城市竞争力、促进城市会展业发展；中期目标是优化城市环境、完善城市功能、提升会展城市形象、增强城市吸引力和辐射力；长期目标是推动城市综合发展，促进会展目的地的现代化与国际化。②明确会展城市营销对象。明确哪些产品可以作为会展目的地营销的对象。会展目的地营销的产品是广义的产品，即一切可以由会展目的地管理部门直接或间接运用市场和政策手段进行整合，有利于会展目的地城市建设与发展，有利于会展城市知名度与美誉度提升，能够资产化和资本化的会展城市资源都是会展目的地营销的产品。③选择会展目的地产品营销的方式。对不同类型的城市营销产品，要灵活运用各种营销方式。④鼓励市场主体参与会展目的地营销。政府要鼓励民营、合资、股份、外资等多种企业参与商业性展会活动，加大扶持力度，在财政、金融、税收、土地、对外交流等方面为会展业提供便利和支持。

二、环境营造

营造环境主要有四个方面的任务：①高水平做好城市会展发展规划，包括会展经济发展规划、会展资源开发与利用规划、会展政策法规规划等，以使城市会展业沿着理性化和科学化的轨道可持续发展。②促进物质环境优化。主要是对会展目的地软环境的构建和优化。通过加强会展基础设施建设，完善城市会展功能，为会展目的地营销战略实施构建快捷顺畅的物质平台。通过加大美化、净化、绿化力度，改善城市生态环境，增强城市吸引力和凝聚力。③改善人文环境。主要是对会展目的地软环境的构建和优化。提高会展目的地文化内涵，通过开展精神文明建设，提高市民思想道德和科学文化素质，培育丰厚的人文资源，为城市会展发展提供深厚的文化土壤和社会环境。④强化保障功能。政府通过强化社会保障体系建设，采取有效保障措施，缓冲会展城市经营和营销过程中带来的社会震荡，降低经营风险，使更多投资者参与到会展城市经营中。

三、要素培育

会展目的地城市要素包括五方面内容：①人力资源。人力资源是会展目的地城市竞争力的直接推动力。人力资源是会展产业发展最基本的投入要素，也是各种要素的综合运用者，劳动力数量和质量直接决定会展产业成本优势。决定会展目的地城市竞争优势的关键不只是人力资源数量，更重要的是人力资源素质和适合地方需求的教育体系。②资本要素。资本要素是联系资源的纽带，是融通、聚集资源要素的关键，也是会展目的地竞争力的直接推动力。会展城市的资本融通和控制能力，决定了城市对区域和全球经济、科技决策的控制力，资本对提高会展城市产业集聚更加重要。③科学技术。科学技术使各要素对会展目的地营销的贡献有倍增效应，以独立力量显著推动会展目的地的增长、提高和扩张，是会展目的地营销的决定推动力。④政策制度。政策制度决定了产业的兴衰、布局和结构。政策制度通过利益安排决定和影响人力资源创业状况,通过影响交易费用创造城市价值。政策制度是制约会展目的地营销的关键。⑤要素市场。要素市场决定着会展目的地对产业集聚的吸引强度。具有地域特色的骨干产业市场、生产资料市场、人才市场、技术市场、信息市场、文化市场、建筑市场等制约会展产业的产出成本,影响会展目的地的整体发展。

四、组织实施

①运用财政资金积极引导投资者投入。通过贷款贴息、财政补贴、税费扶持、参股控股等多种手段,引导资金投向基础设施建设、主导产业培育、公用事业发展以及各项城市活动的开展等。②通过利益让渡、政策优惠来鼓励投资者参与到城市会展基础设施建设中来。政府可以通过土地、矿产、设施等资产的开发利用,鼓励投资者投资微利和回收期长的事业领域。采取一段时期内政府收益让渡的方式,使投资者提高投资信心,增加投资力度。③政府提供载体、搭建平台,为投资者创造机会。如在城市发展过程中,有很多公益性事业和公众性活动,包括政府组织的大型商业、文化等活动,可以采取允许冠名、广告发布等吸引社会力量参与,政府可以提供优惠条件,由企业来承办。总之,政府应积极发挥引导作用,运用多种形式,有效地组织开展各种会展目的地的建设和营销活动。

五、规范监管

①完善招投标制度。扩大招投标范围,增强会展目的地资源市场化配置的公开性和竞争性,杜绝暗箱操作,增加透明度,防止营私舞弊和不正当竞争给会展城市营销带来的负面效应。②加强法制化建设。会展目的地政府将会展城市营销工作纳入法制化轨道,制定地方性行政法规,完善相关制度体系,规范会展目的地资源的经营行为,营造公平有序的法制环境,为目的地营销的参与者创造平等机会和竞争条件,以调动全社会参与会展目的地营销的积极性。③加强监督监管。会展城市只有通过有效的管理监督,才能进一步提升投资者对城市价值快速增长的预期,增强投资主体对会展城市项目经营信心,吸引更多更优质的资本参与会展目的地建设。

六、市场分析

市场分析的意义在于通过对会展目的地客源市场进行定期的抽样调查,摸清本地区会议、展览、奖励旅游、节庆活动等现实客源结构和潜在的客源所在,指导本地区有针对性地开发客源市场。同时,通过了解市场需求变化信息和客户对本地区会展产品及服务意见反馈,及时调整产品和服务内涵,适应客源市场需求。通过市场分析,了解掌握本地区会展目的地各种资源的客源市场所在。既不是让市场适应产品,也不是简单地让产品适应市场,而是通过市场分析找到产品的需求市场。

七、品牌定位

会展目的地的品牌定位主要包括四个方面的内容。①展会类型和规模定位。会展目的地必须明确本城市适合举办怎样类型的展会,是会议、展览、展销、博览会、交易会还是投资贸易洽谈会,这是由会展目的地的城市特点和经济结构决定的。城市会展规模定位由城市基础设施的存量状况、设施能力和完备程度、城市会展市场需求、会展营销以及城市会展发展实力决定。城市会展定位必须结合实际情况,就展会类型和规模做初步规划。②会展专业特色定位。不同会展目的地城市的产业基础、市场需求、软硬件设施、会展企业实力和政府政策及支持措施都不同,城市会展业专业特色定位也应不同。国内会展城市面对北京、上海和广州等巨头的强势竞争,要做好专业特色定位,充分发挥优势,通过专业特色优势突围。③会展区域定位。国内外会展中心城市大体分为三种类型:一是经济发达、贸易集中、具有市场优势的城市,如纽约、法兰克福等欧美会展名城;二是有鲜明地方特色、令世人向往的旅游城市,如日内瓦、新加坡、拉斯维加斯;三是产业具有世界影响力的产业优势城市,如底特律的汽车、科隆的五金刀具等。进行会展区域定位时,要明确城市的展览数、国际展比例、大型展览比例、展出面积、展览直接收入,展览收入占第三产业收入比重等指标,并根据会展业发展趋势,确定自身的区域定位。④会展形象定位。城市会展形象是城市作为会展目的地在人们头脑中形成的特有形象,是城市会展品牌、会展专业特色、会展服务等各要素的有机结合,是城市会展各方面相互作用的整体表现。城市会展形象是城市形象的功能表现,是城市形象的子系统。城市会展形象建设牵涉城市的制度、组织和文化背景以及展览、旅游、交通餐饮、通信、物流等行业,并与城市基础设施建设和城市精神文明建设有极大关联。这要求政府从城市整体发展着眼,在进行会展城市形象建设中发挥主导作用,统一规划与协调,精心培育和塑造城市的会展形象。

八、品牌打造

会展品牌塑造可以提升会展目的地知名度,尤其是知名展会,不仅为其他行业带来巨大商机,还可扩大举办地对外影响力,改善社会环境,创造投资机会,带动当地经济发展。因此,会展业发展有赖于会展品牌形成,品牌形成有助于会展资源深度利用。会展目的地打造品牌,主要通过申办、培育具有国际影响力的展会;借助展会调动城市各方面力量,提升城市建设、社会文明水平;在对国内会展发展趋势和各城市经济实力、会展发展实力做出比较,充分论证本地综合竞争力,并广泛听取各方面意见的基础上加以实现。

九、绩效评估

会展目的地营销的绩效评估主要评价指标可以从以下几个方面进行说明:①展览场馆维度,具体指标有展览场馆的数量、面积、利用率;②展览会维度,具体指标有举办数量、办展总面积、参展商数量、参展观众总数、专业会展企业数量、专业会展企业规模;③会展目的地人才维度,具体指标有专业人才的数量和质量、会展专业教育机构、研究机构数量、培训机构数量;④目的地接待服务维度,具体指标有酒店数量、客房数量、酒店平均房价、酒店服务质量、餐饮设施数量、餐饮服务质量;⑤目的地基础设施维度,具体指标有城市内交通设施、城市间交通便利程度、文化娱乐设施、购物场所数量等。

本章小结

本章介绍了会展目的地和会展目的地营销的概念、内涵、构成要素、发展现状和发展趋势,从多个方面分析会展目的地营销的对象,介绍了会展目的地营销的主要内容,讲解了会展目的地营销的主要营销策略,分析了会展目的地营销的过程和各阶段的主要任务、内容和方法。

1. 会展目的地营销是以国家会展和旅游管理部门为主体,区分、确定会展目的地产品的不同市场,建立会展目的地产品与这些市场的关联系统,保持并增加目的地的市场份额。

2.会展目的地营销包括当地政府、会展企业、参展商、专业观众、新闻媒体、旅游者、投资者、本地居民、周边城市等对象。

3.会展目的地媒体营销主要有会展城市营销、会展场地营销、会展媒体营销等内容。

4.会展目的地的营销策略主要有整体营销、事件营销、集群营销、形象营销、环境营销、品牌营销。

5.会展目的地的营销过程主要包括规划制定、环境营造、要素培育、组织实施、规范监管、市场分析、品牌定位、品牌打造、绩效评估等环节。

复习思考题

1.根据会展目的地和会展目的地营销的特征,辨析会展目的地营销与展会、会议、体育赛事、婚庆营销等的异同。

2.论述会展目的地的构成要素、发展现状与发展趋势。

3.分析会展目的地营销的主要对象。

4.论述会展目的地营销的主要内容。

5.论述会展目的地营销的主要策略。

6.介绍会展目的地营销的主要过程,分析会展目的地营销的主要内容与方法。

7.构建会展目的地营销的评估指标体系。

单选题

1.会展目的地构成要素主要包括区位条件、场馆设施、基础条件、(　　)、接待能力。
   A.区域经济　　　　B.区域形象　　　　C.公共服务　　　　D.商业服务

2.我国会展目的地发展趋势有市场主体、品牌发展、(　　)、产业集群。
   A.区域竞合　　　　B.区域合作　　　　C.竞争激烈　　　　D.城市联盟

3.会展目的地营销的要素不包括(　　)。
   A.营销给谁　　　　B.营销为谁　　　　C.为何营销　　　　D.如何营销

4.展会营销活动需要和政府部门、参展商、(　　)以及新闻媒体等打交道。
   A.专业观众　　　　B.普通观众　　　　C.竞争对手　　　　D.上级政府

5.会展目的地媒体营销主要从会展城市营销、会展场地营销、会展产品营销、参展商营销、(　　)等维度进行。
   A.会议营销　　　　B.专业观众营销　　C.会展媒体营销　　D.社区居民营销

多选题

1.会展目的地的营销策略主要有(　　)、事件营销、(　　)、形象营销、(　　)、品牌营销。
   A.整体营销　　　　B.公益营销　　　　C.集群营销　　　　D.环境营销
   E.绿色营销

2.会展目的地营销对象主要包括(　　)、会展企业、参展商、(　　)、(　　)、旅游者、投资者、(　　)、周边城市。
   A.上级政府　　　　B.当地政府　　　　C.专业观众
   D.新闻媒体　　　　E.本地居民　　　　F.普通观众

3.会展目的地城市要素包括( )、( )、( )、政策制度、要素市场五个方面。
　A.人力资源　　B.资本要素　　C.科学技术　　D.文化　　E.资源
4.会展目的地媒体营销主要从( )媒体营销、( )媒体营销、( )媒体营销、( )媒体营销、专业观众媒体营销五个方面进行。
　A.会展城市　　B.会展承办者　　C.会展主办者　　D.会展网络
　E.会展场地　　F.参展商　　G.本地社区　　H.公共
5.会展目的地的营销过程包括( )、环境营造、( )、( )、规范监管、市场分析、( )、( )、绩效评估等环节。
　A.奠定基础　　B.市场细分　　C.品牌细分　　D.规划制定
　E.要素培育　　F.组织实施　　G.品牌定位　　H.品牌打造

第十七章　会展市场营销的创新思路

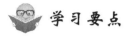

1. 理解会展整合营销的内涵及运用；
2. 理解会展关系营销的内涵及运用；
3. 理解会展体验营销的内涵及运用；
4. 理解会展网络营销的内涵及运用；
5. 理解会展绿色营销的内涵及运用；
6. 理解会展内部营销的内涵及运用。

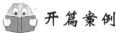

中国会展业的原动力：创想、创新、创造

1. 创想即创造力和想象力

会展圈会出现一种热门职业叫"策展人"。他们是一群有着丰富想象力和创造力，对生活有独特见解、态度和追求的人。策展人可以是普通的会展人、艺术家、设计师、创客发明家、玩偶创作者、音乐自造者，甚至是一名爱拼装机器人的小学生。从这个观点看，我们就不难理解针对80后、90后，甚至是00后的用户，为什么阿里会找"策展人"，花巨资推出淘宝造物节、云栖大会这样的创新会展活动，参展免费，搭建免费，票房那点收入几乎可以忽略不计，阿里收获的是线下超高的人气、线上海量的访客和随之带来的流量。所以，我们可以预见未来的会展业将会出现大量的创新项目，具有想象力和创造力的策展人会变得很抢手。

2. 值得会展业借鉴的互联网思维

互联网有几种思维，值得我们会展人去学习，去实践。首先，也是最重要的，就是用户思维。要用"以用户为中心"去思考问题。传统会展项目组织者的工作重心是"找找找"，招观众，招展商，用户思维则是"聚聚聚"，这里有你想见的客户、合作伙伴和朋友，一起喝一杯吧；参展商和参观者参加展会的目的是"卖卖卖""买买买"，用户思维则是"造造造"，我们一起来制造消费者需要的产品服务吧，在展会上首发，先推那个爆款的产品把人气赚足；展场和会场则变成"聚场"，需要更多的功能配套设施和服务供应商。其次，是跨界思维。随着互联网和新科技的发展，很多产业的边界变得模糊，文化创意、科技金融等第三产业和第二产业跨界融合，传统的行业展会有了科技范儿、艺术范儿，这样的展会更贴近用户、更贴近生活，所以更受市场和投资人的欢迎。互联网思维还有很多，如大数据思维、平台思维、社会化思维、流量思维、迭代思维、简约思维、极致思维等，等待着我们去探索，未来是属于那些会展行业懂互联网的O2O"两栖人才"。

3. 中国会展业未来的创新方向

一切创新始于创想,经历了颠覆式创新,我们要创造协同共享的新模式。对于中国会展业发展,以下是未来可能的趋势:①线下和线上联动的O2O展会模式将会成为主流,线下重点是场景体验,线上重点是传播分享,会展活动的交易功能、社交功能和教育功能将得到强化。②众创、众筹、众包、众扶和众享的会展活动开发组织和运营模式,甚至盈利模式将会引领变革。③融会、展、节、赛、奖、演及商务活动等于一体的大会展的会展商旅文体格局已经确定,功能多元、配套服务设施齐全的会展综合体、商业集合空间和公共活动空间将承载更多的会展活动,尤其是创新的活动。④会展服务商将趋向整合,基于信息化、数字化管理的综合集成服务商或平台,能以更高的效率、更低的成本为用户提供全生命周期的参展和会务服务。⑤以虚拟现实VR和增强现实AR为代表的最新展示科技将被大量应用,结合移动互联网、智慧硬件和可穿戴设备、云计算和大数据应用,将会出现虚拟展览,但绝不会取代现实展览。⑥会展业"产学研融创"开源共享,协同创新的机制将会把会展产业界、会展教育界、科研机构、金融机构和创新创业者联系得更加紧密,共建一个会展业不断创新、健康发展的生态圈。

资料来源:陈震. 中国会展业的原动力——创想、创新、创造[EB/OL]. (2016-11-02). http://www.sohu.com/a/117909529_123021.

第一节 会展整合营销

一、会展整合营销的内涵

整合营销是企业在经营过程中,营销管理者在与利益相关者交往过程中,计划、发展、执行和评估协同的、可测量、有说服力的品牌传播程序。利益相关者分为直接利益相关者,如消费者、客户、潜在客户、从业人员、投资方、竞争对手等,以及间接利益相关者,如政府、社区、媒体、社会团体等。营销管理者应了解这些利益相关者的需求,与企业经营实际相结合,有计划、有优先顺序、有阶段性地整合并制定传播活动,帮助企业达成目标。

二、会展整合营销的运用

(一)客户分析研究

对会展客户数据库中的直接消费者和潜在消费者进行划分,通过不同消费者的行为特征辨识和预测消费者未来消费行为趋势。整合营销根据消费者对品牌的喜好和依赖程度,将客户分为三类,包括本品牌的忠实消费者、竞争对手品牌的忠实消费者和观望消费者。这些会展客户各有不同的品牌选择机会,要借助客户资料,分析客户消费行为,为把握客户、向客户提供符合其需求和欲望的产品奠定基础。

(二)满足客户需求

整合营销管理的实质是需求管理。会展整合营销首先要对会展客户具体需求进行仔细调查、收集、归类、研究。会展消费者在吃、住、行、游、购、娱等方面的共性需求特点有:①消费高,对价格不敏感;②多为工作需要;③对会展产品和服务要求高;④需要快速、优质服务;⑤平均停留天数较长。在对会展消费者需求充分了解的基础上,会展企业通过与当地政府、行业协会、酒店业、旅行社业、交通运输业等组织、行业的资源优化和互动发展,为会展消费者提供制订展览会会议和社交计划、协助选择会议场所、协助选择供应商、制订预算、设计制作纪念品、住宿安排、交通安排、VIP特别服务、提供秘书服务、提供翻译服务、提供接机服务、安排与会者配偶活动计划、安排当地观光浏览、安排会前会后旅游等各种定制、个性化服务。

(三)客户成本导向

会展企业要通过高效协调和运作能力,将会展活动涉及众多行业、各个环节进行合理安排组合,在熟练运用展览业运作方式和现代科技基础上,协调会展业不同部门及会展业与其他行业的关系,帮助会展消费者实现意愿支付成本满意度最大化的会展产品服务。这样会展企业就能建立起与会展消费者长期、稳固的合作关系,使企业获得竞争力。如:会展企业通过与酒店业的战略联盟,为会展消费者提供包括住宿、会议设施、视听设备支持、人员管理、主题活动、宴会等在内的整体包价服务项目,极大节约参展商、与会者成本,使其无后顾之忧。

(四)为客户提供便利

会展企业需要从三个方面加强便利性:①快速便捷的物流服务。会展企业在会展消费者参加展览、出席会议的有限时间内,要研究、组织、协调、解决他们可能遇到的任何物流问题,提供专业物流服务,为参展商和与会者免除后顾之忧。②及时高效的会务展览服务。会展企业应联合海关、银行、保险、法律、公证、旅游等专业服务机构,为与会者、参展商搭建良好平台,提供一站式会务展览服务,促成会展消费者商业活动成功。③周到细致生活服务。会展企业通过设立电子商务中心、直接服务台和电话服务台等,为会展消费者提供推荐和预订酒店、组织和安排考察线路等多样化服务。

(五)客户管理系统

与传统营销相比,整合营销更注重直接消费者和潜在消费者需求。创建客户(包括直接消费者和潜在消费者)信息数据库,进行个人资料登记,如人员个人信息、以往购买记录、消费偏好、行为态度心理等。客户管理系统对于会展消费者信息的集成管理,正是整合营销"注意消费者"的核心思想体现。通过客户管理系统,将会展企业客户资源管理、销售管理、市场管理、服务管理、决策管理进行整合,将原本各自为战的销售、市场、售前和售后服务与业务统筹起来,优化会展企业市场、服务、销售等业务流程,完善市场统计和客户数据库。

(六)整合传播内容

整合营销沟通应包括两方面内容:①营销是会展企业全体员工的职责。在整合营销过程中,营销不再是营销部门的事情,而是整个会展企业每个部门、每个人的职责。要求各部门协同作战,每个人都以整合营销传播作为自己的使命。因为整合营销是一种"接触点管理",即会展企业与会展消费者的每一个接触点都在进行一致性互动对话,在每个接触点都传播品牌的一致性信息,互动性越高,信息越一致,会展企业品牌形象就越鲜明。因此,会展企业的每个细节都担负着与会展消费者进行沟通和向会展消费者传达一致性品牌信息的责任。②为了给会展消费者鲜明、准确、良好的品牌形象,会展企业要让企业全体人员和各项工作都统一到企业整合营销旗帜下,以此作为营销开展的基础,然后才能在向会展消费者提供产品或服务的过程中,通过企业各类人员的行为和言语,树立企业良好品牌形象。

(七)整合传播工具

对于会展企业而言,能够用以与会展消费者传播沟通的方式主要有报纸、杂志、电视、直接邮寄、电话销售、互联网等。其中,互联网作为具有强大生命力的传播媒介能在会展企业整合营销中发挥巨大作用。互联网作为会展企业信息沟通与产品销售的有效渠道,能全面运用到会展企业整合营销的市场调查、客户分析、产品开发、销售策略、反馈信息等各环节,如:使会展企业能够与会展消费者进行动态化、交互式传播沟通;为会展消费者提供咨询服务、酒店预订、旅游预订、机票预订、物流协助、行程安排、预算安排等专业化、个性化服务,实现企业在虚拟空间对会展消费者的定制化营销。

章节案例

会展的整合式全方位创新

1. 定位创新

如果说之前30年中国会展业经历了学习和追赶的过程,那么现在就要形成自己的特色了。我们要根据中国的产业、市场地位来界定我们未来的会展业形式、观念、价值体系等。中国对于世界的贡献与欧洲、美洲也不一样,中国会展业的未来发展模式也与欧美不一样。我们的会展业一定要符合自己产业的发展,符合中国在世界板块中的地位和价值,所以我们的展会也一定要创新,形成中国会展业的特色。

2. 模式创新

"展会"和"会议"都是目前主要的大型实体活动,在"展览会"中举办"会议(论坛)"很容易,但是在"会议"中举办"展览"几乎是不可能的!而且传统的"展会"和"会议"都只能是在线下的专门场馆中举办,因此"双线会展"就是将线下"展会"和"会议"同步也在互联网上举办的"线下+线上OAO"会展创新发展经营模式,同时也开辟了在互联网上独立举办"数字展会"的先河,真正将传统的"展览"和"会议"两个行业进行了平台化融合,而且也在互联网上培育打造出了另一种全新的数字会展产业经济。

3. 题材创新

展览业的新项目是指全行业首创的项目。一般认为,在国际展览市场比较成熟的今天,创立前所未有的展览会项目的市场空间十分有限。但由于社会进步和经济发展,总会产生新的领域适合展览业进入。展览业进入这些新领域就有可能创立前所未有的展览会项目。

4. 形式创新

例如:展位已经全部招满,但没有来得及报名的新老客户还是闹着要参展,于是,扩不扩馆成为主办方的一大难题,引发了激烈讨论。主张扩的,认为应满足企业参展需求;主张不扩的,认为应坚持办精品展,不宜一味求大。某展会就开创分馆、分区展览先河,在专业办展的基础上,及时扩馆、移馆,实现分区展览。

5. 技术创新

展会归根结底是众多营销手段的一种。随着展会题材、办展形式的丰富多样,如何提升展会作为营销手段的技术含量成为业内普遍关注的课题。例如开发专用的高效率数据分析软件,提升技术手段。运用这些专门的软件,主办方按照一定的分类标准对展会数据(包括展商类别、观众构成、展会各种数据统计等)进行科学的分析整理,分门别类。然后在此基础上,对不同类别的客户群采取不同的销售策略,做到有的放矢,从而在营销的过程中起到事半功倍的效果。

资料来源:展会这样前行——浅谈创新那点事儿[EB/OL].(2017-09-30). http://www.sohu.com/a/195824082_742818.

第二节 会展关系营销

一、会展关系营销的内涵

会展业定期化、专业化和品牌化的发展趋势,决定了客户在会展活动中的重要地位,客户在会展价值链处于核心地位。在商业性会展中,会展企业收入主要来自原有客户,即参展商和参观者。足够多客户的介入,是会展活动得以运转的关键,因为会展企业主要收入以及会展社会效益等都由此产生。客户连续参展是会展企业利益所在。参展商是否连续参展成为会展成功与否的重要指标,也是对上届会展成效的客观反映。参展商连续参展的利益,还表现在新老客户开发的成本差异。因此,保证会展企业最大利益的理想方式是保持现有的参展商。

二、会展关系营销的运用

(一)参展商关系维护

①了解需求。与参展商,尤其是忠诚参展商进行有效沟通并全面了解其需求是十分重要的。不管是会展销售人员,还是现场操作人员,都应该不断与参展商交流,并及时帮助他们解决各种问题。尽管展会组织者不能准确预期,更不能控制参展商行为,但如果与参展商保持良好关系,就不会因为参展商突然变化而措手不及。②会展合作联盟。主办方与忠诚参展商合作是非常明智的选择,除了能更好地了解参展商需求,更重要的是主办方可以从参展商那里获得宝贵的专业观众信息。研究结果显示,在同一个会展中,绝大多数参展商都试图吸引同一部分专业观众,其中不少会展企业拥有优秀的市场研究部门,并掌握了一批潜在客户名录。③价值有形化。参展商越来越注重对会展营销效果的定量化评估。许多会展组织者采取各种手段,为忠诚参展商提供富有说服力的数据,帮助他们确认参加某个会展的潜在价值。

(二)专业观众关系维护

①建立买家资源共享。通过这一方式组织专业观众。展览公司在选择会展时间和地点时,要考虑观众需求,有意识促成多家会展共享买家资源。②建立观众信息数据库。通过现代信息技术,建立专业观众信息数据库,将其中部分高级职位和自接用户定义为专业观众,提供更加深入服务,使之最终成为展会核心价值,并通过他们的带动作用,吸引更多专业观众参加展会。③建立行业观众信息库。将客户按行业划分,建立行业信息资源。通过行业观众信息库,直接掌握行业最新、最活跃的客户资源,减少会展对参展商邀请客户的依赖。通过行业信息息库,也能为行业提供有偿信息服务。

(三)政府和行业协会关系维护

政府和行业协会对展会举办及成功与否有举足轻重的作用。尽管会展市场逐步放开,审批程序也逐渐简化,展会举办依然离不开当地政府和协会的支持。政府对行业发展的政策往往是影响参展商是否参展的重要因素。当地政府的行业支持能促进行业发展,对那些从外部引入的新行业来说,当地政府的支持更是必不可少。行业协会在展会举办中对参展商和观众都有较强的号召力和影响力。大多数展览有行业协会的参与和合作,甚至很多展览是由行业协会直接举办的。尽管我国行业协会有行政色彩,不像国外行业协会属于纯正的行业自发组织,管理上存在一定不足,但行业协会支持和协作同样也对展览成功举办有积极作用。所以,会展企业积极做好政府与行业协会关系维护,从政府和行业协会获得更多信息、政策和支持非常必要。

章节案例

会展业需跨界创新、融合发展

1. 阿里巴巴的会展跨界创新

互联网技术发展使"跨界"成为老生常谈。在各种界限之间纵若无界、风生水起的当属阿里巴巴——7月淘宝造物节和9月阿里巴巴集团18周年年会声势和热度尚存。2017年10月11—14日,被称为全球云计算TOP级峰会的云栖大会又成流量热点,近6万人现场参会、1500万人在线观看直播……阿里巴巴既非专业会展主办公司,却能打破行业规律,在短时间内将每一场会展活动做成社会关注焦点;也非场馆运营公司,却能建设运营云栖会展中心、云栖博悟馆及云栖客栈,其中隐藏的跨界行为,值得我们参考和学习。

跨出企业的边界,以开放精神淡化自我意识。如果从企业内部经济账来计算云栖大会,恐怕每届的大会组织、嘉宾邀请、服务提供、场馆酒店设施建设维护(会展中心二期的屋顶公园及云栖博悟馆均向公众免费开放)等成本无法平衡收入,但跨出企业界限则风景大为不同。2009年"云计算"还几乎无人知晓时,阿里云计算公司成立,2010年云栖大会起步。从无人知晓到2016财年公司收入超30亿元,阿里巴巴是用云计算行业来为云栖大会买单。无独有偶,万达商业年会从2007年专属招商大会到2013年扩大至全行业洽谈平台,2017年又升级为"上海国际商业年会",充分展示出万达高度开放的发展精神,这也能够解释为何万达广场在任何城市都能够做到按期满铺开业。云计算公司是年轻的新兴技术公司,万达集团是成熟的传统商业公司,虽然公司发展阶段不同、所处行业不同,但都从开放跨界中受益匪浅。

2. 会展企业如何跨界创新

跨出行业界限,将外部力量转化为变革动力。一个行业的发展创新往往来自行业外部,也就是经常被提到的鲶鱼效应,外部力量的进入会打破原有秩序和思维定式,成为行业变革动力。例如,高铁发展促进航空业提升,支付宝的出现加快银行业服务创新,米其林轮胎因《米其林红色宝典》而成为全球星级餐厅评定的权威机构之一……国内会展场馆发展至今,多元复合功能的发展越来越自如,新一代场馆将改变传统商业模式,彻底冲破以场租为主要收入来源的盈利天花板。场馆不以场租为收入来源将何以为继?个人更加看好数据服务商这一新模式。场馆通过智能硬件及大数据技术,提供客户愿意付费的精准数据服务。届时,恐怕会展场馆行业归属都要重新划分了。

资料来源:刘海莹.会展业需跨界创新、融合发展[EB/OL].(2017-11-04).http://www.sohu.com/a/202384786_99930583.

第三节 会展体验营销

一、会展体验营销的内涵

会展业发展至今,经历了交换集市、展示产品、展示差异到品牌体验阶段。传统会展营销往往以"摊位"形式呈现在观众面前,关注产品的分类与展示,忽视参展商和观众在参展、参观过程中的参与和体验。会展产品就本质而言属于服务性产品。服务以及带给顾客的舒适体验度已成为衡量会展产品质量的更高标准。感官体验给展览公司、展览场馆以及参展商带来灵感。专业策划人员运用多种元素从视觉、听觉等方面,刺激观众心理感受。

二、会展体验营销的运用

(一)参与体验营销

企业营销有针对员工的内部营销和针对顾客的外部营销两个方向。对内而言,员工参与将提升企业决策质量;对外而言,顾客参与能够提高满意度和服务绩效。在会展行业中,使观众收获难忘体验,参与必不可少。体验营销的关键在于参与。在参与互动过程中,企业与顾客的沟通越畅通,越淋漓尽致,体验就越深刻。日本企业无印良品联合日本各大户外用品企业举办户外用品展示会,其展会主旨为"亲眼观看、亲手触摸、亲身体会",规模虽然不大,但集各种体验形式于一体,特别将会展与旅游结合在一起,为户外爱好者提供了一次体验大餐。通过体验,拉近了参展商与观众的距离,为观众创造了难忘经历,有效地宣传了企业产品。此次展会的创新之处在于展会地点选择新颖。展会安排在无印良品户外野营基地,这一大胆举措突破了人们对展会的固定印象。

(二)科技体验营销

利用会展的信息集聚性特征,利用展会上的高新科技为观众提供难忘体验。我国已进入老龄化时代,养老是普遍关注的社会问题,会展企业应该敏锐把握这一动向,根据老年人特点设计体验营销。如:在马鞍山举办的2014年海峡电子展上,自动化设备区有机器人泡茶表演,机器人根据使用者指令,将茶按照程序泡好并送给观众品尝,通过互动,加深了观众对技术的认识;在智能一体化区域,观众可根据操作说明声控室内窗帘、电视、空调、吸尘器等物品,体验智能生活的便捷和高效,进而产生对未来智能生活的向往。

(三)文化体验营销

参展商在策划营销活动时摒弃单调乏味的设计,追求精致的设计形式,尤其注重文化内涵设计,强化了顾客文化体验。让顾客在企业创设的文化意境中尽情体验,通过切身体验了解产品的各项性能及效果,将顾客购买欲望调动起来。德国大众总部沃尔夫斯堡汽车城个性化体验无处不在。该区域按照主题公园形式打造,人们在这里可以体验到独特的汽车文化和道路文化。大人可以在汽车城体验驾驭新品的畅快,孩子可以在汽车城里了解各大汽车品牌。此外,人们还能体验道路文化,从夯土路、砂石路、碎石路、水泥路一直到现在的柏油路,给予顾客别样的体验。文化体验营销能有效避免产品同质化,提升产品文化品位。

(四)人文体验营销

人文关怀营销可将展会主办方、参展商和观众的情感联系起来。情感体验越真诚,顾客忠诚度越高。在举办老年产品展会时,充分考虑老年人身心需求,给老年观众不同体验经历。

第四节 会展网络营销

一、会展网络营销的内涵

网络营销是利用各种网络营销工具及组合,实现营销目的的过程。网络营销的各种优势和特点主要依靠网络营销工具实现。网络营销工具是实施网络营销的方法和手段,主要包括电子邮件、网络广告、搜索引擎、网站、网络社区、FAQS、呼叫中心、交换链接、Web2.0营销等。其中网站、电子邮件、搜索引擎、移动互联网等是常用工具。网络营销工具的选择与运用在很大程度上决定了会展网络营销实践的成败。互联网不断发展为会展企业和举办者提供了越来越多的网络营销工具,每种营销工具都有其特点和适用范围。通过研究各种网络营销工具,选择适合于会展活动的网络营销工具,才能确保会展网络营销的有效实施。

二、会展网络营销的运用

(一)官方网站营销

企业网站营销功能体现在八个方面:①品牌形象。访问官方网站是了解企业的常用手段,网站专业化程度直接影响企业品牌形象。②信息发布。官方网站作为企业宣传平台之一,提供企业介绍、动态新闻、合作信息、人才招聘等,用于产品品牌推广、与合作伙伴和用户沟通。③产品展示。通过文字、图片或多媒体手段全面展示会展场馆、服务、参展商等信息。④客户服务。为客户提供有效沟通途径,通过 FAQ、在线问答等方式回复问题,在节省成本和提高服务效率的同时增强了便捷性和即时性。⑤客户关系。通过 BBS、电子杂志、有奖活动等方式在有效宣传产品的同时吸引客户参与,提高客户忠诚度。⑥市场调研。在网上展开调研可运用的手法多样,覆盖面广,客户多为自愿,准确性和有效性得到保障。⑦资源合作。与上下游合作伙伴、参展商或业务相关单位等进行资源共享、利益共享,常见方式有广告互换、链接互换、内容合作、客户资源合作等。⑧在线销售。提供在线销售服务,客户通过网站直接了解产品、订购并支付,改变了传统分销渠道,减少了流通环节,降低了成本,提高了竞争力。

(二)电子邮件营销

会展网络营销利用电子邮件工具可从六个方面入手:①电子广告。电子广告易操作,客户定位相对准确,网络广告反馈率较高。②网站推广。相比搜索引擎,网络推广是一种主动的推广方式。③形象展示。通过邮件地址、主题、格式、内容等展现会展品牌形象,提升客户信任度。④个性服务。对于不同会展消费者来说,希望获得的信息有差别,这要求能够针对个人提供可定制化个性服务。通过电子邮件能够完成这个任务。⑤网络调查。节约访问者成本和被访问者时间,使用灵活,手段丰富。⑥收集信息。通过订阅电子邮件营销,有效搜集各种市场信息。

(三)搜索引擎营销

搜索引擎在会展网络营销中的作用主要表现在五个方面：①网站推广。让用户获取网站信息并前来访问，才能发挥官方网站的作用。搜索引擎是客户获得会展企业网址和信息的主要途径，是网站推广最有效的手段。②产品促销。"产品"、"产品"＋"品牌"、"产品"＋"品牌"＋"购买方式"是客户常用搜索组合，用户在选择会展产品时，上网了解产品相关信息已成为习惯，制作出针对搜索结果优化的会展产品和企业宣传，对在线和线下销售大有益处。③网络品牌。制作专业的网站、优秀的展会、有吸引力的活动都能形成会展品牌效应，这些信息需要被搜索引擎收录才能频繁出现在客户眼前。④市场调研。利用搜索引擎进行产品了解、市场研究、竞争者分析等已经成为最便捷和经济的手段。⑤抵御策略。用户对搜索信息的关注度是有限的，通常排名前三页的信息才有价值。会展企业可以利用搜索引擎的这一特性，通过买断等手段给竞争者及其产品推广制造障碍。

(四)即时通信营销

电子邮件回复后无法保证客户及时看到，存在很大不确定性。客户更愿意用一些如QQ、阿里旺旺等即时通信工具来咨询不是很复杂但比较紧迫的问题。通信工具可以传递语音、文本、视频等多媒体信息，给客户更大的信息满足。对会展企业来讲，采用即时通信营销提高了客户服务成本，但可以获得更多的机动性和灵活性。

(五)网络社区营销

网络社区是基于网络平台的特有虚拟社会，论坛和聊天室是网络社区中两种最主要的表现形式。网络社区通过把具有共同兴趣的访问者集中到一个虚拟空间，达到成员相互沟通的目的。网络社区由于有众多用户参与，不仅具备交流功能，也成为一种网络营销工具。网络社区可以增进和访问者或客户的关系，也可能直接促进网上销售。网络社区营销主要有两种形式：①利用其他网站社区。了解别人观点，帮助他人或向他人求助，为会展企业提供丰富多元的市场信息。②利用自己网站社区。宣传自己产品；参与和自己产品有关问题讨论；与访问者直接沟通得到访问者信任；了解客户对产品或服务意见，访问者很可能通过和你的交流而成为真正客户。

(六)微博营销

微博营销以微博作为营销平台，每一个听众都是潜在营销对象，企业利用更新自己的微博向网友传播企业信息、产品信息，树立良好的企业形象和产品形象。每天更新内容就可以跟大家交流互动，或者发布大家感兴趣的话题，达到营销目的。注重价值传递、内容互动、系统布局、准确定位等特征，使微博营销效果显著。微博营销内容包括微博定制、微博运营、微博推广、微博活动、事件炒作、报告评估、App应用、信息监测、危机公关、广告投放、微博整合等内容，为会展营销提供了完整的运作平台、有效的运作方式和良好的运作效果。

(七)微信营销

微信营销是移动互联网时代，组织或个人利用微信的移动互联网、媒介融合、二维码扫描、位置服务、朋友社交、公众平台、微信支付等技术条件，以智能手机、平板电脑、个人电脑等硬件设备为客户端，所进行的网络营销活动，是现阶段最为流行的O2O营销（线上到线下，线下商业机会与互联网结合，互联网成为线下交易前台）重要实现形式。微信公众平台是会展企业开展微信营销的物质载体,通过微信公众平台可进行会展企业形象推广、会展产品内容展示、优惠信息发布、会展产品出售、会员体系建立、促销活动开展、消费者行为调研等营销活动。

章节案例

"互联网+"如何改变会展营销

1. 利用互联网技术,创新再造营销流程

会展营销流程再造可从四个方面进行。第一,建立客户数据信息。借助一站式数字管理服务管理平台去进行会议活动搭建和管理。通过这个平台可以把事先准备好的信息通过微信、微博、贴吧等社交媒体传播出去,吸引兴趣用户主动把身份信息录入到企业办会后台。第二,客户的邀约。借助 H5 和二维码技术制作的电子邀请函和游戏进行客户邀约。第三,现场会销。根据企业需求将代表身份的专属数字二维码实现智能分配,即针对接车安排、酒店入住、场地分区、座位分配等信息编入身份二维码,主办方可根据二维码信息安排现场接待、现场签到、活动福利等服务。第四,数据分析和回访。会展活动结束后,为了加强活动对参会者的印象,可以根据会务管理平台反馈的数据信息,对参会者进行回访沟通。

2. 利用物联网技术,建立可跟踪衡量的流程系统

参展商可以以书签、胸针、门票等形式携带 RFID 标签,即电子标签,参加会展和进行洽谈。利用场馆里的感知设备对电子标签进行感知和识别。由于电子标签里的编码是唯一性的,大大降低了电子设备的识别难度。然后,感知设备将个人信息传递到数据库中心,就可以收集到参观者在每个展厅及展台前逗留的时间等信息,通过智能化的处理就可以了解到参展商的个性化需求及兴趣。在传统会展结束之后,会展方可以通过各种互联网工具将商家需要的个性化信息及时推送到商家的手中,或是通知商家登录与会展配套的互联网展会平台查看自己感兴趣的项目。

3. 利用云技术,建立O2O共享数据库

目前,我国的会展网站非常多,但是真正实现互联网会展与实体会展的信息共享和互通的非常少,大多数企业参加实体会展和进行互联网注册是割裂、独立的,并且会展的主办方也较少地将实体与互联网展会收集到的信息进行融和,形成众多的信息孤岛,因此需要利用云计算技术,建立O2O的共享数据库,提高会展信息流通的效率。会展专业数据,即和会展有关的,通过物联网技术搜集到的数据以及私有数据实现有权限的互联,这样不仅能够实现数据共享的实时性,有效保障数据同步和数据一致性,而且可以打造互联网数据领域的虚拟智慧会展城。

4. 利用智慧技术,打造智慧会展

"智慧会展"的核心是依托科学技术手段,提供一个实时的信息和资源匹配开放生态链接平台,改变传统形式上的参展商和采购商和观众的相互交流的方式,高效利用和匹配资源,节约成本和时间,改进会展服务,提高商务洽谈的明确性、效率、灵活性和响应速度。智慧会展=智慧配置+智慧管理+智慧运行。从会展行业的构成和"互联网+"的技术应用方面来看,智慧会展应该划分为智慧信息连接、智慧会展环境及智慧技术应用三个部分。①智慧信息连接。其主要体现互联网、云计算、大数据、可视化等技术上,是以确实可行的数据采集机制和大数据库为基础,完成会展数据的收集、管理、分析、筛选和运用。②智慧会展环境。"智慧环境"所指

不只是会展场馆,而是围绕会展营销活动的整体环境智慧化进程,包括策展、组展、场馆管理、会展运营、会展服务的全过程。③智慧技术应用。一是用于决策的资源分析、选择类和会展效果反馈评估类的技术应用;二是与策展、组展、场馆相关联的应用平台App;三是用于展览展示效果的技术应用集成;四是会展经济所带动周边效应的相关技术应用。

资料来源:刘海政.互联网＋会展O2O模式的思考与建设[EB/OL].(2016-01-27).https://www.pintu360.com/a20193.html.

终极目标——智慧会展[EB/OL].(2017-05-26).http://www.sohu.com/a/143875094_712818.

第五节 会展绿色营销

一、会展绿色营销的内涵

会展绿色营销是在会展活动从策划到举办完成的全生命周期中,通过对资源的合理利用和采取积极的环保措施,最大程度减低会展活动对环境的负面影响,创建环境友好型的会展活动,以绿色生态环保健康等主题为卖点,吸引更多高层次、有社会责任感的参展商和专业观众参与,获得政府的认可和政策扶持,将绿色生态作为重要特征打造会展品牌,最终实现会展活动经济效益、社会效益、文化效益、环境效益的过程。

二、会展绿色营销的运用

(一)绿色发展理念

会展企业树立绿色发展理念,将绿色、低碳、环保、健康等理念落实到会展活动策划、实施和运营管理各环节,着力开发以绿色为主题的会展活动,使会展活动成为展示绿色理念和环保技术的平台,进而使绿色理念得到广泛宣传,增强市场主体环保意识。积极策划和组织一系列绿色型会展活动,将低碳环保渗透到会展活动主办方及各参与主体思想意识中去。传统会展活动举办需要在物流、租赁、建设、施工、设计、搭建、交通、餐饮等各环节耗费大量金钱和环境资源。绿色会展要求在会展活动举办中,减少开支、节约成本、环境友好、资源节约。参展商树立环保意识,将参展行为绿色低碳化,在设计、施工和管理过程中节约资源、节约能源、减少环境影响。观众改变传统观展模式,选择低碳交通工具,积极参与网上会展等。

(二)绿色监管体系

①建立完善绿色会展管理标准、技术标准、评价标准体系。绿色会展标准是落实会展优先发展政策和实行相应的审查制度、第三方认证工作的基础,也是企业等有关机构推行绿色会展活动的指南。绿色会展标准包括管理标准、技术标准和评价标准。②推进绿色会展第三方认证工作。绿色会展第三方认证是会展业主与顾客外的第三方管理机构或社会组织,按照有关绿色标准对会展活动或会展企业的查证,以确定会展活动或会展企业管理体系符合绿色标准的程度。通过绿色会展认证,减少碳排放和垃圾排放,改进资源和会展供应链效用;提供更有效的会展策划机会,促进会展设备、设施再利用;对会展环境负面影响采取措施,减少"碳足迹"、加强"三废"管理、改进生物多样性,形成政府调控、会展企业自我发展、第三方认证机构推进的绿色会展体系。③建立完善会展绿色审查制度。对会展场地建设、布展和展览活动计划

不符合环保要求的实行一票否决;在展览中建立完善有关环境监测制度,及时监控展览活动的环境影响因素。④建立完善绿色会展社会监管体系。建立完善的会展活动过程环境监测制度,及时监控展览活动环境影响因素,形成政府调控、会展企业自我发展、第三方认证机构推进的绿色会展社会监管体系。⑤建立完善绿色会展供应体系。这是确保会展达到绿色标准的必要前提。建立完善有关绿色会展供应链的技术、管理标准;实行地方城市及会展企业绿色供应商注册制度;推行绿色商品标识及绿色会展第三方认证工作;加强绿色供应商自身建设,改进绿色会展商品、服务质量,建立完善绿色会展管理体系。

(三)绿色场馆建设

加强现有会展场馆节能改造与新建场馆绿色建设,鼓励会展场馆广泛运用环保科技、生态材料、清洁能源和信息化手段,注重会展材料的回收循环利用。推进物流、餐饮、住宿等会展场馆配套服务产业主体生态化、服务过程清洁化、消费模式绿色化。倡导绿色生态化场馆的设计与规划。在场馆选址方面,考虑周边环境影响;在场馆设计时,充分考虑节能需要,采用太阳能、风能、水能等新兴能源;在材料方面尽量选取绿色环保材料,考虑废弃物处理,管理部门应制定相应规范。

(四)绿色会展设计

绿色会展设计可从八个方面着手:①简化设计。摒弃富丽豪华的装饰观念,在展厅空间构造、隔断体量设计上实行简化,在简约中寻求材质、肌理、色彩的细腻变化,节省材料和做工。②可循环展示设计。对会展企业进行展示形象识别系统设计,设计企业专用标准展具和多次使用的展览系统,实现长期稳定的重复实施,既创造统一的公司品牌形象,又诠释现代绿色会展企业的内涵。③环保材料利用设计。展示设计的环保材料包括天然材料、人工生产生物降解材料、循环与再生材料、净化材料等。④可拆装展具设计。这是实现绿色会展设计的最有效途径之一,也是我国研发的短板。⑤模块化设计。在研发和采购可拆装展具基础上,会展设计企业针对不同展出环境、展厅面积和造价范围,设计多种风格的组装模块,供客户选择或修改、重组,以获得快捷服务,提高效率,节省前期工耗。⑥仿生设计。仿生设计以自然界生命和自然物形态、结构、肌理、色彩为灵感来源,在展示中运用,满足了消费者的好奇心和渴望了解生物形态的欲望,丰富了展示造型设计的趣味性与情感意境空间表达,使展示空间更人性化。⑦绿色景观设计。利用花草树木等植物或仿自然物的仿真模型,在展示空间进行艺术性配置,让观众在观展时与自然亲近交流,放松心情,怡然其中。⑧情感体验设计。会展设计抛弃单一追求视觉造型的观念,从满足丰富的、富于想象的人性情感入手,运用可反复利用的新科技、新设备、新形式,提供新鲜的互动体验空间,激发观众对听觉、触觉、嗅觉、味觉和神经觉感知的好奇心和参与热情,在交互体验中获得更多喜悦和温暖。

章节案例

绿色会展和减量设计的解决之道

1. 循环经济与绿色会展

1994年德国颁布《循环经济和废弃物处置法》,标志着对经济发展模式的认识开始转向发展循环经济,并首次立法。该法提出,对待废弃物处置的优先顺序为:避免产生——减量化(reduce)、反复利用——再利用(reuse)、最终处置——再循环(recycle),这就是著名的3R原则。2009年1月起施行的《中华人民共和国循环经济促进法》对于循环经济的定义是指在生产、流通和消费等过程中进行的减量化、再利用、资源化活动的总称。其中的减量化，是指在生产、流通和消费等过程中减少资源消耗和废物产生。绿色会展是指在会展项目的全生命周期中，通过对资源的合理利用和采取积极的环境保护措施，最大程度减低会展项目对环境的负面影响，创建环境友好型的会展项目。可以预测，绿色会展将成为2018年会展行业的关键词之一。

2. 我国发展绿色会展存在的主要问题

目前我国离绿色会展的真正落地尚有一段距离。除了北京、上海、天津和成都等大城市以外，绿色会展在全国范围的开展还不是很平衡，主要问题有：①会展场馆建设规模、结构与市场需求不匹配。会展场馆的建设应该根据全国及地方会展市场中长期趋势合理规划，分期建设。会展场馆的规划，不仅要有区域性的规划，而且还要有行业、专业性的规划，在此基础上统筹兼顾，制定全国性的规划。目前一些地方，看到会展经济的"面包效应"，纷纷抢项目、建场地，在一定程度上出现盲目建设的现象。②不少会展场馆建设未达到绿色建筑标准。会展项目作为公共建筑，对公众卫生、健康的影响较大。目前国家及有关企业已出台了绿色建筑及绿色施工的有关标准，但是就全国会展行业而言，一方面针对会展项目的绿色建筑和绿色施工标准还没有出台，另一方面不少项目没能按照有关的绿色建筑和绿色施工要求开展设计、施工、检验、试运行等工作。③会展现场资源利用、室内空气质量、当地环境影响存在诸多问题，缺乏相应的有关监测工作。根据国内媒体的报道，不少会展项目由于不能按照有关的绿色建造标准设计、施工，甚至一些项目不能严格按照基本的建筑施工、装饰标准组织验收，在项目的营运期间出现不少环境负面影响。另外在装修用料上为降低成本而购买不达环保要求的产品，直接给环境造成有害物质气体超标，危及人的健康问题屡屡发生，这些问题对会展的参观、工作人员的卫生、健康产生不利的影响。④会展供应体系不符合绿色经济的要求。北京奥运、上海世博在绿色供应体系的建设及相关的产品检验、监测方面取得成功经验，但是就整个会展行业及组织单位而言，尚未全面制定和落实有关的绿色供应体系标准，有关供应商的选择及论证工作，较为滞后，不符合绿色会展的要求。⑤会展场地的城市环境有待改造。会展项目的开展，需要配套城市基础设施、服务设施和相应的软环境，如交通便利、旅居方便、餐饮合适、通讯捷达、绿化宜人、卫生文明等等。

3. 我国实施绿色会展的主要思路

20世纪，德国建筑大师路德维希·密斯·凡德罗提出"Less is more"——少即是多，成为一种建筑设计哲学和建筑艺术的国际风格，也被后来所有设计领域奉为"金句"。按照展览设计所承担的临展现状，展位类别分为标准展位、小型特装、中型和大型特装；按展览类型分为专业展、综合成果展、博览会。同时，还需面对不同行业、不同类型、不同背景、不同文化、不同需求的参展商。从设计角度看，特装简约化、构件标准化、环保化发展趋势的简单界定和用较少材料实现展位功能的概念要求，无法涵盖所有的展位类别。如其中的特装展位，特别是中型以上特装展位的结构性构件包括"天、地、墙、台"四大部分，即吊顶、地面、分隔和岛台。结构性构件既是构建展会功能和展览效果的主要载体，也是展览中最大体量的材料耗材。除此以外，随着科技的发展，还有越来越多的互动多媒体、虚拟现实、视频、音频等设备及装置，已成为展览营销与传播的必需载体。很难用一种或一类器材、材料和形式加以规范统一。基于这一层面，减量设计的确切含义应该是降低设计的复杂性（reducing design complexity）。因此，减量设计对于设计师提出了更高的要求。但现实层面则是,设计师经常会被提出"高大上""炫酷""震撼""多媒体声光电"等类似的设计要求,设计师也常常为满足客户的要求而"屈从"。其原因就是,展览设计是需要有人买单的产品。

资料来源:李益.谁是绿色展览和减量设计的主宰者[N].中国贸易报,2018-04-03(A5).
我国绿色会展发展存在的问题以及对策和开展绿色会展的意义[EB/OL].(2015-03-03).http://www.tanjiaoyi.com/article-7387-1.html.

第六节 会展内部营销

一、会展内部营销的内涵

会展内部营销是会展企业在内部开展一系列积极的、营销式和协同活动的全面管理过程。对会展组织内部的员工尤其是新进人员、组展商、承建商、服务商宣传会展营销和服务理念。会展内部营销以积极的营销方法激励员工,使其工作体现市场导向和顾客导向。通过内部营销,企业各项活动会更系统化、战略性地适应市场和顾客需要。

二、会展内部营销的运用

(一)企业文化

会展企业文化深刻影响内部营销活动,是内部营销操作中关注的首要因素。一方面,会展企业文化是员工工作的人文环境基础,直接影响员工的价值观和行为方式,只有对会展企业文化进行分析研究,才能了解会展内部市场行为特点。另一方面,对会展企业文化研究能使会展企业将企业文化与顾客满意意识相整合,成为内部营销的一部分,有利于创造员工舒适的企业环境和认同的企业文化,有利于通过传递沟通和内化来引导员工个人价值体系,提供员工行为标准,整合员工行为,消除群体因素和人际因素的负面影响,达到提升企业经营管理水平的目的。

(二)人员招聘

会展企业组织需要招聘不同类型人才。会展企业与员工之间的相互匹配,是开展内部营销的先决条件,匹配内容如企业文化与员工价值观、公司发展方向与员工个人职业生涯发展、公司职位与员工能力、人格特性、兴趣匹配等,其中最重要的是企业文化与员工价值观的匹配。对会展企业而言,最重要的是具有组织策划、服务意识、客户导向、头脑灵敏、适应性强的人才。客户导向甚至比业务精通更重要。因此,人才在聘用时候,除了考察其教育背景、技术技能等常规项目外,重点考察应聘人员的内在素质和客户导向程度,保证员工易于同企业核心价值观融合,降低新员工与组织的磨合成本。

(三)细分定位

会展企业员工是多样化的,有不同特点、不同需求,可以根据员工特点加以细分。最基本的是年龄、职位、部门等因素,针对不同细分市场采取不同激励措施满足员工需求;高层次市场细分是根据个体能力特征进行市场细分,每个员工都有不同的能力特点,如擅长组织、擅长执行、擅长创新等,以这些因素进行细分需要对员工有清晰的了解。不同市场细分决定了需要采取不同内部营销策略达到全体员工满意。对于企业管理者来说,必须设计弹性化的内部营销方案,对会展企业不同员工提供不同刺激物和不同利益,明确传达这种不同,满足不同员工需求。

(四)流程设计

内部营销流程设计包括四个方面:①员工激励。激励是会展企业内部营销重要的策略手段。激励是由一定刺激激发人的动机,使人有内在动力,向期望目标前进的心理和行为过程。适当运用激励方法,可以使员工产生和保持内在动力,向内部营销目标前进。激励有物质激励和精神激励两种;有工资、奖金、福利、股权、升迁、培训等方式,需要在内部营销中灵活运用。②营销渠道。会展企业内部营销渠道是内部营销产品有效到达员工的通道,包括人员招聘渠道、信息传递渠道、沟通渠道等。人员招聘渠道是内部营销的基础,没有高素质人员招聘就没有高质量内部营销,可通过规范外部招聘和内部选拔进行。信息传递必须建立畅通的传递渠道,主要有会议、文件、活动、广播、电视、网络等传递形式。沟通渠道是传递观念性产品如营销理念、企业战略、任务解释等采用面谈进行分销。内部营销渠道必须形成上下通达、左右相连的立体式渠道系统。③有效工具。会展企业内部营销中可以借鉴和使用的工具,能对内部营销起推动作用,目前主要有两种比较有效且流行。一是核心展示,内部营销产品被传递的实体环境,如会展服务场所、办公室、各种会展场馆建筑物等。二是边缘展示,产品传递的有形线索,包括备忘录、指导规则、员工培训等。④控制反馈。控制是内部营销管理流程不可缺少的部分,保证内部营销朝着正确发展方向;反馈保证内部营销流程体系形成闭合回路,成为真正的管理过程。

本章小结

本章从会展市场营销创新的视角,介绍了整合营销、关系营销、体验营销、网络营销、绿色营销、内部营销等先进思想理念在会展市场营销中的具体运用。

1.会展活动本身在进行营销时,需要使用整合营销将会展企业和会展举办方的资源进行整合。

2.会展企业在会展进行前、中和后期都要和客户进行全面沟通和服务。尤其是展后沟通,是实现会展企业利润持续增长的关键因素。

3.会展体验营销以创造、引导并满足观众的体验需求为目标,以有形产品为载体,通过整合顾客多种体验方式,营造顾客忠诚。

4.会展网络营销是会展企业和会展举办方利用各种网络营销工具及组合,实现营销目的的过程,会展网络营销的各种优势和特点主要依靠网络营销工具实现。

5.会展绿色营销是会展举办方以绿色生态环保健康等主题为卖点,吸引更多高层次、有社会责任感的参展商和专业观众参与,获得政府的认可和政策扶持。

6.会展内部营销是会展企业在内部开展一系列积极的、营销式和协同活动的全面管理过程。

复习思考题

1.论述整合营销在会展营销中的运用。

2. 论述会展关系营销的运用过程。
3. 分析会展体验营销的框架,论述会展体验营销的运用过程。
4. 论述不同网络营销工具在会展市场营销中的运用。
5. 论述会展绿色营销的具体运用。
6. 论述会展内部营销的具体运用。

单选题

1. 会展企业利用电子邮件工具从（　　）、网站推广、形象展示、个性服务、网络调查、收集信息等方面入手开展网络营销。
   A. 电子公告　　B. 网络聊天　　C. 电子广告　　D. 事件营销
2. 会展体验营销的主要形式包括参与体验营销、（　　）营销、文化体验营销、人文体验营销。
   A. 科技体验　　B. 情感体验　　C. 怡情体验　　D. 共情体验
3. 会展绿色营销的具体运用不包括（　　）。
   A. 绿色发展理念　B. 绿色场馆建设　C. 绿色会展设计　D. 绿色建筑设计
4. 会展内部营销的具体运用过程不包括（　　）。
   A. 企业文化　　B. 工作任务　　C. 人员招聘　　D. 细分定位
5. 会展内部营销流程包括员工激励、（　　）、有效工具、控制反馈等内容。
   A. 营销渠道　　　　　　　B. 内部定价
   C. 内部约束　　　　　　　D. 内部促销

多选题

1. 会展内部营销主要有（　　）、奖金、（　　）、（　　）、升迁、（　　）等方式。
   A. 工资　B. 表扬　C. 福利　D. 宣传　E. 股权　F. 培训
2. 会展体验营销注重消费者的（　　）、（　　）、（　　）、行动、关联五个方面。
   A. 使用　　　　　B. 感官　　　　　C. 情感
   D. 思考　　　　　E. 联想　　　　　F. 交流
3. 绿色会展设计可从（　　）、（　　）、环保材料利用设计、可拆装展具设计、（　　）、（　　）、绿色景观设计、情感体验设计八个方面入手。
   A. 人性化设计　B. 简化设计　　C. 体验设计　　D. 可循环展示设计
   E. 模块化设计　F. 简约设计　　G. 本土设计　　H. 仿生设计
4. 企业网站营销功能主要体现在（　　）、信息发布、（　　）、（　　）、客户关系、（　　）、资源合作、在线销售八个方面。
   A. 社交互动　B. 危机公关　　C. 活动策划　　D. 信息搜集
   E. 品牌形象　F. 产品展示　　G. 客户服务　　H. 市场调研
5. 会展微博营销内容包括（　　）、微博运营、（　　）、（　　）、事件炒作、报告评估、（　　）、信息监测、危机公关、广告投放、微博整合等内容。
   A. 微博定制　B. 微博互动　　C. 微博推广　　D. 微博活动
   E. 客户咨询　F. 舆情管理　　G. 数据营销　　H. App应用

参考文献

[1]郭国庆.市场营销学通论[M].4版.北京:中国人民大学出版社,2011.
[2]张学梅.旅游市场营销[M].北京:北京大学出版社,2011.
[3]张学梅,付业勤.会展项目策划与管理[M].西安:西安交通大学出版社,2016.
[4]郭英之.旅游市场营销[M].3版.大连:东北财经大学出版社,2014.
[5]王春雷,梁圣蓉.会展与节事营销[M].北京:中国旅游出版社,2010.
[6]贺学良.会展营销[M].2版.北京:北京大学出版社,2009.
[7]杨顺勇,丁萍萍.会展营销[M].北京:化学工业出版社,2009.
[8]简明,金勇进,蒋妍.市场调查方法与技术[M].3版.北京:中国人民大学出版社,2012.
[9]王起静.参展营销[M].天津:南开大学出版社,2010.
[10]莫志明,唐玉.展览项目管理实务[M].武汉:华中科技大学出版社,2017.
[11]李君轶.旅游市场调查与预测[M].北京:科学出版社,2012.
[12]李享.旅游调查研究的方法与实践[M].3版.北京:中国旅游出版社,2013.
[13]谭红翔.会展策划实务[M].北京:对外经济贸易大学出版社,2007.
[14]刘颖.会展概论[M].北京:中国广播电视出版社,2006.
[15]华谦生.会展管理[M].广州:广东经济出版社,2008.
[16]杨劲祥.节事活动营销[M].重庆:重庆大学出版社,2015.
[17]冯卫红,邵秀英.旅游产品设计与开发[M].北京:中国科学技术出版社,2006.
[18]骆秉全.体育市场营销学[M].北京:人民体育出版社,2008.
[19]王保伦.会展经营与管理[M].北京:北京大学出版社,2010.
[20]方勇.会展营销[M].北京:中国纺织出版社,2013.
[21]陈来生.会展经济[M].上海:复旦大学出版社,2005.
[22]甘碧群,曾伏娥.国际市场营销学[M].3版.北京:高等教育出版社,2014.
[23]张勇.非传统营销[M].广州:广东经济出版社,2004.
[24]马占丽,张丽娟.市场营销学[M].呼和浩特:内蒙古大学出版社,2009.
[25]张蕾.市场营销:基本理论与案例分析[M].3版.北京:中国人民大学出版社,2012.
[26]苏文才.会展概论[M].北京:高等教育出版社,2009.
[27]刘晓广.会展概论[M].北京:化学工业出版社,2009.
[28]中国展览经济发展报告2017[R].北京:中国国际贸易促进委员会,2018.
[29]刘助忠.会展市场预测研究[D].重庆:重庆大学,2005.
[30]於立红.民营会展公司客户关系营销策略研究[D].北京:对外经济贸易大学,2005.
[31]郑刚.会展经营企业营销策略研究[D].兰州:兰州大学,2007.
[32]张迪.会展产品的价值构成及培育策略研究[D].哈尔滨:哈尔滨商业大学,2016.
[33]朱鑫龙.基于服务原理的国际会展营销理论与实践研究[D].青岛:中国海洋大学,2013.

[34]罗燕.基于利益相关者理论的协会类会议绩效评估指标体系研究[D].上海:华东师范大学,2010.

[35]施世蕾.关于我国企业会议营销模式的研究[D].济南:山东大学,2006.

[36]胡端梅.基于服务原理的国际展览营销问题研究[D].北京:对外经济贸易大学,2016.

[37]付瑞红.K公司展会营销的实证研究[D].上海:华东师范大学,2010.

[38]隋颖.中国—东北亚博览会营销改进方案研究[D].长春:吉林大学,2016.

[39]潘文焰.节事资源旅游产业化的机理与路径研究[D].上海:华东师范大学,2014.

[40]魏芸.旅游节庆符号营销策略研究[D].成都:成都理工大学,2010.

[41]周同文.大型体育赛事非官方赞助商体育营销策略研究[D].成都:成都体育学院,2010.

[42]马成国.项目营销理论在体育赛事中的可行性研究[D].上海:华东师范大学,2008.

[43]王思明.企业基于社会化媒体的体育赛事营销策略研究[D].上海:上海体育学院,2014.

[44]钱勇刚.体育赛事旅游开发研究[D].泉州:华侨大学,2007.

[45]臧巨鹏荟.新媒体时代下大型体育赛事转播权的开发研究[D].北京:北京体育大学,2017.

[46]钟荞.我国综合性体育赛事特许产品开发的初步研究[D].武汉:武汉体育学院,2008.

[47]张琬.婚庆服务业中的网络营销策略研究[D].上海:上海外国语大学,2007.

[48]张英.YX公司婚庆用品网络营销策略研究[D].成都:电子科技大学,2011.

[49]代舒仪.XLY婚庆公司营销策略研究[D].长沙:湖南师范大学,2013.

[50]王佳.基于整合营销传播理念的婚庆公司品牌塑造[D].南昌:江西师范大学,2011.

[51]徐洁.国际会展中心城市评价指标体系研究[D].上海:华东师范大学,2010.

[52]邢振超.基于利益相关者的我国会展营销体系研究[D].哈尔滨:哈尔滨工业大学,2006.

[53]杨小欢.上海会展目的地吸引力的实证研究[D].上海:复旦大学,2013.

[54]姜雅静.会展城市经营中的政府行为及对策研究[D].上海:华东师范大学,2008.

[55]张玉明.优化商业会展渠道的对策研究[J].广东商学院学报,2005(4):33-36.

[56]孙中伟,王杨,耿香会.奖励旅游的特征、组织运作及发展环境培育模式研究[J].石家庄学院学报,2005(4):71-77.

[57]高静,刘春济.试论我国奖励旅游市场开发:从奖励旅游的内部特征出发[J].桂林旅游高等专科学校学报,2006(1):68-71.

[58]李晓莉.中国奖励旅游经营的特征、问题与思考:基于旅行社的访谈分析[J].旅游学刊,2011,26(11):46-51.

[59]蔡亮.奖励旅游业务与定制营销策略[J].企业研究,2011(11):68-70.

[60]练红宇.关于我国奖励旅游产品设计的探讨[J].成都大学学报(社科版),2008(5):64-66.

[61]张文敏.旅行社奖励旅游产品的开发与促销策略探讨[J].华南理工大学学报(社会科学版),2005,7(4):41-43.

[62]戴光全,保继刚.西方事件及事件旅游研究的概念、内容、方法与启发(上)[J].旅游学刊,2013,18(5):26-34.

[63]刘太萍,殷敏.中国节事旅游营销管理现状分析与对策研究[J].北京第二外国语学院学报,2004(5):52-56.

[64]吴必虎.节事活动的运作原则及模式[J].中国会展,2005(3):48-51.

[65]余青,吴必虎,殷平,等.中国城市节事活动的开发与管理[J].地理研究,2004,23(6):845-855.

[66]侯晋龙.体育赛事营销的本质及营销观念创新研究[J].北京体育大学学报,2006,29(5):597-599.

[67]王晓曦,潘华山.我国职业体育联赛特许产品经营的现状及对策[J].体育学刊,2010(4):115-116.

[68]董杰.北京2008奥运会门票销售的比较与反思[J].体育与科学,2010,31(3):34-41.

[69]秦俭.婚庆旅游者的消费心理及营销策略分析[J].智库时代,2017(7):59-60.

[70]张丽娜.婚庆旅游市场细分化及营销策略分析[J].教育教学论坛,2015(12):197-199.

[71]颜醒华,俞舒君.会展城市竞争力模糊层次关系评价[J].城市问题,2007(3):75-79.

[72]王春雷.会展城市营销的几个基本问题[J].旅游科学,2004,18(2):33-38.

[73]陈慧英.城市会展品牌塑造与实施路径研究[J].武汉轻工大学学报,2015,34(1):102-106.

[74]钱元元.体验经济视角下会展营销策略研究[J].信阳农林学院学报,2016,26(3):60-62.

[75]王尚君."低碳世博"影响下上海绿色会展业可持续发展策略[J].上海第二工业大学学报,2016,33(1):57-64.

[76]都薇.探析新媒体在会展营销中的运用策略[J].中国报业,2015(5):54-55.

[77]汪霞,龙斌.我国会展旅游企业整合营销探讨[J].桂林旅游高等专科学校学报,2006,17(1):100-103.

[78]付业勤,等.酒店微信营销探讨[J].广西经济管理干部学院学报,2016,28(1):31-37.

参考答案

第一章
单选题:A B D B A
多选题:ABC BCD CEF BCDEG ACFG

第二章
单选题:B A D D C
多选题:BDE ACDEF ABEF ABCFH CDFEH

第三章
单选题:A D C D B
多选题:ABCDE ABCDE ABCD ABCD ABCDE

第四章
单选题:B A C D C
多选题:ABDE BDE ABDE BCD ABCD

第五章
单选题:D B A B C
多选题:ABF BCD ACF ABDFH BDEG

第六章
单选题:B C A A B
多选题:ABCD CD ABD ACD ABCD

第七章
单选题:D A B D B
多选题:ABC BCD ACD ACD ABCD

第八章
单选题:C B C C A
多选题:ABCDEF ABCDF ABC ABCD ABC

第九章
单选题:D D B C A
多选题:ACEF BCDE ABDE BCDF ABCD

第十章
单选题:B A C B A
多选题:ADEF BCE CEF BCFH ACDF

第十一章
单选题:C D B D A
多选题:ABE ABDEF BCDE BGH BEF

第十二章

单选题：A C D C A

多选题：ABEF CDEF ABCD BCDFGH ABDFH

第十三章

单选题：B A C D B

多选题：ABDEF ABCDF ACF BCEF ACD

第十四章

单选题：A C B D B

多选题：ABC BDE ADEF CDEG DFGH

第十五章

单选题：C B D B D

多选题：ABD BCDF CDEF BCDH CEFGH

第十六章

单选题：B D B A C

多选题：ACD BCDE CDEF ACEF DEFGH

第十七章

单选题：C A D B A

多选题：ACE BCD BDEH EFGH ACDH

图书在版编目(CIP)数据

会展市场营销/张学梅,付业勤主编. —西安:西安交通大学出版社,2018.7(2023.8重印)
ISBN 978-7-5693-0718-4

Ⅰ.①会… Ⅱ.①张…②付… Ⅲ.①展览会-市场营销学 Ⅳ.①G245

中国版本图书馆 CIP 数据核字(2018)第 149857 号

书　　名	会展市场营销
主　　编	张学梅　付业勤
责任编辑	史菲菲
出版发行	西安交通大学出版社 (西安市兴庆南路 1 号　邮政编码 710048)
网　　址	http://www.xjtupress.com
电　　话	(029)82668357　82667874(市场营销中心) (029)82668315(总编办)
传　　真	(029)82668280
印　　刷	西安日报社印务中心
开　　本	787mm×1092mm　1/16　印张 18.375　字数 452 千字
版次印次	2018 年 9 月第 1 版　2023 年 8 月第 3 次印刷
书　　号	ISBN 978-7-5693-0718-4
定　　价	46.00 元

如发现印装质量问题,请与本社市场营销中心联系。
订购热线:(029)82665248　(029)82667874
投稿热线:(029)82668133
读者信箱:xj_rwjg@126.com

版权所有　侵权必究